Bernasconi / Böing
Inklusive Schulen entwickeln

D1720700

Tobias Bernasconi
Ursula Böing
(Hrsg.)

Inklusive Schulen entwickeln

Impulse für die Praxis

Verlag Julius Klinkhardt
Bad Heilbrunn • 2017

k

Wir danken dem Ministère de l'Éducation nationale, de l'Enfance et de la Jeunesse des Großherzogtums Luxemburg für die organisatorische Ausrichtung der Tagung und für die Unterstützung bei der Realisierung dieses Tagungsbandes.

Einen besonderen Dank richten wir, stellvertretend für alle Kolleginnen und Kollegen, die an der Organisation und Ausrichtung der Tagung beteiligt waren, an Frau Marianne Vouel, Direktorin der l'Éducation différenciée, die großen Anteil daran hat, dass dieser Band entstanden ist.

Dieser Titel wurde in das Programm des Verlages mittels eines Peer-Review-Verfahrens aufgenommen. Für weitere Informationen siehe www.klinkhardt.de.

Bibliografische Information der Deutschen Nationalbibliothek
Die Deutsche Nationalbibliothek verzeichnet diese Publikation
in der Deutschen Nationalbibliografie; detaillierte bibliografische Daten
sind im Internet abrufbar über http://dnb.d-nb.de.

Umschlagillustration: © Ministère de l'Éducation nationale, de l'Enfance et de la Jeunesse des Großherzogtums Luxemburg.

Druck und Bindung: AZ Druck und Datentechnik, Kempten.
Printed in Germany 2017.
Gedruckt auf chlorfrei gebleichtem alterungsbeständigem Papier.

ISBN 978-3-7815-2201-5

Inhaltsverzeichnis

**Teil 3: Inklusive Schulentwicklung an Luxemburger Schulen:
zwei Erfahrungsberichte**

Tobias Bernasconi und Ursula Böing

Einleitung

Der vorliegende Band ist als erweiterter Tagungsband des vom Ministère de l'Éducation nationale de l'Enfance et de la Jeunesse, Education différenciée (EDIFF) Luxemburg ausgerichteten Symposiums „Inklusive Schulen entwickeln – ein interdisziplinärer Dialog" entstanden. Die durch die Bundesrepublik Deutschland und das Großherzogtum Luxemburg vorgenommene Ratifizierung des Übereinkommens der Vereinten Nationen über die Rechte von Menschen mit Behinderungen (UN-BRK), die einen Transformationsprozess in unterschiedlichen gesellschaftlichen Feldern erfordert, impliziert auch die Entwicklung hin zu einem inklusiven Bildungssystem.

Für Schulen bzw. Bildungseinrichtungen sind Veränderungen sowohl in Bezug auf die Struktur der sich wandelnden Institutionen und ihrer Aufgaben erforderlich, als auch mit Blick auf die Entwicklung professioneller Rollen und Zuständigkeiten. In diesen Prozess sind unterschiedlichste Akteurinnen und Akteure aus verschiedenen pädagogischen Tätigkeitsfeldern eingebunden, die sich mit neuen Herausforderungen konfrontiert sehen, neue Wege entwickeln (müssen) und so den Prozess der Veränderung des Bildungssystems mitgestalten. Anliegen des zweitägigen Symposiums war es, die verschiedenen Perspektiven zusammenzubringen und Dialoge zwischen Wissenschaftlerinnen und Wissenschaftlern, den pädagogisch verantwortlichen Schulkomitees, den Lehrkräften sowie weiteren pädagogisch Tätigen unterschiedlichster Professionen zu ermöglichen, und so gemeinsam Ideen für inklusive Schulentwicklung zu entwickeln.

Schulentwicklung kennzeichnet grundsätzlich „Prozesse einer zielgerichteten, systematischen Gestaltung und Verbesserung schulischer Qualität durch inner- und außerschulische Akteure" (Badstieber 2017, 201). Lange Zeit stand dabei mehr die bildungspolitische Planung mit dem Ziel einer an die Bedarfe der Schülerinnen und Schüler ausgerichteten und gleichzeitig möglichst hochwertigen Beschulung im Vordergrund. In der jüngeren Vergangenheit hat sich aber ein grundlegender Wandel im Verständnis von Schulentwicklung vollzogen. Auf Grundlage der Erkenntnis, dass sich die jeweiligen Bedingungen einzelner Schulen sowie deren Umfeld grundlegend voneinander unterscheiden und demnach zentralisiert geplante Maßnahmen nicht ohne Weiteres auf die jeweiligen Einzelfälle zu übertragen sind, geht es mittlerweile bei Schulentwicklung vermehrt darum, den Blick auf das Selbstverständnis und die Ausgestaltung einzelner konkreter Schulen und ihrer pädagogischen Arbeit zu legen. Schulentwicklung bezeichnet demnach vor allem die Verbesserung bzw. Weiterentwicklung einer Einzelschule (vgl. Schlee 2015). Das bedeutet auch, dass Veränderungen nicht allein von einer übergeordneten administrativen Ebene dirigiert und angestoßen werden, sondern vermehrt die in den Handlungsfeldern Tätigen Entwicklungsprozesse initiieren, begleiten und umsetzen. Dieses Verständnis von Schulentwicklung ist auch für inklusive Schulentwicklungsprozesse zentral, da sich insbesondere eine inklusive Schule nicht „von oben herab" (Badstieber 2017, 202) verordnen lässt, sondern sich vielmehr durch ein gemeinsames Selbstverständnis und eine eigens definierte Zielformulierung einer Schule erst entwickeln kann. Gleichsam bilden die jeweiligen politischen Rahmenbedingungen und strukturellen Bedingungen den kontextuellen Rahmen, innerhalb dessen die Einzelschulen überhaupt Entwicklungsprozesse anstoßen können. Demnach spielen auch Verschränkungsprozesse zwischen der schuladministrativen Ebene sowie den Bedingungen der Einzelschulen vor Ort eine wichtige Rolle bei der Analyse, Planung und Initiierung von Veränderungsprozessen. Zudem erklärt dies auch, dass die derzeitigen strukturellen Rahmenbedingungen vieler Einzelschulen keine umfassenden Veränderungsprozesse ermöglichen (vgl. ebd.). Ferner verweist es auf den Umstand, dass, je nach dem herrschenden Verständnis von Inklusion, durchaus unterschiedliche Aufgaben und Umsetzungsvarianten angegangen und implementiert werden.

Inklusive Schulentwicklung bezeichnet folglich eine Fülle an Aufgaben und Herausforderungen sowohl auf schulstruktureller und -organisatorischer Ebene, als auch mit Blick auf die Akteurinnen und Akteure in den jeweiligen Handlungsfeldern. Es existiert demnach nicht ‚die inklusive Schulentwicklung' als eine Art Programm, sondern sie stellt einen Prozess dar, in dem Schulen daran arbeiten, dem übergeordneten Ziel der UN-BRK – der Nicht-Diskriminierung und der Ermöglichung von Teilhabe – näher zu kommen. Ausgehend von der Idee einer Schule, die keinen Menschen ausschließt und bemüht ist, allen „Personen die Möglichkeit der vollen sozialen Teilhabe am gemeinsamen Leben zu geben" (Werning 2012, 49) geht es darum, Faktoren, die über Inklusion und Exklusion entscheiden nicht länger an einzelnen Schülerinnen und Schülern festzumachen, sondern an der Institution Schule. Entsprechend geht es nicht darum, zu beurteilen, wie leistungsfähig ein Kind oder Jugendlicher ist, damit sie oder er „integrierbar" wird, sondern um die übergeordnete Frage, wie Schulen organisiert und gestaltet sind, damit sie Teilhabe ermöglichen können. Die besondere Herausforderung stellt dabei der Umstand dar, dass Konzepte für Schule und Unterricht „bei laufendem Betrieb" (Carle 2017, 137) entwickelt werden müssen. Dabei spielen – wie grundsätzlich in Schulentwicklungsprozessen – Aspekte von Unterrichtsentwicklung, Veränderungen und Anpassungen von Organisationsstrukturen, die Vernetzung mit dem sozialen und familiären außerschulischen Umfeld aber auch der Aufbau von Wissen und Haltungen und damit verbundene Entwicklungen der Lehrkräfte eine wichtige Rolle (vgl. Werning 2012, 58). Zusätzlich sind Einflussfaktoren auf politisch-rechtlicher Ebene zu beachten und in die Planung, Durchführung und Analyse von Entwicklungsprozessen mit einzubeziehen. Es ergibt sich, dass es nicht optimale Bedingungen für eine inklusive Schule geben kann, auf die zuerst gewartet werden muss, sondern, dass auf jeder Ebene Entwicklungsprozesse und Akzentuierungen der praktischen Arbeit vorgenommen werden können.

Als zentraler Bezugspunkt für inklusive Schulentwicklungsprozesse wird in der Regel der Artikel 24 der UN-BRK genannt, welcher Kindern und Jugendlichen mit Behinderung den Zugang zu inklusivem Unterricht garantiert und gleichsam dazu auffordert, angemessene Vorkehrungen zur Sicherung des individuellen Bildungserfolges zu treffen (vgl. BGBL 2008, 1436f.). In der UN-BRK werden demnach sowohl das Recht auf Bildung angesprochen, als auch das Recht auf individuelle Unterstützung, welches durch Kontextfaktoren bedingt ist. Entsprechend geht es in der praktischen Ausgestaltung von Veränderungsprozessen oftmals darum, Teilhabe *für* Kinder und Jugendliche mit Behinderung zu ermöglichen. Diese Fokussierung auf einen bestimmten Personenkreis führt in Theorie und Praxis zu Fragen wie:

- Welche (Lern-)Inhalte sind *auch* für Schülerinnen und Schüler mit Behinderung geeignet?
- Welche Lernsituationen ermöglichen *auch* für Schülerinnen und Schüler mit Behinderung Lernchancen? Oder
- Wie müssen sich Schulen strukturell und organisatorisch verändern, damit *auch* Schülerinnen und Schüler mit Behinderung teilhaben können.

Diese Fragen bergen in sich jedoch bereits den Missstand, dass hier inklusives Potential entlang bereits festgelegter institutioneller, gesellschaftlicher oder auch inhaltlicher Bedingungen beurteilt wird. Ausgangspunkt solcher Überlegungen ist das bestehende System, in das eine Gruppe von Schülerinnen und Schülern mit einem bestimmten Merkmal integriert werden soll. Werden Chancen und Risiken, Vor- und Nachteile, Möglichkeiten und Grenzen einzelner Aspekte mit Blick auf bestimmte Gruppen von Personen bzw. durch Gegenüberstellung unterschiedlicher Personengruppen analysiert, unterläuft und reduziert das den zentralen Grundgedanken von Inklusion und verfehlt damit bereits im Ausgangspunkt die Zielstellung (vgl. Dannenbeck & Dorrance 2016). Inklusion bzw. inklusive Schulentwicklung mit Blick auf einen bestimmten Personenkreis zu denken, widerspricht damit bereits im Kern einem Inklusionsverständnis im Sinne eines menschenrechtlich basierten Anspruchs auf voraussetzungslose Teilhabe, unabhängig von personenbezogenen Merkmalen. Inklusion bezieht sich ja keinesfalls nur auf Kinder und Jugendliche mit Behinderung, sondern richtet den Blick auf alle gesellschaftlichen Gruppen, die Diskriminierungserfahrungen ausgesetzt sind (vgl. Bernasconi & Böing 2016). Entsprechend kann sich auch inklusive Schulentwicklung nicht nur auf Kinder und Jugendliche mit einer Behinderung beziehen, sondern muss sich Fragen stellen, wie Diskriminierung und

Marginalisierung im Rahmen der Schule verhindert werden können. Inklusion beschreibt dabei nicht das Ziel einer Entwicklung, dessen Ende sozusagen die Nicht-Existenz von Exklusion darstellt. Vielmehr muss Inklusion, so sie umfassend gedacht wird, immer auch in einen Zusammenhang zu Exklusion gebracht werden (vgl. Dederich 2006, 11). Das Verhältnis der beiden Begriffe wird dabei grafisch oft simplifizierend in Form „unterschiedlich gefärbter Kreise aus kleinen Punkten als chronologische Abfolge dargestellt, so als ob – historisch – auf eine Phase der Exklusion, eine Phase der Separation und der Integration gefolgt wäre und diese Phasen aktuell in einen – idealen – Zustand der Inklusion münden" (Bernasconi & Böing 2016, 272). Diese Sichtweise widerspricht jedoch einem wissenschaftlichen Verständnis von Inklusion, in dem Inklusion und Exklusion als Spannungsfeld betrachtet werden, „als ›zwei Seiten einer Medaille‹, bei dem das eine ohne das andere nicht denkbar ist" (vgl. ebd., siehe auch Bernasconi & Böing in diesem Band).

Entsprechend ist es im Kontext inklusiver Schulentwicklung nicht möglich zu beschreiben, wann ein Thema, ein Gegenstand oder ein bestimmter Aspekt im Rahmen der jeweiligen praktischen Umsetzung zu „Inklusion" führt. Inklusion, gedacht als Instrument zur Reflexion, Analyse und Prozessbestimmung mit dem Ziel der Verminderung von Diskriminierung und Marginalisierung, fragt vielmehr danach, welche Rahmenbedingen, Ausformungen und Gestaltungen eines Gegenstandes dazu führen, dass ein Thema bzw. eine Organisationsform oder ein Kontextfaktor inklusiv oder exklusiv in praktische Handlungsfeldern wirkt.

In diesem Zusammenhang scheint ein Theorie-Praxis-Dilemma auf, welches sich durch den Umstand ergibt, dass Benachteiligung aufgrund von einer möglichen Behinderung überwunden werden soll. Theoretiker wie auch praktisch Tätige arbeiten ja bereits auf der Grundlage eines Bildes von ‚Behinderung' bzw. Vorwissen, Wissensproduktion und Gegenstandskonstitution sind „zirkulär miteinander verschränkt" (Dederich 2013, 26). Anders gesagt, um sich mit einer Benachteiligung durch eine mögliche Behinderung und deren Überwindung zu beschäftigen ist zuvorderst ein Bild von Behinderung notwendig. Dederich (ebd.) formuliert dieses Dilemma mit Blick auf die Heil- und Sonderpädagogik zentral. Das Grundproblem besteht dabei darin, „dass ihr zentraler Gegenstand nicht unabhängig von ihrem theoretischen und praktischen Zugriff existiert, sondern durch diesen Zugriff benannt, klassifiziert, gedeutet und durch performative Einwirkung geformt wird" (ebd.). Mit Blick auf Fragen inklusiver Schulentwicklung besteht somit das Dilemma, dass einerseits der diskriminierende Begriff der Behinderung vermieden werden sollte, um damit einhergehender Stigmatisierung und Marginalisierung entgegenzuwirken, andererseits wirken implizite Bilder von Behinderung in theoretischen Diskursen und auch praktischen Handlungsfeldern. Das heißt, dass je nach individuellem Wissen, Erfahrungen und Einstellungen unterschiedliche Ideen und Vorstellungen von Inklusion bzw. inklusiver

Schulentwicklung bestehen, da für das Verständnis von Inklusion die jeweilige Auseinandersetzung mit dem Thema Grundlage der aufgebauten Wissensstände und auch die damit verbundene Haltung ist. Entsprechend ergeben sich unterschiedliche Akzentuierungen und Varianten von inklusivem Denken, die nicht immer einfach gegenübergestellt oder voneinander abgegrenzt werden können und die sogar durchaus zueinander in Widerspruch stehen und dennoch in den jeweiligen Argumentationen plausibel sein können.

Diesem Dilemma kann sich auch dieser Band nicht gänzlich entziehen, insbesondere, wenn einzelnen Konzepte oder Umsetzungsbeispiele auf ihre Möglichkeiten im Rahmen inklusiver Schulentwicklungsprozesse beurteilt werden. In den einzelnen Beiträgen dieses Bandes blicken die Autorinnen und Autoren auf Grundlage *ihres* Verständnisses von Inklusion – welches zwar durchweg eine gemeinsame Linie besitzt, jedoch in einzelnen Punkten auch different sein kann – und ihrer jeweiligen Fachexpertise entsprechend auf Aspekte inklusiver Schulentwicklung. Daraus ergeben sich Ideen zur Gestaltung von an Inklusion orientierten Schulen, die zum einen kritisch zur Diskussion gestellt werden und Ideen zur theoretischen Bestimmung und zur praktischen Umsetzung liefern, andererseits aber auch auf die individuellen Vorstellungen rückwirken (siehe Abb. 1).

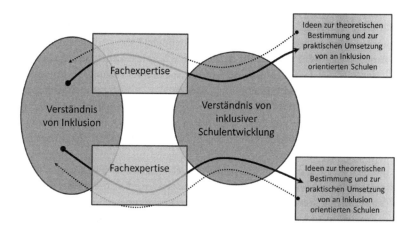

Abb. 1: Zusammenhang von Inklusionsverständnis, Fachexpertise und generierten Umsetzungsideen im Rahmen inklusiver Schulentwicklung

Der Intention des Symposiums folgend, Dialoge zu inklusiver Schulentwicklung zu ermöglichen und damit diesen bereits begonnenen Prozess zu gestalten, geben die einzelnen Beiträge damit keine Handlungsanweisung für die Gestaltung von inklusiver Schulentwicklung im Sinne einer rezepthaften Anleitung, sondern werfen theoretische und praktische Fragen auf, geben Anlass zur Reflexion von praktischem Tun oder stellen Potentiale einzelner Ansätze oder Fachdisziplinen dar. Der vorliegende Band gliedert sich in einen ersten Teil, in dem drei grundlegende Beiträge zunächst den Rahmen inklusiver Schulentwicklung skizzieren. Im Anschluss werden spezifische Perspektiven auf inklusive Praxis aus unterschiedlichen Fachdisziplinen dargestellt. Zwei abschließende Erfahrungsberichte aus Schulen des Großherzogtums Luxemburg ergänzen die wissenschaftlichen Beiträge, in dem sie konkrete inklusive Schulentwicklungsprozesse vor Ort sichtbar machen.

Andreas Köpfer diskutiert Lernräume im Kontext inklusiver Schulentwicklung und nimmt dabei sog. Differenzierungsräume exemplarisch unter der Fragestellung, wie Lernräume eine bildungsgerechte Bearbeitung der Heterogenität der Schülerschaft und gemeinsame Lernsituationen ermöglichen können, in den Blick. Auf Grundlage empirischer Ergebnisse werden Schlussfolgerungen und Ideen für die praktische Gestaltung von Lernräumen in an Inklusion orientierten Schulen beschrieben.

Tobias Bernasconi und *Ursula Böing* stellen grundlegende Widersprüche der aktuellen Diskussion um Inklusion im Bildungssystem dar und beschreiben Umgangsmöglichkeiten mit Ungewissheiten und Widersprüchlichkeiten, damit diese – als positive Impulse inklusiver Schulentwicklung – wirksam werden.

Karin Terfloth fokussiert in ihrem Beitrag die didaktische Ebene inklusiver Schulentwicklung und führt aus, wie eine Balance zwischen individualisierten und gemeinsamen Lernsituationen in inklusionsorientieren Lernsettings realisiert werden kann. Dabei wird sowohl die gemeinsame Verantwortung von Lehrperson und Lernenden für die Gestaltung der Lernsituationen als auch das Spannungsfeld zwischen Instruktion und Offenheit in kooperativen Lernsituationen diskutiert.

Barbara Brokamp beschreibt, wie Schulen, ausgehend von einem menschenrechtsorientierten Verständnis von Inklusion, Veränderungsprozesse mithilfe des Index für Inklusion und einer zusätzlichen begleitenden Unterstützung beginnend, gestalten und umsetzen können.

Jan Springob beschreibt unter Rückgriff auf eigene praktische Erfahrungen mit inklusiver Schulentwicklung am Gymnasium vier wesentliche ‚Trittsteine' inklusiver Schulentwicklung. Dabei werden die Aspekte Ganztagsangebot, Beratungskonzept, Teamarbeit und Unterrichtsentwicklung in den Blick genommen. Darüber hinaus argumentiert er für die Fokussierung von Aspekten, die die pädagogische Haltung und die Organisations- und Personalentwicklung betreffen sowie für ein effektives Ressourcenmanagement.

Tobias Buchner setzt sich in seinem Beitrag mit den Anwendungsmöglichkeiten von personenzentriertem Planen im Kontext von inklusiver Bildung auseinander. Dabei werden verschiedene Tools und Modelle aus dem personenzentrierten Denken und Planen dargestellt und in ihrem Potential für inklusive Schulentwicklungsprozesse erläutert.

Lena Schmidt skizziert Forschungsergebnisse zum Kern- und Randvokabular aus dem Fachbereich der Unterstützten Kommunikation und Ideen zur Übertragung der Erkenntnisse auf Kommunikationshilfen. Im Anschluss wird das Potential dieser wissenschaftsbasierten Vokabularauswahl für die frühe Sprachbildung in heterogenen Gruppen beschrieben und so ein Ansatz vorgestellt, der die Entwicklung kommunikativer Kompetenzen unabhängig von der individuellen Kommunikationsform und den jeweiligen Spracherwerbsbedingungen unterstützt.

Hendrik Reimers entwickelt mittels einer konstruktivistischen Perspektive ein subjektzentriertes Verständnis von Diagnostik, Förderung und Begleitung. Mit Blick auf sogenanntes herausforderndes Verhalten wird eine funktionale Betrachtungsweise, die vor allem die Frage nach der subjektiven Sinnhaftigkeit eines gezeigten Verhaltens verfolgt, thematisiert. Darauf aufbauend werden Möglichkeiten zur Prävention und zum Umgang von Situationen, in denen Lehrpersonen mit herausfordernden Verhaltensweisen konfrontiert sind sowohl mit Blick auf die Institution, als auch auf die *Gruppe* skizziert.

Sophia Falkenstörfer erörtert den Umgang mit den Heterogenitätsdimensionen Migration (und Behinderung). Ausgehend von der Differenzkategorie Migration werden Herausforderungen und Möglichkeiten beschrieben die zum einen die Funktion der Kulturvermittlung übernehmen und andererseits dabei helfen können, bestehende Barrieren abzubauen.

Tilo Reißig fokussiert den Prozess des Schriftspracherwerbs und stellt die Voraussetzungen, welche Schrift an Menschen stellt, als verbindendes Moment in den Vordergrund. Nach einer kritischen Analyse bestehender Konzepte zum Schriftspracherwerb, argumentiert er, dass die Silbe als natürliche Zugriffseinheit allen Lernenden beim Erwerb von Lesen und Schreiben helfen kann. Die Überlegungen dienen dabei als Grundlage für unterrichtliche Planungen und werfen gleichzeitig Fragen an die bestehende Praxis auf.

Anke Groß-Kunkel beschreibt Grundzüge der sozialen Literacy-Theorie und überträgt diese auf Möglichkeiten inklusiver Leseprojekte. Als praktisches Beispiel werden die LEA Leseklubs vorgestellt und anschließend Möglichkeiten erörtert, wie sich das Konzept und die Umsetzung für die Schule adaptieren lässt.

Walter Goschler orientiert seine Überlegungen zum Mathematikunterricht an der Zielvorstellung eines Unterrichts, der die jeweiligen unterschiedlichen Unterrichts-, Erziehungs- und Bildungsbedürfnisse aller Schülerinnen und Schüler berücksichtigt und gemeinsamkeitsstiftendes gemeinsames Handeln ermöglicht. Praktisch konkretisiert wird dies anhand von mathematischen Lernumgebungen für das Grundschulalter auf Grundlage verschiedener mathematischer Muster, welche mittels des Pascalschen Dreiecke verdeutlicht werden.

Tobias Bernasconi stellt unterschiedliche Ebenen von Schülermitwirkung und Schülermitbestimmung auf theoretischer Basis dar. Darauf aufbauend werden beispielhaft Möglichkeiten aufgezeigt, wie Schülerinnen und Schüler an der sie betreffenden individuellen Förderplanung beteiligt werden können.

Kristina Willmanns stellt den TEACCH-Ansatz vor, der mit Blick auf Kinder und Jugendliche mit Autismus-Spektrum-Störungen entwickelt wurde. In dem Beitrag werden die theoretischen Grundlagen und die methodischen Elemente des TEACCH Ansatzes beschrieben und Möglichkeiten und Grenzen der Umsetzung im schulischen Kontext diskutiert.

Marc Hilger wirft einen Blick auf ein innovatives Schulprojekt in Luxemburg und stellt den inklusiven Schulentwicklungsprozess der Eis Schoul und die wesentlichen Prinzipien und Praktiken dieser Schule vor.

Frank Groben zeigt auf, wie das Institut pour Déficients visuels den Weg von einer Sonderschule zum subsidiären Schulpartner der Regelschule gegangen ist.

Literatur

Badstieber, Benjamin (2017): Schulentwicklung. In: Ziemen, Kerstin (Hrsg.): Lexikon Inklusion. Göttingen: Vandenhoeck & Ruprecht. 201-203.

Bernasconi, Tobias & Böing, Ursula (2016): Schwere Behinderung und Inklusion?! Skizzen einer nicht ausgrenzenden Pädagogik. In: Behindertenpädagogik 55 (3), 270-284.

BGBL (2008): Gesetz zu dem Übereinkommen der Vereinten Nationen vom 13. Dezember 2006 über die Rechte von Menschen mit Behinderungen sowie zu dem Fakultativprotokoll vom 13. Dezember 2006 zum Übereinkommen der Vereinten Nationen über die Rechte von Menschen mit Behinderungen. Bundesgesetzblatt Teil II, Nr. 35, 1419-1457.

Carle, Ursula (2017): Inklusive Schulentwicklung. In: Ziemen, Kerstin (Hrsg.): Lexikon Inklusion. Göttingen: Vandenhoeck & Ruprecht, 136-138.

Dannenbeck, Clemens & Dorrance, Carmen (2016): Inkludiert wird man nicht – inkludiert ist man (oder auch nicht). Inklusion als Strukturmerkmal und kritischer Maßstab. In: Bernasconi, Tobias & Böing, Ursula (Hrsg.): Schwere Behinderung und Inklusion. Facetten einer nicht ausgrenzenden Pädagogik. Oberhausen: Athena, 23-36.

Dederich, Markus (2006): Exklusion. In: Dederich, Markus; Greving, Heinrich, Mürner, Christian; & Rödler, Peter (Hrsg.): Inklusion statt Integration? Heilpädagogik als Kulturtechnik Gießen: Psychosozial Verlag, 11-27.

Dederich: Markus (2013): Philosophie in der Heil- und Sonderpädagogik. Stuttgart: Kohlhammer

Schlee, Jörg (2015): Schulentwicklung gescheitert. Die falschen Versprechen der Bildungsreformer. Stuttgart: Kohlhammer.

Werning, Rolf (2012): Inklusive Schulentwicklung. In: Moser, Vera (Hrsg.): Die inklusive Schule. Standards für die Umsetzung. Stuttgart: Kohlhammer, 49-61.

Teil 1:

Grundlagen

Andreas Köpfer

Lernsituationen, Lernräume, Differenzierungsräume – Didaktik als Echolot zwischen Inklusion und Exklusion

Zusammenfassung: In diesem Beitrag werden Lernräume im Kontext inklusiver Schulentwicklung diskutiert und dabei u.a. Differenzierungsräume exemplarisch in den Blick genommen. Übergeordnete Frage ist, wie differenzierte Lernräume im Kontext inklusiver Unterrichtsgestaltung gestaltet sein und genutzt werden können, die eine bildungsgerechte Bearbeitung der Heterogenität der Schüler/innen zulassen und gemeinsame Lernsituationen ermöglichen. Unter Bezugnahme auf empirische Forschungen und theoretische Ansätze zu Lernsituationen werden theoretische Schlussfolgerungen und erste Eckpunkte für die praktische Gestaltung an Inklusion orientierter Lernräume aufgeworfen.

1 Einleitung – Inklusive Schulentwicklung als (Um-)Ordnung von Räumen?

Die Frage, wie Differenz in Schule und Unterricht hergestellt und bearbeitet wird (Mecheril & Plößer 2009; Fritzsche 2014; Prengel 2006), kann in theoretischer wie empirischer Hinsicht auf unterschiedlichsten Ebenen des Schulsystems adressiert werden (Häcker & Walm 2015) und ist Resultat unterschiedlicher Bedingungsfaktoren zwischen Systemebene, Schulorganisation, Unterricht und handlungspraktischer Ausformung durch die Akteurinnen und Akteure. Die derzeitigen bildungspolitisch-rechtlichen, ressourcenallokatorischen und schulorganisatorischen Veränderungen im Zuge eines Reformprozesses, der unter dem Begriff „Inklusion" verhandelt wird und mit dem das ausgewiesene und rechtlich basierte Ziel der Schaffung teilhabeorientierter Bildungsräume verbunden ist (UN 2006; Biermann & Powell 2014), besitzen u.a. eine räumliche Dimension. Ob nun auf der Ebene von Systemen (Förderschule – Allgemeine Schule) oder auf der Ebene von Unterricht (innerhalb – außerhalb des Klassenraumes): Die Diskussion um „Inklusion", „inklusive Schule" und „inklusivem Unterricht" ist normativ durchzogen mit Bezügen zu Raum und Räumlichkeit, zu Ein- und Ausgeschlossensein, Inklusion und Exklusion. Daher erscheint insbesondere die Analyse der Schnittstelle von Lernraum und Inklusion virulent, die Gegenstand dieses Aufsatzes ist.

Dem Text liegt ein Verständnis von Inklusion zugrunde, das auf der teilhabeorientierten Analyse von Ein- und Ausschlussprozessen basiert (vgl. Booth & Ainscow 2017) und – bezogen auf die Bildungsorganisation Schule – die Einzelschule als System von Ermöglichungen und Barrieren versteht, die im Wechselspiel von Akteurinnen und Akteuren und zur Verfügung stehenden Rahmenbedingungen ausgehandelt werden.

Hierin zeigen sich derzeit zwei sich überlagernde Bewegungen. Zum einen eine – insbesondere mit der UN-Behindertenrechtskonvention (UN 2006) einhergegangene – normative Perspektive auf die Teilhabe von Menschen mit Behinderungserfahrungen auf unterschiedlichen Ebenen des Bildungssystems, die zu einer latenten Präferenz des „innen" und zu einer Abwehr des „außen" in pädagogischen Settings geführt hat (was sich u.a. in dem sich Verpflichtetfühlen von Lehrpersonen äußert, alle Schülerinnen und Schüler ‚im Sinne der Inklusion' dauerhaft in einer Klasse zu unterrichten und den Förderraum ‚nur widerwillig und äußerst selten zu nutzen') und im Sinne der Integrations- und nun Inklusionsbewegung als traditionelle Aufhebung von separierenden bzw. segregierenden Sonderräumen anzusehen ist (Feuser 2010; Hinz 2013). Dies bildet sich z.B. in einer kontinuierlichen Ausdifferenzierung von Organisationsformen von Förderschule, -klasse, -raum, -tisch bis hin zu einem Klassenraumplatz mit Unterstützungskraft (Schulassistenz) etc. ab (vgl. Bless 2006).

Zweiter Entwicklungsstrang entstammt der erziehungswissenschaftlichen Diskussion über pädagogische Räume und der architektonischen wie sozialräumlichen Verfasstheit von Bildungsorganisationen und einer zunehmenden Beachtung und Implementierung offener und interaktiver pädagogischer Lernformen und Lernorte (vgl. u.a. Zierer 2013; Kajetzke & Schroer 2009), z.B. durch die Schaffung und Nutzung von Differenzierungsräumen und Lernateliers.

Für einen an Inklusion orientierten Unterricht zeigt sich also der Umgang mit Raum im Allgemeinen und mit Differenzierungsräumen im Besonderen als bedeutsam, da sich hierin schulpraktisch die Dialektik und Komplexität inklusiver Schul- und Unterrichtsentwicklung zeigt: als ambivalentes Gefüge aus der Möglichkeit zur Gestaltung eines individualisierten und differenzierten Unterrichts (Feuser 2010) einerseits und der Gefahr der Produktion struktureller Separation innerhalb eines inklusiven Unterrichtssettings (Blasse u.a. 2014) andererseits.

Differenzierungsräume – oftmals auch Differenzierungsflächen, Gruppenräume, Förderräume oder Lernateliers genannt (vgl. u.a. Montag Stiftungen 2015) – werden als Sammelbegriff von zusätzlich zum Klassenraum bestehenden Räumlichkeiten verwendet, die für die didaktische Gestaltung von Unterricht und Förderung zur Verfügung stehen. Differenzierungsräume sind also unterrichtliche Strukturangebote, deren handlungspraktische Nutzung durch professionelle Akteurinnen und Akteure, z.B. in Relation zu ihrer Rolle, Zuständigkeit, Expertise, bedingt ist. In diesem Artikel werden exemplarisch Differenzierungsräume in den

Blick genommen, da sie als Qualitätskriterien für moderne Schulbauten gelten (Montag Stiftungen 2015) und daher zunehmend für inklusiven Unterricht zur Verfügung stehen, wenngleich deren didaktische und kooperative Nutzung von Schülerinnen und Schülern sowie pädagogischem Personal bislang konzeptionell nicht aufgearbeitet ist (vgl. Köpfer 2016). Dabei stellt gerade die personalstrukturelle Möglichkeit der unterrichtlichen Nutzung eines Differenzierungsraumes einen entscheidenden Entwicklungsaspekt (z.b. im Rahmen eines Zwei-Pädagoginnen- bzw. Pädagogen-Systems) dar.

2 Raumtheoretische Bezüge und erste empirische Forschungen

In jüngerer Vergangenheit setzen sich im wissenschaftlichen Diskurs theoretische Positionen zu Raum und Räumlichkeit durch, die Raum weder als rein physischen Container (i.S. einer äußeren, absolutistischen Hülle) wahrnehmen, noch ihn als sozial-interaktives Geschehen (Sozialraum) begreifen, sondern – wie im sog. „spatial turn" (Döring & Thielmann 2008; Löw 2000) festgehalten – als Verbindung bzw. Wechselwirkung zueinander. Raum ist – Löw (2006, 119) folgend – also ein „Hybrid aus materiellen Voraussetzungen und sozialer Nutzung". Die Kategorie Raum stellt demnach eine strukturierende Entität sozialer Prozesse dar, in der und durch die Differenzsetzungen ausgeübt werden können (Budde & Rißler 2014). Analog zum erziehungswissenschaftlichen Verständnis, dass Differenzen nicht als „unhintergehbare Individualität" (Balzer 2012, 19) bestehen, sondern in einem konstruktiven Prozess als ‚doing difference' (z.B. durch pädagogisches Handeln) hervorgebracht werden (Fritzsche 2014; Budde 2013), kann Raum als Ordnung produzierendes Moment im Sinne eines ‚doing spaces' (Köpfer 2016; vgl. LeFebvre 2006) bezeichnet werden – auf physisch-materieller (z.B. Klassenzimmergröße, Sitzordnung, genderspezifische Toiletten, barriere(un)freie Schulgebäude etc.) wie auf sozialer Ebene (z.B. Raumstrukturierung durch Schulassistenz, Peer-Groups, Gruppeneinteilungen durch Lehrperson) (Bognar & Maring 2014, 242; Kajetzke & Schroer 2009).

Ein Blick in aktuelle Forschungen zeigt, dass die Rolle räumlicher Ordnungen bei Differenzsetzungen in empirischer Hinsicht weitgehend ungeklärt ist. Zwar spielt die Analysekategorie „Raum" in theoretischer (z.B. Nugel 2016) wie auch empirischer Hinsicht (z.B. Hummrich 2012) eine bedeutsame Rolle im erziehungswissenschaftlichen Fachdiskurs – räumlicher Umgang mit Differenz und sich hieraus ergebende Erkenntnisse für Inklusion und Exklusion sind allerdings selten Bestandteil empirischer Untersuchungen.

Ein Forschungsstrang, der Inklusion/Exklusion zunehmend empirisch adressiert, ist im Bereich der Schularchitektur zu finden (Reich 2017, laufend; Böhme 2009).

So untersucht z.B. die Studie „Raum und Inklusion" (Reich 2017 laufend) mit einem Best-Practice-Ansatz Gelingensbedingungen für inklusive Schulbauten. Zudem wird Raum als interdisziplinäre Kategorie sozialer Strukturierungen und (Macht-)Ordnungen herangezogen (Böhme & Herrmann 2011; Herrmann 2014). In Bezug auf Inklusion wurden erste Studien initiiert, die nach dem Zusammenhang von Raumordnung und Schülerinnen- bzw. Schülerkonstellation in heterogenen Klassen fragen (Budde & Rißler 2014; Dlugosch & Langner 2015). So fanden Budde und Rißler (2014) in einer ethnographischen Studie heraus, dass nicht Förderschwerpunktzuschreibungen der Schülerinnen und Schüler, sondern primär das Verhalten derselben die Sitzordnung bedingt (ebd.). Auch international wurde die Bearbeitung unterschiedlicher Heterogenitätsdimensionen durch Raum erforscht, z.B. durch Hemingway (2008), die den schulischen Umgang mit Curricula in genderspezifischer Hinsicht als raumeröffnend respektive -schließend herausarbeitete.

Weitere Studien fokussieren auf Praktiken von Akteurinnen und Akteuren in Schule und Unterricht, die zu einer raumbezogenen Differenzbearbeitung führen. In der international vergleichenden Studie „Inclusive Spaces" untersuchen Buchner u.a. (2016, laufend) mit partizipatorischen Methoden die Raumproduktion und -aneignung der Schule durch Praktiken von Schülerinnen und Schülern. Blasse u.a. (2014) identifizieren in ihrer ethnographischen Untersuchung schulkulturelle Akteurspraktiken der Exklusion innerhalb eines sich als inklusiv ausweisenden Systems. Sie kommen zu dem Schluss, dass „mit jedem Akt der Inklusion auch immer ein Moment der Exklusion einhergeht" (ebd. 1). Während im deutschsprachigen Kontext bislang keine Studien zur Nutzung von Differenzierungsräumen vorliegen, untersuchen Studien im internationalen, insbes. angloamerikanischen Kontext die Herein- bzw. Herausnahme von Schülerinnen und Schülern aus Klassen in „Resource Rooms" durch sog. „Pull-Out" oder „Pull-In"-Maßnahmen (Merz-Atalik 2009; Blatchford u.a. 2012; Löser 2013; Köpfer 2013). Zusammenfassend wird hier auf Gefahren einer möglichen Stigmatisierung durch raumzuweisende Förderung – oftmals in Korrelation mit z.B. Schulassistenz – verwiesen. Zudem, so fanden Blatchford u.a. (2012) heraus, gehen Einzelförderungen in Differenzierungsräumen nicht mit dem erwartet höheren Lernerfolg der Schülerinnen und Schüler einher. In den bestehenden Studien wird deutlich, dass der räumlichen Gestaltung und ihrer Nutzung eine unterstützende wie hinderliche Funktion zur Realisierung schulischer Inklusion im Unterricht zukommen kann und nicht per se von einem ‚inklusiven (Klassen-)Raum' gesprochen werden kann.

3 Von Lernräumen zu Lernsituationen im Kontext von Inklusion – ein multidimensionales Konstrukt

Mit dem Verständnis, dass sich Inklusion auf die gesamte Schule bezieht und nicht als Zuweisungskategorie für Kinder, wie z.b. „Inklusionskinder", oder Klassen, z.b. „Inklusionsklassen" fungiert, sondern bildungsgerechtes Lernen für alle Schülerinnen und Schüler der Schule im Fokus hat, stellt sich die Frage, wie Lernräume innerhalb dieser Schule gestaltet sein können. Und grundlegender: wie Lernräume dann zu fassen, zu definieren sind. Ohne an dieser Stelle auf Transformationen hinsichtlich schulischer Lernräume in Zeiten zunehmender Entgrenzungsdynamiken (z.b. durch digitale Bildung) und Deterritorialisierungen eingehen zu können (vgl. Böhme 2013; Allan 2004), kann konstatiert werden, dass das Lernen der Schülerinnen und Schüler – gefasst als Perturbation bestehender Wissenssysteme durch herangetragene oder vorgefundene Lernangebote und der hierin enthaltenen Diskrepanzerfahrung (vgl. Sturm 2013) – durch unterschiedliche räumliche Ebenen und Bedingungsfaktoren innerhalb einer an Inklusion orientierten Schule beeinflusst wird (s. Übersicht Abb. 1, vgl. Köpfer 2014):

Gestaltung barrierefreier Gebäude/ Lernräume	Adjustierung und Allokation von Unterstützungs- maßnahmen	Zuständigkeiten und Gestaltungsräume professioneller Rollen	Konnotationsräume – Umgestaltung terminologischer Kategorien

(vgl. Köpfer 2014)

Abb. 1: Räumliche Transformationsebenen im Kontext von Inklusion

Da Lernen nicht der physischen Zerlegung von Zeit und Raum folgt, gewinnen – gerade im Kontext von an Heterogenität statt Homogenität orientierten Lehr-Lernsettings wie z.b. altersdurchmischten Klassen – Lernraumarrangements von Bedeutung, die eine flexible und multifunktionale Raumgestaltung zulassen. Hinsichtlich der Makroebene schularchitektonischer Lernraumgestaltungen wird daher zunehmend eine Gleichzeitigkeit von Fachräumen und Lernlandschaften im Lerncluster sowie Projekt- und Werkstattbereiche vorgeschlagen (vgl. Imhäuser 2014). Die verschiedenförmigen Lernräume – die durch die Vielzahl von kommunikativen, formellen und informellen (auch digitalen) Lerngelegenheiten nur entgrenzt zu denken sind (Fell 2015, 42; Ahrens 2009) – bieten ein heterogenes Ensemble architektonisch-materiell zur Verfügung stehender Räume, in der die binäre Unterscheidung von „innen-außen", von regulärem Raum und Sonderraum in materialer Hinsicht nicht aufrecht erhalten wird bzw. werden kann. Daher verlagert sich die nachvollziehbare normative Postulierung Imhäusers (2014, 49),

„keine Sonderräume für besondere Schüler(innen)", sondern „Lernumgebungen, von denen alle profitieren" zu schaffen, d.h. eine Transformation von Sonder- zu allgemeinen Räumen anzustoßen, letztlich auf die Ebene der sozialen Situation, die über Ein- bzw. Ausschluss entscheidet. Es sollte demnach nicht gefragt werden: Welcher Raum ist für welche Schülerinnen bzw. Schülergruppe konzipiert? Sondern: Wie werden die zur Verfügung stehenden Räumlichkeiten didaktisch, unterrichtlich, kooperativ genutzt und welche potenziell überdauernden Ein- und Ausschlusspraktiken werden in dieser Nutzung deutlich? Welche Räume schränken z.b. aufgrund ihrer Barriereunfreiheit für bestimmte Heterogenitätsfacetten (u.a. körperliche Immobilität) Handlungsmöglichkeiten ein und/oder werden durch Nutzungspraktiken sukzessive mit Barrieren versehen (z.b. Möblierung von Differenzierungsräumen)?

Die Flexibilisierung und Öffnung pädagogischer Lernräume im Sinne einer offenen Architektur wird insbesondere in reformpädagogischen und integrationspädagogischen Strömungen überwiegend positiv konnotiert, gerade weil ihr „ein Potenzial zur Einübung in demokratische Diskurspraktiken" (Böhme 2013, 140) zugeschrieben wird. Dennoch weist Böhme (ebd.) darauf hin, dass in der architektonischen Öffnung und kommunikativ verhandelten Nutzung geöffneter Lernräume die asymmetrisch angelagerten Machtpositionen (z.B. Lehrperson – Schüler) nicht außer Kraft gesetzt und just in Konflikt- bzw. Entscheidungssituationen virulent werden. Böhme (ebd.) schlussfolgert: „Leere oder flexible Architekturen eröffnen also Spielräume für eine Zuweisungs- und Integrationspädagogik, in der die sozialen Regeln immer wieder interaktiv erzeugt und situativ zur Geltung gebracht werden (müssen)."

In der aktuellen Phase inklusiver Schulentwicklung, die sich durch eine Fokussierung auf die organisatorische Integration von Schülerinnen und Schülern mit sonderpädagogischem Förderbedarf in Regelklassen auszeichnet (Hinz 2013), können Tendenzen einer terminologischen wie handlungspraktischen Verengung der Bezeichnung und Nutzung von zur Verfügung stehenden Differenzierungsräumen ausgemacht werden, die Ausdruck finden in Bezeichnungen wie „Inklusionsschülerinnen und -schüler" oder „Inklusionsraum" und letztlich auf eine Labeling oder materiale Verräumlichung im Sinne einer förderortspezifischen Raumzuweisung qua Inklusion hindeuten.

Dies macht die Frage nach der Gestaltung sozialer Situationen und der Organisation von Lernangeboten und Lerngelegenheiten vor dem Hintergrund von im (Kommunikations-)System und im materialen Lernraum Schule eingelagerten Regel- und Zeichensystemen relevant. Auf der Mikroebene kann ein Lernraum daher als „soziale Situation" gefasst werden, „die sich zwar eines bestimmten materiell-physischen Raumes bedienen kann, die aber nicht auf diesen angewiesen ist" (Wittwer & Diettrich 2015, 15). Grundlegend für den Situationsbegriff ist hierbei der Aspekt der Handlung und der Handlungsfähigkeit, die in einem wechselseitigen Verhältnis zwischen Individuum und Bedeutung inbegriffen ist. In einen unterrichtlich-didaktischen Handlungsrahmen eingelagert, bedeutet dies eine zeitlich vereinbarte, themenbezogene Interaktion: „Zentrale Elemente einer sozialen Situation sind somit die interagierenden Subjekte." (ebd., 16).

Zusammengefasst können solche Situationen demnach als Momente der Interaktion bezeichnet werden, die sich in gemeinsamen Lernsituationen zwischen Subjekten verdichten. Sie wurden im Kontext von Integration und später Inklusion bereits von Wocken (1998) aufgefächert und in der Zwischenzeit u.a. von Markowetz (2016) weiterentwickelt. So können Schülerinnen und Schüler z.B. in kommunikativen, prosozialen, solidarischen und/oder kooperativen Gemeinsamen Lernsituationen (Wocken 1998) lernen, die sich, nach Auffassung von Wocken (ebd.), jeweils durch einen schwachen respektive starken Grad der Gemeinschaftlichkeit sowie in der Zielrichtung der (ggf. gegenseitigen) Unterstützungsleistung auszeichnen.

Darüber hinaus wird die koexistente Lernsituation aufgeführt, die durch Markowetz (2016) weiterführend differenziert wird. Er fügt eine Ebene der exklusiven Lernsituationen hinzu, in der exklusiv-individuell, exklusiv-partnerschaftlich (zu zweit) sowie exklusiv-kollektiv (in Gruppen) gelernt werden kann (ebd., 277f.) mit dem Plädoyer, dass „nicht das Lernen im gemeinsamen Unterricht, sondern das Lernen in exklusiven Lernsituationen in der inklusiven Bildung" (ebd., 279) zu rechtfertigen sei. Wenngleich hier die Unterscheidung von „inklusiven" und „exklusiven" Lernsituationen nahezu obsolet wird und unter dem Aspekt des Gemeinsamen subsumiert werden kann, wird die Pluralität lernraumübergreifender Möglichkeitsräume für Gemeinsames Lernen innerhalb einer Schule deutlich.

So zeigen sich, unabhängig vom Lernort auf sozialer Ebene, unterschiedliche Konstellationen gemeinsamer Lernsituationen, von denen je nach Gegenstand und Klassensituation die ein oder andere präferiert und eingesetzt werden kann. Die Nutzung von Lernräumen erfolgt dann nicht mehr bezogen auf die Differenz von Inklusion (Klassenraum) und Exklusion (separatem Raum), sondern bezogen auf die didaktische Planung von gegenstandsbezogenen Aktivitäten im Klassenverband unter Berücksichtigung unterschiedlicher Lernsituationen und unter Nutzung zur Verfügung stehender architektonisch-räumlicher Gegebenheiten.

Diese auf der Ebene von Sozial- und Kommunikationsform entworfenen „Gemeinsamen Lernsituationen" bilden daher didaktische Elemente eines an Inklusion orientierten Unterrichts, setzen aber ein „im Feld sein" der Schülerinnen und Schüler als Grundlage für soziale Anerkennungsprozesse voraus (vgl. Ziemen 2009). Wenngleich die Auffächerung unterschiedlicher Gemeinsamer Lernsituation durch Wocken als Kritik und Gegenposition an Feusers didaktischem Modell der „Kooperation am Gemeinsamen Gegenstand" intendiert war und auch vielfach als solche rezipiert wurde (vgl. Markowetz 2016), kann abschließend am Beispiel der Raumnutzung (z.B. durch Differenzierungsräume) in an Inklusion orientierten Schulen eine weiterführende Diskussion stattfinden, die die Gemeinsamen Lernsituationen als notwendiges und sich nicht ausschließendes Konzept innerhalb einer lernraumübergreifenden Kooperation am Gemeinsamen Gegenstand ansieht. Dabei wird die Kooperation am Gemeinsamen Gegenstand nicht der von Wocken ausgewiesenen „kooperativen, solidarischen Lernsituation" (ebd., 261) zugeordnet, sondern als eine mögliche Kommunikations- und Lernform innerhalb eines übergeordneten Kooperationsprozesses im Sinne eines prozessorientierten Gemeinsamen Gegenstandes verortet.

4 Theoretische Diskussion: Differenzierung als ambivalentes Konstrukt – oder: die Frage nach dem ‚gemeinsamen Band'

Es herrscht im Allgemeinen Einigkeit darüber, dass im Zuge der mit Inklusion einhergehenden kritischen Prüfung von Ein- und Aussonderungsprozessen in Bildungsorganisationen Differenzierung als ein didaktisches Gelingensmerkmal verhandelt wird. Dies scheint auf den zweiten Blick nicht so selbstverständlich, werden durch nicht-intentionale Bedingungsfaktoren in Schule und Unterricht oftmals Differenzierungen (z.B. in Räumen angelegte Barriereunfreiheit) geschaffen, die zu bildungsungerechter Bearbeitung von Differenz beitragen können. Kritisch gesprochen scheint die pädagogische Praxis also lediglich auf Verschiedenheit zu reagieren, die z.T. aus ihr heraus entsteht, die sie im pädagogischen Handeln im Sinne eines „doing difference", also einer Praxis der Differenzproduktion, zuallererst hervorbringt (vgl. Wrana 2014; Sturm & Wagner-Willi 2012). Die Praxis des Differenzierens ist also eine dialektische, eine Reaktion auf (bestehende oder geschaffene) Differenz durch Differenzieren.

Vor dem Hintergrund der in diesem Aufsatz verhandelten Hypothese, dass Inklusion und Exklusion – systemtheoretisch gedacht als ein funktional zusammengehöriges System unterschiedlicher Funktionsfelder (vgl. Feuser 2010) – physisch-räumlich notwendige Elemente einer an Teilhabe und Bildungsgerechtigkeit orientierten Schule sind, stellt sich dann die Frage nach dem Verbindenden bzw. dem Teilhabe stiftenden „gemeinsamen Band" innerhalb eines differenzierten Feldes. Auf das Beispiel der zunehmenden Implementierung und Nutzung von Differenzierungsräumen zurückkommend bedeutet dies, dass nicht die physisch-räumliche Konstitution von Schule und die Tatsache eines wie auch immer bezeichneten Differenzierungs-, Förder- oder „Inklusions-"Raumes über eine bildungsungerechte Differenzbearbeitung von innen und außen, Inklusion zu Exklusion, entscheidet, sondern die didaktische Nutzung des relationalen Feldes von Klassenraum und zur Verfügung stehendem Differenzierungsraum.

Somit kann – auf der Ebene der Schule verbleibend – dann als übergeordneter Gemeinsamer Gegenstand gefasst werden (Feuser 2016), was Inklusion und Exklusion als didaktische und schulorganisatorische Bausteine im Sinne einer subjektbezogenen Relationalität und kontextuellen Situierung miteinander verbindet, sie räumlich und sozial liiert. Innerhalb dieses von Feuser (1995) als Kooperation bzw. gemeinsam geteilter Arbeitsprozess bezeichneten Gemeinsamen Gegenstandes können dann unterschiedliche Sozial- und Arbeitsformen im Sinne Gemeinsamer Lernsituationen gegenstandsbezogen – d.h. je nach didaktischer Relevanz und Zielführung – eingesetzt werden, die Wocken in ihren unterschiedlichen Kooperationskonstellationen bereits ausdifferenziert hat.

Somit zeichnet sich zum einen ab, dass die Frage nach der Überwindung einer systemtheoretisch und funktional höchst notwendigen Auflösung einer hierarchisch-normativ gegliederten Relation von Inklusion und Exklusion bezogen auf schulische Bildungsräume nur didaktisch zu realisieren ist. In Anlehnung an die psychologische Figur des „Dritten Raumes" (vgl. Nadig 2006), kann der Gemeinsame Gegenstand als sowohl räumliche Inklusion wie auch Exklusion umfassender, ungewisser (vgl. Böing 2016) und durch Lehrpersonen begleiteter Arbeitsprozesse von Schülerinnen und Schülern gefasst werden, in welchem ein eigenständiger, gegenstandsbezogener Raum verhandelt und konstituiert wird.

5 Praktische Schlussfolgerungen – Eckpunkte für Lernraumgestaltung

Welche Schlussfolgerungen lassen sich nun aus der aufgeworfenen relationalen Perspektive auf Lernräume und deren Bedeutung und Nutzung im Kontext von Inklusion ableiten? Die aufgeführte Diskussion zur theoretischen Konzeption von Lernräumen lässt folgende ersten, und sicherlich nicht mit dem Anspruch der Vollständigkeit aufgeführten Eckpunkte virulent werden. Zugrunde liegt dabei eine Perspektive auf Inklusion, die nicht auf den „Umgang mit Behinderung" oder auf die behinderungsbedingte Raumbearbeitung abzielt, sondern auf ganzheitliche, schulkulturelle wie didaktische Möglichkeiten der Raumaneignung für alle Schülerinnen und Schüler, die u.a. geschaffen werden durch
- barrierefreie Lernräume (im Sinne von Zugangsbarrieren und flexibler Nutzung von Mobiliar) sowie Gestaltungsmöglichkeiten für Schülerinnen und Schüler
- die unterrichtliche Möglichkeit zur selbstgesteuerten und demokratischen Entscheidung der Nutzung von Differenzierungsräumen
- Lerngegenstandsbezogene Aushandlung der Nutzung zur Verfügung stehender Räume bzw. Erschließung neuer relevanter, ggf. außerschulischer Lernräume (z.B. im Rahmen von Projektarbeit)

- Raumbezogene Differenzierungsangebote auf der Ebene individueller Lern- und Entwicklungsstände (z.b. in Freiarbeit, Ruheraumzeiten etc.)
- Kollektive Raumnutzung als Konsequenz eines gruppendynamischen Entscheidungsprozesses
- Lerngruppenbezogene Reflexion von Zugangsbarrieren zu und durch Kommunikationsräume (z.b. durch professionelle Zuständigkeiten, Beispiel: Schulassistenz)
- Lerngruppenbezogene Reflexion zu räumlich überdauernden Zugehörigkeiten und Lernsituationen

Literatur

Ahrens, Daniela (2009): Der schulische Lernort: Zwischen institutioneller Entgrenzung und sozialer Verräumlichung. In: Böhme, J. (Hrsg.): Schularchitektur im interdisziplinären Diskurs. Wiesbaden: VS Verlag für Sozialwissenschaften, 73-87.

Allan, Julie (2004): Deterritorializations: Putting postmodernism to work on teacher education and inclusion. In: Educational Philosophy and Theory 36 (4), 417-432.

Balzer, Nicole (2012): Die Vielfalt der Heterogenität. In: Košinár, J. & Leineweber, S./Hegemann-Fonger, H./Carle, U. (Hrsg.): Vielfalt und Anerkennung. Hohengehren: Schneider Verlag, 12-25.

Biermann, Julia & Powell, Justin W. (2014): Institutionelle Dimensionen inklusiver Schulbildung. In: Zeitschrift für Erziehungswissenschaft, 17(4), 679-700.

Blasse, Nina; Budde Jürgen; Hinrichsen, Merle; Niemeyer-Jensen, Beatrix & Thon, Christine (2014): Die Exklusivität des Inklusiven. In: Schulpädagogik heute. Inklusion in Schule und Unterricht, 5 (10).

Blatchford, Peter; Webster, Rob & Russell, Anthony (2012): Challenging the Role and Deployment of Teaching Assistants in Mainstream Schools: The Impact on Schools. Final Report on the Effective Deployment of Teaching Assistants (EDTA) project. Online unter: http://maximisingtas.co.uk/assets/content/edtareport-2.pdf (Abrufdatum: 15.02.2017)

Bless, Gerhard (2006): Zur Wirksamkeit der Integration: Forschungsüberblick, praktische Umsetzung einer integrativen Schulform, Untersuchungen zum Lernfortschritt. Bern: Haupt Verlag.

Böhme, Jeanette (2009) (Hrsg.): Schularchitektur im interdisziplinären Diskurs. Wiesbaden: VS Verlag für Sozialwissenschaften.

Böhme, Jeanette (2013): Schulische Raumentwürfe. In: Kahlert, J.; Kirch, M.; Nitsche, K.; Zierer, K. (Hrsg.): Räume zum Lehren und Lernen. Bad Heilbrunn. 133-144.

Böhme, Jeanette & Herrmann, Ina (2011): Schule als pädagogischer Machtraum. Typologie schulischer Raumentwürfe. Wiesbaden: VS Verlag für Sozialwissenschaften.

Böing, Ursula (2016): Ungewissheit – Implikationen einer nicht ausgrenzenden Pädagogik für Strukturen und Praktiken schulischer Inklusion. In: Böing, Ursula & Köpfer, Andreas (Hrsg.): Be-Hinderung der Teilhabe – soziale, politische und institutionelle Herausforderungen inklusiver Bildungsräume. Bad Heilbrunn: Klinkhardt, 95-114.

Bognar Daniel & Maring Bianca (Hrsg.) (2014): Inklusion an Schulen. Köln: Carl Link.

Booth, Tony & Ainscow, Mel (Hrsg.) (2017): Index für Inklusion. Ein Leitfaden für Schulentwicklung. Herausgegeben und adaptiert für deutschsprachige Bildungssysteme von Bruno Achermann, Donja Amirpur, Maria-Luise Braunsteiner, Heidrun Demo, Elisabeth Plate und Andrea Platte. Weinheim und Basel: Beltz Verlag.

Buchner, Tobias & Grubisch, Rainer/Fleischanderl, Ulrike/Nösterer-Scheiner, Sylvia/Frexler, Christine (2016): Inclusive Spaces: Ein partizipatorischer Forschungsansatz zur Erkundung von Schule, Differenz und Raum. In: In: Böing, U & Köpfer, A. (Hrsg.): Be-Hinderung der Teilhabe. Bad Heilbrunn: Klinkhardt, 147-157.

Budde, Jürgen (2013): Unscharfe Einsätze. (Re-)produktion von Heterogenität im schulischen Feld. Wiesbaden: VS Springer.

Budde, J. & Rißler, G. (2014): Topographie unterrichtsrelevanter Differenzkonstruktionen. In: Erziehung und Unterricht, 164(3-4), 333-341.

Dlugosch, Andreas & Langner, Antje (2015) Netzwerke inklusiver Konstellationen (NiK) – ein Erhebungs- und Reflexionsinstrument für die „Umsetzung" von „Inklusion"? In: Zeitschrift für Inklusion-Online (1), online unter http://www.inklusion-online.net/index.php/inklusion-online/article/view/264/250 (Abrufdatum: 15.05.2017)

Döring, Jörg & Thielmann, Tristan (Hrsg.) (2008): Spatial Turn. Das Raumparadigma in den Kultur- und Sozialwissenschaften. Bielefeld: transcript.

Fell, Margret (2015): Andragogische Grundüberlegungen zu einer lernförderlichen Gestaltung von umbauten Bildungsräumen. In: Wittwer, Wolfgang; Diettrich, Andreas & Walber, Markus (Hrsg.): Lernräume. Gestaltung für Lernumgebungen für Weiterbildung. Wiesbaden: Springer VS, 31-40.

Feuser, Georg (1995): Behinderte Kinder und Jugendliche. Darmstadt: Wissenschaftliche Buchgesellschaft.

Feuser, Georg (2010): Integration und Inklusion als Möglichkeitsraum. In: Stein, A.-D.; Krach, S. & Niedieck, I. (Hrsg.): Integration und Inklusion auf dem Weg ins Gemeinwesen. Bad Heilbrunn: Klinkhardt, S. 17-31.

Feuser, Georg (2016): Die Integration der Inklusion in die Segregation. In: Böing, U./ Köpfer, A. (Hrsg.): Be-Hinderung der Teilhabe. Bad Heilbrunn: Klinkhardt, 26-43.

Fritzsche, Bettina (2014): Inklusion als Exklusion. Differenzproduktionen im Rahmen des schulischen Anerkennungsgeschehens. In: Tervooren, Anja; Engel, Nicolas; Göhlich, Michael; Miethe, Ingrid; Reh, Sabine (Hrsg.): Ethnographie und Differenz in pädagogischen Feldern. Internationale Entwicklungen erziehungswissenschaftlicher Forschung. Bielefeld: transcript, 329-345.

Häcker, Thomas & Walm, Maik (2015): Inklusion als Herausforderung an eine reflexive Erziehungswissenschaft. In: Erziehungswissenschaft, 26 (1), 81-89.

Hemingway, J. (2008): Taking place seriously: spatial challenges for sex and relationship education. In: Sex Education: Sexuality, Society and Learning, 8 (3), 249-261.

Herrmann, Ina (2014): Vandalismus an Schulen. Bedeutungsstrukturen maskierender Raumpraktiken. Wiesbaden: VS Verlag.

Hinz, Andreas (2013): Inklusion – von der Unkenntnis zur Unkenntlichkeit!? – Kritische Anmerkungen zu einem Jahrzehnt Diskurs über schulische Inklusion in Deutschland. In: Zeitschrift für Inklusion-Online, H. 1, online unter http://www.inklusion-online.net/index.php/inklusion/article/view/201/182 (Abrufdatum: 01.05.2017)

Hummrich, Merle (2012): Jugend und Raum. Exklusive Zugehörigkeiten in Familie und Schule. Wiesbaden: VS Verlag.

Kajetzke Laura & Schroer, Markus (2009): Schulische Mobitektur: Bauen für die Bildung. In: Böhme, J. (Hrsg.): Schularchitektur im interdisziplinären Diskurs. Wiesbaden: VS Verlag für Sozialwissenschaften, 299-314.

Köpfer, Andreas (2013): Inclusion in Canada. Bad Heilbrunn: Klinkhardt.

Köpfer, Andreas (2014): Raum & Stigma – eine raumtheoretische Annäherung an die kritische Rolle von Integrationshelfer/innen in inklusiven Settings. In: Vierteljahresschrift für Heilpädagogik und ihre Nachbargebiete (83) 4, 295-304.

Köpfer, Andreas (2015): Raumtheoretische Überlegungen zur schulinternen Unterstützung am Beispiel des kanadischen „Methods & Resource Teachers" (M&RT). In: Schnell, Irmtraut (Hrsg.): Herausforderung Inklusion. Theoriebildung und Praxis. Bad Heilbrunn: Klinkhardt, 189-198.

Köpfer, Andreas (2016): Doing Spaces – kritische Perspektiven auf die Verräumlichung inklusiver Bildung im Kontext Schule. In: Böing U./Köpfer, A. (Hrsg.): Be-Hinderung der Teilhabe – soziale, politische und institutionelle Herausforderungen inklusiver Bildungsräume. Bad Heilbrunn: Klinkhardt, 82-94.Lefebvre, Henri (2006): Die Produktion des Raumes. In: Dünne, Jörg/Günzel, Stephan (Hrsg.): Raumtheorie. Grundlagentexte aus Philosophie und Kulturwissenschaften. Frankfurt am Main: Suhrkamp, 330-342.

Löser, Jessica (2013): „Support Teacher Model". Eine internationale Perspektive auf Lehrerkooperation an inklusiven Schulen. In: Werning, Rolf & Arndt, Ann-Kathrin (Hrsg.): Inklusion: Kooperation und Unterricht entwickeln. Kooperation und Unterricht entwickeln. Bad Heilbrunn: Klinkhardt, 107-124.

Löw, M. (2000): Raumsoziologie. Frankfurt am Main: Suhrkamp.

Löw, M. (2006): Einführung in die Soziologie der Bildung und Erziehung. Farmington: Verlag Barbara Budrich.

Markowetz, Reinhard (2016): Theoretische Aspekte und didaktische Dimensionen inklusiver Unterrichtspraxis. In: Fischer, Erhard & Markowetz, Reinhard (Hrsg.): Inklusion im Förderschwerpunkt geistige Entwicklung. Stuttgart: Kohlhammer, 239-288.

Mecheril, Paul & Plößer, Melanie (2009): Differenz und Pädagogik. In: Andresen, S; Casale, R.; Larcher, S.; Oelker, J. (Hrsg.): Handwörterbuch Erziehungswissenschaften, Weinheim/Basel, 194-208.

Merz-Atalik, Kerstin (2009): Integrative sonderpädagogische Unterstützungssysteme nach dem Modell des Ressource-Room (USA) – Eine international vergleichende Studie. In: Bürli, Alois/ Strasser, Urs/ Stein, Anne-Dore (Hrsg.): Integration/ Inklusion aus internationaler Sicht. Bad Heilbrunn: Klinkhardt, 227-238.

Montag Stiftungen (2015): Vergleich ausgewählter Richtlinien zum Schulbau. Bönen: Verlag Kettner.

Nadig, Maya (2006): Das Konzept des Raums als methodischer Rahmen für dynamische Prozesse. In: Wohlfart, Ernestine & Zaumseil, Manfred (Hrsg): Transkulturelle Psychiatrie – Interkulturelle Psychotherapie. Heidelberg: Springer, 67-80.Nugel, Martin (2016): Bildungsräume – Bildung und Raum. In: Zeitschrift für Erziehungswissenschaft 19, 9-29.

Prengel, Annedore (2006): Pädagogik der Vielfalt. Verschiedenheit und Gleichberechtigung in Interkultureller, Feministischer und Integrativer Pädagogik. 3. Aufl. Wiesbaden: VS Verlag.

Reich, Kersten (2017): Raum und Inklusion: Lernräume für eine inklusive Schule. BMBF-Projekt. (laufend).

Sturm, Tanja (2013): Lehrbuch schulische Heterogenität. Basel und Weinheim: UTB Reinhardt.

Sturm, Tanja & Wagner-Willi, Monika (2012): Inklusion und Milieus in schulischen Organisationen. In: Inklusion online (4), online unter http://www.inklusion-online.net/index.php/inklusion/article/view/185/173 (Abrufdatum: 15.05.2017).

UN – United Nations (2006): The UN-Convention on the Rights of Persons with Disabilities. Online unter: http://www.u.org/disabilities/convention/conventionfull.shtml (Abrufdatum: 01.05.2017).

Wittwer, Wolfgang & Diettrich, Andreas (2015): Zur Komplexität des Raumbegriffs. In: Wittwer, Wolfgang; Diettrich, Andreas & Walber, Markus (Hrsg.): Lernräume. Gestaltung für Lernumgebungen für Weiterbildung. Wiesbaden: Springer VS, 11-28.

Wocken, Hans (1998): Gemeinsame Lernsituationen. Eine Skizze zur Theorie des gemeinsamen Unterrichts. In: Hildeschmidt, Anne & Schnell, Irmtraud (Hrsg.): Integrationspädagogik. Auf dem Weg zu einer Schule für alle. Weinheim, München: Juventa, 37-52.

Wrana, Daniel (2014): Praktiken des Differenzierens. In: Tervooren, Anja; Engel, Nicolas; Göhlich, Michael; Miethe, Ingrid; Reh, Sabine (Hrsg.): Ethnographie und Differenz in pädagogischen Feldern. Internationale Entwicklungen erziehungswissenschaftlicher Forschung. Bielefeld: transcript, 79-96.

Ziemen, Kerstin (2009): Sozialer Tausch. In: Dederich, M. & Jantzen, W. (Hrsg.): Behinderung und Anerkennung. Bd. 2. Enzyklopädisches Handbuch der Behindertenpädagogik. Stuttgart: Kohlhammer, 96-104.

Jun.-Prof. Dr. phil. **Andreas Köpfer,** Inhaber der im Rahmen der Qualitätsoffensive Lehrerbildung durch das BMBF geförderten Juniorprofessor für Inklusive Bildung und Lernen an der Pädagogischen Hochschule Freiburg, Institut für Erziehungswissenschaft, Allgemeine Erziehungswissenschaft; Mitarbeiter im Bereich „Inklusion und Heterogenität" des FACE Freiburg; Arbeitsschwerpunkte: Inklusive Bildung, Schul- und Unterrichtsforschung, Lernräume, Inklusion/ Diversity im internationalen Kontext
Kontakt: andreas.koepfer@ph-freiburg.de

Tobias Bernasconi und Ursula Böing

Widersprüche und Ungewissheit – Herausforderungen für an Inklusion orientierte Schulen

Zusammenfassung: Der Beitrag beschreibt widersprüchliche Anforderungen, die sich im Kontext inklusiver Schulentwicklung für Lehrpersonen ergeben. Dabei werden als zentrale Widersprüche (1) die Problematik von Inklusion in ein an Selektion und Allokation ausgerichtetes Bildungssystem und (2) das Spannungsfeld von anzuerkennender Diversität einerseits und notwendiger spezialisierter und individueller Unterstützung andererseits diskutiert. Gerahmt werden diese Ausführungen von einleitenden und für das Verständnis grundlegenden Bemerkungen zu Inklusion und Behinderung und von abschließenden Skizzen zur Bedeutung der Anerkennung von Ungewissheit in diesem Prozess.

1 Einführung

Mit der Ratifizierung der UN-BRK haben sich die unterzeichnenden Staaten u.a. verpflichtet, ein inklusives Bildungssystem zu schaffen (vgl. BGBL 2008). Zu dessen Erfüllung sind innerhalb der jeweiligen Bildungssysteme umfangreiche Reformen einzuleiten, die insbesondere in Unterzeichnerländern, die traditionell ein differenziertes, hierarchisch selektiv organisiertes Schulsystem aufgebaut haben, zu einer Erschütterung tradierter, tief verwurzelter institutioneller Strukturen und historisch gewachsener professioneller Ansprüche führen können (vgl. Blanck u.a. 2013).

Aktuell zeigen sich insofern in diesen Ländern auf verschiedenen Ebenen und durch unterschiedliche Akteure initiierte Beharrungstendenzen (vgl. ebd.), durch die der beobachtbare Reformprozess weniger als Transformationsprozess, sondern eher als schrittweise, pfadabhängige Veränderung (vgl. ebd.) bezeichnet werden kann.

Dieser schrittweise Wandlungsprozess wird flankiert von widersprüchlichen Anforderungen und Ambivalenzen, die auf seiner Kehrseite aufscheinen. Sie verdichten sich in der Frage, inwiefern der Anspruch, der sich aus der UN-BRK und der in ihr formulierten Forderung - dem Recht auf wirkliche Teilhabe, auf die dafür bereitzustellende notwendige Unterstützung und auf Nicht-Diskriminierung - innerhalb eines Schulsystems, welches an Selektion und Allokation ausgerichtet ist, überhaupt eingelöst werden kann. Letztendlich verbindet sich mit der Anerkennung der UN-BRK die Frage nach der Legitimitätsgrundlage des hierarchisch gegliederten Schulsystems und der Funktion von Schule (vgl. Powell 2011). Diese mit inklusiver Schulentwicklung verbundenen Spannungsfelder, die im aktuell beobachtbaren bildungspolitischen und gesellschaftlichen Diskurs eher unsichtbar bleiben (vgl. Kluge u.a. 2015, 11), werden in jüngerer Zeit in Teilen des wissenschaftlichen Diskurses theoretisch und empirisch in den Blick genommen (vgl. z.b. Tervooren u.a. 2014; Häcker & Walm 2015; Sturm & Wagner-Willi 2015; Sturm u.a. 2016; Böing & Köpfer 2016), um sie zu identifizieren und einer Bearbeitung zugänglich zu machen.

2 Inklusion und Behinderung

Die Diskussion über und das Verständnis von Inklusion ist in den verschiedenen Diskursen mit sehr unterschiedlichen, ja gegensätzlichen Bedeutungen aufgeladen. In vielen (bildungspolitischen) Veröffentlichungen wird Inklusion so z.b. gleichgesetzt mit der Möglichkeit der Unterrichtung von Schülerinnen und Schülern mit zugewiesenem sonderpädagogischen Unterstützungsbedarf in allgemeinen Schulen (vgl. u.a. MSB NRW 2015). Die damit häufig verbundene Rede von ‚Inklusionskindern‘ oder ‚Inklusionsquoten‘ suggeriert, dass hierbei (1) zwischen Kindern und Jugendlichen *mit* zugewiesenem Förderbedarf differenziert werden könne, so als würde es Kinder und Jugendliche mit sonderpädagogischem Förderbedarf geben, die den Status ‚Inklusionskind‘ erhalten und solche, die diesen Status *nicht* erhalten und somit – quasi als ‚Nicht-Inklusionskinder‘ – in den nach wie vor bereitgestellten Fördersystemen verbleiben. Zweitens impliziert die Rede über sog. Inklusionsquoten die Annahme, als ginge es im Prozess inklusiver Schulentwicklung darum, eine stetig wachsende Population von als mit Förderbedarf attestierten Schülerinnen und Schülern in das allgemeine Schulsystem aufzunehmen. Beide Termini binden den ‚Erfolg‘ inklusiver Schulentwicklung an die jeweiligen Kinder und Jugendlichen mit zugewiesenem Förderbedarf. Ein derart verwendeter Inklusionsbegriff gibt vor, dass Inklusion ein zu erreichender Zustand sei, lediglich abhängig von der Zahl der ‚inkludierten‘ Kinder und Jugendlichen. Folgt man dieser, auf den jeweiligen Schüler oder die Schülerin bezogenen, Argumentation so mündet diese – fast zwangsläufig – in einer Dichotomisierung von sog. ‚inkludierbaren‘ und ‚nicht-inkludierbaren‘ Kindern und Jugendlichen (vgl. u.a. Poscher u.a. 2008, 22ff.), wobei Letztere als ‚Inklusionsverlierer‘ (vgl. Schäper 2015, 81) aus dem Allgemeinen Schulsystem ausgeschlossen bleiben. Diese begriffliche Engführung im Inklusionsdiskurs entspricht weder der Intention der UN-BRK noch ist sie aus sozialwissenschaftlicher Perspektive haltbar. Die UN-BRK bindet Inklusion ausdrücklich nicht an bestimmte, als behindert definierte Zielgruppen oder deren individuelle Voraussetzungen. Vielmehr scheint in ihr eine menschenrechtliche Perspektive auf, in der das Recht auf unhintergehbare Teilhabe von Anfang an formuliert ist (vgl. Dannenbeck & Dorrance 2016). Damit verbunden wendet sich der Fokus inklusiver Schulentwicklung nicht auf das einzelne Kind oder den Jugendlichen mit diagnostiziertem Förderbedarf oder dessen ‚Quote' im allgemeinen Schulsystem, sondern auf die Identifizierung und Bearbeitung von Teilhabebarrieren, Diskriminierungserfahrungen und (Bildungs-) Benachteiligung.

Inklusion wird damit zu einer „gesamtgesellschaftlichen Herausforderung" (Ziemen 2017, 101). Ein in diesem Sinne als inklusiv bezeichneter gesellschaftlicher Prozess zielt „auf die Überwindung von MARGINALISIERUNG, DISKRIMINIERUNG, STIGMATISIERUNG und setzt auf die »Anerkenntnis der Unteilbarkeit der menschenrechtlichen Basis« (Feuser & Maschke 2013, 8)"(ebd., Hervorhebung im Original). Sozialwissenschaftlich betrachtet handelt es sich um einen „Prozess der Veränderung von Verhältnissen in der Gesellschaft, in Systemen, Organisationen, Institutionen und Gemeinschaften mit dem Ziel, humanen und demokratischen Zusammenlebens, -lernens und -arbeitens" (ebd.).

Im hier zu verhandelnden schulischen Kontext meint inklusive Schulentwicklung damit den Prozess eines auf Anerkennung und Wertschätzung von Differenz basierenden schulischen Systems, in welchem mögliche Benachteiligungen und Barrieren identifiziert und bearbeitet werden. Dies zielt keineswegs ausschließlich auf die Differenz von Behinderung und Nicht-Behinderung entlang derer Ausgrenzung und Bildungsbenachteiligung sichtbar werden kann, sondern umfasst in gleicher Weise andere Differenzsetzungen, mit denen potentielle Benachteiligung einhergeht, so z.B. entlang unterschiedlicher sexueller Orientierungen, kultureller und sozialer Herkünfte, sozioökonomischer Bedingungen, Lebensalter, religiöser oder weltanschaulicher Zugänge (vgl. ebd.).

Unter anderem in systemtheoretisch basierten Veröffentlichungen wird im Kontext von Inklusion auf den Zusammenhang zur Exklusion verwiesen (vgl. Luhmann 2005; Kronauer 2010). Inklusion/Exklusion ist dann ein Beobachtungsschema von sozialen Systemen funktional differenzierter Gesellschaften und beschreibt eine ihnen innewohnende Dynamik und *keine* chronologische Abfolge oder räumliche Beziehung.

Das hier skizzierte Verständnis von Inklusion impliziert, dass es sich hierbei um ein „sich in Widersprüchen bewegendes und damit dauerhaft auf Konflikte angelegtes Programm" (Katzenbach 2012, 93) handelt. Inklusion ist demnach nicht ein sozialromantisches Modell einer nicht ausdifferenzierten Gesellschaft, kein zu erreichender Idealzustand, sondern ein „konflikthaftes Geschehen" (ebd., 99), in dem immer wieder erneut Fragen nach Benachteiligung und sozialer Ungleichheit gestellt und austariert werden müssen.

Zusammenfassend lässt sich der aktuell beobachtbare als Inklusion bezeichnete Schulentwicklungsprozess nicht als ein auf die Reform des bestehenden Erziehungs-, Bildungs- und Unterrichtssystems angelegten Prozess beschreiben. Vielmehr scheint der Begriff ‚Inklusion' vom Bildungssystem adaptiert zu werden, um ihn so in das bestehende segregierende System zu integrieren und unter veränderter Nomenklatur bestehende Verhältnisse zu sichern (vgl. Feuser 2016a).

Der Begriff der Behinderung ist mit unterschiedlichen, teils gegensätzlichen Bedeutungen aufgeladen. Ohne Anspruch auf Vollständigkeit reicht das Verständnis von einer individuumzentrierten und auf die vermeintlichen Defizite und Merkmale einer einzelnen Person ausgerichteten Perspektive, aus der sich ein Primat an auf Förderung ausgerichtetes pädagogisches Handeln ergibt, über systembezogene stärken- und ressourcenorientierte Sichtweisen bis hin zu einer Betrachtung von Behinderung als in kulturell-gesellschaftlichen Diskursen hervorgebrachte Differenz, in der die Praxis der Differenzerzeugung relevant und einer Bearbeitung zugänglich gemacht werden soll (vgl. z.B. Greving & Gröschke 2000; Dederich 2007; Waldschmidt & Schneider 2007)

Die UN-Behindertenrechtskonvention verzichtet in ihrer Präambel unter Verweis auf die Erkenntnis „dass das Verständnis von Behinderung sich ständig weiterentwickelt" (BGBL 2008, 1420) auf eine Definition von Behinderung. Mit dem Hinweis darauf, „dass Behinderung aus der Wechselwirkung zwischen Menschen mit Beeinträchtigungen und einstellungs- und umweltbedingten Barrieren entsteht, die sie an der vollen, wirksamen und gleichberechtigten Teilhabe an der Gesellschaft hindern" (ebd.), folgt sie der in der International Classification of Functioning, Disability and Health (ICF) der WHO gewählten Beschreibung einer Wechselwirkung zwischen funktionalem Gesundheitszustand, Aktivitäts- und Teilhabemöglichkeiten bzw. Barrieren, welches als sog. bio-psycho-soziales Modell die Kontextfaktoren von Behinderung systematisch zu erfassen sucht (vgl. DIMDI 2005).

Um im Kontext des oben angelegten Inklusionsverständnisses und in der kritischen Reflexion derzeitiger bildungspolitischer Reformagenden über Behinderung zu sprechen, erscheint es notwendig, ein an sozial- und kulturwissenschaftlichen Erkenntnissen orientiertes Verständnis von Behinderung grundzulegen, welches u.a. in einer sozialwissenschaftlich orientierten Behindertenpädagogik (vgl. u.a. Jantzen 2010, 15ff.) oder durch die Disability Studies (vgl. u.a. Dederich 2007; Waldschmidt & Schneider 2007) hervorgebracht wurde und erforscht wird. Es gilt Behinderung in dieser Blickrichtung, vor dem Hintergrund ihrer historisch-kulturellen Gewordenheit, als soziales Konstrukt zu analysieren und damit einem Reduktionismus, der nur isolierte Aspekte im Rahmen des Diskurses um Behinderung und Inklusion betrachtet, vorzubeugen. Behinderung als soziale Konstruktion beschreibt selbige dabei „als Resultat einer sozialen Übereinkunft (...), die Einschränkungen in den Aktivitäten Behinderter durch die Errichtung sozialer Barrieren bewirkt" (Thomas 2004, 33 zit. nach Dederich 2010, 171). Das kulturelle Modell fokussiert neben den sozial-gesellschaftlichen die historischen und kulturellen Kontexte, in denen Behinderung als „Negativabweichung" (ebd. 175) verhandelt wird und „vielfältige Formen der Diskriminierung, Benachteiligung, Marginalisierung und Ausgrenzung nach sich zieht" (ebd., 171).

Zusammenfassend geht es darum, Behinderung im Kontext inklusiver Diskurse nicht auf individuelle Merkmale, Eigenschaften oder ‚Störungen' einer Person und ihrer Entwicklung zu verengen, sondern die sozialen Sachverhalte einzubeziehen, die aus einem Geflecht sozialer und kultureller Praktiken hervorgehen. Dies ermöglicht eine Perspektive, in der nicht das einzelne Kind oder der Jugendliche mit zugewiesenem sonderpädagogischem Förderbedarf und seine ‚Passung' im Allgemeinen Schulsystem betrachtet wird, sondern das Schulsystem und schulische Praktiken *selbst* auf inhärente Barrieren und Prozesse der Benachteiligung und Marginalisierung hin untersucht werden, um selbige zu identifizieren und zu beseitigen.

Insofern liegt die Intention des folgenden Kapitels nicht nur in einer Deskription identifizierter Widersprüche sondern in der Analyse, wie Behinderung im oben skizzierten Verständnis durch die bestehenden institutionalisierten Praktiken z.B. in Bezug auf Leistungsvergabe oder durch das Handeln der pädagogischen Akteurinnen und Akteure, erzeugt wird und wie eine notwendige Bedarfsorientierung legitimiert werden kann, ohne Behinderung im Sinne einer „Negativabweichung" (ebd., 175) zu konstruieren.

3 Widersprüche als Herausforderung für an Inklusion orientierte Schulen

3.1 Inklusion in ein an Selektion und Allokation ausgerichtetes Bildungssystem

Um die widersprüchlichen Anforderungen von Inklusion in ein an Selektion und Allokation ausgerichtetes Bildungssystem zu erhellen, erscheint ein kurzer Exkurs zur gesellschaftlichen Funktion von Schule relevant. Das Bildungssystem ist – als staatliches System organisierter Bildung und Erziehung – innerhalb einer funktional differenzierten Gesellschaft allgemein für die Erhaltung und Reproduktion gesellschaftlicher und sozialer Strukturen zuständig. Aus struktur-funktionalistischer Perspektive lassen sich verschiedene gesellschaftliche Funktionen identifizieren, die der Institution Schule, im Austausch mit anderen gesellschaftlichen Systemen, zu erfüllen aufgetragen sind. Fend (2006) differenziert verschiedene Funktionen: die Qualifikations-, Selektions-, Enkulturations- und schließlich die Integrations- und Legitimationsfunktion. Ohne nun differenziert die unterschiedlichen Funktionen zu erläutern, lässt sich allgemein zunächst feststellen, dass das Bildungssystem „kein politisch neutraler, herrschaftsfreier Raum [ist], sondern (...) zwangsläufig durch die politischen Machtstrukturen und Wertorientierungen einer Gesellschaft geprägt [wird]" (Keller 2014, 30) und insofern an der Herstellung von Differenzsetzungen im Handlungsraum Schule beteiligt ist, um bestehende gesellschaftliche Praktiken zu legitimieren.

Für den hiesigen Kontext widersprüchlicher Anforderungen im Zusammenhang inklusiver Schulentwicklung scheint insbesondere die Selektionsfunktion und die Legitimationsfunktion von Schule relevant.

Das Bildungssystem übernimmt die Aufgabe der Verteilung und Zuweisung von Kindern und Jugendlichen in nachschulische Berufsbildungssysteme. Die Selektion bzw. die Zuweisung – auch als Allokation bezeichnet – erfolgt aufgrund (scheinbar) meritokratischer Prinzipien über die Feststellung einer individuellen Leistung und realisiert sich während der gesamten Schulzeit in verschiedenen schulischen Praktiken, z.B. in Prüfungen, Noten, der Vergabe von Zeugnissen, der Zuweisung in verschiedene Bildungsgänge der Sekundarstufe I und der Vergabe von Bildungsabschlüssen (vgl. ebd., 32ff.).

Das meritokratische Prinzip fungiert in diesem System als Legitimationsgrundlage für die Verteilung gesellschaftlicher Güter. Es beschreibt, dass Güter nicht mehr qua Geburt und gesellschaftlicher Position verteilt werden, sondern jede Bürgerin und jeder Bürger durch individuelle Anstrengung an gesellschaftlichen Gütern partizipieren kann. Der Status eines Menschen, seine Bildungsmöglichkeiten und seine beruflichen Chancen, werden demnach ausschließlich durch seine Leistung legitimiert. Im Bildungssystem stehen nach diesem Prinzip allen Kindern und Jugendlichen unabhängig von ihrer Herkunft alle Bildungswege und Bildungsabschlüsse prinzipiell offen.

Meritokratie – und hier setzt die Kritik an – setzt jedoch Chancengleichheit voraus, die im Bildungssystem faktisch nicht gegeben ist. Ein hoher Bildungsabschluss und gute berufliche Chancen sind – dies ist seit Pisa belegt – auch von der Herkunft eines Kindes oder Jugendlichen abhängig und nicht – wie im meritokratischen Prinzip suggeriert – allein von seiner Leistung (vgl. Katzenbach 2012, 94). Dennoch zeigen empirische und theoretische Arbeiten der letzten Jahre (vgl. zusammenfassend Sturm 2016, 121f.), dass in schulischen Praktiken Leistung als „Kern pädagogischer Ordnung" (Rabenstein u.a. . 2013) fungiert. Leistung wird dabei im unterrichtspraktischen und schulischen Handeln – im Sinne des meritokratischen Prinzips - an das Individuum gebunden und bringt, entlang einer gedachten Norm, hierarchische Unterscheidungen im Modus von besser/schlechter hervor (vgl. Sturm 2016, 121).

Widersprüchliche Anforderungen lassen sich zusammenfassend wie folgt herausarbeiten:

(1) Schule bringt Differenzsetzungen im Modus bessser/schlechter durch die individuell leistungsbezogene Vergabe von Noten und Zertifikaten selbst hervor. Damit erfüllt sie die an sie gestellte gesellschaftliche Erwartung einer Zuweisungs- und Selektionsfunktion und legitimiert diese über das meritokratische Prinzip.

(2) Unterrichtspraktisches Handeln, welches sich an einer gedachten Norm ausrichtet, ist darauf orientiert, (Leistungs-)Differenzen zwischen Schülerinnen und Schülern zu kompensieren und diese Differenz als ‚unerwünscht' zu markieren (vgl. Sturm & Wagner-Willi 2015; Elseberg u.a. 2016).

Aus (1) und (2) ergibt sich in Bezug auf Leistung als Grundlage für die Zuweisungs- und Verteilungsfunktion des Bildungssystems eine widersprüchliche Praktik der gewünschten Hervorbringung von Leistungsdifferenzen entlang individualisierter Leistungsvergabe und der gleichzeitig unerwünschten Markierung dieser Leistungs(Differenz) in unterrichtlichen Praktiken.

Schulischer Erfolg bzw. Misserfolg wird durch diese widersprüchliche Praktik eng entlang einer gedachten Norm, die alle Kinder und Jugendlichen in gleicher Weise aufgrund individueller Leistung erfüllen müssen, hervorgebracht. Diese Praktik führt – unter Ausblendung sozialer und kultureller, biografischer Erfahrungen der Schülerinnen und Schüler und ihrer jeweiligen entwicklungslogischen Zugänge zum Lernen – zu einer Schlechterstellung, Marginalisierung und Ausgrenzung von Schülerinnen und Schülern mit geringem sozioökonomischen Status (vgl. Sturm 2016, 122) oder von Schülerinnen und Schülern mit entwicklungslogischen Zugängen, für die diese Norm nicht erfüllbar ist.

Eine inklusive Schulentwicklung, die daran orientiert ist, im Bildungssystem Strukturen und Praktiken zu identifizieren und zu überwinden, um Ausgrenzung und Marginalisierung zu verhindern steht im Widerspruch zur über individuelle Leitungsvergabe hervorgebrachten Selektions- und Allokationsfunktion der Schule und bedarf insofern einer grundlegenden Auseinandersetzung mit dieser (vgl. ebd.).

3.2 Anerkennung von Diversität und Recht auf Unterstützung

Der zweite zu verhandelnde Widerspruch betrifft die professionell-pädagogische Praxis, in der das Handeln der Akteurinnen und Akteure eine Unterscheidungslogik entlang notwendiger spezialisierter und individueller Unterstützung hervorbringt, durch die potentielle Benachteiligung entsteht.

Das konkret praktische pädagogische Handeln unterliegt – nicht nur im Kontext inklusiver Schulentwicklung – dem Dilemma von Gleichbehandlung und (ungleicher) Unterstützung einzelner Schülerinnen und Schüler (vgl. Helsper 2008). Lehrpersonen stehen im schulischen Alltag vor der Herausforderung, jede Schülerin und jeden Schüler entsprechend der entwicklungslogischen Lernvoraussetzungen und der sozialen und kulturellen Erfahrungen individuell zu unterstützen, passende Lernangebote bereitzustellen und gleichzeitig alle Schülerinnen und Schüler an einem allgemein verbindlichen und für alle gültigen (Leistungs-) maßstab zu messen. Damit geht einher, dass individuelle Lern- und Unterstützungsbedarfe zunächst identifiziert werden müssen, bevor sie bereitgestellt werden können.

Unterstützungsbedarfe auf personeller, institutionell-struktureller, bzw. organisatorischer Ebene, die zwar im Vordergrund das Ziel verfolgen, Bildungs- bzw. Chancengleichheit herzustellen, führen implizit jedoch dazu, dass einzelne Schülerinnen und Schüler einen ‚Sonderstatus' erhalten. Die Problematik ist dabei zunächst eine institutionell-systembedingte, da besondere Ressourcenzuweisungen in der Regel mit besonderen Bedarfen – unter Zuweisung eines sonderpädagogischen Förderbedarfs – begründet werden müssen. Darüber hinaus zeigen sich auch im unterrichtspraktischen Handeln der pädagogisch Tätigen Praktiken, durch die Schülerinnen und Schüler einen ‚Sonderstatus' erhalten, der zu Stigmatisierung und Benachteiligung führen kann. Anschließend an die empirische Untersuchung von Sturm und Wagner-Willi (vgl. 2015) kann in diesem Spannungsfeld beispielsweise eine implizite Orientierung der Lehrpersonen entlang einer Norm herausgearbeitet werden, die (Leistungs-)differenzen zwischen Kindern und Jugendlichen als unerwünscht markiert und insofern zu einer latenten Stigmatisierung und Benachteiligung bestimmter Kinder und Jugendlicher führt (vgl. Kap. 3.1).

Unter Einbezug des oben skizzierten sozial- und kulturwissenschaftlichen Verständnisses wird offenbar, dass Benachteiligung im Kontext von Behinderung sowohl durch bildungspolitische als auch durch pädagogische Handlungs-Praktiken erzeugt wird. Durch die unterschiedlichen Adressierungspraxen der Lehrpersonen, durch Gewährung unterschiedlicher Freiheitsgrade und einer daraus abzuleitenden unterschiedlichen Stellung bestimmter Kinder und Jugendlicher, wird Behinderung damit erst hervorgebracht (vgl. Elseberg u.a. 2016, 176).

Das Dilemma, dass sich hier andeutet, lässt sich demnach plakativ als Dilemma von ‚Markierung ohne Stigmatisierung' skizzieren. Es gilt, notwendige Unterstützungsbedarfe zu identifizieren und durch bildungspolitische Rahmungen und pädagogisches Handeln bereitzustellen, ohne damit die davon betroffenen Kinder und Jugendlichen zu benachteiligen und neue Ausgrenzungspraktiken hervorzubringen.

Es gilt insofern darauf hinzuweisen, dass insbesondere die Kriterien, nach denen mögliche spezialisierte Maßnahmen zugewiesen werden, erstens nicht statisch und zweitens nicht ausschließlich beim Kind oder Jugendlichen zu sehen sind. Im oben skizzierten Verständnis von Behinderung bewirken ja insbesondere kontextbedingte Faktoren im Wechselspiel mit möglichen individuellen Eigenschaften einer Person erst Behinderungen in der Teilhabe an schulischem Alltag und Lernen. Auch wenn es demnach nicht im Kern die (sonder)pädagogische Expertise oder die Feststellung individueller Bedarfe ist, die zur Verbesonderung führt, bedingt sie dennoch in Verschränkung mit den Zuschreibungen und Setzungen auf sozialer und gesellschaftlicher Ebene maßgeblich die Konstituierung einer Sonderstellung der Adressaten von besonderer Unterstützung. Beide Aspekte lassen sich in der Praxis nur schwer voneinander trennen. Das bedeutet aber auch, dass sonderpädagogische Unterstützung zwar das Ziel verfolgt, Ungleichheiten zu begegnen, gleichzeitig aber Stigmatisierung mit sich bringen kann. Deren Ursprung kann in der jeweiligen Vorstellung von Normalität, z.B. im Sinne von normaler Entwicklung, normaler Leistung und normalen Anpassungsfähigkeiten gesehen werden. Hier zeigt sich, dass ein an einer gedachten Leistungsnorm orientiertes pädagogisches Handeln untauglich ist, um dem Dilemma von Gleichbehandlung und individueller Unterstützung zu begegnen. Vielmehr erscheint es wichtig, diese zugrundeliegende Paradoxie zu benennen und als handlungsleitend und praxisdeterminierend zu erkennen. Dederich (2015, 30) plädiert in diesem Zusammenhang für ein „Denken im Widerspruch", womit zweierlei gemeint ist. Zum einen erscheint es essentiell, Behinderung in einem „Zwischenraum" (ebd.) zu denken, in dem es weder eine feststehende Variable ist, noch eine ausschließliche Konstruktion. Zweitens geht damit einher, das Spannungsfeld anzuerkennen zwischen der Individualität und des „So-Seins" (ebd.) von Kindern und Jugendlichen und ihrer ggf. spezifischen Bedarfe, die ihrerseits in der institutionellen Praxis mit begrifflichen Varianten einhergehen, die durchaus Differenz herstellen. Entsprechend sind mit Blick auf die konkrete pädagogische Situation individuelle Zuschreibungen auf ihre Deutungen, ihre Wirkungen und ihre beabsichtigten Ziele hin zu prüfen. Gleichzeitig ist deutlich zu machen, dass das beschriebene Dilemma letztlich nicht aufhebbar ist, weshalb sich auf pädagogisch-praktischer Ebene keine abschließenden Lösungen ergeben, sondern vielmehr eine Sensibilität für das Dilemma gefordert ist, um damit verbundenen Benachteiligungen und Handlungspraktiken entgegenzuwirken. Pädagogisch-praktisches Handeln in an Inklusion orientierten Schulen erweist sich demnach als Ausdeutungshandeln, in dem Menschen in ihrer spezifischen Art und Weise anerkannt werden und ihre Ansprüche durch ihnen gemäße Begründungen durchgesetzt werden. Gleichsam bedeutet es den „Vergleich des eigentlich Unvergleichbaren" (ebd., 31) anzustellen, dessen Resultat jedoch immer nur vorläufige, kontextgebundenen Aspekte von Gleichheit und Differenz herausarbeiten kann. In der Folge ist eine grundsätzliche ‚Markierung' von einzelnen Schülerinnen und Schülern mit besonderen Unterstützungsbedarfen nicht haltbar, sondern bedarf der jeweiligen situativen Begründung und fortwährenden Überprüfung und flexiblen Überarbeitung unter Beachtung aller auf die Situation einflussnehmenden Wirkmechanismen und Kontextfaktoren.

4 Ungewissheit als bedeutsames Moment inklusiver Schulentwicklung

Der konstatierte schrittweise Wandel des Bildungssystems und die Widersprüche, die durch diesen Wandel aufbrechen und durch pädagogisches Handeln austariert werden müssen, erschweren im schulisch-unterrichtlichen Alltag die Aufrechterhaltung bisher unhinterfragter, impliziter Routinen. Vermeintliche Gewissheiten im routinierten Unterrichtsalltag scheinen zu versagen und das Ungewisse pädagogischer Prozesse scheint auf. Die Rede über Ungewissheit ist dabei nicht neu, vielmehr ist Ungewissheit konstitutives Moment erziehungswissenschaftlichen Denkens und Handelns sowie professionell pädagogischer Praxis und wird seit den 1980er Jahren im erziehungswissenschaftlichen Diskurs thematisiert (vgl. zusammenfassend Böing 2016, 100ff.). Zusammenfassend lässt sich die Bedeutung der Thematisierung von Ungewissheit innerhalb der erziehungswissenschaftlichen Disziplin aus unterschiedlichen Perspektiven bestimmen (vgl. ebd. 102):

• Epistemologische Perspektive
  In dieser Blickrichtung wird nach dem Verhältnis von Wissen und Nicht-Wissen, nach den Möglichkeiten und Grenzen der Generierung (erziehungswissenschaftlichen) Wissens gefragt und als Konsequenz u.a. eine „Soziologie der Emergenzen" (vgl. Jantzen 2013) als epistemologische Erforschung des ‚Noch-Nicht' (vgl. ebd.) in den wissenschaftlichen Diskurs gebracht.

• Anthropologische Perspektive
  Diese Perspektive schaut auf den genuinen Gegenstand der Pädagogik, den Menschen und auf die Un-Möglichkeit ihn zu bestimmen und durch Bildungs- und Erziehungsprozesse verfügbar zu machen (vgl. Wimmer 2014).

• Temporal-zeitliche Perspektive
  Pädagogisches Handeln ist auf Zukunft gerichtetes Handeln. Insofern geraten in dieser Perspektive die - intendierten und nicht intendierten - Handlungsfolgen pädagogischer Entscheidungen in den Fokus, sowie die damit verbundene Erkenntnis, dass pädagogisches Handeln immer auch risikoreiches Handeln ist (vgl. u.a. Lenzen 1991).

• Institutionell-organisatorische Perspektive
  Diese Perspektive richtet sich auf die (De-)Institutionalisierung von Erziehungs- und Bildungsprozessen, d.h. sie fragt nach den Funktionen institutionalisierter Erziehung und Bildung und ihrer organisatorischen Ausgestaltung sowie den mit diesen Funktionen verbundenen Gewissheitserwartungen und Ungewissheitsmomenten.

• Didaktische Perspektive
  Diese Perspektive nimmt die (Un)Planbarkeit didaktischer Vermittlung von Wissen und damit einhergehender Prozesse der Persönlichkeitsbildung in un-

terrichtlichen Situationen in den Fokus und fragt, in dessen Folge, nach der Verantwortung der pädagogisch Tätigen.

Im erziehungswissenschaftlichen Feld liegen unterschiedliche Umgangsweisen vor, um Ungewissheit zu bearbeiten. Tetens (2013, 47ff.) unternimmt den Versuch einer Systematisierung und schlägt drei zu unterscheidende Umgangsweisen vor:

- ignorierend-ablehnend,
- akzeptierend-bewältigend,
- affirmativ-anerkennend

Während die erstgenannte Strategie Ungewissheit als konstitutives Element erziehungswissenschaftlichen Denkens und Handelns quasi ausblendet oder als zu minimierenden Faktor zu kontrollieren und soziale Phänomene und Zusammenhänge eindeutig z.B. entlang dualistischer oder monokausaler Erklärungsmuster zu bestimmen sucht (vgl. Tetens 2013, 48), bemüht sich die zweitgenannte Strategie Ungewissheit zu entdramatisieren und als selbstverständliche Bedingung postmoderner Wissensgesellschaften anzusehen. In dieser Blickrichtung wird Ungewissheit auch als „Möglichkeit für Spielräume und Handlungsoptionen" (Helsper, 2008, 163) betrachtet. Die dritte Strategie nimmt Ungewissheit nicht als zu eliminierenden oder als pädagogisches Denken und Handeln selbstverständlich begleitenden Faktor, sondern betont die Notwendigkeit von Offenheiten und Leerstellen für disziplinäres und pädagogisch-professionelles Handeln und erkennt in ihnen ein besonders fruchtbares Moment (vgl. Gamm 2000).

Im Kontext der Veränderungen, die im Bildungssystem aktuell unter dem Label Inklusion angestoßen werden, kann – so die aufgestellte These – ein affirmativ anerkennender Umgang mit Ungewissheit im erziehungswissenschaftlichen Denken und Handeln beitragen, Bildungsbenachteiligung offenzulegen und zu bearbeiten. Allgemein lenkt ein anerkennender Umgang mit Ungewissheit in pädagogischen Kontexten die Perspektive auf den pädagogischen Prozess, auf diskursive Aushandlungsprozesse beteiligter Akteurinnen und Akteure und auf pädagogische Entscheidungen, deren Potential insbesondere in ihrer situativen und temporalen Vorläufigkeit liegt und auf immanente potentielle Risiken und Folgen für die davon betroffenen Kinder und Jugendlichen befragt. Es gilt einen „ambivalenzoffenen" (Schäper 2015, 80) Prozess anzuregen und gegen dichotome Engführungen zu stellen. Damit zusammenhängend zeigt sich, als weiteres fruchtbares Moment eines anerkennenden Umgangs mit Ungewissheit, ein verändertes professionelles Selbstverständnis der pädagogisch Tätigen. Wissen und Nicht-Wissen sind in dieser Perspektive keine Parameter für professionelles bzw. unprofessionelles pädagogisches Handeln, vielmehr sind es zwei Seiten einer Medaille und als solche gleichermaßen pädagogischem Handeln inhärent. Damit wird das Wissen um das ‚Nicht-Wissen-Können' konstitutives Merkmal pädagogischer Professionalität und ermöglicht eine Überschreitung begrenzender Routinen und impliziter

Überzeugungen. Durch die Irritation von Gewissheitserwartungen und -unterstellungen, durch eine distanzierte Perspektive auf praktisches Handeln und durch eine reflexive Haltung, die sich *gegen* die gängige Praxis und die in ihr eingelassen impliziten Orientierungen stellt, entfalten sich erst die Möglichkeitsräume, die für pädagogische Situationen und für *alle* in ihr handelnden Akteurinnen und Akteure existentiell bedeutsam sind (vgl. Böing 2016, 106ff.).

Nicht zuletzt stellt eine Pädagogik, die Ungewissheit als fruchtbare Konstitutionsvariable denkt, bisherige institutionelle Strukturen und Grenzen in Frage. Mit der Aufgabe der Gewissheit um den Anderen im pädagogischen Prozess wird die Legitimation von Institutionen, die ihre Grenzen und ihren pädagogischen Auftrag aus einer vermeintlich eindeutigen Bestimmung ihrer Klientel ableiten, brüchig. Dies gilt insbesondere für ein selektives Schulsystem, welches seine hierarchische Gliederung dadurch legitimiert, Kindern und Jugendlichen unterschiedliche Entwicklungs- und Bildungsmöglichkeiten nicht nur in jetziger Perspektive zu unterstellen, sondern auch in zukünftiger Perspektive vorherzusagen. Mit der Umstellung von einem Wissens- auf einen Nicht-Wissens-Diskurs verbindet sich die Frage, wie Institutionen sich zukünftig verändern können, um dem Einzelnen in seiner Einmaligkeit besser gerecht zu werden und das Risiko falscher Entscheidungen zu minimieren.

Ungewissheit als bedeutsames erziehungswissenschaftliches Moment, welches an dieser Stelle nur skizzenhaft angedeutet werden konnte, richtet sich nicht ausschließlich auf einen als inklusiv bezeichneten schulischen Veränderungsprozess, der gleichberechtigte Teilhabemöglichkeiten für alle Kinder und Jugendlichen fordert, dennoch zeigt sich, dass die Thematisierung von Ungewissheit in diesem Kontext relevant ist.

Mit der Anerkennung von Ungewissheit im pädagogischen Feld verbindet sich die Frage, wie Schulen gestaltet werden müssen, damit sie entlang verschiedener Heterogenitätsdimensionen keine Verbesonderung und keinen Ausschluss produzieren und für jedes Kind und jeden Jugendlichen adäquate Bildungsangebote bereitstellen. Ungewissheit als ,Markierungspunkt' einer Pädagogik, die sich um Nicht-Ausgrenzung bemüht, fordert dazu heraus, „Ungleichheit immer wieder neu zu reflektieren und die Pädagogik auf mögliche Ausschlüsse hin zu befragen" (Bernasconi & Böing 2016, 50).

5 Fazit/Ausblick

Schule als praktisch-pädagogisches Handlungsfeld und inklusive Schulentwicklung als aktuelle institutionelle sowie bildungspolitische Aufgabe steht zusammenfassend vor der Herausforderung, etablierte und routinierte Handlungspraktiken zu hinterfragen, um marginalisierende, benachteiligende Praktiken zu identifizieren und in der Folge abzubauen. Entsprechend arbeiten Pädagoginnen und Pädagogen in ihrem Tätigkeitsfeld unter ungewissen Bedingungen, in denen nichts stetig, sondern vielmehr fließend, sich verändernd und durchaus miteinander im Widerspruch stehend ist. Diese Widersprüche sind für pädagogisches Handeln konstitutiv. Sie zeigen sich keineswegs ausschließlich im Kontext der aktuellen schulpädagogischen Reformbemühungen, der unter dem Begriff ‚Inklusion' angestoßen wird (vgl. u.a. Nohl et al., 2013, 36; Breitenbach & Nentwig-Gesemann 2013, 337ff.). Sie sind vielmehr als grundsätzliche pädagogische Bedingungen zu betrachten und treten im Kontext inklusiver Schulentwicklung möglicherweise verstärkt hervor.

Bildungsgerechtigkeit und Chancengleichheit meinen in diesem Zusammenhang dann auch nicht Gleichbehandlung aller, sondern vielmehr die gleichwertige Teilhabe aller an den Möglichkeiten eines Bildungssystems bei gleichzeitiger Gewährung individueller Unterstützungsbedarfe. Entsprechend ist die Überwindung von Ungleichheit nicht mit einer Minderung von Diversität gleichzusetzen, sondern erkennt die grundsätzliche Individualität des Menschen als Entwicklungsgrundlage für pädagogische Theorie und Praxis an (vgl. Feuser 2016b, 62).

Dies fordert die Erziehungswissenschaft, aber auch praktisch Tätige dazu heraus, sich im Zwischenraum von Anerkennung von größtmöglicher Individualität und gleichzeitiger Gewährung von Unterstützung für die bestmögliche individuelle Entwicklung immer wieder eigene Setzungen, Ideen und Entscheidungen zu vergegenwärtigen, zu rechtfertigen und zu überprüfen. Ungewissheit und Widersprüchlichkeit ist dabei jedem pädagogischen Handeln inhärent. Ihre Anerkennung eröffnet Möglichkeitsräume, um den Prozess inklusiver Schulentwicklung pädagogisch zu gestalten.

Literatur

Bernasconi, Tobias & Böing, Ursula (2016): Figuren einer nicht ausgrenzenden Pädagogik. In: dies. (Hrsg.): Schwere Behinderung & Inklusion. Facetten einer nicht ausgrenzenden Pädagogik. Oberhausen: Athena, 37-54.

BGBL (2008): Gesetz zu dem Übereinkommen der Vereinten Nationen vom 13. Dezember 2006 über die Rechte von Menschen mit Behinderungen sowie zu dem Fakultativprotokoll vom 13. Dezember 2006 zum Übereinkommen der Vereinten Nationen über die Rechte von Menschen mit Behinderungen. Bundesgesetzblatt Teil II, Nr. 35, 1419-1457. Bonn.

Blanck, Jonna Milena/Edelstein, Benjamin/Powell, Justin (2013): Persistente schulische Segregation oder Wandel zur inklusiven Bildung? Die Bedeutung der UN-Behindertenrechtskonvention für Reformprozesse in den deutschen Bundesländern. In: Swiss Journal of Sociology, 39 (2), 267-292.

Böing, Ursula (2016): Ungewissheit – Implikationen einer nicht ausgrenzenden Pädagogik für Strukturen und Praktiken schulischer Inklusion. In: Böing, Ursula/Köpfer, Andreas (Hrsg.): Be-Hinderung der Teilhabe. Soziale, politische und institutionelle Herausforderungen inklusiver Bildungsräume. Bad Heilbrunn: Klinkhardt, 95-114.

Böing, Ursula & Köpfer, Andreas (2016): Be-Hinderung der Teilhabe. Soziale, politische und instiutionelle Herausforderungen inklusiver Bildungsräume. Bad Heilbrunn: Klinkhardt.

Breitenbach, Eva & Nentwig-Gesemann, Iris (2013): Die dokumentarische Interpretation von biografischen Interviews und narrativen Episoden aus dem pädagogischen Alltag. Möglichkeiten der Begleitung von Professionalisierungsprozessen in (früh-) pädagogischen Studiengängen. In: Loos, Peter/Nohl, Arnd-Michael/Przyborski, Aglaja/Schäffer, Burkhard (Hrsg.): Dokumentarische Methode. Grundlagen – Entwicklungen – Anwendungen. Opladen, Berlin, Toronto: B. Budrich, 337-353.

Dannenbeck, Clemens & Dorrance, Carmen (2016): Über die Bedeutung des Menschenrechtsbezugs für ein Inklusionsverständnis mit kritischem Anspruch. In: Böing, Ursula/Köpfer, Andreas (Hrsg.): Be-Hinderung der Teilhabe. Soziale, politische und institutionelle Herausforderungen inklusiver Bildungsräume. Bad Heilbrunn: Klinkhardt, 15-25.

Dederich, Markus (2015): Zwischen Wertschätzung von Diversität und spezialisierter Intervention. In: Behinderte Menschen 38 (4/5), 27-32.

Dederich, Markus (2007): Körper, Behinderung und Kultur. Eine Einführung in die Disability Studies, Bielefeld: transcript

Dederich; Markus (2010): Behinderung, Norm, Differenz – Die Perspektive der Disability Studies. In: Kessel, Fabian & Plößer, Melanie (Hrsg.): Differenz, Normalisierung, Andersheit. Soziale Arbeit als Arbeit mit den Anderen. Wiesbaden: Springer VS, 170-184.

DIMDI (2005): ICF – Internationale Klassifikation der Funktionsfähigkeit, Behinderung und Gesundheit. Herausgegeben vom Deutschen Institut für medizinische Dokumentation und Information. Online unter: http://www.dimdi.de/dynamic/de/klassi/downloadcenter/icf/endfassung/icf_endfassung-2005-10-01.pdf (Abrufdatum: 10.06.2017).

Elseberg, Anika/Sturm, Tanja/Wagener, Benjamin/Wagner-Willi, Monika (2016): Unterrichtsmilieus in inklusiven und exklusiven Schulformen. Eine qualitativ-rekonstruktive Studie zur Herstellung von Leistungsdifferenzen im Fachunterricht der Sekundarstufe I. In: Sturm, Tanja/Köpfer, Andreas/Wagener, Benjamin (Hrsg.): Bildungs- und Erziehungsorganisation im Spannungsfeld von Inklusion und Ökonomisierung. Bad Heilbrunn: Klinkhardt, 170-179.

Fend, Helmut (2006): Neue Theorie der Schule: Einführung in das Verstehen von Bildungssystemen. Wiesbaden: VS.

Feuser, Georg (2016a): Die Integration der Inklusion in die Segregation. In: Böing, Ursula/Köpfer, Andreas (2016): Be-Hinderung der Teilhabe. Soziale, politische und instiutionelle Herausforderungen inklusiver Bildungsräume. Bad Heilbrunn: Klinkhardt; 26-43.

Feuser, Georg (2016b): Zur endlosen Geschichte der Verweigerung uneingeschränkter Teilhabe an Bildung – durch die Geistigbehindert-Macher und Kolonisatoren. In: Fischer, Erhard/Markowetz, Reinhard (Hrsg.): Inklusion im Förderschwerpunkt geistige Entwicklung. Stuttgart: Kohlhammer, 31-73.

Gamm, Gerhard (2000): Nicht nichts. Studien zu einer Semantik des Unbestimmten. Frankfurt/Main.: Suhrkamp.

Greving, Heinrich & Gröschke, Dieter (2000) (Hrsg.): Geistige Behinderung – Reflexionen zu einem Phantom. Ein interdisziplinärer Diskurs um einen Problembegriff. Bad Heilbrunn: Klinkhardt.

Häcker, Thomas & Walm, Maik (2015): Inklusion als Herausforderung an eine reflexive Erziehungswissenschaft. In: Erziehungswissenschaft, 26 (1), 81-89.

Helsper, Werner (2008): Ungewissheit und pädagogische Professionalität. In Bielefelder Arbeitsgruppe (Hrsg). Soziale Arbeit in Gesellschaft. Wiesbaden: VS, 162-168.

Jantzen, Wolfgang: (2010): Allgemeine Behindertenpädagogik: Konstitution und Systematik. In Horster, Detlef/Jantzen, Wolfgang (Hrsg.): Wissenschaftstheorie. Stuttgart: Kohlhammer, 15-46.

Jantzen, Wolfgang (2013): Das Unsichtbare sichtbar machen – Für eine Psychologie der Prozesse statt der Dinge. Vortrag auf der Fachtagung der Luria-Gesellschaft: „Gewalt und Institution oder das

Unsichtbare sichtbar machen!" Evangelisch Fachhochschule Darmstadt, 25.05.2013. Veröffentlicht in: Jahrbuch der Luria Gesellschaft. Online unter: http://www.basaglia.de/Artikel/Das%20Unsichtbare%20sichtbar%20machen.pdf (Abrufdatum: 03.07.2017).

Katzenbach, Dieter (2012): Die innere Seite von Inklusion und Exklusion. Zum Umgang mit der UN-Behindertenrechtskonvention. In: Heilmann, Joachim/Krebs, Heinz/Eggert-Schmid Noerr, Annelinde (Hrsg.): Außenseiter integrieren, Perspektiven auf gesellschaftliche, institutionelle und individuelle Ausgrenzung. Gießen: Psychosozial, 81-111.

Keller, Florian (2014): Strukturelle Faktoren des Bildungserfolgs. Wie das Bildungssystem den Übertritt ins Berufsleben bestimmt. Wiesbaden: Springer VS.

Kluge, Sven/Liesner, Andrea/Weiß, Edgar (2015): Editorial. In: Dust, Martin/Kluge, Sven/Liesner, Andrea/Lohmann, Ingrid/Salomon, David/Springer, Jürgen-Matthias/Steffens, Gerd/Weiß, Edgar (Hrsg.): Jahrbuch für Pädagogik 2015. Inklusion als Ideologie. Peter Lang: Frankfurt, 9-17

Kronauer, Martin (2010): Exklusion. Die Gefährdung des Sozialen im hoch entwickelten Kapitalismus. Frankfurt/Main: Campus.

Lenzen, Dieter (1991): Pädagogisches Risikowissen, Mythologie der Erziehung und pädagogische Methexis - Auf dem Weg zu einer reflexiven Erziehungswissenschaft. In: Oelkers, Jürgen/Tenroth, Heinz-Elmar (Hrsg.): Pädagogisches Wissen. Weinheim: Beltz, 109–125.

Luhmann, Niklas (2005): Inklusion und Exklusion. In: ders. (Hrsg): Soziologische Aufklärung 6. Wiesbaden: VS, 226-251.

Ministerium für Schule und Bildung (MSB) des Landes NRW (2015) (Hrsg): Auf dem Weg zur inklusiven Schule in NRW. Online unter: https://www.schulministerium.nrw.de/docs/Schulsystem/Inklusion/Praesentation-Auf-dem-Weg-zur-inklusiven-Schule-in-NRW-August-2015.pdf. (Abrufdatum: 11.07.2017)

Nohl, Arnd-Michael/Schäffer, Burkhard/Loos, Peter/Przyborski, Aglaja (2013): Einleitung: Zur Entwicklung der dokumentarischen Methode durch Ralf Bohnsack. In: Nohl, Arnd-Michael/Przyborski, Aglaja/Schäffer, Burkhard (Hrsg): Dokumentarische Methode. Grundlagen – Entwicklungen – Anwendungen. Opladen, Berlin: Budrich, 9-40.

Poscher, Ralf/Rux, Johannes/Langer, Thomas (2008): Von der Integration zur Inklusion. Das Recht auf Bildung aus der Behindertenrechtskonvention der Vereinten Nationen und seine innerstaatliche Umsetzung. Baden-Baden: Nomos.

Powell, Justin J.W. (2011): Barriers to Inclusion. Special Education in the United States and Germany. Boulder: Paradigm.

Rabenstein, Kerstin/Reh, Sabine/Ricken, Norbert/Idel, Till-Sebastian (2013): Ethnograpie pädagogischer Differenzordnungen. In: Zeitschrift für Pädagogik 59 (5), 668-690.

Schäper, Sabine (2015): Vom Verschwinden der Inklusionsverlierer. Gouvernementalitätstheoretische Einblicke in die unsichtbaren Hinterhöfe eines Diskurses. In: Jahrbuch für Pädagogik 2015: Inklusion als Ideologie, 77-89.

Schmitt, Caroline (2016): Paradoxien von Inklusion. Zur notwendigen Professionalisierung einer kontroversen Debatte. In: Behindertenpädagogik 55 (3), 285-295.

Sturm, Tanja & Wagner-Willi, Monika (2015): ,Leistungsdifferenzen' im Unterrichtsmilieu einer inklusiven Schule der Sekundarstufe I in der Schweiz. In: Zeitschrift für Qualitative Forschung. Ausgabe 2. Online unter:, 2-2015, . https://doi.org/10.3224/zqf.v16i2.24327 (Abrufdatum: 12.06.2017)

Sturm, Tanja (2016): Inklusion und Leistung – Herausforderungen und Widersprüche inklusiver Schulentwicklung. In: Ursula Böing/Andreas Köpfer (Hrsg): Be-Hinderung der Teilhabe. Soziale, politische und institutionelle Herausforderungen inklusiver Bildungsräume. Bad Heilbrunn: Klinkhardt, 115-127.

Sturm, Tanja; Köpfer, Andreas & Wagener, Benjamin (2016) (Hrsg.): Bildungs- und Erziehungsorganisation im Spannungsfeld von Inklusion und Ökonomisierung. Bad Heilbrunn: Klinkhardt.

Tetens, Jakob (2013): Ungewissheit und Lehrerhandeln. Eine theoretische und empirische Untersuchung am Beispiel des Umgangs mit Gewalt in der Schule. Göttingen: Optimus.

Tervooren, Anja/ Engel, Nicolas/Göhlich, Michael/Miethe, Ingrid/Reh, Sabine (2014) (Hrsg.): Ethnographie und Differenz in pädagogischen Feldern. Internationale Entwicklungen erziehungswissenschaftlicher Forschung. Bielefeld: transcript.

Waldschmidt, Anne & Schneider, Werner (2007): Disability Studies, Kultursoziologie und Soziologie der Behinderung: Erkundungen in einem neuen Forschungsfeld. Bielefeld: transcript.

Wimmer, Michael (2014): Pädagogik als Wissenschaft des Unmöglichen. Paderborn: Ferdinand Schöningh.

Ziemen, Kerstin (2017): Inklusion. In: dies. (Hrsg.): Lexikon Inklusion. Vandenhoeck & Ruprecht: Göttingen, 101-102.

Dr. phil. Tobias Bernasconi, Studienrat im Hochschuldienst am Lehrstuhl für Pädagogik für Menschen mit Beeinträchtigungen der körperlichen und motorischen Entwicklung an der Universität zu Köln. Forschungsschwerpunkte: Forschungsmethoden in Forschungsfeldern bei Menschen mit schwerer und mehrfacher Behinderung, Inklusive Bildung, Unterstützte Kommunikation.

Dr. Ursula Böing ist Studienrätin am Lehrstuhl für Pädagogik und Didaktik bei geistiger Behinderung an der Humanwissenschaftlichen Fakultät der Universität zu Köln. Forschungsschwerpunkte: Inklusive Bildung; Professionalisierung pädagogisch Tätiger, Inklusive Schul- und Unterrichtsentwicklung, Rekonstruktive Inklusionsforschung.

Karin Terfloth

Inklusive Didaktik – zwischen Individualisierung und Kooperation

Zusammenfassung: Kooperatives Lernen spielte bereits in den ersten Entwürfen einer Allgemeinen Didaktik für das Lernen in inklusionsorientierten Settings eine entscheidende Rolle (vgl. Feuser 2013). Gemeinsames Lernen steht dabei im Spannungsfeld zwischen individualisiertem Arbeiten z.b. in Form von Freiarbeit und Planarbeit und kooperativen Lernmöglichkeiten z.b. in Form von Projekten. Dennoch erscheinen auf den ersten Blick heterogene Lernvoraussetzungen die Zusammenarbeit auf Augenhöhe zu erschweren. Erst ein Blick in die Grundvoraussetzungen und das Differenzierungspotential kooperativer Lernsituationen zeigt Wege in eine heterogenitätsgerechte Umsetzung auf.

In diesem Beitrag werden didaktische Möglichkeiten skizziert, die eine Balance zwischen diesen Polen in inklusionsorientieren Lernsettings unterstützen. Dabei wird ein Blick auf die gemeinsame Verantwortung von Lehrpersonen und Lernende für die Gestaltung für Lernsituationen sowie auf das Spannungsfeld zwischen Instruktion und Offenheit in kooperativen Lernsituationen geworfen.

1 Inklusive Didaktik

Eine Didaktik für inklusionsorientierte Settings, in denen der gemeinsame Umgang mit heterogenen Lernvoraussetzungen im Fokus steht, ist in erster Linie keine spezifische Didaktik, sondern als 'gute Allgemeine Didaktik' zu verstehen, die auf innerer Differenzierung basiert. Dabei werden Individualisierung und die bewusste Initiierung von Kooperation gleichermaßen berücksichtigt. Die Anerkennung von Unterschieden ohne Kategorisierung und Aussonderung bildet die Grundlage für Bildungsgerechtigkeit und erlebter Gemeinsamkeit im Unterricht. Didaktisch wird häufig versucht, der Unterschiedlichkeit der Lernenden durch adaptiven Unterricht gerecht zu werden.

> „Das bedeutet, dass die zu behandelnden Inhalte, das Niveau und die Anzahl der Aufgaben, das Lerntempo, der Einsatz von Medien und die Sozialformen des Unterrichts an die Bedürfnisse und Voraussetzungen der einzelnen Schülerinnen und Schüler angepasst werden müssen." (Borsch 2015, 51 zit. nach Gold 2011).

Dabei werden durch Differenzierungsmaßnahmen individuelle Lernbarrieren zum gemeinsamen Lerninhalt abgebaut. Die Herausforderung für Lehrpersonen besteht darin, die Unterrichtsgestaltung weder zu sehr an das Niveau der Leistungsstarken noch dem der Leistungsschwächeren anzupassen und somit einige Lernende jeweils zu über- oder unterfordern. Pädagogisch geht es dabei um eine Balance zwischen der entwicklungsbezogenen individuellen Lernbegleitung dem Einbezug der gesamten Gruppe. Es gilt einen Blick auf die Interdependenzen zwischen den Schülerinnen und Schülern zu legen.

In der Literatur wird diesbezüglich zwischen kompetitivem, individualistischem und Kooperativem Lernen unterschieden (vgl. Ebbens & Ettekoven 2011, 16; Borsch 2015, 16-19). In kompetitiven Lernsituationen stehen die Schülerinnen und Schüler in Konkurrenz zueinander. Es herrscht eine negative Interdependenz zwischen den Lernenden vor. Beim individualisierten Lernen hingegen besteht gar keine Interdependenz. Die Lernenden verfolgen eigene Ziele und stehen nicht im Austausch miteinander. Sie nehmen sich untereinander maximal im gleichen Lernraum wahr. Hierbei besteht sozial betrachtet die Gefahr der Vereinzelung.

Kooperativem Lernen wird das Potential zugeschrieben, Lernende auf das Leben und Arbeiten in einer pluralistischen Gesellschaft vorzubereiten (vgl. Green & Green 2012, 32f.). Denn beim Kooperativen Lernen werden soziale Kompetenzen in gemeinsamen, (zu Beginn) gut (vor)strukturierten Lernsituationen systematisch entwickelt und der gemeinsame Lernprozess anschließend reflektiert. Auf diese Weise können Schülerinnen und Schüler Unterschiede im Lernen erkennen, verstehen und akzeptieren. Sie lernen, wie sie diese für eine konstruktive Zusammenarbeit nutzen können (vgl. ebd. 2012, 12). „Teamarbeit ist der modus operandi (…) (Green & Green 2012, 36f.) und steht zugleich als Lernweg und -ergebnis im Fokus. Das Ziel ist, ein hilfreiches Umfeld für alle Beteiligten zu schaffen.

Beim Kooperierativen Lernen tritt in besonderer Weise ein Gleichgewicht zwischen der Steuerung durch die Lehrperson und durch die Schülerinnen und Schüler auf. Während die Lehrperson die Konstellation der Gruppe und (zu Beginn) auch die Gestaltung der Aufgaben stärker verantwortet, wird der Gruppenprozess von allen Beteiligten verantwortet und die Erledigung von arbeitsteiligen Aufgaben von den Lernenden je nach den entwicklungsbezogenen Voraussetzungen selbst gesteuert (vgl. ebd. 2012, 45).

Die Unterteilung in individualisierten (die auch als koexistent bezeichnet werden) und kooperative Lernsituationen in inklusionsorientierten Settings wird auch von Wocken (vgl. 1998) vorgenommen. Ergänzend dazu wird die Bedeutung von subsidiären Lernsituationen (‚einander helen‘, entweder beiläufig oder geplant und zugeteilt als Assistentin bzw. Assistent) sowie kommunikative Lernsituationen (‚miteinander jenseits des Unterrichts reden‘) benannt. Den subsidiären Lernsituationen wird sowohl für den Helfenden als auch für die mit Hilfe lernenden Person einen Mehrwert zugeschrieben. Die Schülerinnen und Schüler in der Tutorinnen- bzw. Tutorenrolle profitieren davon, weil sie durch Erklären, Vormachen und Ermutigen selbst zu einer intensiveren und aktiveren Auseinandersetzung mit dem Lerngegenstand kommen können (vgl. Borsch 2015, 51). Kritisch ist jedoch anzumerken, dass es zu einer Rollenschieflage kommen kann, wenn einige Lernenden nur als Hilfeempfänger oder Hilfeempfängerin in gemeinsamen Lernprozessen wahrgenommen werden.

Im Vergleich dazu bietet das Kooperative Lernen deutlich mehr als Assistenz beim Lernen. Es geht vielmehr von einer Rollengleichwertigkeit aus, was in Kapitel 3.4 noch zu zeigen sein wird.

Die Varianz von Lernsituationen und deren je unterschiedlichen Funktion verweist bereits darauf, dass nicht eine Variante allein die Herausforderungen in inklusionsorientierten Settings löst, sondern eher eine lerngruppenspezifische Balance anzustreben ist. Im Folgenden wird zunächst der Blick auf das in der Schulpraxis häufig praktizierte individualisierte Lernen (in Form von Freiarbeit und Planarbeit) gerichtet (vgl. Wocken 1998). Im nächsten Schritt wird in Abgrenzung dazu das Kooperative Lernen fokussiert. Dessen Gestaltungsprinzipien und Formen werden diskutiert und dabei herausgearbeitet, inwiefern dieses auch Potential für inklusionsorientiertes Lernen haben kann.

2 Individualisiertes Lernen

Beim individualisierten Lernen schaut die lernende Person allein auf ihren Lernerfolg. Die eigenen Lernziele und das eigene Lerntempo bilden die Ausgangspunkte für das Lernen. Der Lernerfolg hängt allein von der eigenen Lernaktivität, der individuellen Verantwortlichkeit ab. Bei der Bewertung werden als Bezugsgrößen die Individualnorm und die Kriterialnorm angesetzt (vgl. Green & Green 2012, 46).

Als Voraussetzung für gelungene individualisierte Bildungsprozesse gilt, dass der Bildungsinhalt als subjektiv sinnvoll erkannt wird und an das Vorwissen angeknüpft werden kann. Die Lehrperson bereitet dafür die Lernumgebung vor und eröffnet lebensweltbezogene Lernanlässe, unterstützt individuelle Lern- und Hilfebedarfe und begleitet und hilft bei der Bewältigung von Hindernissen.

Die zielführende Methodik zeichnet sich mit Blick auf die gesamte Lerngruppe durch ein hohes Maß an Flexibilität und Differenzierung aus, so dass unterschiedliche Lernausgangslagen zur gleichen Zeit in unterschiedlichem inhaltlichem und zeitlichem Umfang bedient werden können. Das Lernen an Stationen, individuelle Wochenpläne, Freiarbeit, Werkstattarbeit, etc. stellen hier bekannte Vorgehensweisen dar. Dabei spielt die Vorbereitung von Materialsystemen für selbstgesteuertes Lernen häufig eine große Rolle.

In einem solchen Rahmen haben Lernende die Freiheit, sich für einen subjektiv bedeutsamen Lernstoff, für einen Lernort, für Lernpartnerinnen und Lernpartner, für eine bestimmte Arbeitszeit und für ein bestimm Ziel zu entscheiden. Individualisierte Lernprozesse werden im Rahmen einer Ermöglichungsdidaktik begleitet. Dies verlangt eine klare Strukturierung sowie die Übersicht über die Lernchancen für die Kinder, z.b. als Pensenbuch, Lernpässe sowie transparente Dokumentationssysteme (über individuelle Leistung innerhalb der Bildungsstandards).

Sind die Vorgehensweisen, Regeln und Rahmenbedingungen bekannt und verstanden, entsteht durch die Eigenständigkeit eines Großteils der Schülerinnen und Schüler zeitlicher Raum zur intensiven Begleitung und Beobachtung einzelner, so dass in der Vielfalt keine Lernenden untergehen.

Darüber hinaus kann jedoch auch bei stark individualisiertem Lernen die Lerngruppe nicht gänzlich ausgeblendet werden. Die soziale Gruppe bleibt der Rahmen, in dem Lernen stattfindet. Daher gilt es zu reflektieren, wie auch in einem individualisierten Lernsetting die anderen von Lernprozessen wissen und profitieren können, also eine Transparenz über das Lernen der anderen in der Lerngruppe erreicht werden kann (vgl. Meister & Schnell 2012, 185).

Häufig ist dann aber z.B. in Form von Präsentationsrunden der Anschluss an die vorgestellten Arbeiten und der Nachvollzug der Lernergebnisse der Lernenden erschwert, da sich die Lerninhalte und -situationen grundlegend unterscheiden können und untereinander oftmals wenig Anschlussmöglichkeiten gegeben sind. Auch das Wahrnehmen und Verstehen von unterschiedlichem Leistungsvermögen wird auf diese Weise nicht gefördert.

Das Kooperative Lernen stellt dagegen einen anderen Ansatz dar, der zugleich Teamarbeit und individuelles Lernen in den Blick nimmt.

3 Gestaltung Kooperativen Lernens

Eine heterogene Lerngruppe bietet die Chance in Interaktion mit anderen Erkenntnisse zu erarbeiten und das Anregungspotential der anderen zu nutzen sowie am Modell der anderen selber lernen zu können. Zudem kann der bzw. die einzelne Lernende sich in der Lerngruppe als selbstwirksam erfahren.

Doch diese positiven Aspekte ergeben sich nicht von allein, sondern bedürfen eines strukturierten Vorgehens. Anhand eines Unterrichtsbeispiels werden die Herausforderungen des Kooperativen Lernens in einem inklusionsorientierten Setting veranschaulicht:

Die heterogene Lerngruppe verfasst regelmäßig Sachtexte, die über eine Internetseite der Öffentlichkeit zugänglich gemacht werden. Die Themen für die Texte werden in der Gruppe ausgewählt. Gemeinsam werden Zielperspektiven (wer, wann, worüber welchen Text schreibt) formuliert. Die Erarbeitung der Texte findet in leistungsgemischten Kleingruppen statt. In jeder Gruppe lernen Schülerinnen und Schüler, die schreiben und lesen können ggf. mit Lernenden, die ihre Gedanken im erweiterten Verständnis von Schreiben bzw. Gedanken anhand verschiedener Zeichensysteme oder Hilfsmittel wie mit der Möglichkeit dess Diktierens oder des Auswählens von Bildern fixieren können. Für alle Lernenden ist es wichtig, zu recherchieren und den Text zu konzipieren. Die Recherche findet zum Teil online, aber auch handlungsorientiert jeweils vor Ort des Geschehens und ggf. auch durch Interviews statt.

In den Kleingruppen soll zugleich nach thematischen Interessen und kooperativ gearbeitet werden. Eine Arbeitsgruppe möchte einen Text über ein gemeinsam besuchtes Fußballspiel verfassen. Im Nachgang eines Stadionbesuches werden die dort entstandenen Fotos betrachtet. P. beginnt sofort zu erzählen, was er am Spiel gut fand. K. beginnt erste Wörter in den PC zu tippen. Diese entsprechen nur teilweise den Aussagen von P. D. lehnt sich zurück und beobachtet die anderen Gruppenmitglieder. M. wirft zu Anfang ein paar Ideen ein, die aber von den anderen nicht aufgegriffen werden. Danach geht sie innerhalb der Arbeitszeit zwei Mal zur Toilette und malt am Gruppentisch Kreise auf einen Block. Am Ende der Gruppenphase liest K. im Plenum der Gesamtgruppe den fertigen Text vor und fordert Rückmeldung ein. Von der Lehrperson wird die Gruppe für einen inhaltlich spannenden und sprachlich variantenreichen Text gelobt. P. und K fühlen sich in ihrer Vorgehensweise bestätigt. P. möchte auch in der nächsten Woche wieder in der Gruppe arbeiten. M. hingegen formuliert, dass sie nicht mehr mit den anderen arbeiten will.

In Bezug auf Kooperatives Lernen werden anhand dieses Beispiels verschiedene Herausforderungen sichtbar: Der Arbeitsauftrag ist für alle in der Kleingruppe gleich, obwohl die Gruppe sehr leistungsheterogen zusammengesetzt ist. Das führt zur ungleichen Berücksichtigung der Lernvoraussetzungen. Zudem wird am Ende nur auf das inhaltliche Ergebnis eingegangen. Der schwierige Gruppenprozess, in dem nicht alle Beteiligten auf Augenhöhe wahrgenommen wurden, wird nicht thematisiert. Die sozialen Fähigkeiten, die für die Kooperation notwendig sind, wie z.B. einander zu Wort kommen zu lassen und zu helfen, werden vorausgesetzt. Es wird keine Rückmeldung darüber gegeben, dass das Ergebnis nur auf ein oder zwei Lernende zurückzuführen ist und einige aus der Kleingruppe als Trittbrettfahrerinnen oder Trittbrettfahrer vom Gesamtergebnis profitieren, aber selbst keinen Beitrag leisten.

Ein solches Beispiel scheint dafür zu sprechen, dass die Unterschiedlichkeit von Lernenden wohl besser in Situationen aufgefangen wird, in denen die Leistung des einzelnen optimal gefördert und eine Aktivierung sichergestellt ist. Die Erfahrung aus dem Beispiel widersprechen den positiven Beschreibungen der Methode des Kooperativen Lernens, wie: „Im Dialog unter Ungleichen können unterschiedliche Positionen erkannt und Eigenes im Vergleich mit Fremdem erweitert, differenziert, revidiert oder behauptet werden" (Ruf & Gallin 2005, 15). In diesem Zitat wird jedoch deutlich, dass kooperative Arbeitsprozesse mehr bedeuten als gemeinsam an einem Tisch zu sitzen, sondern ein inhaltlicher Austausch und Findungsprozess sowie ein gewisses Maß an Reflexion erforderlich sind. Daher ist auch nicht selbstverständlich vorauszusetzen, dass in einer sozialen Gruppenkonstellation immer auch Kooperatives Lernen stattfindet. „Gruppenarbeit bezeichnet lediglich die Tatsache, dass [Schülerinnen und] Schüler zu einer bestimmten Zeit etwas zusammen erledigen, sie können dabei kooperieren, müssen es aber nicht" (Woolfolk 2008, 508). Häufig sind im Unterricht Pseudogruppen anzutreffen, in denen Schülerinnen und Schüler zusammen sind, aber nicht kooperieren (vgl. Johnson u.a. 2005, 106).

Beim Kooperativen Lernen hingegen werden durch Anleitung fachliche Aspekte über kommunikativen Austausch erarbeitet. Das Lernen in Differenz erzeugt Anregung. Dabei findet soziales Lernen statt. Der andere Lernende stellt einen Teil der vorbereiteten Lernumgebung in kooperativen Situationen dar.

3.1 Wodurch lässt sich Kooperatives Lernen charakterisieren?

Als Basiselemente für Kooperatives Lernen gelten (vgl. Johnson u.a. 2005; Konrad & Traub 2010; Green & Green 2012):

- positive Abhängigkeit (unterschiedliche Aufgabenteile ergänzen sich und ermöglichen Ko-Konstruktionen)
- individuelle Verantwortung
- soziale Kompetenzen entwickeln und reflektieren
- Face-to-face-Interaktion
- Gruppenstrategien entwickeln und Reflexion des Prozesses

Positive wechselseitige Abhängigkeit zwischen den Schülerinnen und Schülern entsteht dann, wenn das Lernergebnis nicht ohne die anderen Mitlernenden erreicht werden kann. Die Schülerinnen und Schüler brauchen sich gegenseitig. Dafür muss die gemeinsame Zielperspektive für alle transparent sein (vgl. Ebbens & Ettekoven 2011, 15; Borsch 2015, 28). Die Lernenden müssen über den Beitrag der anderen wissen und erleben, dass sich jede und jeder im gemeinsamen Erarbeitungsprozess anstrengen muss.

Individuelle Verantwortung wird im kooperativen Prozess erlebt, wenn jeder und jede Lernende den Zusammenhang zwischen der eigenen Arbeit und der Arbeit der Gruppe kennt. In der Bewertungsphase des Gruppenergebnisses ist daher das Registrieren der Einzelleistungen, aus denen dann das Gemeinsame entsteht, für jedes Gruppenmitglied bedeutsam. Durch ein solches Procedere wird auch Trittbrettfahrerinnen und Trittbrettfahrern die Möglichkeit genommen, ohne Anstrengung positive Leistungsrückmeldungen zu bekommen (vgl. Borsch 2015, 30). Kooperatives Lernen bringt die Gefahr von Konflikten mit sich. *Soziale Kompetenzen* wie mit Meinungsunterschieden umgehen zu können, sind daher unverzichtbar. Zu den grundlegenden sozialen Fähigkeiten gehören: „einander kennen lernen und einander vertrauen, klar und deutlich kommunizieren (auch zuhören) können, einander akzeptieren und unterstützen, Probleme effektiv lösen" (Ebbens & Ettekoven 2011, 23). Soziale Kompetenzen werden jedoch beim Kooperativen Lernen nicht vorausgesetzt, sondern unmittelbar und zielgerichtet im Lernprozess vermittelt (vgl. Rothenbächer 2016, 19).

Eine effektive Zusammenarbeit realisiert sich über *Face-to-face- Interaktion.* Diese sollte jedoch von Respekt untereinander geprägt sein und durch die räumliche Anordnung der Gruppenmitglieder zueinander sowie die räumliche Trennung von anderen Gruppen untereinander gegeben sein (vgl. Weidner 2008, 47).

Die Beobachtung und *Reflexion des Gruppenprozesses* erscheint obligatorisch (vgl. Ebbens & Ettekoven 2011, 9). Gemeint ist damit ein Innehalten und Analysieren der Effektivität der Zusammenarbeit. Diese entfaltet erst dann ihre Funktion, wenn sie spezifisch und auch personenbezogen stattfindet und Verhaltensalternativen aufzeigt (vgl. Borsch 2015, 31).

Anhand dieser fünf Bestimmungsmerkmale Kooperativen Lernens wird dessen Komplexität deutlich.

> „Kooperatives Lernen ist komplexer als konkurrierendes und individuelles Lernen, weil die Schülerinnen und Schüler sich gleichzeitig mit aufgabenbezogener Arbeit (auf den Unterrichtsstoff bezogenes Lernen) und personenbezogener Arbeit (als Gruppe effektiv wirken) beschäftigen müssen" (Green 2004, 2).

Brüning & Saum (vgl. 2009, 83ff.) plädieren dafür, Kooperatives Lernen nicht als Unterrichtsmethode, sondern als eine Unterrichtsstruktur zu verstehen, welche Lernprozesse im Wechsel von individuellen und kooperativen Phasen ermöglicht. Slavin (1995) spricht beim Kooperativen Lernen von einer Revolution im Unterricht, da eine Unterrichtsform zum Einsatz kommt, die nicht Konkurrenz, sondern gegenseitige Lernunterstützung in den Fokus stellt.

Didaktisch werden beim Kooperativen Lernen werden nicht nur kognitive, sondern auch motivationale, soziale und emotionale Lernchancen eröffnet und verfolgt (vgl. Borsch 2015, 49). Die auf diese Weise entstehenden Lernerfahrungen und -möglichkeiten bieten eine zusätzliche Ressource für gemeinsame Lernprozesse.

3.2 Welche Wirksamkeit wird dem kooperativen Lernen zugeschrieben?

Die Forschungsergebnisse zum Kooperativen Lernen stammen meist aus internationalen Untersuchungen, da aus dem deutschen Sprachraum vergleichsweise wenige empirische Erkenntnisse vorliegen (vgl. ebd. 2015, 85).

> „Metaanalytische Untersuchungen [...] belegen die positive Wirkung kooperativen Lernens auf kognitive, soziale, motivationale und emotionale Lernziele. Im Hinblick auf den Wissenserwerb wird die besondere Wirksamkeit von Gruppenbelohnungen deutlich, wenn sie auf der Basis der individuellen Leistungen der Schülerinnen und Schüler erfolgen" (Borsch 2015, 118f.).

Empirische Forschung belegt, dass kooperative Lernprozesse den Lernerfolg steigern und soziale Kompetenzen fördern (vgl. Slavin 1995, 2009; Hänze 2008, 24f.). Durch den Vergleich zwischen kooperativen und konkurrenzorientierten Ansätzen konnte gezeigt werden (vgl. Johnson & Johnson 2008, 17), dass sowohl eine erhöhte Leistungsbereitschaft und Transferleistung des Gelernten in kooperativen Lernumgebungen entstehen kann, als auch eine hohe intrinsische Motivation und eine positivere Einstellung zum Lernen entwickelt werden kann. Im Rahmen kooperativer Lernsituationen können positivere Beziehungen der Lernenden untereinander und mehr Selbstwertgefühl und Selbstwirksamkeit Einzelner in kooperativen Lernsituationen positiv beeinflusst werden – ein Teamgefühl gebildet werden (vgl. Johnson u.a. 1994).

3.3 In welchen Formen und Methoden kann Kooperatives Lernen umgesetzt werden?

Johnson & Johnson unterscheiden hinsichtlich ihrer Dauer, Intensität und Komplexität drei Organisationsformen Kooperativen Lernens (vgl. ebd. 2008, 18f.): *formales, längerfristiges Kooperatives Lernen* in Form von Projektarbeit, Gruppenarbeit, Gruppenpuzzle; *informelles, kurzfristiges Kooperatives Lernen* (beispielsweise im Anschluss an eine Präsentation) und *Kooperative Stammgruppen* (werden heterogen zusammengesetzt und bestehen aus festen Mitgliederinnen und Mitgliedern, die gemeinsam über einen längeren Zeitraum lernen z.B. Monate, Halbjahre).

Während die Gruppen beim informellen Kooperativen Lernen nach dem Zufallssprinzip gebildet werden und das Ziel eines schnellen Austauschs verfolgen, ist es bei der dritten Form von Bedeutung, in einer Gruppe von ca. 4-5 Kindern und Jugendlichen über regelmäßige fest geplante Arbeitstreffen hinweg Vertrauen zueinander aufzubauen und ein Wir-Gefühl zu entwickeln, durch welches die Bereitschaft von Verantwortungsübernahme erhöht werden kann (vgl. Weidner 2008, 134f.).

3.4 Nach welchen Kriterien werden die Gruppen gebildet?

In der Literatur werden verschiedene Bedingungen für die Bildung heterogener Gruppen angeführt. Häufig fallen dabei die Neigungen und Interessen der Lernenden sowie der Leistungsaspekt (der sowohl homogen als auch heterogen berücksichtigt werden kann) besonders ins Gewicht. Weidner schlägt als optimale Besetzung eines 4er Teams eine leistungsstarke Person, zwei mittelstarke Lernende und ein/e leistungsschwächere/r Schüler oder Schülerin vor. „Auf diese Weise kann eine Fülle von Anregungen, Unterstützung und positiver Vorbild- und Motivationswirkung von leistungsstarken Gruppenmitgliedern ausgehen" (Weidner 2008, 138). Zudem sollten alle Gruppenmitglieder lernen, Rücksicht zu nehmen, so dass niemand unter- bzw. überfordert wird.

Ebbens und Ettekoven (2011) betonen, dass das Thema bei der Entscheidung zur Gruppenbildung eine nicht unwesentliche Rolle spielt. Bei Basisthemen, die alle beherrschen müssen, sei es leichter heterogene Gruppen zu bilden, als bei Wahlthemen, die von den Interessen der Schülerinnen und Schüler abhängen (vgl. ebd. 2011, 33). Darüber hinaus erscheint jedoch von Bedeutung zu sein, dass langfristig alle Schülerinnen und Schüler auch in Gruppen zusammen eingeteilt werden. „Die Bildung heterogener Gruppen basiert auf dem Prinzip, dass alle Schüler mit allen Schülern in der Klasse zusammenarbeiten können müssen" (ebd. 2011, 32).

Nicht ganz unerheblich ist zudem die Gruppengröße. Je kleiner die Gruppe, desto intensiver ist die Zusammenarbeit. Bei zunehmender Gruppengröße sollten bereits auch mehr Kompetenzen bei den Schülerinnen und Schülern zur Zusammenarbeit gegeben sein (vgl. Weidner 2008, 129). Zentral für das soziale Lernen in kooperativen Lerngruppen ist das gemeinsame Aufstellen sowie Reflektieren von Gruppenregeln.

4 Herausforderungen und Gelingensfaktoren des Kooperativen Lernens in inklusionsorientierten Settings

Kooperatives Lernen gilt oftmals als Königsweg des inklusionsorientierten Unterrichts (vgl. Wocken 2011; Feuser 2013). Georg Feuser versteht z.B. seine entwicklungslogische Didaktik als Vorschlag für eine Allgemeine Didaktik, die durch die Kooperation an einem *Gemeinsamen Gegenstand* die unterschiedlichen Lernpotentiale der Schülerinnen und Schüler füreinander im individuellen Erkenntnisgewinn nutzbar macht. Methodisch schlägt Feuser den Projektunterricht vor, in dem das ‚Aufeinanderangewiesensein' und ‚Voneinanderlernen' im Mittelpunkt stehen. Auch in diesem Kontext werden individuelle Lernwege genutzt, es ist jedoch auch eine gemeinsame Zielorientierung in leistungsheterogenen Gruppe neben den individuellen und fachlichen Kompetenzentwicklungen im Blick. Die Kooperation der Lernenden und eine gleichzeitige *„Innere Differenzierung durch entwicklungsniveau- und biografiebezogene Individualisierung"* (Feuser 2013, 282) ist nach Feuser für die Gestaltung inklusionsorientierter Lernsituationen unverzichtbar. Das Erkennen der bzw. des einzelnen Lernenden in der Kooperation mit anderen geht über das Erkennen des Individuums hinaus. Der gemeinsame Prozess steht dabei im Mittelpunkt. Ausgehend von ihrem/seinem Vorverständnis kann jede bzw. jeder Lernende aus der gemeinsamen Situation unterschiedliche Erkenntnisse gewinnen, die sie bzw. er aber ohne den sozialen Bezug auf diese Weise nicht hätte entwickeln können (vgl. ebd. 2013, 286f.).

In einen so verstandenen Lernprozess können auch Schülerinnen und Schüler mit einer schweren geistigen und mehrfachen Behinderung einbezogen werden. Auch wenn die basale Aktivität eines Kindes vorrangig nur eine Bedeutung für das einzelne Kind hat und nicht vollständig mit dem thematischen Bezug der Lerngruppe übereinstimmt, so kann diese doch als Beitrag für eine gemeinsame Sache interpretiert werden.

> „So kann ein Kind mit schwerer und mehrfacher Behinderung durch die Reaktion anderer Personen eine Erfahrung der eigenen Selbstwirksamkeit machen, ohne dass es den thematischen Zusammenhang zum Lernprozess der gesamten Gruppe bewusst teilt; für alle anderen hingegen repräsentiert diese Erfahrung einen thematischen Bezug und damit einen Sinn für das eigene Tun, der durch die Deutung entstanden ist" (Meister & Schnell 2012, 187).

Das (un)bewusste Bedürfnis nach Anerkennung und der Wunsch nach Resonanz auf die eigene Sinnproduktion können so erfüllt werden. Zudem wird die bzw. der Lernende in gemeinsamen Aktivitäten mit anderen Sinndeutungen und der Vielfalt kulturell bedeutsamer Erkenntnisse konfrontiert und kann sich daran im Austausch bilden (vgl. Feuser 2013, 287). Der gleiche Kerngehalt *ermöglicht einen inhaltlichen Austausch zwischen den Lernenden.* Dieser Anspruch lässt sich methodisch durch Projektorientierung realisieren (vgl. ebd. 2013).

Feuser spricht vom kompetenten Anderen, den der Lernende braucht, um die Zone der nächsten Entwicklung erreichen zu können. Dies trifft nicht nur auf den Austausch zwischen Schülerinnen und Schülern zu, sondern auch auf das Verhältnis zwischen Lernenden und Lehrpersonen (vgl. ebd. 2013).

Kooperatives Lernen stellt in inklusionsorientierten Settings einen strukturierten Prozess dar, der in Bezug auf vielfältige Faktoren detailliert geplant, durchgeführt und reflektiert werden sollte. Folgende Punkte sind besonders differenziert je nach Lerngruppe zu berücksichtigen:

• Eine *gemeinsame „Sprache"* als Basis für interaktives Lernen ist unerlässlich. Dabei sind die kommunikativen Ausdrucks- und Verstehensmöglichkeiten sowie auch Kenntnisse über die Kommunikationsbedürfnisse der Mitglieder der Lerngruppe bedeutsam (z.b. Gebärden, basale Ausdrucksformen, ggf. Regeln der Leichten Sprache, etc.).

• *Soziale Kompetenzen* wie Respekt, Empathie, soziale Anerkennung, etc. werden nicht als Voraussetzung, wohl aber als zentrale Zielperspektive gesehen, die entweder den kriterialen Lernchance gleichberechtigt bei- oder sogar übergeordnet werden. Ohne die Reflexion von Beziehungsarbeit lassen sich kooperative Lernformen nicht effektiv einsetzen. Die Beziehungsarbeit kann dann aber auch den Abbau von Vorurteilen durch positive Kontakterfahrungen mit sich bringen. Die Schülerinnen und Schüler treffen beim Kooperativen Lernen durch eine klare Rollenverteilung und die gezielte Verteilung von Verantwortung im gleichen Status aufeinander. Jede und Jeder hat eine Aufgabe zu erledigen. Diese Statusgleichheit wirkt sich ggf. positiv auf die Qualität des Kontaktes aus (vgl. Avci-Werning & Lanphen 2013, 155f.).

• Als häufiges Problem beim Lernen am gemeinsamen Gegenstand zeigt sich die *Unterschiedlichkeit der Zugänge* z.b. in den Abstraktionsebenen. Dabei stellt sich die Frage, ob eine unbegrenzte Heterogenität diesbezüglich in Lerngruppen konstruktiv aufgefangen werden kann? Ebbens und Ettekoven (vgl. 2011) unterscheiden in diesem Zusammenhang verschiedene kooperative Lernsituationen nach dem Niveau der Lernaktivitäten. „Für jede Lernebene (Behalten/ Verstehen, Verknüpfen, flexibel Anwenden) sind einzelne Formen besonders geeignet" (ebd. 212 ff.). Während bei den ersten Formen eine deutliche Steuerung durch die Lehrperson durch die Mitteilung von Erwartungshorizont und Instruktionen vorgeschlagen wird, steht bei der flexiblen Anwendung mehr die Lenkung durch die Schülerinnen und Schüler im Fokus.
Auch ein unterschiedliches Repertoire an Lernstrategien sowie Methodenkenntnisse der Lerngruppenmitglieder zeigen einen Differenzierungsbedarf in der Konstruktion der Teilaufgaben auf.

• Während in der Literatur eine Mischung von Gruppenbildungsprozessen im Rahmen kooperativer Lernformen beschrieben wird, bleibt jedoch in inklusionsorientierten Settings zu überlegen, ob nicht eher *kleine Gruppen mit Kontinuität* für die notwendige gemeinsame Kommunikations- und Verständnisbasis sorgen können.

• Bei Kindern mit einem hohen Unterstützungsbedarf im Lernen gilt es auch das Maß und die *Rolle von Assistenz* bei der Partizipation an Lerngruppen zu reflektieren. Ebbens und Ettekoven (vgl. 2011) gehen davon aus, dass in kooperativen Lernsituationen die Lehrperson nie einzelnen Schülerinnen und Schülern, sondern nur der gesamten Gruppe helfen soll, um deutlich zu machen, dass es um einen gemeinsamen Lernprozess geht (vgl. ebd, 95f.). Sind nun Gruppenmitglieder beim Lernen auf Assistenz angewiesen, ist es für die gleichaltrigen Kooperationspartnerinnen und -partner wichtig, die Assistenz transparent zu planen und durchzuführen und somit *klare Rollen* in der Kooperationsgruppe einzuhalten.

• Kooperation kann auch mittels des Lernens am Modell der Lehrpersonen erfolgen. Wenn gemeinsame Arbeitsprozesse in inklusionsorientierten Settings vorgelebt und auch für die Schülerinnen und Schüler transparent reflektiert werden, stellt dies eine bedeutende Ressource dar.

5 Reflexion über Lernsituationen

Soziales Lernen und die Reflexion darüber gewinnt in inklusionsorientierten Settings an Bedeutung. Das sich ein für alle sinnvolles gemeinsames Lernen nicht nur aus dem Lernen in einem gemeinsamen Klassenraum ergibt, liegt auf der Hand. In inklusionsorientierten Lernsettings sind soziale Lernprozesse nicht selbstverständliches Nebenprodukt, sondern ereignen sich nur, wenn Möglichkeiten initiiert und deren Verlauf und Erfolg reflektiert werden. Der Beziehungsaufbau benötigt Zeit und einen begleitenden Rahmen, denn Eindrücke des Fremden und des Nichtverstehbaren *können sich nur im direkten Kontakt, im einander kennen lernen verändern.*

Gutes Kooperatives Lernen verlangt zu Beginn eine *starke Steuerung* durch die Lehrperson (vollständige Instruktion zu Aufgabe, Arbeitsweise, Zusammenarbeit und individuellem Beitrag) (vgl. Ebbens & Ettekoven 2011, 10). Diese kann mit zunehmender kooperativer Lernerfahrung der Kinder und Jugendlichen sowie erweiterten sozialen Kompetenzen aller Beteiligten zurückgenommen werden, so dass die Lernenden zunehmend die Steuerung über kooperative Prozesse übernehmen können. Die Gestaltung der Öffnung kooperativer Lernformen hängt somit auch von den methodischen Lernvoraussetzungen ab.

Im Vergleich zwischen individualisierten und kooperativen Lernsituationen wird deutlich, dass in beiden Formen ein prozessbezogenes Feedback als Schlüsselvariable für kognitive und motivationale Entwicklungen der Lernenden angesehen wird. Sowohl beim individualisierten als auch beim Kooperativen Lernen verändert sich die *Bedeutung der Lehrperson* im Lernprozess (vgl. Avci-Werning & Lanphen 2013, 154). In beiden Fällen tritt die Lehrperson im Vergleich zum frontalen Unterricht zurück. Beim Kooperativen Lernen geschieht dies zugunsten der anderen Gruppenmitglieder in der Gruppe, beim individualisiertem tritt die Lehrperson hinter die im Vorfeld gestaltete Lernumgebung zurück. In beiden Fällen soll die Zurücknahme der Lehrperson zur Steigerung der Aktivität der Schülerinnen und Schüler führen. Darüber hinaus hat die Lehrperson in inklusionsorientierten Settings die Rolle der Interaktionsmanagerin bzw. des Interaktionsmanagers und ermutigt – auch bei Fehlversuchen der Gruppen – immer wieder im Gespräch miteinander zu bleiben (vgl. ebd. 2013,155). Dabei beobachtet die Lehrperson das Geschehen, bietet Rückmeldung an und führt die Schülerinnen und Schüler – ohne direktiv einzugreifen – zu den eigenen Ressourcen.

Abschließend bleibt festzuhalten, dass verschiedene Lernsituationen unterschiedliche Funktionen im Unterricht übernehmen und daher eine bewusst gesetzte Balance herbeizuführen ist. Diese Bewusstheit betrifft in gleicherweise Lehrpersonen und Lernende. Inklusive Didaktik zeichnet sich durch *Differenzierung* aus. Das gilt sowohl für individualisierte als auch kooperative Lernformen. Zieldifferentes Lernen stellt im Konzept des Kooperativen Lernens kein Problem dar. Auch in kooperativen Lernformen können Medien, Materialien und Hilfsmittel je nach entwicklungsbezogenen Lernvoraussetzungen variiert werden. Auch Differenzierung in Bezug auf den Lernfaktor Zeit ist möglich, wenn Kinder und Jugendliche je nach Bedarf zwischen kooperativen Phasen individuell an den Teilaufgaben für die Gruppe arbeiten können. Selbstverständlich ist es auch möglich den Umfang und das Anforderungsniveau zu variieren. Grundsätzlich erscheint jedoch bei allen Differenzierungsmaßnahmen, diese und die dahinterliegenden Gründe für alle in der Kooperationsgruppe transparent und verstehbar zu machen. Die Herausforderung liegt bei der Lehrperson für die einzelnen Schülerinnen und Schüler passende Aufgaben zu finden und diese bei Bedarf entsprechend vor zu strukturieren. Je mehr Kompetenzzuwachs sich ereignet, desto mehr kann diese Aufgabe auch in den Gruppenprozess integriert – und somit zunehmende Steuerung durch die Schülerinnen und Schüler praktiziert – werden.

Entscheidend ist demnach die Mischung der Lernsituationen und deren bewusster und reflektierter Einsatz. Zudem ist in inklusionsorientierten Settings eine Blickschärfung auf die Bedeutung und Begleitung sozialer Lernprozesse sinnvoll.

Literatur

Avci-Werning, Meltem & Lanphen, Judith (2013): Inklusion und Kooperatives Lernen. In: Werning, Rolf/Arndt, Ann-Kathrin (Hrsg.): Inklusion: Kooperation und Unterricht entwickeln. Bad Heilbrunn: Klinkhardt, 150-175.

Borsch, Frank (2015): Kooperatives Lehren und Lernen im schulischen Unterricht. Stuttgart: Kohlhammer.

Brüning, Ludger & Saum, Tobias (2009): Individuelle Förderung durch Kooperatives Lernen. In: Kunze, Ingrid/Solzbacher, Claudia (Hrsg.): Individuelle Förderung in der Sekundarstufe I und II. Baltmannsweiler: Schneider Verlag Hohengehren.

Ebbens, Sebo & Ettekoven, Simon (2011): Unterricht entwickeln. Kooperatives Lernen. Baltmannsweiler: Schneider Verlag Hohengehren.

Feuser, Georg (2013): Die *Kooperation am Gemeinsamen Gegenstand* – ein Entwicklung induzierendes Lernen. In: Feuser, Georg/Kutscher, Joachim. (Hrsg.): Entwicklung und Lernen. Stuttgart: Kohlhammer, 282–293.

Green, Norm & Green, Kathy (2012): Kooperatives Lernen im Klassenraum und im Kollegium. Das Trainingsbuch. Seelze-Velber: Kallmeyer.

Green, Norm (2004): Der Unterschied zwischen Kooperativem Lernen und Gruppenarbeit besteht in den 5 grundlegenden Elementen. Online unter: http://methodenpool.uni-koeln.de/koopunterricht/ger_the_difference.pdf. (Abrufdatum 12.03.2017).

Hänze, Martin (2008): Was bringen kooperative Lernformen? Ergebnisse aus der empirischen Lehr-Lern-Forschung. In: Individuell lernen – kooperativ arbeiten. Friedrich Jahresheft XXVI 2008. Seelze: Friedrich Verlag, 24-25.

Johnson, David; Johnson, Roger & Holubec, Edythe (2005): Kooperatives Lernen. Kooperative Schule. Tipps – Praxishilfen – Konzepte. Mülheim a. d. Ruhr: Verlag an der Ruhr.

Johnson, David & Johnson, Roger (2008): Wie kooperatives Lernen funktioniert. Über die Elemente einer pädagogischen Erfolgsgeschichte. In: Individuell lernen – kooperativ arbeiten. Friedrich Jahresheft XXVI 2008. Seelze: Friedrich Verlag, 16-20.

Konrad, Klaus & Traub, Silke (2008): Kooperatives Lernen. Theorie und Praxis in Schule, Hochschule und Erwachsenenbildung. Baltmannsweiler: Schneider Verlag Hohengehren.

Meister, Ulrike & Schnell, Irmtraud (2012): Gemeinsam und individuell – Anforderungen an eine inklusive Didaktik. In: Moser, Vera (Hrsg.): Die inklusive Schule. Standards für die Umsetzung. Stuttgart: Kohlhammer, 184-189.

Rothenbächer, Nicole (2016): Kooperatives Lernen im inklusiven Mathematikunterricht. Hildesheim: Verlag Franzbecker.

Ruf, Urs & Gallin, Peter (2005) Dialogisches Lernen in Sprache und Mathematik. Band 1: Austausch unter Ungleichen. Seelze-Velber: Kallmeyer.

Slavin, Robert (1995): Cooperative Learning: Theory, Research and Practice. Boston: Allyn and Bacon.

Slavin, Robert (2009): Educational Psychology. Theory and Practice. 9. ed. Boston: Pearson.

Traub, Silke (2010): Kooperativ lernen. In: Buholzer, Alois/Kummer-Wyss, Annemarie (Hrsg.): Alle gleich – alle unterschiedlich. Zum Umgang mit Heterogenität in Schule und Unterricht. Seelze-Velber: Kallmeyer in Verbindung mit Klett, 138-150.

Weidner, Margit (2008): Kooperatives Lernen im Unterricht. Das Arbeitsbuch. Seelze-Velber: Kallmeyer.

Wocken, Hans (1998): Gemeinsame Lernsituationen. Eine Skizze zur Theorie des gemeinsamen Unterrichts. In: Hildeschmidt, Anne/Schnell, Irmtraud (Hrsg.): Integrationspädagogik. Auf dem Weg zu einer Schule für alle. Weinheim/München: Juventa, 37–52.

Wocken, Hans (2011): Das Haus der inklusiven Schule. Baustellen – Baupläne – Bausteine. Hamburg: Feldhaus

Woolfolk, Anita (2008): Pädagogische Psychologie. München: Pearson Studium.

Terfloth, Karin, Prof. Dr., (Pädagogik bei schwerer geistiger und mehrfacher Behinderung und Inklusionspädagogik), lehrt und forscht im Institut für Sonderpädagogik an der Pädagogischen Hochschule Heidelberg. Arbeits- und Forschungsschwerpunkte: inklusive Didaktik und arbeitsweltbezogene Bildung und Tätigkeit sowie Wohnen und Sozialraumorientierung im Kontext schwerer und mehrfacher Behinderung

Teil 2:

Spezifische Perspektiven auf inklusive Praxis

Barbara Brokamp

Der Index für Inklusion als Ressource und Instrument für inklusive Schul- und Teamentwicklungen

Zusammenfassung: Ausgehend von einem menschenrechtsorientierten Verständnis von Inklusion wird die Möglichkeit schulischer inklusiver Veränderungsprozesse mithilfe des Index für Inklusion und einer begleitenden Unterstützung erörtert.

1 Wenn wir von Inklusion sprechen

… dann meinen wir kein abstraktes Projekt, sondern inklusives Handeln. Handeln auf Grundlage inklusiver Werte. Dabei geht es um einen gesamtgesellschaftlichen Prozess, der sich in vielen Bereichen widerspiegelt, so auch im Bildungsbereich und in den Schulen. Der Rahmen ist ein global gesellschaftlicher. Die Wechselwirkungen zwischen allgemein gesellschaftlichen Entwicklungen und dem, was ganz konkret vor Ort passiert, sind offensichtlich. Es sei nur auf die vielen Menschen hingewiesen, die sich zurzeit gegen ihren Willen auf der Flucht befinden.

Der Begriff Inklusion wird international und auch in den einzelnen Bundesländern in Deutschland sehr unterschiedlich aufgefasst. Ein fatales Missverständnis besteht darin, dass der Begriff Inklusion in der UN Konvention zur Umsetzung der Rechte von Menschen mit Behinderung verkürzt wiedergegeben wurde. Häufig wird daraus abgeleitet, dass es bei Inklusion ausschließlich um den schulischen Bereich und ausschließlich um die Gruppe von Menschen mit Behinderung bzw. um Kinder und Jugendliche mit sonderpädagogischem Förderbedarf geht. Die Implikationen der UN Konvention sind aber eine andere: Sie machen lediglich darauf aufmerksam, dass die allgemein gültigen Menschenrechte auch für die Menschen mit Behinderung gelten und darauf ein besonderer Fokus gelegt werden soll, weil sie sehr unzulänglich bisher realisiert werden. Wenn wir von Inklusion sprechen, meinen wir **alle** Menschen.

Es fehlt an einer inklusiven gesamtgesellschaftlichen Orientierung, die zwar normativ durch die Menschenrechte und die UN-BRK vorgegeben ist, jedoch zu wenig als handlungsleitendes Muster wahrgenommen und anerkannt wird. So gibt es sehr differenzierte Aktionspläne auf Landes- und kommunaler Ebene, die nicht von allen zur Kenntnis genommen werden. Entsprechend beliebig und unterschiedlich gestaltet sich die Unterstützung des Systems Schule in diesem herausfordernden intensiven Prozess. Das Verständnis inklusiven Handelns in Schulen reicht von der Verantwortungsübernahme aller für wirklich alle Kinder bis zur ständigen äußeren Differenzierung, indem einzelne Kinder zwar im selben Gebäude, nicht jedoch gemeinsam mit anderen Kindern lernen dürfen. Inklusives Handeln bedeutet, sich inklusive Werte zu verdeutlichen und alle Handlungsweisen, Strukturen und Ausrichtungen des Zusammenlebens daran zu orientieren.

2 Unterstützung der Schulen in inklusiven Entwicklungsprozessen

Die Anerkennung, dass Heterogenität eine selbstverständliche Tatsache ist, die nicht mehr wegzudenken ist und über die man auch nicht abstimmen kann, ist überfällig. Im oben skizzierten Verständnis erfordert Inklusion ein Umdenken in vielerlei Hinsicht und impliziert mit ihren Werten bereits eine systemische Sicht auf Veränderung: Offenheit, Partizipation, Kooperation, Wertschätzung und Ressourcenorientierung sind Haltungen, die es ermöglichen, Veränderungen nachhaltig zu gestalten. Aus diesem Grund hat die Montag Stiftung Jugend und Gesellschaft acht Jahre lang mit dem Index für Inklusion s.u. zahlreiche Bildungseinrichtungen in ganz Deutschland begleitend unterstützt und ein Konzept zur Professionalisierung von systemischer Entwicklung von Bildungseinrichtungen und darüber hinaus entwickelt (vgl. MJG 2015).

3 Die Nutzung des Index für Inklusion in all seinen Varianten

Der Index für Inklusion ist ein Leitfaden für die Entwicklung von Bildungseinrichtungen auf der Basis inklusiver Werte. Er hat sich in den vergangenen Jahren in vielen Ländern als sehr hilfreich erwiesen. Die erste Ausgabe des Index für Inklusion wurde 2003 von Tony Booth und Mel Ainscow (Manchester) entwickelt und auf Initiative von Prof. Dr. Andreas Hinz und Ines Boban (Luther-Universität Halle-Wittenberg) für deutsche Verhältnisse übersetzt und adaptiert. Inzwischen wurde eine überarbeitete Auflage (vgl. Booth, 2016) für deutschsprachige Länder adaptiert, erweitert und 2017 veröffentlicht. Die Herausgeberinnen und Herausgeber aus den Ländern Schweiz, Italien (Südtirol), Österreich und Deutschland haben ihre jeweiligen Erfahrungen der letzten Jahre einfließen lassen. Dieser neue Index betont noch stärker die Bedeutung inklusiver Werte und setzt sich mit lebensbedeutsamen (Lern-) Inhalten in einer global verstandenen Welt auseinander. Erst im Handeln erfahren die inklusiven Werte ihre Wirksamkeit. Genau darum geht es bei den vielen Fragen, dem Herzstück des Index für Inklusion.

Die Fragen wurden aus folgenden Aussagen zur inklusiven Schulgestaltung abgeleitet und können in allen Zusammenhängen diskutiert werden. Im Folgenden sind die drei Bereiche **A, B und C** abgebildet: (vgl. Booth, 2017, S.101, 123 und 146)

Dimension A: Inklusive Kulturen schaffen

A1: Gemeinschaft bilden	A2: Inklusive Werte verankern
1. Jede/r fühlt sich willkommen.	1. Die Schulgemeinschaft verständigt sich über gemeinsame inklusive Werte.
2. Das Schulpersonal[1] arbeitet konstruktiv zusammen.	2. Die Schulgemeinschaft setzt sich für die Achtung der Menschenrechte ein.
3. Kinder und Jugendliche arbeiten konstruktiv zusammen.	3. Die Schulgemeinschaft setzt sich für den Schutz der Umwelt ein.
4. Schulpersonal und Schülerinnen und Schüler gehen respektvoll miteinander um.	4. Inklusion wird als Möglichkeit gesehen, die Teilhabe aller zu entwickeln.
5. Die Mitglieder des Schulpersonals und Eltern/Erziehungsberechtigte kooperieren.	5. An jedes Kind und jede/n Jugendliche/n werden hohe Erwartungen gestellt.
6. Schulpersonal und schulische Gremien arbeiten konstruktiv zusammen.	6. Alle Kinder und Jugendlichen erfahren die gleiche Wertschätzung.
7. Die Schule ist ein Modell für demokratisches Zusammenleben.	7. Die Schulgemeinschaft tritt jeder Form von Diskriminierung entgegen.
8. Die Schule öffnet den Blick für die wechselseitigen Beziehungen zwischen Menschen weltweit.	8. Die Schulgemeinschaft setzt sich für ein gewaltfreies Miteinander und eine friedliche Konfliktlösung ein.
9. Erwachsene, Kinder und Jugendliche gehen auf unterschiedliche Formen von Geschlechtsidentität ein.	9. Die Schulgemeinschaft unterstützt Kinder, Jugendliche und Erwachsene bei der Entwicklung einer positiven Beziehung zu sich selbst.
10. Die Schule und ihr lokales Umfeld unterstützen sich gegenseitig in ihrer Entwicklung.	10. Die Schulgemeinschaft trägt zu Gesundheit und zum Wohlbefinden der Kinder, Jugendlichen und Erwachsenen bei.
11. Das Schulpersonal verbindet das Bildungsangebot in der Schule mit den Lebenswelten der Schülerinnen und Schüler.	

---

1 Lehrpersonen, Erzieherinnen und Erzieher, weiteres pädagogisches Personal, Schulwarte, Hausmeisterinnen und Hausmeister, Personal der Schulküche und der Schulverwaltung

Dimension B: Inklusive Strukturen etablieren

B1: Eine Schule für alle entwickeln	B2: Unterstützung für Vielfalt organisieren
1. Die Schule entwickelt sich partizipativ weiter.	1. Die Schule organisiert Lerngruppen so, dass die Vielfalt abgebildet und das Lernen aller unterstützt wird.
2. Die Schule hat ein inklusives Verständnis von Leitung.	2. Die Schule reflektiert den Unterstützungsbegriff und koordiniert die verschiedenen Formen der Unterstützung.
3. Personalentscheidungen sind transparent und vermeiden jede Form von Diskriminierung.	3. Fort- und Weiterbildungen unterstützen das Schulpersonal, auf die Vielfalt der Schülerinnen und Schüler einzugehen.
4. Die fachlichen Kompetenzen und Kenntnisse des Schulpersonals sind bekannt und werden genutzt.	4. Ressourcen zum Sprachenlernen stärken die Mehrsprachigkeit der Einzelnen und der ganzen Schule.
5. Die Schule unterstützt neues Schulpersonal, sich in der Schule einzuleben.	5. Die Schule unterstützt Kontinuität in der Begleitung von Kindern und Jugendlichen in Fremdunterbringung.
6. Die Schule nimmt alle Kinder und Jugendlichen aus ihrem Einzugsbereich auf.	6. Die Schule reflektiert ihren Umgang mit einem zugeschriebenen sonderpädagogischen Förderbedarf bzw. individuellen Bildungsbedarf kritisch und setzt entsprechende Maßnahmen inklusiv um.
7. Die Schule unterstützt neu angekommene Kinder und Jugendliche, sich in der Schule einzuleben.	7. Die Schule versteht den Umgang mit herausforderndem Verhalten als ein gemeinsames Anliegen aller Beteiligten.
8. Die Schule begleitet die Übergänge von Schülerinnen und Schülern.	8. Die Schule vermeidet es, Ausschluss als Konsequenz von Regelverstößen einzusetzen.
9. Die Schule ist für alle Menschen barrierefrei zugänglich.	9. Die Schule erkennt die Gründe für das Fernbleiben von Schülerinnen und Schüler und entwickelt Strategien, um allen einen regelmäßigen Schulbesuch zu ermöglichen.
10. Gebäude und Schulgelände sind so gestaltet, dass sie die Teilhabe aller unterstützen.	10. Die Schule setzt sich aktiv gegen Mobbing ein.
11. Die Schule verringert ihren CO_2-Fußabdruck und ihren Wasserverbrauch.	
12. Die Schule trägt zur Müllvermeidung bei.	

Dimension C: Inklusive Praktiken entwickeln

C1: Curricula für alle erstellen	C2: Das Lernen orchestrieren

1. Die Kinder und Jugendlichen erkunden die Zyklen von Nahrungserzeugung und Nahrungsverbrauch.
2. Die Kinder und Jugendlichen erkunden die Wichtigkeit von Wasser.
3. Die Kinder und Jugendlichen beschäftigen sich mit Kleidung und Schmuck.
4. Die Kinder und Jugendlichen erforschen den Bereich »Wohnen und Gebäude«.
5. Die Kinder und Jugendlichen beschäftigen sich mit Mobilität und Migration von Menschen.
6. Die Kinder und Jugendlichen setzen sich mit Gesundheit und Beziehungen auseinander.
7. Die Kinder und Jugendlichen befassen sich mit der Erde, dem Sonnensystem und dem Universum.
8. Die Kinder und Jugendlichen setzen sich mit den ökologischen Zusammenhängen auseinander.
9. Die Kinder und Jugendlichen erforschen Energieressourcen.
10. Die Kinder und Jugendlichen befassen sich mit Kommunikation und Kommunikationstechnologie.
11. Die Kinder und Jugendlichen befassen sich mit Literatur, Kunst und Musik und werden selbst kreativ.
12. Die Kinder und Jugendlichen setzen sich mit dem Thema »Arbeit« und der Entwicklung eigener Interessen auseinander.
13. Die Kinder und Jugendlichen setzen sich mit Fragen der Ethik, Politik und Macht auseinander.

1. Die Lernaktivitäten werden mit Blick auf die Vielfalt aller Schülerinnen und Schüler geplant.
2. Die Lernaktivitäten stärken die Teilhabe aller Schülerinnen und Schüler.
3. Die Schülerinnen und Schüler werden zu selbstbewusstem, kritischem Denken ermutigt.
4. Die Schülerinnen und Schüler gestalten ihr eigenes Lernen aktiv mit.
5. Die Schülerinnen und Schüler lernen voneinander und miteinander.
6. Die Schülerinnen und Schüler entwickeln ein Verständnis für Gemeinsamkeiten und Unterschiede zwischen Menschen.
7. Rückmeldungen und Bewertungen stärken die Lernprozesse und die Leistungen aller Schülerinnen und Schüler.
8. Der Umgang miteinander baut auf gegenseitige Achtung auf.
9. Die Mitglieder des Schulpersonals planen, gestalten, reflektieren im Team und lernen voneinander.
10. Das Schulpersonal entwickelt gemeinsame Ressourcen, die das Lernen unterstützen.
11. Das zusätzliche, unterstützende Personal setzt sich für das Lernen und die Teilhabe aller Schülerinnen und Schüler ein.
12. Hausaufgaben tragen zum Lernen aller Kinder und Jugendlichen bei.
13. Aktivitäten, die über das formale Lernen hinausgehen, sind für alle Kinder und Jugendlichen zugänglich.
14. Die Ressourcen im Umfeld der Schule sind bekannt und werden genutzt.

4 Was Fragen bewegen können

Mit den Fragen des Index für Inklusion zu arbeiten heißt, sich selbst zu reflektieren, das eigene Denken und Handeln zu überprüfen; es heißt, sich mit Anderen auszutauschen, die Neugierde auf andere Meinungen und Sichtweisen sowie die Vielfalt von Erfahrungen und Wissen zu entdecken und zu nutzen. Dabei geht es nicht um „richtige" Antworten, sondern um den offenen Dialog. Indem man lernt, unterschiedliche Erfahrungen und Perspektiven wertzuschätzen und auf dieser Grundlage Ideen für Verbesserungen zu entwickeln, entstehen innere Teilhabe, Solidarität und Verbundenheit, Verantwortungsübernahme und damit „wirkliche" Partizipation (vgl. Brokamp 2011, 141f.).

Beispielhafte Fragen, die in der Teamentwicklung genutzt werden können, sind: (zur Aussage A.1.2: „Das Schulpersonal arbeitet konstruktiv zusammen"

- Ist die Teamarbeit des Schulpersonals ein Modell für die Zusammenarbeit der Schülerinnen und Schüler? (vgl. Booth, 2017, 103)
- Zeigen die Mitglieder des Schulpersonals Interesse an dem Leben und an der Arbeit ihrer Kolleg/innen? (vgl. ebd.)
- Arbeiten alle Mitglieder des Schulpersonals, sowohl Lehrpersonen als auch andere Mitarbeiter/innen, konstruktiv zusammen? (vgl. ebd.)

In jedem Bereich lassen sich passende Fragen zur Entwicklung und Reflexion der Teamarbeit finden. Die Fragen sind sehr vielfältig und werden zu jedem Zeitpunkt und zu jedem Anlass der schulischen Prozesse und Auseinandersetzungen genutzt: Zur Bestandsaufnahme, zur Verständigung, als Beitrag zu einer angenehmen Kommunikationsatmosphäre, als Hilfe zur Beteiligung möglichst vieler Akteure einer Schule (Lehrende, Mitarbeitende anderer Träger, Kinder, Eltern, technisches Personal, Reinigungskräfte, …), als Einstieg in bestimmte Themen der Schul- und Teamentwicklung, auf Elternabenden, Konferenzen, Leitungssitzungen, mit der Schulaufsicht, den Inspektor/innen etc. Etliche Bildungseinrichtungen arbeiten regelmäßig zu Beginn von Fach- oder Planungsterminen oder auch überschulischen Treffen mit einer Frage aus dem Index, um vor Beginn der „eigentlichen" Arbeit die Zielperspektive Inklusion in den Blick zu nehmen, für die dann folgenden Diskussionen.

Im Umgang mit den Fragen hat sich die Grundstruktur des kooperativen Lernens (vgl. Brüning & Saum 2009) bewährt.

5 Beispiel für die Arbeit mit den Fragen

1. Jede bzw. Jeder schreibt zunächst für sich selber auf, was sie bzw. er zur Frage denkt. („think" – alleine denken)
2. Zwei Personen tauschen sich jeweils zu ihren Aufzeichnungen bzw. Meinungen aus und finden Gemeinsamkeiten bzw. Differenzen. („pair" – zu zweit austauschen)
3. Einzelne Meinungen werden in der Gruppe veröffentlicht; über Gemeinsamkeiten bzw. Differenzen wird diskutiert. („share" – teilen und mitteilen)

In einer internen Befragung durch die Montag Stiftung Jugend und Gesellschaft von Schulen, die schon länger mit Fragen aus dem Index für Inklusion arbeiten, wurde festgestellt, dass sich die Kommunikationskultur verbessert hat. Die Schulen sprechen von einer größeren Offenheit und Ehrlichkeit, einer steigenden Verbindlichkeit.

Die Frage sollen Impulse geben, weder kontrollieren noch beschämen. Sie sind in dem Sinne auch keine Standards, sondern Denkanregungen. Sie können dazu beitragen, dass Bedenken und Frustrationen gesehen und nicht automatisch abgewertet werden. Vielmehr sollen die Bedenken ernst genommen und Gegenstand von Gesprächen werden. Die oft als sehr widersprüchlich erlebte Situation an Schulen erfordert Raum und Zeit für Diskussionen und Dialoge.

Der Index für Inklusion kann in diesem Sinne dabei helfen,

- Formen von Vielfalt zu erkennen, wertzuschätzen und zu nutzen,
- die Verschiedenheit von Menschen als bereichernde Vielfalt zu verstehen,
- Barrieren für Teilhabe zu erkennen und abzubauen,
- Ressourcen zur Unterstützung von Lernen und Teilhabe aufzuspüren und zu entwickeln,
- Fähigkeiten zu erkennen, freizusetzen und auszubauen,
- Selbsterkenntnis und -reflexion zu fördern und so Haltung und Handeln zu verändern,
- die Partizipation aller Beteiligten und Betroffenen im Entwicklungsprozess in den Blick zu nehmen und umzusetzen

6 Strukturen

Für eine nachhaltige Arbeit mit dem Index für Inklusion in einer Schule ist es wichtig, dass sich nicht nur eine kleine Gruppe für „die Inklusion" verantwortlich fühlt. Eine gemeinsame Steuergruppe von Kolleginnen und Kollegen unterschiedlicher Professionen unter Beteiligung der Schulleitung, idealerweise auch unter Beteiligung von Schülerinnen und Schülern und Eltern, betrachtet Inklusion als

Referenzrahmen für alle Schulentwicklungsprojekte und damit in der Verantwortung aller Schulmitglieder. Die Verankerung der Indexarbeit in der zentralen Steuergruppe der Schule ist weitaus wirksamer als eine parallel existierende Inklusionsgruppe, die immer wieder kämpfen muss, um überhaupt wahrgenommen zu werden. Eine Steuergruppe hat in der Regel die Aufgabe, den Schulentwicklungsprozess einer Schule zu steuern, zu einer Bestandsaufnahme beizutragen, verschiedene Projekte und Prozesse zu koordinieren, als Ansprechpartner von außen und innen zu wirken und Kontakte und Netzwerke zu pflegen (vgl. Huber 2011). Grundsätzlich werden die Entwicklungsvorhaben aufgegriffen, die die Schule real im Moment bearbeitet.

Die Erfahrungen zeigen, dass in allen Phasen des Schulentwicklungsprozesses der Index für Inklusion nützlich sein kann. Dabei gilt es auch, Widersprüche auszuhalten und sich immer wieder zu vergegenwärtigen, dass auch kleine Schritte wichtige Schritte sind.

Ausgehend davon, dass die Umsetzung von Inklusion kein einfacher linearer Prozess ist, sondern ein kontinuierlicher Veränderungsprozess, der in jeder Schule, in jeder Bildungseinrichtung und in jedem Unternehmen anders verläuft, heißt es, sich der Tatsache bewusst zu sein, mit Unvorhergesehenem rechnen zu müssen. Der Referenzrahmen der inklusiven Werte kann hierbei, ähnlich wie ein Kompass, Orientierung bieten. Systeme wie Schulen oder Bildungseinrichtungen sind häufig überfordert, wenn sie in ihrem eigenen Dunstkreis ‚Querdenken' und innovative, bisher nicht erprobte oder nicht bekannte Aspekte umsetzen sollen. Eine externe Begleitung kann helfen, den Blick von außen zu nutzen und dabei mehr auf die Qualität des Prozesses zu achten und somit schließlich auch die Veränderung partizipativ und nachhaltig entwickeln zu lassen. Es fällt leichter von außen Bestehendes zu hinterfragen und zu reflektieren und als neutral Unabhängige neue Perspektiven in das System zu tragen.

Je komplexer ein Veränderungsprozess ist, desto größer werden auch die Erwartungen an die im System handelnden Akteurinnen und Akteure. Eine professionelle Prozessbegleitung kann mit ihren Erfahrungen alle am Prozess Beteiligten in diesem komplexen Vorhaben unterstützen und die Schul- und Teamentwicklung nachhaltig festigen. Gerade Schulen, in denen die Teams sich aus vielen unterschiedlichen Professionen zusammensetzen oder Kooperationen mit unterschiedlichen Einrichtungen täglich stattfinden, brauchen Unterstützung. Der Prozess selbst bleibt dabei immer in der Verantwortung des agierenden Systems. Die Begleitungen haben lediglich die Aufgabe, bei der Entwicklung und Strukturierung dieses Prozesses zu unterstützen, nicht jedoch die Verantwortung dafür zu übernehmen. Prozessbegleiter mit entsprechenden Erfahrungen und einem inklusiven Selbstverständnis sind noch selten, ihr Bedarf aber hoch. Herausfordernd ist auch der Blick auf die gute Zusammenarbeit der beteiligten Akteure.

7 Qualifizierung und Professionalisierung für die Prozessbegleitung

Die Montag Stiftung Jugend und Gesellschaft hat es sich zur Aufgabe gemacht, die Prozessbegleiter untereinander zu vernetzen, einen kollegialen Austausch anzuregen und gleichzeitig weitere zukünftige Prozessbegleiterinnen und -begleiter zu qualifizieren. Im Laufe der letzten Jahre qualifizierte die Stiftung Begleiterinnen und Begleiter, die später in den jeweiligen Einrichtungen unterstützen konnten. Eine Evaluation nach den ersten drei Jahren ergab eine hohe Wirksamkeit dieser Art von Unterstützung. Es wurden Schulleitende und Prozessbegleiterinnen und –begleiter befragt, die sehr unterschiedliche Wirkungen wahrnahmen. Immer hat die Prozessbegleitung an den Einrichtungen (Schule, Kindergärten, Vereine) dazu geführt, dass die Beteiligten vor Ort offener, motivierter und interessierter den inklusiven Veränderungswünschen entgegentreten konnten. Es gab einen Blickwechsel, der auch nach Beendigung der Begleitung zur Weiterentwicklung des Systems beitrug.

Die Qualifizierung selbst wurde im Laufe der Jahre weiterentwickelt und verfeinert. Inzwischen sind es neun modifizierbare Module, die sich systemisch orientiert mit vielen Aspekten der Begleiter-/ Berater/innen-Rolle befassen. Es geht um Phasen von Entwicklungsprozessen, Möglichkeiten der Evaluation, Beteiligungsverfahren, Aktivierung der Mitarbeiter/innen, Methoden, Verträge und die Gestaltung von Abschlüssen – immer orientiert an inklusiven Werten. Regelmäßige Feedbacks der Teilnehmenden und ausführliche Reflexionsgespräche mit den Trainerinnen und Trainern führten zu einer ständigen Weiterentwicklung des Konzeptes. So kristallisierten sich 14 Punkte heraus, die für die Gestaltung der Prozessbegleitungen und das Auftreten der Prozessbegleitungen unabdingbar und zielführend sind. Sie werden im Folgenden skizziert.

8 Inklusive Fortbildungen und Prozessbegleitungen: 14 Punkte, ohne die es nicht geht

„Es gibt einige Punkte, die wir als Grundvoraussetzungen für die Durchführung ansehen. Es handelt sich dabei um die Eckpfeiler einer inklusiv ausgerichteten Fortbildung, die Inklusion nicht nur theoretisch „lehrt", sondern in jedem Schritt konkret vorlebt. Eine Fortbildung zur Begleitung inklusiver Prozesse kann aus unserer Erfahrung ohne die folgenden Punkte nicht funktionieren – oder umgekehrt: Diese Punkte ergeben sich ganz automatisch aus einer Arbeit, die Inklusion als Haltung selbstverständlich zugrunde legt" (vgl. MJG 2015, 19). Diese Punkte lassen sich durchaus auf alle Handlungsbereiche Unterricht, Teamentwicklung und Ganztagsgestaltung in der Schule übertragen.

1. Haltung: Inklusion gelingt nur inklusiv

Inklusion kann man nicht vermitteln, wenn man sie nicht selbst lebt. Denn Inklusion ist kein „Projekt", kein Vorgang, den man in definierten Schritten „abarbeiten" und abhaken kann, sondern eine Haltung, die immer wieder und überall wirksam wird.

2. Ein inklusives Lernverständnis

Ziel von Fortbildungen ist nicht das „Beladen" von Menschen durch einen Transfer von Wissen, sondern die Öffnung neuer Horizonte für individuelle Bildungsprozesse, die zu erweiterten oder neuen Kompetenzen in der Begleitung von Veränderungsprozessen führen. Es ist die inklusive Qualität einer Fortbildung, die den Teilnehmenden Raum gibt, sich immer wieder selbst als Lernende zu erleben, sich zu orientieren und sich für das eigene Lernen und das Lernen der Gruppe verantwortlich zu fühlen.

3. Rollenklarheit: Prozessbegleiterinnen und -begleiter agieren auf verschiedenen Ebenen

Die Begleitung von inklusiven Veränderungsprozessen zeichnet eine besondere Komplexität aus. Dazu gehört auch die Klarheit darüber, dass man als Prozessbegleiterin und -begleiter immer in zwei Prozessen gleichzeitig eine Rolle spielt: dem eigenen Begleitprozess, für den man einen Auftrag erhalten hat, den man beginnt, steuert und abschließt – und dem Entwicklungsprozess der Organisation, der weit über den Ausschnitt der begleiteten Phase hinausgeht. Der Begleitprozess ist ein eigener, in Schritten geplanter Prozess, der zu jeder Phase des Entwicklungsprozesses einsetzen und abschließen kann. Ein Prozess begleitet den anderen. Rollenklarheit ist einer der Grundpfeiler auch in Teamprozessen oder der Tätigkeit als Lehrperson sowie Beraterin oder Berater.

4. Selbstreflexion: Lehrende sind Lernende

Die Selbstreflexion ist eine wichtige Voraussetzung und Bestandteil dieser Rollenklarheit. Erfahrungen aus dem Prozess werden in die eigene Tätigkeit zurückgespielt und bilden damit eine Grundvoraussetzung, um inklusive Veränderung glaubwürdig zu vermitteln und die eigene Kompetenz permanent weiterzuentwickeln.

5. Feedback: eine Kultur der gegenseitigen wertschätzenden Rückmeldung

Jeder Mensch ist von Rückmeldungen abhängig, um die Wirkung seines Handelns oder seiner Aussagen zu spüren. Feedback ist in inklusiven Prozessen aber keine bloße Technik, sondern eine Kultur, die inklusiven Werten entspricht. Feedback ist eine Voraussetzung dafür, dass alle teilnehmenden Menschen in einem inklusiven Prozess lernen und seine Entwicklung beeinflussen können.

6. Index(e) für Inklusion: Fragen statt Antworten

Inklusion hat viel damit zu tun, bestehende Strukturen, Kulturen und Praktiken zu hinterfragen. Mit diesem Ziel hat Booth (vgl. 2000) auch den ersten „Index für Inklusion" für Schulen entwickelt, einen Fragenkatalog mit insgesamt über 500 Fragen, die helfen, das Bestehende kritisch zu überprüfen. Fragen öffnen Gespräche, stellen infrage, regen zum Dialog und zum Nachdenken an. Die Arbeit mit den Fragen zieht sich auch durch die gesamte Fortbildung der Montag Stiftung Jugend und Gesellschaft, die Antworten sind immer ein gemeinsames Nachdenken auf dem Weg zu einem inklusiven Zusammenleben.

Es werden alle Varianten des Index für Inklusion genutzt:
* Index für Inklusion für Schulen [2017]
* Index für Inklusion für Kitas [2015]
* Kommunaler Index für Inklusion [2011]

Die Kenntnis der genannten Ausgaben des Index für Inklusion ist eine wichtige Voraussetzung.

7. Heterogenität: Vielfalt zulassen

Es werden bewusst immer wieder mit sehr heterogen zusammengesetzten Gruppen gearbeitet. Genau diese Heterogenität ist der Ausgangspunkt und gleichzeitig eine Grundidee von Inklusion. Die Erfahrung, dass z.B. Erziehende, Beratende und Lehrende gemeinsam an der Entwicklung von Bildungseinrichtungen arbeiten, führt zu einem größeren Verständnis füreinander und für die jeweilige Arbeitssituation und Sichtweise. Genauso wertvoll ist es, Teilnehmende aus unterschiedlichen Berufsgruppen dabei zu haben.

8. Ressourcenorientierung: Vielfalt nutzen

Vielfalt ist eine Normalität und Ressource – das ist die Grundidee von Inklusion. Diese Haltung sollte ein Trainerteam von Beginn an kontinuierlich auch gemeinsam mit der Gruppe entwickeln. Jede/r Teilnehmende hat etwas beizutragen und bereichert die Lerngemeinschaft mit Erfahrungswissen, individuellem Expertentum und Persönlichkeit.

9. Partizipation: Verantwortung übernehmen und teilen

Partizipation ist eine logische Folge von Ressourcenorientierung. Die Wertschätzung der Ressourcen und Potenziale jeder einzelnen Teilnehmenden beinhaltet es, diese Ressourcen auch zu nutzen. Eine partizipative Grundhaltung basiert auf dem Prinzip der Gegenseitigkeit – alle geben *und* nehmen, alle profitieren von allen. Jede und jeder Einzelne kann in jedem Schritt des Prozesses ein eigenes Stück

Verantwortung aktiv suchen und übernehmen, um zum Gelingen des Prozesses beizutragen.

10. Offenheit für das Unvorhersehbare: Veränderung als Prozess verstehen und gestalten

Inklusion ist ein Prozess in vielen kleinen und großen Schritten, der immer von den Menschen lebt, die ihn prägen – und der deshalb nie genau zu „planen" oder vorherzusagen ist. Das gilt auch für unsere Fortbildung: Jede Gruppe ist anders, jedes Modul wird bei jeder Umsetzung neue Varianten erleben, weil es sich an der Zusammensetzung und der Dynamik der Gruppe orientiert. Offenheit ist eine Grundvoraussetzung nicht nur für die Umsetzung unseres Konzeptes, sondern von inklusivem Handeln allgemein: Annehmen, was die Menschen einbringen – auch und vor allem, wenn man es nicht erwartet, wenn es „gegen den Plan" ist, wenn es zunächst Widerstände oder sogar Rückschritte zu bringen scheint. All das gehört zum Prozess dazu.

11. Teamwork: die Arbeit im „Couple"

Unser Konzept basiert darauf, dass jedes Modul immer von zwei Personen im „Couple" (oder „Tandem") durchgeführt wird. Das stellt die Fortbildungsreihe auf eine dialogische Basis: Zu zweit können sich beide gegenseitig unterstützen, spiegeln, Feedback geben, Feedback vorleben, parallel Übungen mit Gruppen durchführen, schwierige Fragen gemeinsam beantworten, Widerständen und Konflikten dialogisch begegnen und insgesamt in jedem Schritt zeigen, wie Inklusion im gegenseitigen Austausch und Aushandeln entsteht.

12. Spaß: an der Sache und an den Menschen

Spaß lässt sich nicht verschreiben, aber ohne geht es auch nicht. Unser Konzept lebt vom lebendigen, frischen Austausch, der von Anfang an genau das auch vermitteln soll: Es macht Spaß, mit anderen Menschen zusammen etwas zu erarbeiten. Auch wenn (oder gerade weil) die Umsetzung von Inklusion oft als Widerspruch zu bestehenden Strukturen erlebt wird und schwierige Veränderungsprozesse mit sich bringt, ist ein offener, positiver Umgang mit allem, was auf uns zukommt, hilfreich.

13. Vorwissen und Erfahrung: Qualität der Arbeit und des Miteinanders sichern

Kompetente Trainerinnen und Trainer haben selbst Erfahrung in der Prozessbegleitung und der Moderation. Sie wissen, was es bedeutet, Menschen in Systemen bei Veränderungsprozessen zu unterstützen. Sie denken sich ein in das System, das sie begleiten. Und sie kennen die Meilensteine und Diskussionen rund um das Thema Inklusion.

14. Vernetzung und Austausch: offen für Weiterentwicklung
Inklusion bedeutet, aus den Ressourcen von Vielen das Gemeinsame zu stärken.
Das gilt auf vielen Ebenen, auch für unser Konzept:

- Trainerteam und Teilnehmende koppeln Erfahrungen zurück. Das Handlungs-
spektrum erweitert sich auf neue Aspekte und Praxisfelder. Insbesondere die
Anbindung an Kommunen ist eine wesentliche Erweiterung der Begleitkom-
petenz.
- Sowohl die Trainerinnen und Trainer als auch die teilnehmenden Prozessbegleiterinnen und -begleiter vernetzen sich in verschiedenen Formen.
- Die nachhaltige Wirkung hängt dabei wesentlich von gleichberechtigten ernst-
gemeinten Kooperationen mit kommunalen und anderen Fortbildungsanbie-
tern ab. Angebote anderer Anbieter bieten viele Anknüpfungspunkte – gewünscht ist langfristig eine Verantwortungsübernahme für Prozessbegleitungen
in inklusiven Zusammenhängen von öffentlichen Trägern, z.B. den staatlichen
Lehrerfortbildungsinstituten, Kitaträgern usw.

Durch die Veröffentlichung des Konzeptes zur Qualifizierung (vgl. MJG 2015) ist
es möglich, dass andere Träger – öffentliche, private oder staatliche – eigene Qua-
lifizierungen auf dieser Grundlage durchführen. Die Montag Stiftung Jugend und
Gesellschaft unterstützt Interessierte bei der Einführung oder Implementierung
der Grundideen und vermittelt Gestaltungsmöglichkeiten. Die Anwendung wird
dabei flexibel auf die jeweilige Zielgruppe angepasst.

9 Strukturen etablieren – den Kommunalen Index für Inklusion nutzen

Für eine gute Zusammenarbeit unterschiedlicher Organisationen und Einrichtungen sind Strukturen notwendig, die Aktivitäten koordinieren, zu Entscheidungen führen und gleichzeitig die Vielfalt der Menschen und Meinungen im
Wirkungskreis widerspiegeln. Das kann sich auf die Kooperation von einer Bera-
tungseinrichtung und einer Schule oder auch vielen Einrichtungen und Kommune beziehen. Die Möglichkeiten und Organisationsformen dieser Koordination
sind vielfältig, ebenso wie die Vorgehensweisen und Methoden in den Prozessen.
Es gibt Projekt- und Arbeitsgruppen, Steuergruppen und Inklusionsteams mit regelmäßigen Treffen wie auch Koordinationsteams mit themenbezogenen Arbeits-
kreisen. Die Zusammenarbeit mit Verantwortlichen aus der (kommunalen) Ver-
waltung in den Steuergruppen ist wichtig. Neben neuen Strukturen zum Start der
Prozesse wie beispielsweise Steuergruppen können vorhandene, auch gewachsene

(kommunale) Strukturen genutzt, und ggfs. verändert und funktionaler gestaltet werden.

Dabei wird auch der Kommunale Index für Inklusion – Das Praxishandbuch „Inklusion vor Ort" in vielen Kommunen, Einrichtungen und Initiativen genutzt und auf eigene Bedarfe hin weiterentwickelt und verändert.

10 Schlussfolgerungen

Ob Inklusion nachhaltig umgesetzt werden kann, wird sich maßgeblich daran zeigen, inwieweit sich die Wertschätzung von Vielfalt und die Umsetzung inklusiver Werte im täglichen Miteinander widerspiegeln. Inklusive Entwicklung in Bildungseinrichtungen können nur dann glaubwürdig und erfolgreich sein, wenn sich auch der Organisationsentwicklungsprozess an inklusiven Werten orientiert. Das bedeutet auch: konstruktive Teamarbeit und gegenseitige Wertschätzung auf allen Ebenen. Der Index für Inklusion mit seinen zum Dialog einladenden Fragen bietet für den Veränderungsprozess in diesem Kontext hilfreiche Angebote (vgl. Brokamp & Achermann 2017). Dabei ist die Einbindung einer externen Prozessbegleitung für jede Form von Veränderungsprozessen – ob in einer einzelnen Einrichtung, in Kooperationsprojekten oder als ganze Kommune – sinnvoll. Sie kann den Prozess moderieren und dafür sorgen, dass alle am Prozess Beteiligten partizipativ eingebunden werden; sie bietet Hilfestellung bei Stolpersteinen, unterstützt in der Reflexion einzelner Prozessschritte und sorgt dafür, dass gemeinsame Veränderung in Richtung Inklusion auch Spaß machen kann!

Literatur

Boban, Ines & Hinz, Andreas (2003) (Hrsg): Index für Inklusion, Lernen und Teilhabe in der Schule für alle entwickeln. Martin-Luther-Universität Halle-Wittenberg.

Booth, Tony & Ainscow, Mel (2017): Index für Inklusion. Ein Leitfaden für Schulentwicklung. Herausgegeben und adaptiert von Achermann, Bruno; Amirpur, Donja; Braunsteiner, Maria-Luise; Demo, Heidrun; Plate, Elisabeth & Platte, Andrea. Weinheim: Beltz.

Brokamp, Barbara (2011) Ein kommunaler Index für Inklusion – oder Wie können sinnvoll kommunale inklusive Entwicklungsprozesse unterstützt werden? In: Flieger, Petra & Schönwiese, Volker (Hrsg): Menschenrechte – Integration – Inklusion. Berichte und aktuelle Diskussionen aus der Forschung. Bad Heilbrunn: Klinkhardt, 237-244.

Brokamp, Barbara & Achermann, Bruno (2017): Organisationsentwicklung inklusiv gestalten – auf dem Weg zu einem anerkennenden Umgang mit Vielfalt. In: Boban, Ines & Hinz, Andreas (Hrsg.) Inklusive Bildungsprozesse gestalten. Seelze: Friedrich Verlag, 192-215.

Brüning, Ludger & Saum, Tobias. (2009): Erfolgreich unterrichten durch Kooperatives Lernen. Strategien zur Schüleraktivierung. Essen: NOS-Verlag.

Gewerkschaft Erziehung und Wissenschaften (2015)(Hrsg): Index für Inklusion in Kindertageseinrichtungen. Leben, spielen und lernen. Handreichungen für die Praxis. Frankfurt am Main.

Huber, Stephan Gerhard (2011)(Hrsg.): Handbuch für Steuergruppen: Grundlagen für die Arbeit in zentralen Handlungsfeldern des Schulmanagements. Köln/Neuwied: Luchterhand

Imhäuser, Karl-Heinz (2011): Vorwort des Herausgebers. In: Montag Stiftung Jugend und Gesellschaft (Hrsg.): Inklusion vor Ort – Der Kommunale Index für Inklusion. Ein Praxishandbuch, Berlin: Lambertus, 5-9.

Montag Stiftung Jugend und Gesellschaft (2011)(Hrsg.): Inklusion vor Ort – Der Kommunale Index für Inklusion – ein Praxishandbuch. Berlin: Eigenverlag des Deutschen Vereins für öffentliche und private Fürsorge e.V..

Montag Stiftung Jugend und Gesellschaft (2011)(Hrsg): Inklusion auf dem Weg. Das Trainingshandbuch zur Prozessbegleitung. Berlin: Eigenverlag des Deutschen Vereins für öffentliche und private Fürsorge e.V.

Barbara Brokamp verantwortet bei der Montag Stiftung Jugend und Gesellschaft, Bonn, den Projektbereich Inklusion. Ihre Schwerpunktthemen sind vor allem inklusive Begleitungen von Veränderungsprozessen in Bildungseinrichtungen und kommunalen Zusammenhängen. Sie hat zahlreiche Beiträge und Artikel zum Themenfeld Inklusion veröffentlicht und ist Mitglied in der Jury des Jakob Muth-Preises sowie weiterer Fachbeiräte.

Link: http://www.montag-stiftungen.de/jugend-und-gesellschaft/projekte-jugend-gesellschaft/projektbereich-inklusion.html

Jan Springob

Inklusion – wie kann es gelingen? Unterstützung von Schulentwicklungsprozessen

Zusammenfassung: Anhand der Erfahrungen des Geschwister-Scholl-Gymnasiums in Pulheim – 2016 als erstes Gymnasium Deutschlands mit dem Jakob-Muth-Preis für inklusive Schule ausgezeichnet – werden exemplarisch die vier wesentlichen Trittsteine inklusiver Schulentwicklung aufgezeigt, um konkrete Anregungen für Schulen und pädagogische Institutionen zu liefern. Neben der Einführung des Ganztags und dem Beratungskonzept werden die Teamarbeit und die Unterrichtsentwicklung in den Blick genommen. Aspekte wie die pädagogische Haltung, Organisations- und Personalentwicklung, effektives Ressourcenmanagement und eine von individueller Förderung und Differenzierung geprägte Unterrichtsgestaltung spielen bei der Realisierung eine entscheidende Rolle.

1 Einleitung

Das (klassische) Gymnasium kann als die Schulform benannt werden, die sich in Deutschland bisher wenig bis gar nicht mit der Realisierung schulischer Inklusion auseinandergesetzt hat. Musste sie – offiziell bzw. rechtlich ja auch nicht. Nur 5,6 Prozent der Schülerinnen und Schüler, die bundesweit derzeit inklusiven Unterricht in den Schulen der Sekundarstufe erhalten, besuchen ein Gymnasium (vgl. Klemm 2015, 34). Diese Tatsache ist kaum überraschend, wenn man sich beispielsweise den im Schulgesetz des Landes Nordrhein-Westfalen (NRW) niedergeschriebenen Bildungsauftrag des Gymnasiums vergegenwärtigt, der deutlich die Vermittlung einer vertieften Allgemeinbildung und die Erlangung des Abiturs zur Fortsetzung des Bildungswegs an einer Hochschule hervorhebt (vgl. Schulgesetz NRW 2015, §16(1)). Ternoth (2012) fasst zusammen, dass das Gymnasium (traditionell) drei Dinge leisten muss: „die Vermittlung einer erweiterten Allgemeinbildung, einen Unterricht, der sich an der Wissenschaft orientiert und aufs wissenschaftliche Arbeiten vorbereitet, und die Einübung eines Sozial- und Lernverhaltens, das die Schüler studierfähig macht". Der Fokus liegt traditionell auf dem fach-inhaltlichen Lernen. Ternoth betont weiter, dass gerade „eine gewisse Störrigkeit gegenüber Veränderungen" zum Erfolg und zur Beliebtheit dieser Schulform beigetragen hat (vgl. ebd.).

Gleichzeitig soll nun dem 9. Schulrechtsänderungsgesetz folgend, das die Landesregierung NRWs zu Beginn des Schuljahres 2014/2015 verabschiedet hat, auch das Gymnasium Schülerinnen und Schüler mit sonderpädagogischem Unterstützungsbedarf aufnehmen. „Folglich haben alle Schülerinnen und Schüler das Recht in eine allgemeinbildende Schule ihrer Wahl zu gehen; die sonderpädagogische Förderung in der allgemeinen Schule ist nun der ‚Regelfall'" (Springob 2017, 18). Abgesehen von gesetzlichen Neuerungen in Bezug auf Gemeinsames Lernen von Lernenden mit und ohne sonderpädagogischen Unterstützungsbedarf – die bereits eine große Veränderung in der Bildungslandschaft darstellt – ist auch die Schülerschaft an Gymnasien deutlich weniger homogen als es teilweise angenommen oder dargestellt wird. „Der Wunsch nach homogenen Lerngruppen erweist sich in der Praxis freilich als Illusion, da größere Homogenität jeweils nur für ein einzelnes Kriterium hergestellt werden kann. Auch im gegliederten Schulsystem ist eine heterogene Schülerschaft trotz zahlreicher Selektionsstrategien der Normalfall" (Scholz 2016, 14). Lange (2003, 33) weist auf die „großen Leistungsüberlappungen zwischen den Schulformen bei PISA" hin, die belegen, dass eine Homogenisierung von Lerngruppen durch die externe Differenzierung in Schulformen nur sehr begrenzt funktioniere.

Die tatsächliche Umsetzung von schulischer Inklusion stellt somit eine große Herausforderung dar, die, aufbauend auf das Wissen um individuelle Lernwege und -zugänge *aller* Lernenden, aber eben auch am Gymnasium als sinnvoll und gewinnbringend erachtet werden darf. Insgesamt, darauf sei deutlich hingewiesen, ist bestehende Heterogenität eine *der* Herausforderungen von (schulischer) Inklusion – unabhängig von der jeweiligen Schulform. Um mit der Umsetzung von Inklusion zu beginnen, muss und sollte man in diesem Prozess jedoch nicht warten, bis optimale Rahmenbedingungen vorliegen (vgl. Werning & Avci-Werning 2015, 174f.). Erste Schritte kann jede Schule, auch ein Gymnasium machen. Anhand der Erfahrungen des Geschwister-Scholl-Gymnasiums in Pulheim werden folgend exemplarisch die vier wesentlichen Trittsteine[1] inklusiver Schulentwicklung – Ganztag, Beratungskonzept, Team- sowie Unterrichtsentwicklung – skizziert, um konkrete Anregungen für Schulen und pädagogische Institutionen zu liefern (GSG 2017).[2] Aspekte wie pädagogische Haltung, Organisations- und Personalentwicklung, effektives Ressourcenmanagement und eine von individueller Förderung und Differenzierung geprägte Unterrichtsgestaltung werden dabei

---

1 Der Schulleiter des GSG Andreas Niessen spricht seit 2016 in Vorträgen und Veröffentlichungen (vgl. u.a. Mesch u.a. 2017) von Trittsteinen (anstatt beispielsweise Aspekten). Dieser Formulierung schließe ich mich an und übernehme die Formulierung auch in diesem Artikel.

2 Viele der hier vorgestellten Informationen basieren auf den gesammelten Erfahrungen des Autors, der vier Jahre am GSG gearbeitet hat, und der Homepage der Schule (vgl. GSG 2017 – http://gsg. intercoaster.de/10. April 2017).

in den Blick genommen, um Verantwortlichen konkrete Ideen und umsetzbare Anregungen für den Weg hin zu einer inklusiven Schule zu erläutern.

2 Trittsteine inklusiver Schulentwicklung am Geschwister-Scholl-Gymnasium in Pulheim

„One characteristic that most effective inclusive schools share is a unifying vision focused on meeting the needs of all students. These visions typically focus on a shared commitment to educating all students in inclusive settings while simultaneously having high expectations for all students" (Hoppey & McLeskey 2014, 20). Inklusion als Haltung bildet das Fundament inklusiver Schulentwicklung. „Der wahrscheinlich wesentlichste Faktor für eine gelingende inklusive Schulentwicklung ist die Überzeugung, dass der Umgang mit Heterogenität eine Grundvoraussetzung für schulisches Lernen und zugleich eine Zielperspektive in einem kompetenzorientierten Unterricht darstellt" (Mesch u.a. 2017, 159). So hat auch die Schulgemeinschaft am GSG das inzwischen 18 Jahre alte Leitbild einer intensiven Prüfung unterzogen und geschaut, ob dieses noch zur pädagogischen Arbeit und Ausrichtung der Schule passt. Die drei Grundpfeiler „fundierte Bildung, Zivilcourage und soziale Kompetenz" bilden nach wie vor die übergeordnete Orientierung; seit Mai 2016 wurde allerdings an der Ausformulierung und Konkretisierung der Überschriften gearbeitet, um möglichst alle Facetten der pädagogischen Arbeit der Schule zu erfassen. Ein Aspekt, der in der aktualisierten Version deutlich benannt wird, ist, dass das GSG eine Schule – ein *Gymnasium* – ist, in der Vielfalt gelebt und geschätzt wird. „Unser Gymnasium ist ein Ort des Gemeinsamen Lernens, an dem spürbar wird, dass jedem einzelnen Menschen Würde und Respekt zukommt. Dies setzt ein verantwortungsbewusstes Miteinander und Füreinander voraus: Die persönliche Entwicklung steht dabei stets in Beziehung zu den Mitmenschen".[3] Die Schule verpflichtet sich weiter, das eigene Handeln kritisch zu reflektieren und gesellschaftliche Veränderungen auch in der Schul- und Unterrichtsentwicklung zu berücksichtigen (vgl. ebd.). Der Gemeinsame Unterricht von Schülerinnen und Schülern mit und ohne sonderpädagogischen Unterstützungsbedarf stellt dabei nur eine von vielen Dimensionen dieses Wandels dar.

---

3 Vgl. die Homepage der Schule (http://gsg.intercoaster.de/icoaster/files/entwurf_zur_abstimmung_170321.pdf / 11. April 2017).

2.1 Ganztag

Mit dem Beginn des Schuljahres 2008/2009 begann die Umgestaltung des GSG zu einer gebundenen Ganztagsschule. Das bedeutet konkret, dass die Schülerinnen und Schüler an mindestens drei Tagen pro Woche bis 16 Uhr in der Schule ihre Zeit verbringen. Der Ganztag schafft, so der Eindruck des Autors, die grundlegenden Rahmenbedingungen, eine strukturelle Basis, um inklusive Schulentwicklung zu realisieren. Mit der Umstellung auf den gebundenen Ganztag ging eine veränderte Rhythmisierung einher. Der Unterricht ist in 90-Minuten-Einheiten unterteilt, drei im Vormittagsbereich und eine im Anschluss an eine einstündige Mittagspause im Nachmittagsbereich. So konnten so genannte freie Lernzeiten etabliert und somit die individuelle Begleitung aller Schülerinnen und Schülern optimiert werden. Die Lernenden der Stufen 5 und 6 sind an zwei Nachmittagen der Woche bis 16 Uhr in der Schule. Die Lernenden werden im Klassenverband von zwei Ihnen aus dem Fachunterricht bekannten Lehrkräften (oder einer Lehrkraft und einer pädagogischen Kraft des Kooperationspartners GIP e.V.) in der so genannten EVA-Zeit (EVA = Eigenverantwortliches Arbeiten) betreut. Die Kinder können in dieser Zeit Schulaufgaben erledigen, das Gelernte wiederholen oder vertiefen, an Arbeitsgemeinschaften teilnehmen und dort ihren individuellen Interessen nachgehen. In sogenannten Lernbüros, die während der EVA-Zeit mit Lehrenden der Hauptfächer besetzt sind, können die Schülerinnen und Schüler der ersten beiden Jahrgangsstufen individuelle Nachfragen zu noch nicht verstandenen Punkten stellen.

In den Stufen 7 bis 9 ist der gebundene Ganztag von einer wachsenden Selbstständigkeit und Eigenverantwortlichkeit der Schülerinnen und Schüler geprägt. Im Rahmen der so genannten „Blauen Lernzeit" (zwei Doppelstunden pro Woche) können die Jugendlichen aus unterschiedlichen Lernangeboten auswählen. Individuelle Förderung, die Möglichkeiten, Stoff individualisiert und ggf. mit personaler Unterstützung zu wiederholen und zu festigen sowie das vertiefende Lernen (über)fachlicher Inhalte spielen hier eine zentrale Rolle. Die Schülerinnen und Schüler der Stufen 7 bis 9 können neben ihren Klassenräumen auch die „Study Hall" nutzen, ein Mehrzweckraum, in dem in diesen Zeiten Kolleginnen und Kollegen der Hauptfächer als Ansprechpersonen zur Verfügung stehen. Die Einführung des Ganztags schafft so Raum für soziales und selbstständiges Arbeiten und eine ganzheitliche Begleitung der Schülerinnen und Schüler. Es wurden umfangreiche Selbstlernmaterialien entwickelt, mit denen die Schülerinnen und Schüler das im Fachunterricht Gelernte üben, sich auf Klassenarbeiten vorbereiten, Lücken aufarbeiten oder auch Neues dazu lernen können. Weitere räumliche Neuerungen sind der Bau der Mensa, die Erweiterung der Schulbibliothek sowie die Schaffung der Lernnischen in den Fluren und in der Pausenhalle. „Im Hinblick auf die inklusive Schulentwicklung sind hier der Zugewinn an Zeit zur individuellen Begleitung von Schüler/innen bzw. zum Aufbau tragfähiger Beziehungen zwischen Lernenden und Lehrenden sowie die Beschäftigung zusätzlicher pädagogischer Mitarbeiter/innen aus Mitteln der Kapitalisierung von Stellenanteilen relevant" (Mesch u.a. 2017, 152). Am GSG unterstützen zwei Schulsozialarbeiterinnen, eine Freizeitpädagogin sowie ein Theater- und Medien-Pädagoge die Arbeit der Lehrerinnen und Lehrer. Sie bilden eine wichtige personelle Ergänzung und übernehmen zentrale pädagogische Aufgaben im Rahmen, z.b. im Rahmen der freien Lernzeiten oder in den Pausen. So gibt es am GSG beispielsweise Freizeit- und Kreativräume („Casa'la"), in denen Schülerinnen und Schüler ihre freie Zeit verbringen können. Dort finden alle eine Ansprechperson außerhalb vom Unterrichtsgeschehen; die Kinder und Jugendlichen können sich eine Auszeit nehmen.

2.2 Beratung

Alle Schülerinnen und Schüler haben ein Recht auf individuelle Förderung (vgl. Schulgesetz NRW 2015, §1(1)). Die Grundannahme des Beratungskonzepts der Schule ist, dass diese Förderung erfolgreicher ist, je genauer die individuellen Voraussetzungen – das heißt Stärken *und* Schwächen – sowie die psychosoziale Situation der Lernenden bekannt sind. Basierend auf einer möglichst umfassenden, entwicklungs- sowie umfeldbezogenen Diagnose wird ein individuelles Förderprogramm entwickelt. Die möglichst enge Verzahnung von Maßnahmen der Schule mit außerschulischen Angeboten und der Unterstützung im Elternhaus fördert den Ertrag und die Nachhaltigkeit der individuellen Förderung. Folgende Schwerpunkte der Beratung lassen sich am GSG identifizieren: Lernberatung, Konfliktberatung, Laufbahnberatung, Suchtprophylaxe und eine psychosoziale Beratung. Je nach Bedarf begleiten einzelne Kolleginnen und Kollegen des Beratungsteams ganze Klassen, einzelne Kinder und Jugendliche, deren Eltern und auch Mitarbeiterinnen und Mitarbeiter der Schule. In Konferenzen und Dienstbesprechungen bringen die Mitglieder des Beratungsteams ihre (sozial-)pädagogische und beratungsbezogene Expertise ein. Ein breit gefächertes und multi-professionelles Beratungsangebot ist ein wesentlicher Baustein der inklusiven Schulentwicklung am GSG (vgl. Mesch u.a. 2017, 158). Auftretende Spannungen und Konflikte werden möglichst ressourcen- und lösungsorientiert bearbeitet.

Der inklusive Schulentwicklungsprozess wird eng von Mitarbeiterinnen und Mitarbeitern des Beratungsteams begleitet. Eine Kollegin moderiert beispielsweise die offene Arbeitsgruppe Inklusion, in der sich Interessierte (Eltern, Schülerinnen und Schüler, Kolleginnen und Kollegen, externe Expertinnen und Experten) seit fünf Jahren regelmäßig treffen und zentrale Aspekte im Kontext Inklusion vorstellen und diskutieren. Die Treffen sind immer offen für alle Mitarbeiterinnen und Mitarbeiter der Schule sowie externe Gäste. Dieselbe Kollegin ist aktiv bei der Aufnahme von Kindern und Jugendlichen mit sonderpädagogischem Unterstützungsbedarf beteiligt. „Die Mitarbeiterin nimmt für das Geschwister-Scholl-

Gymnasium auch an kommunalen Netzwerktreffen, der kommunalen Fachgruppe Inklusion sowie am Netzwerk inklusiver Gymnasien im Regierungsbezirk Köln teil. Zum einen fließen fachliche Impulse von dort in die schulische Arbeit ein, zum anderen werden dort auch zu lösende Fragestellungen und Problematiken aus dem schulinternen Entwicklungsprozess eingebracht bzw. thematisiert" (ebd., 159).

Ein zentraler Aspekt der Arbeit ist die Vernetzung nach innen in die Schulgemeinschaft, aber eben auch nach außen mit außerschulischen Personen und Institutionen (u.a. Allgemeiner Sozialer Dienst, Jugendhilfe, Polizei. Regionale Schulberatung, Fachärztinnen und Fachärzte sowie Therapeutinnen und Therapeuten, Träger für Schulbegleitungen). Dieses Netzwerk bildet eine unerlässliche Basis für eine umfassende Begleitung und Unterstützung aller. Trotz der multiprofessionellen Zusammensetzung des Beratungsteams ist zusätzliche (Fach)Expertise in vielen Fällen notwendig.

2.3 Teamarbeit

Eine (multi)professionelle und begleitete Teambildung und -entwicklung ist der dritte entscheidende Trittstein inklusiver Schulentwicklung am GSG. Gymnasien müssen dabei entsprechende Strukturen erst aufbauen und entwickeln, während viele Schulen des integrierten Systems bereits auf eine lange Tradition multiprofessioneller Teamarbeit zurückgreifen können (vgl. ebd., 160). Ein erster und in allen Klassen der Schule realisierter Ansatz ist die *geteilte* Klassenleitung. Am GSG gibt es nicht mehr die Unterteilung in Klassenleitung und Stellvertretung; zwei Lehrende sind gleichberechtigt verantwortlich für die Leitung einer Lerngruppe. So übernehmen in allen Klassen zwei Lehrerinnen bzw. Lehrer die gemeinsame und gleichzeitig geteilte Verantwortung. Eine Definition bzw. Festlegung von Kompetenzbereichen und Verantwortlichkeiten muss somit nicht nur, aber eben auch in Klassen des Gemeinsamen Lernens ausgehandelt werden. Sie können in diesem auf Wertschätzung und Kooperation basierenden Ansatz ihre individuellen Stärken einbringen und einzelne Aufgaben auch abgeben. "Effective inclusive schools intentionally use human resources flexibly in order to actualize their vision of changing instruction in classrooms to meet the needs of all students" (Hoppey & McLeskey 2014, 23).

Der angesprochene flexible Einsatz von Ressourcen ist vor allem in Klassen des Gemeinsamen Lernens relevant. In einigen Klassen ist in bestimmten Fächern, so die Erfahrung der ersten Jahre, eine Doppelbesetzung unbedingt erforderlich. Eine auf alle individuellen Lerngruppen übertragbare Pauschalverteilung macht wenig Sinn; der Bedarf kann in jeder Lerngruppe anders aussehen – auch wenn alle Hauptfächer in Klassen des Gemeinsamen Lernens immer von zwei Lehrkräften unterrichtet werden. „Wichtig ist dabei auch eine planbare Verlässlichkeit: Wenn die Doppelbesetzung erkrankt, wird diese selbstverständlich durch einen

Ersatz aus dem Kollegium vertreten. Ein positiver Nebeneffekt der Vertretung durch Kolleginnen und Kollegen der Schule in den Klassen mit Gemeinsamem Lernen ist, dass unterschiedliche Lehrkräfte niederschwellig und unaufgeregt mit den Klassen in Kontakt treten und dabei Erfahrungen im Umgang mit Heterogenität machen können" (Mesch u.a. 2017, 145).

Eine entscheidende Gelingensbedingung für die erfolgreiche und gewinnbringende Realisierung von gelingender Teamarbeit sind gegebene Zeitfenster für Austausch und Vernetzung. Lehrerinnen und Lehrer brauchen zeitliche wie räumliche Ressourcen für die Planung und Durchführung von Unterricht. „To support the flexible and efficient use of resources, daily and weekly collaborative instructional planning time for teachers is often embedded into the master schedule" (Hoppey & McLeskey 2014, 23). Am GSG treffen sich die Klassenleitungen der Klassen im Gemeinsamen Lernen sowie die/der für die jeweilige Klasse zuständige Sonderpädagogin einmal wöchentlich. Alle zwei Wochen treffen sich alle in der Klasse unterrichtenden Kolleginnen und Kollegen, um sich über beispielsweise die (inhaltliche) Arbeit in der Klasse, einzelne Schülerinnen und Schüler, dynamische Prozesse in der Lerngruppe, anstehende Projekte oder das eigene Wohlbefinden auszutauschen. „Die im Stundenplan geblockten Besprechungszeiten für die Teams der Lerngruppen im Gemeinsamen Lernen führen den Gedanken des regelmäßigen Austauschs, der Zusammenarbeit bis hin zu Kokonstruktion von Unterricht konsequent fort" (Mesch u.a. 2017, 145). Immer wieder werden diese Treffen von einer externen Schulpsychologin begleitet. Die Supervision, der Blick von außen, schärft den Blick für das eigene Handeln und ermöglicht eine Fokussierung auf den Kern der Arbeit. Gleichzeitig wird eine wertschätzende Feedbackkultur vertieft. Den Schulleitungen kommt in diesem Prozess eine entscheidende wie anspruchsvolle Aufgabe zu. „[...] the principal's role in shaping the school culture in effective inclusive schools is multifaceted" (Hoppey & McLeskey 2014, 21). Neben der Schärfung und Bewahrung einer inklusiven Vision, müssen sie Erwartungen wie Herausforderungen der (inklusiven) Schulentwicklung kommunizieren; sie spielen eine entscheidende Rolle, wenn es um die Schaffung einer Umgebung für Innovationen geht (vgl. ebd.).

Die Arbeit im Team ermöglicht zusammenfassend ein umfassenderes Eingehen auf die Bedürfnisse aller Lernenden in Klassen des Gemeinsamen Lernens. Durch eine (multi)professionelle und begleitete Teambildung und -entwicklung kann die Umsetzung von individueller Förderung und somit einer inklusiven Schulentwicklung positiv beeinflusst werden.

2.4 Unterrichtsentwicklung und individuelle Förderung/Forderung

Lernen und das Aneignen von Wissen sind individuelle Prozesse, die bei jedem Menschen unterschiedlich verlaufen: Vielfalt als Normalfall, als Bereicherung. Das GSG hat mit dem „Pulheimer Ressourcen-Modell" (PRM) ein Konzept zur individuellen Förderung mit dem Ziel der Unterstützung von Stärken und dem Ausgleich von Schwächen entwickelt. Die individuelle Förderung und Forderung wird im Fachunterricht, freien Lernzeiten sowie in Förder- und Profilkursen (im sogenannten „grips-Bereich") verwirklicht.

Im Rahmen des Fachunterrichts werden die Schülerinnen und Schüler bestärkt und unterstützt, eigenverantwortlich zu arbeiten. Durch Formen des individualisierten und selbstgesteuerten Lernens (z.b. Frei- oder Wochenplanarbeit, Stationenlernen, Gruppenpuzzle) werden Lernende angeleitet und begleitet, um zunehmend selbstgesteuert zu arbeiten und zu lernen. Die Lehrkräfte übernehmen in diesen Phasen die Rolle eines Lernbegleiters, der eine Struktur und Rahmung häufig vorgibt, der berät und unterstützt, sich aber, wenn möglich, mehr und mehr zurückzieht. Durch eine konsequente Binnendifferenzierung können vor allem in offeneren Lernsettings die unterschiedlichen Bedarfe der Lernenden berücksichtigt werden. „High-quality instruction that is matched to high expectations for improving outcomes for all students in all classroom settings is another quality of effective inclusive schools" (Hoppey & McLeskey 2014, 24). Im Rahmen des Fachunterrichts werden darüber hinaus Projektwochen realisiert. Die freien Lernzeiten (siehe Kapitel 2.1) sind die zweite Säule, um die Stärken der Kinder und Jugendlichen zu fördern und mögliche Schwächen auszugleichen.

Schülerinnen und Schüler, bei denen sich aufgrund des Leistungsbildes auf dem Halbjahreszeugnis das Risiko einer Nicht-Versetzung am Schuljahresende abzeichnet, erhalten einen so genannten Förderplan. Für die Erstellung dieser sind die jeweiligen Fachkolleginnen und -kollegen zuständig. Ein verbindliches Förderplangespräch unter Beteiligung der/des SchülerIn, mindestens einem Elternteil und mindestens einer Lehrkraft findet in der Regel innerhalb der ersten drei Wochen des zweiten Halbjahres statt. Die getroffenen Absprachen werden mithilfe des Förderplans dokumentiert. Außerdem wird am Ende des Gesprächs ein Nachgespräch terminiert. In diesem Nachgespräch werden die getroffenen Vereinbarungen erneut in den Blick genommen.

„grips – Ich will es wissen!" bietet als dritte Säule interessierten Schülerinnen und Schüler Angebote zum Lernen auf freiwilliger Basis, verbunden mit dem Ziel, allen Kinder und Jugendlichen Lernangebote bzw. einen individuellen Kompetenzzuwachs über den Unterricht hinaus zu ermöglichen. „grips – Ich will es wissen!" ist die Enrichment-Initiative des Pulheimer Ressourcen-Modells am GSG.[4] Die Kolleginnen, die im grips-Büro arbeiten achten auf ein möglichst breitgefächertes inhaltliches Angebot, das sowohl Inhalte aus den Unterrichtsfächern als auch außerunterrichtliche Interessen und Kompetenzen aufgreift. Zu den Angeboten gehören unter anderem Rechtschreibförderung, die Ausbildung zum Sporthelfer oder Streitschlichter, Theaterprojekte oder Begabtenförderung (z.B.

---

4 http://gsg.intercoaster.de/ic/page/47/grips_ich_will_es_wissen.html / 11. April 2017.

Stipendien, Wettbewerbe). Im Schuljahr 2016/2017 werden unter anderem ein Kochkurs („Kochen über den Tellerrand), Tischtennis oder Ton-Kunst-Kurse angeboten. Die grips-Angebote finden auf drei verschiedenen Lernstufen statt. Erstens knüpfen sie an vorhandenes, bereits bekanntes Wissen oder an Kompetenzen an(Förderung). Zweitens bieten die Angebote die Möglichkeit neues Wissen oder neue Kompetenzen zu erlangen bzw. neue Interessen zu entdecken (Forderung). Drittens können Schülerinnen und Schüler ein eigenständiges Projekt anbieten, das ihr erlangtes Wissen bzw. ihre Kompetenzen aufgreift.

Das gemeinsam erarbeitete und seit Jahren erprobte sowie weiterentwickelte Konzept der individuellen Förderung dient als Leitfaden, als Handlungssicherheit und gemeinsame Sichtweise. An einer Schule mit mehr als 1.500 Schülerinnen und Schüler und mehr als 130 Mitarbeiterinnen und Mitarbeiter kommt der Kommunikation von pädagogischen und didaktischen Vorstellungen und Vorgehensweisen eine entscheidende Rolle zu. Es ist wichtig, dass alle Beteiligten einen zumindest gemeinsamen Grundtenor haben und wissen, an wen sie sich mit welchen Anliegen wenden können. Die Aspekte „Multiprofessionalität und Kooperation" (siehe auch Kapitel 2.3) werden auch auf der Ebene der Lehrenden umgesetzt. Um Lernende möglichst optimal individuell zu begleiten, müssen Lehrerinnen und Lehrer auch um die vielfältigen Begabungen der einzelnen Kolleginnen und Kollegen sowie der vorhandenen Anlaufstellen und Unterstützungsangebote innerhalb der Schulgemeinschaft wissen.

3 Fazit und Ausblick

Die Zunahme von Heterogenität und Vielfalt in Gesellschaft und Schule anzuerkennen und darauf konstruktiv zu reagieren stellt für das deutsche Schulsystem, immer verstärkter auch für Gymnasien, eine Herausforderung dar. Inklusion muss dabei als ein fortwährender (Schul)Entwicklungsprozess gesehen werden, der nicht ad hoc umgesetzt oder abgeschlossen sein kann bzw. muss. Schulen müssen sich vielmehr als lernende Organisationen verstehen, die sich immer weiterentwickeln. „Begründet ist diese Aussage in der Erkenntnis, dass Schule nicht im luftleeren Raum stattfindet, sondern in Wechselwirkung mit gesellschaftlichen, demografischen, politischen, wirtschaftlichen und politischen Entwicklungen steht. Schulentwicklung ist natürlich kein Zweck an sich, sondern folgt immer dem übergeordneten Ziel der optimalen Förderung der individuellen Lernprozesse der Schülerinnen und Schüler" (GSG 2015). Dabei ist eine ausgeglichene Mischung aus Idealismus und Pragmatismus gefragt. Sie trägt dazu dabei, den Prozess der Umsetzung schulischer Inklusion anzugehen, Türen aufzustoßen bzw. Grenzen zu verschieben, und sich gleichzeitig nicht in unrealistischen Vorstellungen zu verlieren oder sich von Bedingungen, die nicht einfach zu ändern sind, entmutigen zu lassen. Eine der größten Herausforderungen, so scheint es, ist das Aushalten der Widersprüche im selektiven Schulsystem (vgl. auch Bernasconi & Böing in diesem Band). Sie sollten dennoch keine Schule davon abhalten, die ersten eigenen Schritte in Richtung einer inklusiv arbeitenden Schule zu machen. Dier hier vorgestellten Trittsteine (inklusiver) Schulentwicklung sind hilfreich und förderlich für *alle* Schülerinnen und Schüler der Schule und beziehen sich bewusst – der weiten Definition von Inklusion folgend – eben nicht nur auf eine bestimmte Gruppe von Kindern und Jugendlichen.

Literatur

GSG (2015) – http://gsg.intercoaster.de/ic/page/280/aktuelle_schulentwicklungsarbeit.html.

GSG (2017) – http://gsg.intercoaster.de.

Hoppey, David & McLeskey, James (2014): What are Qualities of Effective Inclusive Schools. In: McLeskey, James/Waldron, Nancy L./Spooner, Fred/Algozzine, Bob (Hrsg.): Handbook of effective inclusive schools, New York und London: Routledge, 17-29.

Klemm, Klaus & Preuss-Lausitz, Ulf (2011): Auf dem Weg zur schulischen Inklusion in Nordrhein-Westfalen. Empfehlungen zur Umsetzung der UN-Behindertenrechtskonvention im Bereich der allgemeinen Schulen.

Lange, Hermann (2003), Wie heterogen sind deutsche Schulen und was folgt darauf? Befunde und Konsequenzen aus PISA und IGLU. In: Pädagogik 9, 32-37.

Mesch, Dorle; Niessen, Andreas & Springob, Jan (2017): Das Geschwister-Scholl-Gymnasium Pulheim – Chancen und Probleme inklusiver Schulentwicklungsprozesse im Gymnasium. In: Reich, Kersten (Hrsg.): Inklusive Didaktik in der Praxis. Beispiele erfolgreicher Schulen. Weinheim und Basel: Beltz, 153-173.

Scholz, Ingvelde (2016): Das heterogene Klassenzimmer. Differenziert unterrichten. Göttingen: Vandenhoeck & Ruprecht.

Springob, Jan (2017): Inklusiver Englischunterricht am Gymnasium. Evidenz aus der Schulpraxis im Spiegel von Spracherwerbstheorie und Fremdsprachendidaktik. Frankfurt: Peter Lang.

Ternoth, Heinz-Elmar (2012): "Wir haben klügere Schüler". Ein Gespräch mit dem Berliner Bildungshistoriker Heinz-Elmar Tenorth über das Erfolgsgeheimnis des Gymnasiums. In: Die Zeit (8). http://www.zeit.de/2012/08/C-Interview-Tenorth/komplettansicht?print.

Werning, Rolf & Avci-Werning, Meltem (2015): Herausforderung Inklusion in Schule und Unterricht. Grundlagen, Erfahrungen, Handlungsperspektiven. Seelze: Kallmeyer/Klett.

Dr. Jan Springob ist Gymnasiallehrer für Englisch und Geschichte. Er arbeitete nach seinem Referendariat vier Jahre am Geschwister-Scholl-Gymnasium in Pulheim. Seit 2015 ist er als Koordinator für Inklusion und Internationales an das Zentrum für LehrerInnenbildung der Universität zu Köln abgeordnet.

Tobias Buchner

Personenzentriertes Planen als Ansatz für inklusive Bildung: Grundlagen, Praktiken und Möglichkeitsfelder

Zusammenfassung: Der vorliegende Beitrag setzt sich mit den Anwendungsmöglichkeiten von personenzentriertem Planen im Kontext von inklusiver Bildung auseinander. Personenzentriertes Planen steht für eine Familie von Ansätzen, die in den USA und Kanada entstanden und seit Ende der 1990er Jahre auch im deutschsprachigen Raum rezipiert werden. In den letzten zehn Jahren lassen sich zunehmend Implementierungsversuche in der österreichischen sowie deutschen Behindertenhilfe ausmachen (Koenig 2015, Lunt & Hinz 2011). Im Rahmen von inklusiver Bildung wurden derlei Ansätze überwiegend am Übergang Schule – Beruf sowie für Schulentwicklung angewendet. Ziel dieses Beitrags ist es, in Relation zum Tagungsthema, Grundlagen personenzentrierten Planens darzustellen und seine Möglichkeiten im Bereich inklusiver Bildung zu erkunden und zu diskutieren.

Im ersten Abschnitt dieses Artikels werden Geschichte, Prinzipien sowie Ziele von ‚personcentred planning‘ und inklusiver Bildung vorgestellt. Anschließend werden verschiedene Tools und Modelle aus dem personenzentrierten Denken und Planen erläutert. Im vierten Teil des Beitrags wird dargelegt, in welchen Kontexten inklusiver Bildung personenzentriertes Planen bereits Anwendung findet. Am Schluss stehen Überlegungen, welche weiteren, bisher ungenutzten Möglichkeitsräume für eine produktive Liaison zwischen den beiden Konzepten bestehen.

1 Inklusion ermöglichen: Geschichte, Prinzipien und Ziele von personenzentriertem Planen und inklusiver Bildung

Personenzentriertes Planen und inklusive Bildung haben eine ähnliche Geschichte und teilen die gleiche normative Basis. So ist es beiden Ansätzen (unter anderem) gemein, dass sie entwickelt wurden, um Inklusion, hier verstanden als gesamtgesellschaftliche Herausforderung, die sich auf alle Lebensbereiche, Lebensphasen und alle gesellschaftlichen Felder bezieht und auf die Überwindung von Marginalisierung, Diskriminierung und Stigmatisierung zielt, zu ermöglichen (vgl. Ziemen 2017, 101).

‚Personcentred planning' entstand im nordamerikanischen Raum, weil behinderte Menschen, Eltern und engagierte Praktikerinnen und Praktiker die Qualität von Dienstleistungen der Behindertenhilfe nicht mehr weiter hinnehmen wollten. Schließlich entsprachen die damaligen Angebotsstrukturen kaum den Bedürfnissen der zu unterstützenden Personen und wiesen einen stark institutionalisierten Charakter auf. Daher versuchten zunehmend Personen in ‚communities of practice' in sogenannten ‚circles of friends' bzw. ‚circles of support' alternative, passgenaue Formen der Unterstützung zu entwickeln (O'Brien & O'Brien 2000). Ziel dieser Prozesse war bzw. ist es, gemeinsam mit Freundinnen, Freunden, Familien und anderen Personen aus der ‚Community' kreative, den Bedürfnissen und Wünschen der zu unterstützenden Personen entsprechende Lösungen zu finden. Mit derlei lokalen Lösungen sind zudem die Ansprüche verbunden, starre Strukturen von Dienstleistungssystemen zu transformieren und über das Aufzeigen von im Kontext von personenzentriertem Planen praktizierter sowie realisierter Teilhabe einen generellen Beitrag für Inklusion im hier verstandenen Sinne zu leisten. Exemplarisch lässt sich dies an dem Planungsprozess zeigen, der von Judith Snow und ihrem ‚circle of friends' durchgeführt wurde. Snow lebte Anfang der 1980er Jahre als junge Erwachsene von Mitte Zwanzig in einem Altersheim in Kanada. Diese Unterbringung wurde von den Behörden damit argumentiert, dass Snow einen Rollstuhl benütze und einen Unterstützungsbedarf habe der in keiner anderen Einrichtung abgedeckt werden könne. Marsha Forrest, eine Bekannte von Snow, wurde dieses Missstandes gewahr und organisierte einen ‚circle of friends', der gemeinsam mit Judith Snow daran arbeitete, eine individualisierte, ihren Wünschen entsprechende Unterstützung zu ermöglichen. Aufgrund der Kreativität und Hartnäckigkeit des Zirkels gelang es schließlich, dass Judith Snow in einer eigenen Wohnung lebte und dort persönliche Assistenz erhielt (vgl. Pearpoint 1990).

Wie anhand dieses Beispiels ersichtlich wird, werden in personenzentrierten Planungsprozessen die Individualität der Person sowie die damit verbundenen Wünsche und Bedürfnisse in den Vordergrund gestellt und versucht, entsprechende Lösungen zu finden, die über etablierte Strukturen hinausgehen– was letztlich auch gelingen kann, da die Ressourcen und Netzwerke der Unterstützungskreise synergetisch zusammenwirken (Boban 2007). Unterstützungskreise könnte man dabei als ‚inklusive Räume' denken, mit denen Teilhabe ermöglicht und Barrieren abgebaut werden (vgl. Koenig 2015).

Historisch ähnliche Erfahrungen machten jene behinderten Personen, ihre Eltern und Praktikerinnen bzw. Praktiker, die sich mit der Zwangsbeschulung in segregativen Settings nicht mehr abfinden wollten und aktiv für den Zugang zu Allgemeinen Schulen eintraten. Auch sie entwickelten als Pionierinnen und Pioniere inklusiver Bildung alternative pädagogische Praktiken zum auf Homogenisierung und Selektion justierten Schulsystem – gegen teils enorme Widerstände von Seite der Behörden und vorurteilsbeladenen Haltungen weiterer schulischer Akteurinnen und Akteure – wie sich dies zum Beispiel in den Erzählungen jener Lehrpersonen und Eltern zeigt, die sich in der ersten Hälfte der 1980er Jahre daran machten, an einer Volksschule in Oberwart/Österreich eine Integrationsklasse einzurichten (vgl. Schleichert 1993): so wurde durch eine Bündelung der Ressourcen von engagierten Lehrkräften und Eltern ein schulisches Setting geschaffen, in dem an den individuellen Lern-Dispositionen der Schülerinnen und Schüler angeknüpft, Barrieren abgebaut und die Teilhabe aller Kinder und Jugendlichen praktiziert werden konnte. Bemerkenswert ist es nun, dass diese ursprünglichen inklusiven Inseln in Verbindung mit einer starken Eltern- und Behindertenbewegung in Österreich eine derartige gesellschaftliche Wirkkraft entwickelten, die letzten Endes mit der gesetzlichen Überführung von ‚integrativer Bildung‘ zu einer Transformation des gesamten österreichischen Schulsystems führte.

Personenzentriertes Planen und inklusive Bildung sind also in ähnlichen Kontexten entstanden: im Kampf gegen Aussonderung und für Teilhabe, bei dem immer an den Grenzen des ‚im System Machbaren‘ gekratzt bzw. ‚unkonventionelle‘ Lösungen gefunden wurden. Für das Handeln zentral war und ist bei beiden Konzepten der Fokus auf die Individualität einer jeden Person und deren Selbstbestimmung bei gleichzeitiger Wertschätzung aller – sowie das Begrüßen von Diversität (vgl. Doose 2011, Boban & Hinz 2011). Dieser Anspruch auf inklusives Handeln geht allerdings über die ‚circles of support‘ bzw. einzelne Klassen oder Schulen hinaus. Als übergeordnetes Ziel beider Ansätze lässt sich Inklusion im oben genannten Sinne, nämlich als gesamtgesellschaftliche Herausforderung, ausmachen.

Inklusive Bildung und personenzentriertes Planen teilen also die gleiche normative Basis und verfolgen die gleichen Zielsetzungen, weshalb es auch nicht überrascht, dass zentrale Proponentinnen und Proponenten inklusiver Bildung, wie etwa Hinz und Boban, auch im Feld des personenzentrierten Planens aktiv sind. Bevor genauer betrachtet werden soll, wie personenzentriertes Planen im Kontext inklusiver Bildung angewendet werden kann bzw. welche Synergieeffekte dabei auftreten können, soll zunächst allerdings erst einmal genauer betrachtet werden, was unter personenzentriertem Planen genau zu verstehen ist – also welche Methoden und Techniken sich hinter dem Überbegriff konkret verbergen.

2 Personenzentriertes Denken und Planen: Methoden

Seit den späten 1970er Jahren haben sich laut O' Brien & O' Brien (2000, 3) in Nordamerika elf verschiedene Planungsansätze entwickelt, die aufgrund der geteilten Wertegrundlage und ähnlichen Praxisformaten als eine „family of approaches" verstanden werden können. Als bekannteste Ansätze können diesbezüglich ,Personal Future Planning' (im deutschsprachigen Raum als Persönliche Zukunftsplanung bekannt), ,Individual Lifestyle Planning', ,24 hour planning' und ,Group Action Planning' genannt werden (ebd., 3f.). All diesen Planungsansätzen ist gemein, dass auf professionelles Jargon, wie Fremdwörter und diagnostische Labels, verzichtet und stattdessen leicht verständliche Formulierungen bzw. Zeichnungen und Bilder zur Kommunikation verwendet werden. Dementsprechend werden auch defizitäre Fokussierungen auf die mit der Beeinträchtigung verbundenen funktionalen Limitationen, wie sie für das individuelle Modell von Behinderung charakteristisch sind (vgl. Oliver 1990), vermieden. Zentral ist stattdessen der positive Blickwinkel auf die Person, mit der gemeinsam geplant wird: so wird nach deren Stärken Ausschau gehalten und diese werden betont (vgl. Doose 2011, Emrich et al. 2006). In Abgrenzung zu einem in Kontexten der Behindertenhilfe häufig zu beobachtenden ,Sprechen über' die Person ist es für personenzentriertes Planen maßgeblich, dass die Person stets im Mittelpunkt steht: aber eben nicht als Objekt professionellen Urteilens, sondern als zentrale Akteurin oder zentraler Akteur, die den Prozess kontrolliert. Schließlich geht es darum, eine Unterstützung zu finden, welche dazu in der Lage ist, den individuellen Bedürfnissen und Wünschen der planenden Person zu entsprechen bzw. deren Realisierung in Angriff zu nehmen (Göbel 2003).

Die hier aufgezählten Werte und davon abgeleiteten Handlungsorientierungen werden von Sanderson & Goodwin (2005), die sich in ihrer Arbeit der Implementierung personenzentrierten Planens in verschiedenen Feldern sozialer Arbeit widmen, als ,person centred thinking', also personenzentriertes Denken, bezeichnet. Dieses ,mindset' stellt demnach die Basis für personenzentriertes Arbeiten und Planen dar, weshalb von Sanderson sowie ihren Kolleginnen und Kollegen eine Reihe von Tools entwickelt wurden, mit denen die Aneignung einer solchen Haltung unterstützt werden kann. Von diesen sollen hier exemplarisch zwei vorgestellt werden.[1]

Zum Beispiel die auf einem Plakat vorzunehmende Übung ,important to/important for', bei der Praktikerinnen bzw. Praktiker der sozialen Arbeit dazu eingeladen werden, darüber zu reflektieren *was der* Nutzerin oder dem Nutzer wichtig ist (im Sinne ihrer Wünsche und Vorlieben, die sie äußert) und was *für die* Nutzerin bzw. dem Nutzer wichtig ist (also das was sie braucht, um ein ,gesundes', sicheres Leben zu führen). Der erste Aspekt soll dabei den Blickwinkel der Person widerspiegeln. Der zweite Fokus (für die Nutzerin bzw. den Nutzer wichtig) ergänzt diese Perspektive allerdings noch mit jenen von Eltern, Freundinnen, Freunden

---

1 Die Tools zum personenzentrierten Denken wurden im Rahmen des EU-Projekts „New Paths to Inclusion" ins Deutsche übersetzt und können unter dem folgenden Link abgerufen werden: http://trainingpack.personcentredplanning.eu/index.php/de/2011-12-15-15-08-24/important-tofor-de

und Professionellen. So können professionell Tätige dabei unterstützt werden, ihre Orientierung auf scheinbar ‚objektive' Notwendigkeiten zu hinterfragen und zwischen diesen und den Wünschen der Person zu differenzieren – um sukzessive ein Denken zu befördern, bei dem die Person und ihre Bedürfnisse im Zentrum stehen (Sanderson & Goodwin 2005).

Ein meiner Erfahrung nach sehr effektives Werkzeug zur Förderung personenzentrierten Denkens stellt die ‚Seite über mich' dar. Diese Seite kann u.a. für die vorläufige Dokumentation eines Kennenlernprozesses genutzt werden oder auch als Information, um bei einem Übergang von einem Unterstützungs-Setting in das nächste auf wichtige Eigenschaften, Vorlieben, etc. der Person hinzuweisen. Konkret besteht die Seite aus drei Spalten, die ein Foto oder Bild der zu unterstützenden Person rahmen. Die erste Spalte ist mit der Überschrift versehen „Was mir wichtig ist", die zweite mit „Wie/wobei ich gerne unterstützt werde" und die dritte mit „Was andere Personen an mir schätzen". Mit diesen Fokussierungen kann im Sinne einer Personenzentrierung auf einem Blatt dokumentiert werden, welche Wünsche und Vorlieben die Person hat und wie sie gut unterstützt werden kann. Als besonders wichtig erweist sich die dritte Spalte, weil es damit gelingt, sich auch in herausfordernden Phasen stets die positiven Eigenschaften einer Person vor Augen zu halten.

Personenzentriertes Denken kann schließlich als die Aneignung eines Blickwinkels gedacht werden, der die Person und ihre individuellen Interessen und Bedürfnisse in den Vordergrund rückt. Es kann als Fundament verstanden werden, welches die Basis für Planungsprozesse im eigentlichen Sinne bildet.

Wie bereits erwähnt, wurden in den letzten drei Jahrzehnten eine Vielzahl an Planungstechniken entwickelt, von denen hier aus Platzgründen lediglich eine vorgestellt werden soll: die Persönliche Zukunftsplanung (vgl. Doose 2011, Doose et al. 2004, Emrich 2008, 2007, Boban & Kruschel 2012) anhand des PATH-Modells. Die Persönliche Zukunftsplanung stellt eine Methode dar, die Menschen dabei helfen soll, über ihre Zukunft nachzudenken und diese so weit wie möglich zu planen. Dabei bekommt sie von einem Unterstützerinnen- und Unterstützerkreis (‚circle of support') Hilfe. Dieser setzt sich idealer Weise wie folgt zusammen: ein Moderationsteam aus zwei Personen, von denen eine die Treffen des Unterstützerinnen- und Unterstützerkreises moderiert und die zweite diesen Prozess graphisch dokumentiert – mit Visualisierungen, wie Symbolen und Zeichnungen (vgl. Göbel 2003, Hinz et al. 2010). Die Moderatorinnen oder Moderatoren sollten nach Möglichkeit von der planenden Person ausgewählt werden bzw. muss ein vertrauensvolles Verhältnis zwischen ihnen bestehen; die Person muss schließlich ihre Zustimmung zum Moderationsteam geben. Die übrigen Mitglieder des Unterstützerinnen- und Unterstützerkreises werden von der planenden Person ausgewählt. Zum Beispiel Familienangehörige, Freundinnen, Freunde oder professionell Tätige, von denen die Person ausgeht, dass diese geeignet sind, sie bei der Umsetzung ihrer Ziele gut zu unterstützen. Schließlich ist für personenzentrierte Prozesse mindestens ein Planungstreffen notwendig, erfahrungsgemäß sind allerdings mehrere notwendig. Die Treffen können von unterschiedlicher Dauer sein – bzw. stehen hierfür unterschiedliche Formate zur Verfügung, wie z.b. das Zukunftsfest (Boban & Kruschel 2012, Hinz & Kruschel 2013), für das in der Regel mindestens 6-8 Stunden notwendig sind – es sind allerdings auch kürzere Sessions möglich (vgl. Boger 2015).

Wesentlich ist es nun, dass eine Zukunftsplanung mit der planenden Person gut vorbereitet wird. Dies findet in der Regel mit einem oder beiden Moderatorinnen bzw. Moderatoren statt. So müssen zunächst einmal die Träume, die Wünsche bzw. die gewünschte Zukunft der Person erkundet werden (hierfür steht eine Vielzahl an Tools zur Verfügung, siehe dazu Doose 2011); Ort, Setting und Zeitpunkt des ersten Treffens müssen organisiert sowie Unterstützerinnen und Unterstützer ausgewählt und eingeladen werden.

Bei den Treffen selber kommen bei Persönlichen Zukunftsplanungen meistens zwei verschiedene Planungstechniken zum Einsatz: MAP (Making Action Plans) sowie PATH (Planning Alternative Tomorrows with Hope). Die erstgenannte Methode eignet sich meiner Meinung nach sehr gut wenn die Wünsche für die Zukunft noch ein bisschen unkonkret sind. Der PATH empfiehlt sich hingegen wenn die Person bereits relativ genau weiß, ‚wohin der Zug fahren soll'. Wie angekündigt beziehe ich mich im Folgenden auf das PATH-Modell. Dieses wurde von O'Brien, Pearpoint & Forrest Anfang der 1990er Jahre in Nordamerika entwickelt (vgl. Doose 2011). Zur Unterstützung und Dokumentation dieser Form von Planungsprozess wird eine graphische Struktur gewählt, die einen vom Jetzt ausgehenden, in die Zukunft gerichteten Pfeil darstellt.

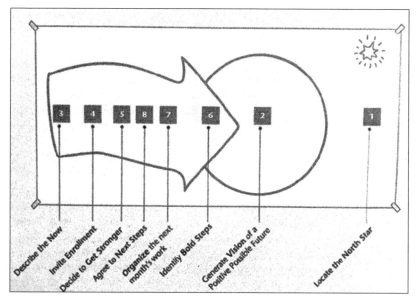

Abb. 1: PATH nach O´Brien, Pearpoint und Kahn (O'Brien et al. 2010, 68)

Der Prozess selbst wird, wie in der folgenden Erläuterung der einzelnen Schritte des PATH-Modells deutlich wird, von der Zukunft her gedacht.

Jede Zukunftsplanung beginnt damit, dass die Hauptperson (= die planende Person) sowie die Moderatorinnen bzw. Moderatoren die Anwesenden begrüßen und Hintergründe sowie Zweck des Treffens erläutern. Anschließend sind die versammelten unterstützenden Personen dazu eingeladen, sich vorzustellen und kurz zu erzählen, wie sie die Hauptperson kennengelernt haben und was sie an ihr schätzen (wodurch der positive Blickwinkel auf die Person gleich zu Beginn stark gemacht wird).

Anschließend wird der Nordstern (1) der Hauptperson ,lokalisiert' („locate the north star", vgl. ebd., 63). Der Nordstern kann ein Traum bzw. ein bestimmter Wunsch sein, den die Person hat. Es geht hier nicht darum zu bestimmen, ob dies ein ,realistisches' Ziel ist (wie z.B. der Traum, Pilot zu werden) oder diesen Wunsch zu bewerten oder zu dekonstruieren, sondern ihn anzuerkennen. Denn derartige Träume und die damit verwobenen Visionen besitzen – bildlich gesprochen – eine starke Strahlkraft. Konkret: die Träumen innewohnende Energie soll für den Planungsprozess produktiv genutzt werden. Der Traum oder die Träume werden schließlich unter (1) auf das Plakat eingetragen. Ergänzend werden die Ideale und Werte der planenden Person hinzugefügt (O'Brien et al. 2010). Der Nordstern fungiert letztlich, wie in der Navigation der Seefahrt, für den Unterstützerinnen- bzw. Unterstützerkreis als *Orientierung*. Er gibt ihnen die Richtung vor, in die geplant werden soll.

Dazu werden im nächsten Schritt alle Anwesenden aufgefordert, in Anbetracht des Nordsterns eine positive Vision zu entwerfen bzw. über eine dem Traum, den Werten und Zielen der Person entsprechende positive Zukunft nachzudenken. Der Unterstützerinnen- und Unterstützerkreis reist quasi mit einer „Zeitmaschine" (Doose 2011, o.S.) in die Zukunft und die Teilnehmenden beschreiben im Präsens, was in dieser imaginierten Zukunft für ein Leben für die Person möglich ist. Das Moderatorenteam sammelt diese Ideen und dokumentiert sie in gezeichneter und/oder schriftlicher Form in den Kreis (2) – klären allerdings dabei mit der planenden Person ab, ob sie diese Vorstellung auch teilt. Die Vision sollte für einen zukünftigen Zeitpunkt veranschlagt werden, der mindestens ein Jahr (um Zeit für die Planungsaktivitäten zu schaffen) und maximal zwei Jahre (um den Prozess nicht zu lange anzuberaumen, da dies erfahrungsgemäß der Dynamik von Zukunftsplanungen entgegen wirkt) vom Zeitpunkt des ersten Planungstreffens entfernt liegt.

Im dritten Schritt wird zurück ins Jetzt gereist und beschrieben, wie sich aktuell die Situation für die Person darstellt (3). Anschließend wird geklärt, wer von den Anwesenden sich am Versuch der Realisierung der Vision, also bei der persönlichen Zukunftsplanung, beteiligt sein möchte. Die betreffenden Personen tragen sich in Feld (4) des PATH ein. Die Entwicklung eines guten Plans benötigt Ressourcen – und über die wird im nächsten Punkt gemeinsam nachgedacht (5). Zum Beispiel welche anderen Personen für die Umsetzung hilfreich sein und bei den nächsten Treffen eingeladen werden könnten, oder welche Organisationen, welche Unterstützungsleistungen beantragt werden könnten, etc. Aber auch, welche Stärken und Fähigkeiten sowie welches Wissen in der Gruppe vorhanden sind und wie diese den Prozess stärken könnten. Danach werden die wichtigsten Schritte gemeinsam identifiziert, die zur Realisierung der Vision führen sollen (6). Daraufhin legt die planende Person fest, an welchen Zielen sie im nächsten Monat arbeiten möchte: es wird konkret geplant, wer welche Aktivitäten mit der Hauptperson oder auch für sie durchführen soll. Dieser Zeitraum, der nächste Monat nach dem Treffen, hat sich als kritisch für Planungsprozesse erwiesen: hier muss die Person spüren, dass an der Umsetzung der Vision gearbeitet wird bzw. ‚dass sich etwas tut'. Auch dies wird dokumentiert (7). Abschließend wird ein noch näher am Treffen liegender Zeitraum avisiert: alle sind dazu eingeladen, darüber nachzudenken, was sie in den nächsten drei Tagen tun können, um die Ziele der planenden Person zu verwirklichen (8).

Am Ende eines PATH-Treffens bitten das Moderatorenteam die Gruppe schließlich, dem Prozess einen Namen zu verleihen und ein Gefühl zu beschreiben, dass sie mit dem Prozess und/oder dem Planungstreffen verbinden. Zudem wird vereinbart, wann es ein weiteres Treffen geben soll, um über die erfolgte Umsetzung der Vision oder welche Schritte eventuell noch zusätzlich benötigt werden, zu beratschlagen und diese zu organisieren.

Zusammenfassend handelt es sich bei den dargestellten Modellen des personen-zentrierten Denkens und Planens um Ansätze, mit denen ein individuelles, den Wünschen und Interessen der Hauptperson entsprechendes Arbeiten möglich wird, bei dem diese stets die Kontrolle über den Prozess behält und passgenaue Lösungen erarbeitet werden können, die auf den Anstrengungen eines gesamten Netzwerks basieren. Im folgenden Punkt soll nun kurz skizziert werden, in wel-chen Kontexten von inklusiver Bildung derlei Ansätze bereits zur Anwendung kommen.

3 Anwendungsfelder personenzentrierten Planens im Kontext inklusiver Bildung

Ein Blick in die deutschsprachige Literatur zeigt, dass personenzentriertes Planen im Bereich von inklusiver Bildung bisher überwiegend in zwei Kontexten stattfin-det: Im Übergang von der Schule in den Beruf (vgl. Boger 2015, Plangger 2015, Niedermair 1998) sowie im Kontext inklusiver Schulentwicklung (vgl. Boban & Hinz 2015, Hinz & Kruschel 2015, 2014, 2013).

Beide Anwendungsfelder sollen anhand von Beispielen aus der Praxis in diesem Abschnitt illustriert werden.

Für den Übergang Schule-Beruf lassen sich unterschiedliche Varianten der An-wendung von personenzentriertem Planen ausmachen. So berichtet Boger (2015), dass Schülerinnen und Schüler an einer Schule im Rahmen einer Unterrichtsreihe die Gelegenheit hatten, Methoden personenzentrieten Planens kennenzulernen und sich mit verschiedenen Spielarten auseinander zu setzen. So war es das Ziel, „Schüler*innen eine methodische Grundlage für selbstbestimmte Veränderungs-prozesse möglichst praktisch und lebensnah zu vermitteln" (Boger 2015, 119). Dieser Ansatz ist vor allem interessant, weil damit personenzentriertes Planen nicht als ‚Spezial-Methode' für behinderte Menschen besondert wird, sondern der potenzielle Nutzen für alle Menschen beim Erreichen ihrer persönlichen Zie-le in den Fokus rückt. In Kombination mit dem Angebot, im Bedarfsfall eine Zukunftsplanung moderiert zu bekommen, kann meines Erachtens die Hand-lungsfähigkeit – im Sinne von Empowerment – im Übergang gestärkt werden. Als herausfordernd erweist sich dann jedoch, wie solche Prozesse in schulischen Kontexten stattfinden können. Boger (ebd., 116ff.) selbst diskutiert hierfür ver-schiedene Modelle, die sie in ihrer pädagogischen Praxis erprobt hat. Das bereits erwähnte Format ‚Zukunftsfest' überfordert ihr zufolge viele Schülerinnen und Schüler emotional, da sie hier für viele Stunden im Zentrum der Aufmerksamkeit stünden. Eine fortlaufende persönliche Zukunftsplanung, wie sie oben am Beispiel des PATH dargestellt wurde, sprenge hingegen häufig die zeitlichen Ressourcen des schulischen Alltags. Daher schlägt Boger das von ihr entwickelte Konzept der ‚individuellen Kurz-Zukunftsplanung‘ vor, bei dem die Schülerin oder der Schüler ohne Unterstützerinnen oder Unterstützer mit einer Moderatorin oder einem Moderator in zwei Stunden einen PATH für einen konkreten Kontext, wie z.b. dem Betriebspraktikum, entwirft. Dabei handelt es sich laut Boger um eine reduzierte, aber praktikable und sinnvolle Variante für die Planung des Übergangs Schule-Beruf (ebd., 119).

Plangger (2015) verweist in einem Aufsatz hingegen auf die Wirkmächtigkeit von längerfristig arbeitenden Unterstützerinnen- und Unterstützerkreisen im Kontext der Berufsorientierung. Dabei arbeiten die Unterstützerinnen- und Unterstützerkreise zwar eng mit Schulen und ihren zentralen Akteurinnen und Akteuren zusammen. Es wird aber nicht versucht, das Format der persönlichen Zukunftsplanung in einen institutionellen Rahmen einzupassen, da für die Zeitlichkeit und Örtlichkeit von derlei Planungsprozessen mehr Flexibilität ermöglicht werden sollte. Wie Plangger (ebd.) anhand eines Beispiels zeigen kann, kann ein solche Nutzung von personenzentrierten Planen für Berufsorientierung überaus positive Effekte haben und problematische Verlaufsschemata, wie der unidirektionale Weg für Menschen mit Lernschwierigkeiten von der Schule in die Werkstatt für Menschen mit Behinderung, umgangen werden.

Hinsichtlich des zweiten oben genannten Anwendungsfeldes kann auf die Erfahrungen von Boban & Hinz (2015) sowie Kruschel & Hinz (2013) verwiesen werden, die in Schulentwicklungsprozessen Elemente von Persönlicher Zukunftsplanung mit dem Index für Inklusion (Boban & Hinz 2003) verweben. So wird in einigen derartig konzeptionierten Prozessen ein Einstieg gewählt, der eng an das MAP-Modell (Making Action Plans) der Persönlichen Zukunftsplanung angelehnt ist: Zunächst reflektieren Lehrerpersonen, Eltern und Schülerinnen, bzw. Schüler darüber, „was alles an dieser Schule wunderbar ist und auf jeden Fall so bleiben soll (Boban & Hinz 2015, 158). Anschließend begeben sich die Teilnehmenden in eine ‚Zeitrakete‘ und imaginieren, was in einem Jahr an ihrer Schule noch toller geworden ist. Im nächsten Schritt werden die mit dieser Zukunft verbundenen Wünsche der Beteiligten entlang der Struktur eines Hauses geordnet: Ins Erdgeschoss kommen die Wünsche, die sofort in Angriff genommen werden können, in den ersten Stock jene, deren Bearbeitung noch etwas Zeit bedarf und im Dachgeschoss diejenigen, deren Realisierung noch sehr viel Nachdenken und Arbeit bedarf. Die so sichtbar gemachten und dokumentierten Wünsche werden schließlich nach Prioritäten geordnet und daraus ein Aktionsplan abgeleitet. Dieser weist wiederum eine Struktur auf, die dem im vorigen Abschnitt beschriebenen PATH-Modell ähnelt und das Ziel hat, die erarbeiteten Ziele möglichst detailliert in ein ‚Arbeitsprogramm‘ zu übersetzen.

4 Conclusio: Stärken von personenzentriertem Planen und ‚brachliegende Felder' in schulischen Settings

Welche Schlüsse können nun bezüglich der Möglichkeiten von personenzentriertem Planen im Kontext von inklusiver Bildung gezogen werden? Hinsichtlich des ersten prominenten Anwendungsfeldes, dem Übergang Schule-Beruf, kann zusammenfassend konstatiert werden, dass persönliche Zukunftsplanung, die über einen längeren Zeitraum angesetzt ist, einen Übergang ermöglichen kann, der individuell an die (beruflichen) Interessen der Hauptperson angepasst erfolgt: durch die Bündelung von personalen Ressourcen, die Aktivierung von in sozialen Netzwerken schlummernden Kapitalien im Sinne Bourdieus (Bourdieu 1982) können Prozessierungen durch institutionalisierte ‚Pathways' (Buchner & Biewer 2013) vermieden und Alternativen dazu erarbeitet werden. Offen ist hingegen, inwiefern personenzentriertes Planen als Angebot in Schulen etabliert werden kann und sollte. Einem regulären Angebot in der Institution Schule stehen wohl zuvorderst die begrenzten zeitlichen Ressourcen von Lehrpersonen im Weg – auch wenn die zuvor angeführten Beispiele von Boger (2015) zeigen, dass auch ‚abgespeckte' Versionen Berufsorientierung durchaus bereichern können. Längerfristige persönliche Zukunftsplanungen können allerdings wohl nur stattfinden, wenn es dafür extra Ressourcen gibt, wie z.b. einen Pool von Moderatorinnen bzw. Moderatoren, der von den schulischen Behörden finanziert und in verschiedenen Schulen einer Region bei Bedarf tätig wird. Denn, wie die Erfahrungen im bislang größten EU-Projekt zu personenzentrierten Planen zeigen[2], personenzentriertes Planen entwickelt seine größte Wirkkraft, wenn nicht Akteurinnen oder Akteure aus einer lokalen Institution einen Planungsprozess moderieren, sondern Personen, die außerhalb verortet sind. Denn durch eine solche Positionierung sind sie nicht den möglicherweise in Schulen vorhandenen, sozialen Spannungen ausgesetzt und haben auch keine verhärteten Blickwinkel auf einzelne Schülerinnen und Schüler, wie sie häufig in der langjährigen pädagogischen Arbeit entstehen.

Überraschend ist nun jedoch, dass im deutschsprachigen Raum personenzentriertes Planen überwiegend am Übergang Schule-Beruf erfolgt – und eher selten als Option für weitere Übergänge zwischen Bildungsinstitutionen erachtet wird. Denn eigentlich erscheint der Ansatz für alle ‚großen' Übergänge des Bildungssystems geeignet, wie zwischen Elementar- und Primarstufe, Primar- und Sekundarstufe I oder Sekundarstufe II und tertiärer Bildung. Dies ist umso erstaunlicher, als dass in Gesprächen mit Praktikerinnen und Praktiker immer wieder eine Kritik zu hören ist, wonach die wertvollen Erfahrungen zu den Persönlichkeiten

---

2 Viele Ressourcen und Materialien dieses Projekts mit Namen ‚New Paths to Inclusion, inklusive der vorgestellten Tools zum personenzentrierten Denken können hier abgerufen werden: http://www. personcentredplanning.eu/index.php/person-centred-planning

sowie den Stärken und Fähigkeiten von Schülerinnen und Schülern an solchen ‚institutionellen Gaps' häufig verloren gehen. Auch wenn zuvor angemerkt wurde, dass personenzentrierte Planungsprozesse am besten von ‚externen' Moderatorinnen oder Moderatoren durchgeführt werden, muss darauf hingewiesen werden, dass personenzentriertes Denken und die damit verbundenen Tools auch in Schulen von Lehrpersonen gut angewendet werden können und dadurch ein Beitrag für inklusives Arbeiten geleistet werden kann. Schließlich setzt sich inklusive Bildung zum Ziel, alle Schülerinnen und Schüler ihren individuellen Bedürfnissen und Lerndispositionen entsprechend zu fördern. Werkzeuge des personenzentrierten Denkens, wie die ‚Eine Seite über mich', können meines Erachtens eine diesen Prämissen entsprechende Praxis unterstützen. Denn es können damit der Blick auf das Individuelle geschärft und die Notwendigkeit dafür auch stets in Erinnerung gerufen werden. Das ebenfalls in diesem Aufsatz erwähnte Tool ‚Important to/important for' kann meines Erachtens gut für einen Dialog zwischen Lehrerkräften, Schülerin bzw. Schüler und Eltern genutzt werden. Wie meine eigenen Erfahrungen aus Trainings in der Behindertenhilfe zeigen, kann die Auseinandersetzung mit solchen Tools auch Umdenkungsprozesse bei pädagogisch Tätigen befördern, die einem eher traditionellen Denken über Behinderung nahestehen. Angesichts der nach wie vor vielerorts wahrnehmbaren Ressentiments gegenüber Inklusion von Teilen des Lehrpersonals könnten Trainings in Richtung personenzentrierten Denken auch hier einen Beitrag für Wandel leisten.

Als überaus interessant muss die Einbindung von Techniken aus dem personenzentrierten Planen in inklusive Schulentwicklungsprozesse erachtet werden. Solche Kombinationen, wie die von Kruschel & Hinz (2013) bzw. Boban & Hinz (2015) vorgeschlagene von persönlicher Zukunftsplanung und dem Index für Inklusion besitzen das Potenzial, Schulentwicklungsprozesse mit einem hohen Level von Partizipation aller schulischen Akteurinnen und Akteure zu gestalten und etwa vorhandene institutionelle Hierarchien zu entkräften.

So wird deutlich, dass zwischen personenzentriertem Planen und inklusiver Bildung überaus produktive Liaisonen erwachsen können, die Praktiken in Schulen bereichern können. Die geteilte normative Basis sowie die ähnliche Geschichte der beiden Ansätze können als Gründe für dieses gute ‚Passungsverhältnis' erachtet werden. Allerdings liegen, wie ebenfalls gezeigt werden konnte, einige mögliche Anwendungsfelder von personenzentriertem Planen in Schulen noch brach, deren Bewirtschaften sicherlich einen Gewinn für inklusive Bildungsprozesse darstellen würde.

Literatur

Boban, Ines (2007): Moderation persönlicher Zukunftsplanung in einem Unterstützerkreis – „You have to dance with the group!" Zeitschrift für Inklusion 2007/1 Online unter: http://www.inklusion-online.net/index.php?menuid=26&reporeid=29 (Abrufdatum: 01.05.2017).

Boban, Ines & Hinz, Andreas (2015): Zukunftsplanung in Schulentwicklungsprozessen. In: Kruschel, Robert & Hinz, Andreas (Hg.): Zukunftsplanung als Schlüsselelement von Inklusion. Praxis und Theorie personenzentrierter Planung. Bad Heilbrunn: Klinkhardt Verlag, 153-164.

Boban, Ines & Kruschel, Robert (2012): Die Weisheit der vielen Weisen- Zukunftsfeste und andere Weisen miteinander diagnostisch klug zu handeln: Inklusion als Prinzip sozialer Ästhetik. Zeitschrift für Inklusion, Heft 3/2012, 81-94.

Boban, Ines & Hinz, Andreas (2011): „Index für Inklusion" – ein breites Feld von Möglichkeiten zur Umsetzung der UN-Konvention. In: Flieger, Petra/ Schönwiese, Volker (Hrsg.): Menschenrechte – Integration – Inklusion. Aktuelle Perspektiven aus der Forschung. Bad Heilbrunn: Klinkhardt, 169-175.

Boban, Ines & Hinz, Andreas (2003): Index für Inklusion. Lernen und Teilhabe in der Schule der Vielfalt entwickeln. Online unter: http://www.eenet.org.uk/resources/docs/Index%20German.pdf (Abrufdatum: 04.06.2017).

Boger, Sandra (2015): Zukunftsplanung in der Schule als Unterstützung für Inklusion? In: Kruschel, Robert/ Hinz, Andreas (Hrsg.): Zukunftsplanung als Schlüsselelement von Inklusion. Praxis und Theorie personenzentrierter Planung. Bad Heilbrunn: Klinkhardt Verlag.

Bourdieu, Pierre (1986): The Forms of Capital. In: Richardson, John G. (Hrsg.): Handbook of Theory and Research for the Sociology of Education. New York: Greenwood Press 241–258.

Buchner, Tobias & Biewer, Gottfried (2013): Forschung zum Einfluss von Policies und Gesetzen auf die Leben von Menschen mit Behinderung: Das Quali-TYDES Projekt. – In: Sehrbrock, Peter/ Erdélyi, Andrea/ Gand, Sina (Hrsg.): Internationale und Vergleichende Heil- und Sonderpädagogik und Inklusion. Bad Heilbrunn: Klinkhardt Verlag, 30-38.

Doose, Stefan (2011): „I want my dream!" Persönliche Zukunftsplanung. Neue Perspektiven und Methoden einer personenzentrierten Planung mit Menschen mit Behinderungen. Online unter: http://bidok.uibk.ac.at/library/doose-zukunftsplanung.html (Abrufdatum: 04.06.2017).

Doose, Stefan; Emrich, Carolin; Göbel, Susanne (2004): Käpt'n Life und seine Crew. Ein Planungsbuch zur Persönlichen Zukunftsplanung. Zeichnungen von Tanay Oral. Kassel: Netzwerk People First Deutschland.

Emrich, Carolin (2008): Ich geh meine eigenen Wege. Das Konzept der Persönlichen Zukunftsplanung. In: Orientierung 1/2008, 1-5.

Emrich, Carolin (2007): „Es kitzelt in meinen Gedanken" Zum Einsatz des Konzepts der „Persönlichen Zukunftsplanung" im Rahmen des Talente-Teilprojekts der Hamburger Arbeitsassistenz. Online unter: http://bidok.uibk.ac.at/library/imp-44-07-emrich-gedanken.html (Abrufdatum 01.10.2016).

Emrich, Carolin, Gromann, Petra & Niehoff, Ulrich (2006): Gut Leben. Persönliche Zukunftsplanung realisieren – ein Instrument. Marburg: Lebenshilfe-Verlag.

Göbel, Susanne (2003): Persönliche Zukunftsplanung. In: Hermes, Gisela/ Köbsell, Swantje (Hrsg.): Disability Studies in Deutschland – Behinderung neu denken! Dokumentation der Sommeruni 2003. Kassel: bifos, 164-174.

Hinz, Andreas & Kruschel, Robert (2015): Unterstützungssysteme für inklusive Schulentwicklung in Schleswig-Holstein – eine Zwischenbilanz aus der Sicht Beteiligter In: Schnell, Irmtraud (Hg.): Herausforderung Inklusion – Theoriebildung und Praxis. Bad Heilbrunn: Klinkhardt, 212-219.

Hinz, Andreas & Kruschel, Robert (2014): Unterstützungssysteme für inklusive Schulentwicklung – ein Beispiel aus Schleswig-Holstein. In: Huber, Stefan G. (Hg.): Jahrbuch Schulleitung 2014. Köln: Carl Link 2014, 284-298

Hinz, Andreas & Kruschel, Robert (2013): Bürgerzentrierte Planungsprozesse in Unterstützerkreisen – Praxishandbuch Zukunftsfeste. Düsseldorf: selbstbestimmtes leben.

Hinz, Andreas, Friess, Sabrina & Töpfer, Juliane (2010): Neue Wege zur Inklusion – Zukunftsplanung in Ostholstein. Marburg: Lebenshilfe Verlag.

Koenig, Oliver (2015): Personenzentrierte Organisationen und die U-Theorie – oder: über die Kunst des 'in Bewegung Kommens'. In: Kruschel, Robert/Hinz, Andreas (Hrsg.): Zukunftsplanung als Schlüsselelement von Inklusion. Praxis und Theorie personenzentrierter Planung. Bad Heilbrunn: Klinkhardt Verlag, 195-205.

Lunt, Julie & Hinz, Andreas (2011): Training and Practice in Person Centred Planning. A European Perspective. Online unter: http://www.personcentredplanning.eu/images/New_Paths_publication.pdf (Abrufdatum: 20.05.2017).

Niedermair, Claudia (1998): „Ich möchte arbeiten" – Zur Gestaltung integrativer Übergänge zwischen Schule und Berufswelt für Jugendliche mit schweren Behinderungen. In: Behinderte in Familie, Schule und Gesellschaft, H. 4/5, 21-32. Online unter: http://bidok.uibk.ac.at/library/beh4-98-arbeiten.html (Abrufdatum: 30.05.2017)

O'Brien, John, Pearpoint, Jack & Kahn, Lynda, (2010): The PATH & MAP Handbook. Person-Centered Ways to Build Community. Toronto: Inclusion Press.

O'Brien, Connie Lyle & O'Brien, John (2000): The Origins of Person-Centered Planning – a Community of Practice Perspective. Online unter: http://files.eric.ed.gov/fulltext/ED456599.pdf (Abrufdatum: 28.05.2017).

Oliver, Michael (1990): THE INDIVIDUAL AND SOCIAL MODELS OF DISABILITY. Online unter: http://disability-studies.leeds.ac.uk/files/library/Oliver-in-soc-dis.pdf (4.4.2017)

Pearpoint, Jack (1990): From Behind the Piano. The Building of Judith Snow's Unique Circle of Friends. Toronto: Inclusion Press.

Plangger, Sascha (2015): Inklusive Berufsorientierung in Südtirol. In: Kruschel, Robert/ Hinz, Andreas (Hrsg.): Zukunftsplanung als Schlüsselelement von Inklusion. Praxis und Theorie personenzentrierter Planung. Bad Heilbrunn: Klinkhardt Verlag, 123-130.

Sanderson, Helen & Goodwin, Gill (2005): Person Centred Thinking. Mini Book. Online unter: http://trainingpack.personcentredplanning.eu/attachments/article/137/HSAminibook6%20(P).pdf (Abrufdatum 21.05.2017).

Schleichert, Gertraud (1993): Behinderte und Nichtbehinderte gemeinsam in Schulen. Integrierte Klasse in Oberwart. Dokumente aus acht Jahren Schulversuch. Innsbruck: Österreichischer Studien Verlag.

Ziemen, Kerstin (2017): Lexikon Inklusion. Göttingen: Vandenhoeck & Ruprecht.

Dr. Tobias Buchner ist Senior Researcher bei queraum.kultur- und sozialforschung in Wien und forscht zur Zeit zu inklusive Bildung und Raum sowie Behinderung, Regelschule und Subjektivierung.

Lena Schmidt

Zur Bedeutung von Kernvokabular in der frühen Sprachbildung – Forschungsergebnisse und Einsatzmöglichkeiten in heterogenen Gruppen

Zusammenfassung: In dem vorliegenden Beitrag werden Forschungsergebnisse zum Kern- und Randvokabular aus dem Fachbereich der Unterstützten Kommunikation aufgezeigt und wie diese Erkenntnisse auf Kommunikationshilfen übertragen werden können. Ferner wird das Potential dieser wissenschaftsbasierten Vokabularauswahl zur frühen Sprachbildung in heterogenen Gruppen aufgezeigt. Damit liegt ein Ansatz vor, der die Entwicklung der kommunikativen Kompetenzen unabhängig von der gewählten Kommunikationsform und Spracherwerbsbedingung (Erst-, Zweit- oder Fremdspracherwerb) unterstützt und einen schnellen Sprachgebrauch ermöglicht.

1 Einführung

Wie kann die frühe Sprachbildung in der Schule gestaltet werden, sodass alle Schülerinnen und Schüler möglichst schnell einen Zugang zur Sprache erhalten und damit frühe Kommunikationserfahrungen sammeln können? Erfahrungen und Erkenntnisse aus der Unterstützten Kommunikation (für nähere Ausführungen vgl. u.a. Nonn 2011) bei Menschen mit komplexen Kommunikationsbeeinträchtigungen können wichtige Hinweise für die Entwicklung eines neuen Ansatzes zur frühen Sprachbildung in heterogenen Gruppen liefern. So scheint eine wesentliche Gemeinsamkeit zwischen der Unterstützten Kommunikation und dem Zweit- oder Fremdspracherwerb zu bestehen: Die Bereitstellung einer geeigneten Vokabularauswahl sowie entsprechender Vermittlungswege können den Sprachgebrauch beschleunigen, sodass frühzeitig vielfältige und lohnenswerte Kommunikationserfahrungen ermöglicht werden. Zur Interventionsplanung in der Unterstützten Kommunikation, als auch im Zweit- oder Fremdspracherwerb kann die Orientierung an den ähnlich verlaufenden Meilensteinen der Sprachentwicklung einen hilfreichen Bezugsrahmen liefern (vgl. Tracy 2008; Sachse/Willke 2011; Szagun 2011; Sachse/Schmidt 2016).

Im Kontext von wachsender Heterogenität in der Schullandschaft scheint die Notwendigkeit eines inklusiven Sprachbildungskonzeptes unabdingbar zu sein, um allen Schülerinnen und Schülern die Teilhabe an Unterrichtsprozessen zu ermöglichen und langfristig gesellschaftliche Teilhabechancen zu erhöhen. Dabei dürfen nicht nur die unterschiedlichen Bildungsvoraussetzungen (z.B. bildungsnaher oder bildungsferner Hintergrund) und Entwicklungsbedingungen (z.B. kognitive oder motorische Beeinträchtigungen) Berücksichtigung finden, sondern auch die zunehmenden unterschiedlichen Sprachbiografien der Schülerinnen und Schüler. Am Beispiel der Sprachenvielfalt an Grundschulen in Luxemburg wird besonders deutlich, mit welch heterogenen Ausgangsvoraussetzungen Lehrkräfte im Unterricht konfrontiert werden. Die Kinder sprechen in ihrer häuslichen Umgebung primär Luxemburgisch (L1) und müssen mit Schuleintritt Deutsch (L2) und Französisch (L2) lernen (siehe Abbildung 1).

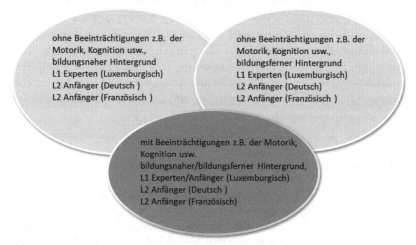

Abb. 1. Sprachliche Heterogenität in der Schule am Beispiel von Luxemburg

Im Sekundarunterricht lernen die Kinder zudem Englisch als Fremdsprache. Darüber hinaus liegt bei nahezu 40% der Familien in Luxemburg ein Migrationshintergrund vor. Portugiesisch stellt hier die am häufigsten gesprochene häusliche Umgebungssprache (L1) dar (vgl. Gogonas/Kirsch 2016). Entsprechend stehen die Kinder vor der Herausforderung viele verschiedene Sprachen gleichzeitig in unterschiedlichen sozialen und schulischen Zusammenhängen zu lernen. In der Schule werden die sprachlichen Anforderungen der Gesellschaft am unmittelbarsten deutlich:

– Sprache ermöglicht einen Zugang zu den fachlichen Inhalten.
– Sprache bedingt den Schulerfolg.
– Sprache ermöglicht soziale Kommunikation (z.B. in Unterrichts- und Pausengesprächen).
– Sprache wird in der Schule indirekt oder direkt bewertet (vgl. Reich 2007).

In der Psycholinguistik gilt der Zusammenhang zwischen Sprache und Kognition mittlerweile als unumstritten, wobei gemeint ist, dass sich „kognitive und sprachliche Entwicklungsprozesse gegenseitig beeinflussen" (Szagun 2011, 131). Damit wird dem Lern- und Interaktionsraum Schule eine besondere Bedeutung im Sprachbildungsprozess beigemessen und es gilt zu fragen, wie der Beginn dieses Prozesses im Kontext von Heterogenität gestaltet werden kann, sodass der Übergang zur Bildungssprache möglich wird.

Forschungserkenntnisse zum sog. Kern- und Randvokabular, die maßgeblich zu einem Paradigmenwechsel in der Förderung von Kindern mit komplexen Kommunikationsbeeinträchtigungen geführt haben (vgl. Boenisch 2013), können in diesem Zusammenhang wichtige Hinweise zur Sprachbildung in heterogenen Gruppen liefern.

2 Kern- und Randvokabular

Seit Ende der 80er Jahre beschäftigen sich im englischen Sprachraum Studien mit dem Wortschatz von Kindern und Jugendlichen und weisen erstmals das sog. Kernvokabular (englischsprachig core vocabulary) im Gebrauchswortschatz von Kindern und Jugendlichen nach (vgl. Beukelman u.a. 1989; Banajee u.a. 2003; Trembath u.a. 2007). Für den deutschsprachigen Raum sind die Studien von Boenisch et al. (2007) und Boenisch (2013) von besonderer Bedeutung. Boenisch (2014b, 188) schlägt folgende einheitliche Definition zum Kernvokabular im engeren und weiteren Sinne vor:

> „Kernvokabular bezeichnet die am häufigsten verwendeten Wörter einer Sprache. Das Kernvokabular macht 80 Prozent des Gesprochenen aus und wird unabhängig von der individuellen Lebenssituation und vom Thema flexibel eingesetzt. Es sind vor allem situationsunspezifische Funktionswörter (Pronomen, Hilfsverben, Adverbien, Präpositionen, Artikel, Konjunktionen), die durch einzelne Inhaltswörter (Nomen, Verben, Adjektive) ergänzt werden. Kernvokabular im weiteren Sinne bezieht sich unabhängig von der 80-Prozent-Marke auf die 200 am häufigsten gesprochenen Wörter einer Personengruppe, da je nach Größe des analysierten Korpus und je nach Alter die 80-Prozent-Marke auch unter 200 Wörtern liegen kann."

Besonders häufig werden z.B. die Wörter ich, du, wir, sein (bin/bist/ist/sind/war usw.), haben, möchten, wollen, können, machen, das, nicht, nochmal, auch usw. verwendet (vgl. Boenisch 2014b).

Zum sog. Randvokabular zählen überwiegend Inhaltswörter wie Nomen, Adjektive und Vollverben, die dann benötigt werden, wenn die Unterhaltung über ein bestimmtes Thema stattfindet und der Gesprächsanlass beispielsweise nicht direkt für alle offenkundig ist. Das Randvokabular zeichnet sich durch einen hohen

Kontext- und Situationsbezug aus (siehe Abbildung 2). Auch ein Großteil bildungssprachlicher Begriffe, wie verhandeln, einschätzen, Begründung, Vergleich, exakt usw. gehören zum Randvokabular. Zwar bestimmt das Randvokabular oft den Inhalt der Aussage, im Vergleich zum Kernvokabular kommen Inhaltswörter jedoch selten vor (vgl. Abbildung 2). In Zahlen ausgedrückt bedeutet dies, dass bei einem durchschnittlichen aktiven Wortschatz von ca. 20.000 Wörtern, 200 Wörter immer gebraucht werden und 19.800 nur hin und wieder (vgl. Boenisch 2014b).

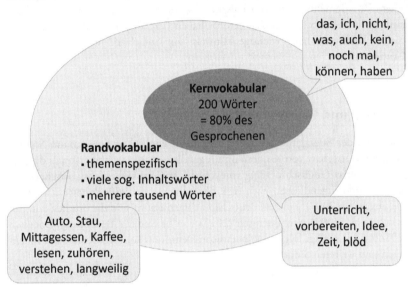

Abb. 2: Kern- und Randvokabular

Die Unterscheidung zwischen im engeren und im weiteren Sinne scheint für die praktische Tätigkeit nicht unerheblich zu sein, denn gerade bei Kleinkindern oder bei Kindern im Zweit- oder Fremdspracherwerb scheint die 80%-Marke eine hilfreiche Orientierung für die Zuordnung des Wortschatzes zum Kernvokabular zu bilden, wenn eben gerade der Gesamtwortschatz noch deutlich reduzierter ausfällt (vgl. Boenisch 2014b).

In verschiedenen Studien (Vorschulstudie: 2003-2006, Schulstudien: 2010-2013) wurde erstmals ein Zusammenhang zwischen motorischer Entwicklung sowie kognitiver Entwicklung und Gebrauchswortschatz nachgewiesen (vgl. Boenisch u.a. 2007; Boenisch 2013, Boenisch 2014a). Dabei wurde deutlich, dass sich die am häufigsten gesprochenen Wörter, das Kernvokabular, von Kindern und Jugendlichen unterschiedlicher Altersklassen, Schulformen und Entwicklungsbedingungen nicht unterscheiden. In der Vergleichsstudie von Kindern mit und ohne geistiger Beeinträchtigung wurde deutlich, dass allein die 100 am häufigsten gesprochenen Wörter (TOP 100) in beiden Gruppen bereits 70% des insgesamt erfassten Wortschatzes ausmachen. Zwischen den TOP 20 und TOP 300 ist der verwendete Wortschatz nahezu identisch (vgl. Boenisch 2014b, siehe Abbildung 3).

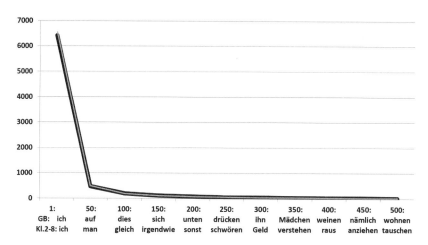

Abb. 3: Absolute Häufigkeiten der TOP 500 Wörter der Schülerinnen und Schüler der Förderschule Geistige Entwicklung (Schulbesuchsjahr 2-10) und der Schülerinnen und Schüler ohne Behinderung (Klasse 2-8) (Boenisch 2014b, 191)

Auch der Sprachgebrauch von Kindern, die eine Zweitsprache lernen, unterscheidet sich im Hinblick auf das genutzte Kernvokabular von monolingual aufwachsenden Kindern nicht (vgl. Robillard u.a. 2014; Boenisch/Soto 2015).
Insgesamt lässt sich aus diesen Forschungsergebnissen das Potenzial des Kernvokabulars für Kommunikations- sowie Sprachfördersituationen in an Inklusion orientierten Schulen ableiten: Kinder und Jugendliche, unabhängig von ihrer Sprach- und Bildungsbiografie sowie ihren Entwicklungsvoraussetzungen, können vom Kernvokabular als gemeinsame Basis für den Spracherwerb profitieren.

3 Konsequenzen für den Spracherwerb in heterogenen Gruppen

Ein Blick auf die Vokabularauswahl verschiedener Lehrwerke für den Fremd- oder Zweitspracherwerb zeigt, dass den Schülerinnen und Schülern zu Beginn des Sprachenlernens ein hoher Anteil an Inhaltswörtern angeboten wird, der anhand von Themenfeldern, wie Schule, Essen, Familie usw. vermittelt wird. Die ersten Aussagen die Kinder in den Lehrwerken zu Deutsch als Zweitsprachekennenlernen, werden häufig als feststehende, auswendig gelernte Redewendungen, sog. chunks, eingeführt (Mein Name ist…, Ich komme aus…, Ich bin sieben Jahre alt.). Die Kinder lernen z.b. schulische Gegenstände aus ihrem unmittelbaren Umfeld zu benennen und ggf. eine Frage zu dem Gegenstand zu formulieren (Was ist das? Das ist ein Kleber. Das ist ein Buch. Das ist ein Atlas.). Die Kinder lernen das passende Wort im Lückentext einzusetzen oder passende Satzteile miteinander zu verbinden. Auch die Vermittlung der Grammatik scheint von Anfang an einen großen Stellenwert einzunehmen. In Bezug auf das Deutsche werden die Kinder für die Verwendung des passenden Artikels zum Nomen sensibilisiert (der Baum, die Ampel, das Auto) oder sie lernen die Verben zu konjugieren (ich turne, du turnst, er turnt usw.). Unter einer sozial-pragmatischen Perspektive (siehe genauere Ausführungen weiter unten) betrachtet, lernen die Kinder zu Beginn des Zweitspracherwerbs Gegenstände und Aktionen zu benennen und zu beschreiben (Das ist ein Apfel. Der Stift ist rot. Anna liest ein Buch.), sich vorzustellen und ggf. Fragen zu stellen. Die Vermittlung der Grammatik scheint sich primär auf einer sehr expliziten Vermittlungsebene zu bewegen und verlangt, dass die Kinder zunächst über die Sprachstrukturen nachdenken, bevor Sie anfangen die Sprache anzuwenden (vgl. Schifko 2011). Diese Art der Vermittlung erfordert deutlich mehr metasprachliche und kognitive Ressourcen der Kinder im Vergleich zu einem impliziten Grammatikerwerb, wie dieser beispielsweise in der regulären Sprachentwicklung verläuft oder in der Immersionsmethode Berücksichtigung findet (vgl. Wode 2009; Szagun 2011).

In Bezug auf die Wortschatzauswahl im Fremdsprachenunterricht lassen sich ähnliche Grundzüge beobachten. So diskutieren Eldridge u.a. (2010) Wortlisten im Kontext von Lehrplänen und Kompetenzstufen. Sie kritisieren, dass oft kein systematischer Wortschatzaufbau erfolgt und stattdessen immer neue Wörter angeboten werden, die sich oft aus den behandelten Themen und Texten ergeben (Kleidung, Essen, Körper, Sport usw.) Das hat zur Folge, dass die Schüler/-innen zwar viele Vokabeln lernen und z.B. alle Körperteile und unterschiedliche Sportarten benennen können, dass jedoch typische Alltagswörter, Formulierungen und Phrasen fehlen, um sich auszutauschen, etwas zu kommentieren usw. (Watch this! What is he doing? I can do that, too. Can you? No way, this is too hard. (vgl. Sachse/Schmidt 2016).

Diese Ausführungen erinnern an frühere Überlegungen zur Vokabularauswahl in der UK (vgl. ebd.). Oft wurden hauptsächlich Thementafeln mit Randvokabularwörtern angeboten. Die u.k. Schülerinnen und Schüler bekamen immer neues Vokabular für die verschiedenen Themen oder Spiele. Dieses Vokabular konnten sie dann aber auch nur bei den entsprechenden Themen oder in den jeweiligen Spielen einsetzen (vgl. Pivit/Hüning-Meier 2011). Das Anbieten von Kernvokabular mittels Methoden der Unterstützten Kommunikation zeigt, dass die Kinder darin befähigt werden können, Wörter miteinander flexibel in unterschiedlichen Situationen zu kombinieren, wodurch die Kommunikationsmöglichkeiten deutlich erhöht werden und die Kommunikationshilfen weitaus häufiger eingesetzt werden können (vgl. Sachse/Willke 2011; Heel-Beckmann u.a. 2013). Entgegen der Annahme, dass mit Kernvokabular, den sogenannten kleinen Wörtern, nicht viel ausgesagt werden kann, ist es möglich in grammatikalisch korrekten Sätzen zu sprechen. Da in der Regel in der spontansprachlichen Kommunikation immer in eindeutigen und umgrenzten Situationen agiert wird, sind beiden Kommunikationspartnern die Bedeutung und der Bezug des Gesagten meistens transparent (vgl. Sachse 2007; Boenisch 2014b). Zudem agieren Kinder zu Beginn des Spracherwerbs vor allem im Hier und Jetzt. Die bedeutungstragenden Inhalte der Wörter werden über den konkreten Handlungsbezug und motivierende Kommunikationsanlässe implizit verarbeitet, nicht über die Auseinandersetzung mit fiktiven Dialogen oder dem expliziten Nachdenken über Sprache (vgl. Tracy 2008; Szagun 2011).

Versucht man den Spracherwerb bildlich darzustellen, so lässt dieser Prozess an eine Pyramide erinnern. Die Basis dieser Pyramide stellt den Sprachgebrauch, die sozial-pragmatischen Fähigkeiten, dar. Nonn (2017) betont in Anlehnung an Tomasello (2009), dass die sozial-pragmatischen Fähigkeiten entscheidend für den Spracherwerb sind, da sie die Entwicklung von Lexik und Semantik, Syntax und Morphologie sowie Phonetik und Phonologie bedingen. Zeitlich betrachtet findet der Erwerb der sozial-pragmatischen Fähigkeiten von Anfang an statt, auch dann, wenn sich die Kinder noch in der präverbalen Phase der Sprachentwicklung befinden (vgl. Nonn 2017). Ergänzend betrachtet Trautmann (2010) die pragmatischen Fähigkeiten als eine grundlegende Aneignung sprachlicher Handlungsfähigkeit in Alltag und Institutionen und unterstreicht damit die gesellschaftliche Bedeutung dieser Fähigkeiten. Die Rolle der Bezugspersonen nimmt in diesem Zusammenhang einen besonderen Stellenwert ein, da diese als Sprachvorbild für die Kinder fungieren (vgl. ebd.). Die Kinder lernen die Sprache, um u.a. unterschiedliche kommunikative Absichten auszudrücken:
– Ich will aber jetzt. (Verhandeln)
– Das mag ich nicht. (Protest ausdrücken)
– Kannst du das machen? (Fragen stellen)
– Guck mal hier. (Aufmerksamkeit auf sich lenken) usw.

Sie erleben darüber bedeutungsvolle Kommunikation, im gemeinsamen Miteinander. Dazu ein Beispiel einer Bilderbuchbetrachtung mit einer Zweijährigen und einem sog. Wimmelbuch:

> Ida: „Ich will auch so was haben. Und so was. Und so was. Und so was. Das alles."
> Mama: „Aber das hast du doch schon alles."
> Ida: „Nein, das nicht. Und das auch nicht. Was ist das hier?"
> Mama: „Das ist eine Tunnelrutsche. So wie in der KiTa."
> Ida: „Aber nicht so. Was machen die denn da?"

Ein Blick auf die unterschiedlichen Kommunikationsfunktionen in diesem Beispiel (Wünsche, Protest, Verhandeln, Fragen, Benennen, Vergleichen) macht schnell deutlich, dass diese überwiegend über Kernvokabular verwirklicht werden können. Der Kontext ist für beide Kommunikationspartner durch das Wimmelbuch vorgegeben.

Weiterführend zur bildlichen Darstellung der Pyramide, können auf den grundlegenden sozial-pragmatischen Fähigkeiten die metasprachlichen Fähigkeiten aufbauen, die u.a. auch mit den wachsenden kognitiven Fähigkeiten der Kinder zusammenhängen (vgl. List 2013). Die metasprachlichen Fähigkeiten erlauben den Kindern Sprachstrukturen zu reflektieren und über Sprache nachzudenken (ein groß-er Hund, ein klein-es Auto oder das Lernen unregelmäßiger Verbformen). Auch der Übergang zur Bildungssprache wird über die Zunahme der kognitiven und metasprachlichen Fähigkeiten möglich. Es kann vermutet werden, dass ein früher Zugang zur Sprache, der primär über metasprachliche Anforderungen verläuft, mit einer deutlich längeren Lernzeit verbunden ist, wenngleich diese Art der Kompetenzen noch nicht bedeutet, dass die Sprache auch gebraucht bzw. angewendet werden kann.

Zusammenfassend lassen diese Erkenntnisse in Bezug auf den Spracherwerb und die Vermittlung von einer Fremd- oder Zweitsprache in heterogenen Settings folgende Schlussfolgerungen zu:

- Eine Orientierung an Häufigkeitslisten zum Sprachgebrauch von Kindern und Jugendlichen, wie diese in den sog. Kernvokabularforschungen herausgearbeitet wurden, kann den Einstieg in die Sprache sowie dessen Verwendung in verschiedenen Situationen unterstützen.
- Ein themenorientiertes Vorgehen, wie es sich derzeit in vielen Lehrwerken zum Anfangsunterricht und Einstieg in eine Fremd- oder Zweitsprache beobachten lässt, erschwert den vielseitigen Gebrauch der Sprache und führt zu einem eher metasprachlichen und kognitiv anspruchsvollerem Zugang zur Sprache.
- In Lehrwerken zum Fremd- oder Zweitspracherwerb werden aktuell nur Inhaltswörter visualisiert, wodurch automatisch der Fokus auf den Funktionswörtern und geschlossenen Wortklassen (z.B. Pronomen, Präpositionen) verloren geht.

- Der frühe Erwerb von Kernvokabular kann insbesondere in heterogenen Gruppen für alle Lernenden eine gemeinsame Basis des Grundwortschatzes bedeuten auf dessen Basis die Ausdifferenzierung des Wortschatzes (Aufbauwortschatz, Fachwortschatz, Bildungssprache) möglich wird (vgl. ausführlich in Sachse/ Schmidt 2016).

Möglichkeiten der Integration von Kernvokabular auf Kommunikationshilfen
Bei der Vokabularauswahl in der Unterstützten Kommunikation gilt es, die am häufigsten gebrauchten Kernvokabularwörter mit themenspezifischem Randvokabular (Themenvokabular) zu kombinieren. Die Art der Kommunikationsform spielt dabei keine Rolle. Unter dieser Voraussetzung haben u.k. Personen die Möglichkeit ihre Kommunikationshilfe flexibel einzusetzen. Ferner können der Wortschatzaufbau, die Entwicklung von Grammatik und Pragmatik von Anfang an durch das Umfeld unterstützt werden (vgl. Sachse 2009). Eine Möglichkeit, wie das Kernvokabular auf Kommunikationshilfen abgebildet werden kann, bietet das Kölner Vokabular (© Boenisch/Sachse). Mit dem Kölner Vokabular wird die auf wissenschaftlichen Studien zum Gebrauchswortschatz basierende Vokabularauswahl und –anordnung auf den Kölner Kommunikationstafeln, auf dem Kölner Kommunikationsordner und auf der elektronischen Kommunikationshilfe MyCore bezeichnet (vgl. Sachse/Wagter/Schmidt 2013). Das bedeutsame und häufig verwendbare Kernvokabular wird außen, im sog. Rahmen, angeboten und ist dadurch für die Nutzer und Bezugspersonen schnell erreichbar. Das themenspezifische Randvokabular, das nahezu unendlich erweiterbar ist, wird in der Mitte angeboten. Mit dieser Anordnung wird die Kombination von Kern- und Randvokabular erleichtert (Ich will Pause machen.).

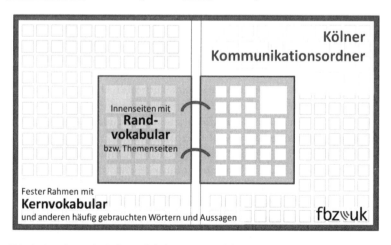

Abb. 4: Anordnung des Kölner Vokabulars am Beispiel des Kölner Kommunikationsordners (© Boenisch/Sachse)

Das Kölner Vokabular wurde auf unterschiedlich komplexe Kommunikations-hilfen (Kommunikationstafeln, Kommunikationsordner, elektronische Kom-munikationshilfen) übertragen. Trotz des unterschiedlichen Wortschatzumfangs ähneln sich die Materialien in ihrer Vokabularanordnung: Die Wörter sind nach Wortarten alphabetisch so angeordnet, dass einfache Aussagesätze in Leserichtung von links nach rechts gebildet werden können (Ich kann Fußball spielen.). Die Farbkodierung der Wortarten orientiert sich an dem Sprachförderkonzept von Maria Montessori (z.B. lila für Pronomen, grün für Präpositionen, rot für Ver-ben). Die Wörter werden alle als Symbol und zusätzlichem Schriftbild abgebildet.

Die gleichbleibende Positionierung der Wörter auf den unterschiedlichen Kom-munikationshilfen erleichtert das Lernen von motorischen Automatisierungspro-zessen, sodass ein Mitwachsen des Wortschatzes von Anfang an gewährleistet wird (vgl. Boenisch/Sachse 2007). Wenn eine u.k. Person beispielsweise gelernt hat, dass sich das „auch" im Kommunikationsordner unten rechts befindet, so wird dieses Wort auf einer ähnlichen Position in der elektronischen Kommunikati-onshilfe zu finden sein. Mit dem Aufbau des Kölner Vokabulars wird nicht nur ein Vorschlag zur Übertragung von Kern- und Randvokabular auf verschieden komplexen Kommunikationshilfen vorgenommen, sondern die integrierten di-daktischen Hilfestellungen, wie z.B. die Wortartenanordnung und die farbliche Markierung der Wortarten ermöglichen für die unterstützt Kommunizierenden als auch für deren Bezugspersonen eine schnelle und intuitive Nutzung der Kom-munikationshilfen (vgl. Sachse/Wagter/Schmidt 2013).

Für die Teilnahme am Englischunterricht wurde das Kölner Vokabular ins Eng-lische übertragen (vgl. Schmidt/Sachse 2015; Sachse/Schmidt 2016). Die Ma-terialien ähneln im Aufbau den deutschen Materialien, sodass die Kinder und Jugendlichen ihr Wissen von einer Sprache auf die andere übertragen können (z.B. Wortartenanordnung konnte weitgehend übernommen werden, einheitliche Symbolsammlung). Gleichzeitig wurden die Materialien so gestaltet, dass diese bei der Anwendung dem englischen Sprachgebrauch entsprechen, damit auch ein echtes Lernen der Fremd- oder Zweitsprache möglich wird. Dazu zwei Beispiele:
– Die Satzstruktur im Englischen verlangt eine konsequente Verbzweitstellung (Ich kann Fußball spielen vs. I can play soccer.). Damit rücken auf den engli-schen Kommunikationsmaterialien alle Verben auf die linke Seite.
– Die Berücksichtigung von sprachspezifischen Kernvokabularlisten erklärt, dass wortwörtliche Übersetzungen häufig nicht funktionieren (z.B. to get= bekom-men, bringen, nehmen, verstehen).

Die sprachenspezifisch aufgebauten Kommunikationsmaterialien erlauben es, dass wenn die Grundstruktur des Kölner Vokabulars in einer Sprache bekannt ist, direkt erste Fragen und Aussagen, allein über die Nutzung der bekannten Symbole aus der Erstsprache, in der weiteren Sprache zusammengestellt werden können (nicht jetzt/not now, ich auch/me too, ich will mehr/i want more). Unterstützung wird darüber hinaus beim spezifischen Sprachgebrauch, wie Wortwahl, Wortstellung im Satz usw. benötigt. Jedoch kann der Einstieg in die Sprache und erste Verständigung so deutlich erleichtert werden. Zudem lässt sich durch die parallele Nutzung der Materialien in den unterschiedlichen Sprachen ein natürlicher Wechsel zwischen den Sprachen (code-switching oder code-mixing, vgl. Reich 2007) gestalten (vgl. Sachse/Schmidt 2016).

4 Einsatzmöglichkeiten des Kölner Vokabulars in heterogenen Gruppen

Die Forschungserkenntnisse zum Kernvokabular und die Entwicklung des Kölner Vokabulars liefern für die Sprachbildung in heterogenen Gruppen ein Rahmengerüst für die Vokabularauswahl. Die symbolische Darstellung des Kernvokabulars erlaubt auch den Schülerinnen und Schülern, die noch nicht über Schriftsprachfähigkeiten verfügen, einen schnellen Einstieg in die Sprache. Damit wird eine gemeinsame Symbolsprache festgelegt, die von allen Kindern nahezu voraussetzungslos verwendet werden kann. Erste Hemmschwellen, wie beispielsweise die „silent period" zu Beginn des Spracherwerbsprozesses könnten damit schneller überbrückt werden (vgl. Schmidt/Sachse 2015). Auch wenn die Nutzung der Kölner Vokabulars zum Teil intuitiv erfolgen kann, sind die Schülerinnen und Schüler auf die Vermittlungsstrategien ihres Umfeldes angewiesen, die den Zugang zur Sprache ermöglichen. Wesentliche Vermittlungsstrategien scheinen in diesem Zusammenhang die *Visualisierung* und das *Modeling* zu sein (vgl. Sachse/Schmidt 2016; zu Modeling vgl. Binger/Light 2007; Pivit/Hüning-Meyer 2011; Sachse/Willke 2011; Castañeda/Waigand 2016).

– Bei der *Visualisierung* werden häufig, durch Kletten von Symbolen auf einen Satzstreifen oder in die Mitte der Tafel, Sprachstrukturen verdeutlicht. Hierzu ein Beispiel: Bei einer gemeinsamen Bilderbuchbetrachtung liest die Lehrkraft mit den Kinñdern das Bilderbuch „Der Maulwurf, der wissen wollte, wer ihm auf den Kopf gemacht hat" von Holzwarth/Erlbruch. Dabei klettet die Lehrkraft die wiederkehrende Frage des Maulwurfs „Hast du mir auf den Kopf gemacht?" sowie die Antwort der Tiere „Nein, ich mach so." in die Mitte der Tafel (siehe Abbildung 5).

Abb. 5: Visualisierung mit dem Kölner Wandposter, Hinweis: Die Symbolkarten, die doppelt verwendet werden (ich/mir und machen), befinden sich in der Zeile zwischen Frage und Antwort. Oben befinden sich weitere Symbolkarten mit Randvokabularwörtern (z.B. Hund, Schwein usw.), die extra für die Situation ausgewählt wurden.

Beim Vorlesen zeigt die Lehrkraft immer wieder auf die geklettete Frage und die passende Antwort. Die Kinder lernen dabei u.a. die Inversion von Verben kennen, die Bildung der Partizip-Form von schwachen Verben, Frage-Antwort-Muster usw. Ausgewählte Aspekte einer Aussage können dabei explizit thematisiert werden. Genauso können die von den Kindern gekletteten Aussagen als diagnostische Einschätzung genutzt werden. Bildet ein Kind aus Südafrika beispielsweise im Deutschen die Aussage „Ich will trinken Milch", wird recht schnell deutlich, dass das Kind vermutlich noch in den Satzstrukturen seiner Herkunftssprache „I want to drink milk" denkt.

– Beim *Modeling* hingegen lernen die Kinder, *wie* man sich mit der Kommunikationshilfe flexibel ausdrücken kann und *wo* die Symbole auf der Kommunikationshilfe zu finden sind. In derselben Situation würde dann die Lehrkraft beispielsweise ohne zu kletten, eher beiläufig, die Kommunikationstafel mitnutzen und z.B. Fragen stellen (Und du? Machst du auch so? Er war das?) oder das Buch kommentieren (Das mach ich nicht. Mach das noch mal. So was aber auch.). Beim Modeling begleitet die Lehrkraft die lautsprachlichen Äußerungen vollständig oder teilweise und zeigt damit die unterschiedlichen Kommunikationsmöglichkeiten auf. Modeling scheint sich im Gegensatz zur Visualisierung deutlich schneller und natürlicher zu gestalten.

Insgesamt kann das Kernvokabular ein hilfreiches Rahmengerüst zum Wortschatzaufbau bilden und Übergänge zwischen den Klassen und Einrichtungen erleichtern. Für die Bezugspersonen und die Einrichtungen wird über die Visualisierung der Kernwörter recht schnell deutlich, welcher Grundwortschatz am Anfang des Sprachbildungsprozesses oder aber auch bei notwendiger Differenzierung Schwerpunkt sein sollte: Wenn z.b. einige Schülerinnen und Schüler nicht in der Lage sein sollten, einen weiterführenden Aufbau- und Fachwortschatz zu erlernen, können diese über die Nutzung von Kernvokabular weiterhin an den unterschiedlichen Situationen im Unterricht teilhaben.

Erste Schritte mit dem Kölner Vokabular Um den Wortschatzaufbau für (u.k.) Kinder und Jugendliche und dessen Umfeld zu systematisieren, haben Sachse/Willke (2011) das sog. Fokuswörterkonzept entwickelt. In diesem Konzept machen die Autorinnen einen Vorschlag, wie der Wortschatz anhand von 70 Kernvokabular- und 30 individuell ergänzten Randvokabularwörtern sukzessive aufgebaut werden kann (siehe ausführlich in Sachse/Willke 2011). Dafür werden 16 Fokuswortreihen mit jeweils 4-5 Fokuswörtern angeboten, die über einen gewissen Zeitraum verstärkt vom Umfeld mitgenutzt werden sollten bevor die nächste Fokuswortreihe hinzugenommen wird. Besonders an diesem Konzept sind die Orientierung an der Sprachentwicklung und die Berücsichtigung der unterschiedlichen sozial-pragmatischen Fähigkeiten. Jeder Fokuswortreihe (FWR) wurde eine kommunikative Absicht zugeordnet. So kann über die 1. FWR das Umfeld beeinflusst werden und erste Aktivitäten gesteuert werden: Beispielsweise bei einem Ausflug in den Tierpark wäre folgender Dialog denkbar (*kursiv* sind all die Wörter, die von der Bezugsperson verstärkt auf der Kommunikationshilfe mitgenutzt werden):

Lehrerin: *Wollen* wir da *noch mal gucken?*
Fritz: *Noch mal gucken.*
Lehrerin: *Guck* mal wie das Schaf macht. Mäh.
Fritz: *Noch mal!*
Lehrerin: Mäh. *Noch mal gucken?* (Fritz reagiert nicht mehr.) Sagst du wir sind *fertig* mit *gucken?*
Fritz: *Fertig gucken.*

In der 2. und 3. FWR stehen das Bitten um eine Handlung oder einen Gegenstand im Mittelpunkt, in der 4. und 5. FWR das Auswählen usw. Deutlich wird, dass allein über die 70 Kernvokabularwörter bereits 9 unterschiedliche kommunikative Absichten verwirklicht werden können und die Kinder damit ihre kommunikativen Kompetenzen erweitern können. Damit distanzieren sich die Autorinnen von dem Anspruch Wörter im Sinne eines isolierten Vokabellernens zu vermitteln, sondern diese immer eingebettet in bedeutungsvoller Kommunikation zu erleben. Der Zeitraum für den Einsatz einer Fokuswortreihe wurde von

Sachse/Willke (2011) mit ca. 6 Wochen angegeben, jedoch wird an dieser Stelle bewusst aufgrund der heterogenen Ausgangslage der Schülerschaft von zeitlichen Rahmenvorgaben abgesehen – Erfahrungen zeigen, dass Kinder bereits nach wenigen Wochen ihren Wortschatz erweitern. Dies kann zum einen an den individuellen Entwicklungsvoraussetzungen der Kinder liegen und zum anderen am Einfluss des Umfeldes, das u.a. über konsequentes Modeling den Wortschatzaufbau unterstützen kann.

5 Zusammenfassung

Die Forschungsergebnisse zum Kernvokabular und die Entwicklungen zum Kölner Vokabular liefern wichtige Hinweise zur Sprachbildung in heterogenen Gruppen. Folgende Argumente unterstreichen diese Annahme:
Das Kernvokabular,

1. insbesondere das Kölner Vokabular ermöglicht einen schnellen und voraussetzungslosen Einstieg in die Sprache und dem Erleben von Kommunikation.
2. kann unabhängig von der Kommunikationsform genutzt werden.
3. unterstützt die Entwicklung der kommunikativen Kompetenz (Wortschatz, Grammatik und Pragmatik).
4. ermöglicht, Differenzierungsprozesse zu gestalten.

In einem Forschungsprojekt (KvDaZ – Kernvokabular trifft DaZ/2016-2019) werden einige von den hier skizzierten Hypothesen wissenschaftlich überprüft und die Evidenz des Kernvokabulars als Basis einer frühen Sprachbildung bei geflüchteten Kindern mit Deutsch als Zweitsprache evaluiert. Damit zeigen diese Ausführungen, dass die Implementierung von Kernvokabular in heterogenen Gruppen mit unterschiedlichen Ausgangsbedingungen eine Chance sein kann, um Sprachbildungsprozesse zu optimieren.

Literatur

Banajee, Meher., DiCarlo, Cynthia. & Buras-Stricklin, Sarintha (2003): Core Vocabulary Determination for Toddlers. In: Augmentative and Alternative Communication (2), 67-73.

Beukelmann, David, Jones, Rebecca & Rowan, Mary (1989): Frequency of word usage by nondisabled peers in integrated preschool classrooms. In: Augmentative and Alternative Communication, 5. Jg., 243-248.

Binger, Cathy & Light, Janice (2007): The effect of aided AAC modeling on the expression of multisymbol messages by preschoolers who use AAC, in: Augmentative and Alternative Communication, Jg. 23, 30-43.

Boenisch, Jens & Soto, Gloria (2015): Theoral core vocabulary of typically developing English-speaking school-aged children: Implications for AAC Practice. In: Augmentative and Alternative Communication, 31. Jg., 77-84.

Boenisch, Jens (2014a): Kernvokabular im Kindes- und Jugendalter: Vergleichsstudie zum Sprachgebrauch von Schülerinnen und Schülern mit und ohne geistige Behinderung und Konsequenzen für die UK. In: uk &forschung (3), 4-23; Sonderbeilage Unterstützte Kommunikation (1).

Boenisch, Jens (2014b): Die Bedeutung von Kernvokabular für unterstützt kommunizierende Kinder und Jugendliche. In: LOGOS (3), 186-199.

Boenisch, Jens (2013): Neue Ergebnisse aus der Kernvokabularforschung. Bedeutung und Relevanz für Förderung und Therapie in der UK-Praxis. In: Hallbauer, Angela, Hallbauer, Thomas & Hüning-Meier, Monika (Hrsg.): UK kreativ! Wege in der Unterstützten Kommunikation. Karlsruhe: von Loeper, 17-34.

Boenisch, Jens (2007): Sprachförderung von Anfang an. Zum Einsatz von Kern- und Randvokabular in der frühen Förderung. In: Unterstützte Kommunikation (3), 12-20.

Boenisch, Jens (2007): Die Bedeutung des Vokabulars für den Spracherwerb und Konsequenzen für die Gestaltung von Kommunikationsoberflächen. In: Sachse, Stefanie, Birngruber, Cordula, Arendes, Silke (Hrsg.): Lernen und Lehren im Kontext der Unterstützten Kommunikation. Karlsruhe: von Loeper, 355-371.

Castañeda, Claudio & Waigand Monika (2016): Modelling in der Unterstützten Kommunikation. In: Unterstützte Kommunikation (3), 41-44.

Eldridge, John, Neufeld, Steve, Hancioğlu, Nilgun (2010): Towards a Lexical Framework for CLIL. In: International CLIL Research Journal 3. Jg., 79-95.

Gogonas, Nikos & Kirsch, Claudine (2016): 'In this country my children are learning two of the most important languages in Europe': ideologies of language as a commodity among Greek migrant families in Luxembourg. In: International Journal of Bilingual Education and Bilingualism, 19. Jg., 1-13.

Heel-Beckmann, Claudia, Bünk, Marion, Kohnen, Mirjam & Schmidt, Christine (2013): Kreativer Umgang mit der Wortschatztafel im Unterricht. In: Hallbauer, A./Hallbauer, T./Hüning-Meier, M. (Hrsg.): UK kreativ! Wege in der Unterstützten Kommunikation. Karlsruhe: von Loeper, 71-78.

List, Gudula (2013): Förderung von Mehrsprachigkeit und Erwerb des Deutschen in der Kita. In: Gogolin, Ingrid, Lange Imke, Michel, Ute & Reich, Hans. H. (Hrsg.): Herausforderung Bildungssprache – und wie man sie meistert. Münster: Waxmann Verlag, 181-187.

Nonn, Kerstin (2017): „It takes two to talk." Pragmatik – Kommunikation und ihre Bedeutung für die UK. In: Unterstützte Kommunikation (1), 6-17.

Nonn, Kerstin (2011): Logopädie in der Unterstützten Kommunikation. Stuttgart: Georg Thieme Verlag.

Pivit, Conny & Hüning-Meier, Monika (2011): Wie lernt ein Kind unterstützt zu kommunizieren? Allgemeine Prinzipien der Förderung und Prinzipien des Modelings. In: vonLoeper/ISAAC (Hrsg.): Handbuch der Unterstützten Kommunikation. Karslruhe: von Loeper, 01.032.001-01.037.008.

Reich, H. Hans (2007): Forschungsstand und Desideratenaufweis zu Migrationslinguistik und Migrationspädagogik für die Zwecke des „Anforderungsrahmens". In: Bundesministerium für Bildung und Forschung (Hrsg.): Anforderungen an Verfahren der regelmäßigen Sprachstandsfestellung als Grundlage für die frühe und individuelle Förderung von Kinder mit und ohne Migrationshintergrund. Berlin, 121-170. Online unter: https://www.bmbf.de/pub/Bildungsforschung_Band_11.pdf. (Abrufdatum: 22.04.2017)

Sachse, Stefanie & Schmidt, Lena (2016): Kernvokabular im Englischunterricht. Die Kölner Kommunikationsmaterialien im Einsatz. In: Unterstützte Kommunikation (3), 23-30.

Sachse, K. Stefanie, Wagter, Jacqueline & Schmidt, Lena (2013): Das Kölner Vokabular und die Übertragung auf eine elektronische Kommunikationshilfe. In: Hallbauer, Angela, Hallbauer, Thomas & Hüning-Meier, Monika (Hrsg.): UK kreativ. Wege in der Unterstützten Kommunikation. Karlsruhe: von Loeper, 35-54.

Sachse, Stefanie & Willke, Melanie (2011): Fokuswörter in der Unterstützten Kommunikation. Ein Konzept zum sukzessiven Wortschatzaufbau. In: Bollmeyer, Henrike., Engel, Kathrin, Hallbauer, Angela &Hüning-Meier, Monika (Hrsg.): UK inklusive Teilhabe durch Unterstützte Kommunikation. Karlsruhe: von Loeper, 375-394.

Sachse, Stefanie (2009): Kern- und Randvokabular in der Unterstützten Kommunikation. Sprachentwicklung unterstützen, Förderung gestalten. In: Birngruber, Cordula & Arendes, Silke (Hrsg.): Werkstatt Unterstützte Kommunikation. Karlsruhe: von Loeper, 109-126.

Sachse, Stefanie (2007): Zur Bedeutung von Kern- und Randvokabular in der Alltagskommunikation. In: Unterstützte Kommunikation (3), 6-10.

Schifko, Manfred (2011): „Formfokussierung" als fremdsprachendidaktisches Konzept. Hamburg: Verlag Dr. Kovač.

Schmidt, Lena, Sachse K. Stefanie (2015): Englisch lernen und sprechen mit dem Kölner Vokabular. In: Antener, Gabriela, Blechschmidt, Anja & Ling, Karen (Hrsg.): UK wird erwachsen. Initiativen in der Unterstützten Kommunikation. Karlsruhe: von Loeper, 322-337.

Szagun, Gisela (2011): Sprachentwicklung beim Kind. Weinheim und Basel: Beltz.

Tomasello, Michael (2009): Die Ursprünge der menschlichen Kommunikation. Übersetzung ins Deutsche von Jürgen Schröder. Frankfurt a. M: Suhrkamp Verlag

Tracy, Rosemarie (2008): Wie Kinder Sprachen lernen und wie wir sie dabei unterstützen können. 2. überarb. Aufl. Tübingen: Francke Verlag.

Trautmann, Caroline (2010): Pragmatische Basisqualifikationen I und II. In: Ehlich, Konrad, Bredel, Ursula & Reich, H. Hans (Hrsg.): Referenzrahmen zur altersspezifischen Sprachaneignung. Forschungsgrundlagen. Bonn, Berlin: Bundesministerium für Bildung und Forschung, 31-50.

Trembath, David, Balandin, Susan & Togher, Leanne (2007): Vocabulary Selection for Australian Children who Use Augmentative and Alternative Communication. In: Journal of Intellectual and Developmental Disability, 4, 291-301.

Wode, Henning (2009): Frühes Fremdsprachenlernen in bilingualen Kindergärten und Grundschulen. Braunschweig: Westermann.

METACOM-Symbole © Annette Kitzinger

Lena Schmidt ist Wissenschaftliche Mitarbeiterin am Lehrstuhl Pädagogik für Menschen mit Beeinträchtigungen der körperlichen und motorischen Entwicklung an der Universität zu Köln sowie im Forschungs- und Beratungszentrum für Unterstützte Kommunikation der Universität zu Köln unter der Leitung von Prof. Dr. Jens Boenisch. Forschungsschwerpunkte sind die Gestaltung von Kommunikationshilfen (nichtelektronisch und elektronisch) für Menschen mit komplexen Kommunikationsbeeinträchtigungen sowie die Entwicklung und Überprüfung eines neuen Sprachbildungskonzeptes auf Kernvokabularbasis für den frühen Erwerb von Deutsch als Zweitsprache (KvDaZ Projekt).

Hendrik Reimers

Handlungsräume bei herausforderndem Verhalten von Kindern und Jugendlichen

Zusammenfassung: Auf der Basis ausgewählter Thesen zu subjektiven Wirklichkeitskonstruktionen im Sinne konstruktivistischer Perspektiven wird zunächst ein subjektzentriertes Verständnis von Diagnostik, Förderung und Begleitung abgeleitet. Auf dieser Grundlage werden dann Möglichkeiten zur Prävention von Situationen mit herausfordernden Verhaltensweisen auf institutions- und gruppenbezogener Ebene skizziert. Im Anschluss daran werden eine funktionale Betrachtungsweise von herausforderndem Verhalten im Sinne eines „wozu", die Subjektivität in der Wahrnehmung herausfordernden Verhaltens sowie die Bedeutung sozialen Wohlbefindens als Voraussetzung zum Eruieren von Handlungsräumen erläutert. Daran angelehnt werden Anregungen für Handlungsmöglichkeiten in Krisensituationen aufgeführt. Aufbauend auf diese Elaborate werden funktionale Assessments vorgestellt, um Entwicklungs- bzw. Veränderungspotential von Handlungsräumen auf personenbezogener Ebene zu ermitteln und zu einer „integrierten Identitätsentwicklung" beizutragen. Der Beitrag schließt mit Beispielen zur Erweiterung von Handlungsräumen durch Initiieren einer „Lawine zur integrierten Identitätsentwicklung".

1 Einführung

Situationen mit herausfordernden Verhaltensweisen stellen in besonderem Maße eine Belastung sowohl für die Kinder und Jugendlichen, die solche Verhaltensweisen zeigen, als auch für das gesamte soziale Netzwerk dar. Was ist mit „Situationen mit herausforderndem Verhalten" gemeint? Betrachtet man die Rückmeldungen zahlreicher Lehrerinnen und Lehrer aus Schulentwicklungs- und Fortbildungsveranstaltungen sowie diversen Beratungssituationen wird scheinbar von unterschiedlichen nicht erwartungskonformen Phänomenen des Verhaltens einzelner Schülerinnen und Schüler berichtet. Dieses Verhalten wird dann möglicherweise als Verhaltensauffälligkeit oder auffälliges Verhalten, Verhaltensproblem oder problematisches Verhalten, Fehlverhalten, provozierendes Verhalten, Verhaltensstörung, abweichendes Verhalten, unangemessenes Verhalten oder auch etwas „humoristischer" als originelles Verhalten weitestgehend den entsprechenden Schülerinnen und Schülern direkt zugeschrieben. In diesen unterschiedlichen

Zuschreibungen kommen die subjektiven Perspektiven der jeweiligen Akteurinnen und Akteure, die diese Begriffe nutzen zum Tragen. Insofern schwingen bei der Begriffssetzung immer auch folgende Fragen mit: Wer nutzt den beschreibenden Begriff? Für wen wird der beschreibende Begriff genutzt? Unter welchen Bedingungen wird der beschreibende Begriff angewendet? Was wird mit dem beschreibenden Begriff bezweckt? Welche Konsequenzen ergeben sich daraus für die Person (vgl. Kluge & Kleuters 1984, 2)?

All den Beschreibungen gemeinsam ist, dass die Lehrerinnen und Lehrer vor Ort sich mit ihren pädagogischen Kompetenzen in besonderem Maße in diversen Situationen im Schul- und Unterrichtsalltag herausgefordert fühlen. „Besser als alles andere wird herausforderndes Verhalten dadurch definiert, dass es dazu führt, dass andere sich unzulänglich und machtlos fühlen" (Elvén 2015, 16). Daher soll der Fokus der folgenden Darstellungen nicht nur isoliert auf die einzelnen Schülerinnen und Schüler mit ihren individuellen Biografien gelegt werden, sondern auch auf die Menschen im Umfeld, die direkt oder indirekt an den Situationen mit herausforderndem Verhalten beteiligt sind. Damit rücken die Situationen und die gegenseitigen emotionalen Verstrickungen aller Beteiligten in den Vordergrund. Insofern wird in diesem Artikel der Fokus auf die Ermittlung und Konkretisierung von Handlungsräumen gelegt, indem die verschiedenen beteiligten Akteurinnen und Akteure miteinander daran arbeiten, das als herausfordernd erlebte Verhalten zu vermindern bzw. abzubauen. Im schulischen Kontext bedeutet die Perspektive einer Ableitung von Handlungsräumen auch, die jeweiligen Möglichkeiten einer Verhaltensänderung der beteiligten Lehrkräfte, der Mitschülerinnen und Mitschüler usw. zu beleuchten und einzubinden. Aus der Perspektive der Lehrkräfte in ihrem schulischen Umfeld bedeutet das immer eine intensive Auseinandersetzung nicht nur mit der konkreten Situation sondern vor allem mit den vielfältigen Einflussfaktoren, die zu solchen Situationen führen. Handlungsräume beschreiben dann Situationen, in denen die beteiligten Akteurinnen und Akteure in der Gemeinschaft zunehmend weniger belastet und angespannt sind und mehr Teilhabe und einen Zugewinn an subjektiven Wohlbefinden erleben. Demzufolge sollen im Weiteren Möglichkeiten zur Reflexion von Situationen mit herausfordernden Verhaltensweisen aufgezeigt werden, mit der Perspektive, Entlastung und Entspannung zu erreichen und sukzessive Integration im Sinne von Teilhabe zu generieren.

2 Die Basis zur Ermittlung von Handlungsräumen

2.1 Die Ansicht unserer gewohnten Sicht und subjektive Perspektiven

Für alle an schulischen Bildungs- und Erziehungsprozessen professionell mitwirkenden Personen gilt es, die alltägliche pädagogische Sichtweise, die nur zu schnell von der Fiktion einer „objektiven" Wirklichkeit geleitet ist, genau zu betrachten und zu reflektieren. Im Schul- und Unterrichtsalltag mit dem Anspruch an hochwertige Bildungsprozesse und den damit einhergehenden umfassenden fachlichen und pädagogischen Anforderungen schleicht sich auf der Seite des pädagogischen Personals unreflektiert leicht die Annahme ein, es existiere unabhängig von unserer Beobachtung eine uns allen gemeinsame Wirklichkeit, die wir wahrnehmen können, wie sie wirklich ist. Diese Auffassung „führt konsequenterweise zu der Annahme, dass Menschen, die diese anders erfahren und sich entsprechend anders verhalten, die Welt ‚falsch' wahrnehmen. Diese Menschen scheinen uns ‚gestört', ‚verrückt', ‚behindert', ‚krank' zu sein" (Balgo & Voß 1996, 2). Damit verbunden ist die Gefahr, dass wir als Pädagoginnen und Pädagogen besser wissen als die „nichtwissenden" Kinder und Jugendlichen mit Behinderungserfahrungen, was für sie das Beste ist.

> „Das Beziehungsmuster (das durchaus auch partnerschaftlich sein kann) vermittelt die Botschaft: ‚Ich als Pädagoge weiß, was ‚richtig' und ‚wichtig' ist und habe die Verantwortung für dich, der du ‚(noch) nicht weißt'. Du bist, so wie du bist, (noch) nicht so, wie du sein solltest, also ändere dich und lerne das, was ich dich lehre, zu deinem eigenen Besten" (ebd., 2).

In der Folge dieser im Alltag so leicht die Handlungen des Bildungs- und Erziehungsgeschehen leitenden Annahme ist die Aufmerksamkeit in Situationen mit herausfordernden Verhaltensweisen eher auf die Schülerinnen und Schüler bezogen und nimmt die vermeintlichen Defizite dieser in den Blick. Aufgrund einer solchen Sichtweise kommt es wenig zu einem gleichwertigen Austausch zwischen den Lehrkräften und ihren Schülerinnen und Schülern. Die Bildungs- und Erziehungsprozesse verlaufen dann eventuell zunehmend nicht auf „Augenhöhe". Bleibt die Ansicht unserer gewohnten Sicht unreflektiert bestehen kommt es möglicherweise zunehmend zu einer Erstarrung zwischen den Beteiligten und potentielle Handlungsräume ohne herausforderndes Verhalten werden dezimiert.
Vertreter einer systemischen Perspektive gehen davon aus, dass Wirklichkeit immer eine von einem Menschen in seinen Gedanken konstruierte Wirklichkeit ist (vgl. Palmowski & Heuwinkel 2010, 101ff. und Fischer 2008, 83). Jede gedankliche Konstruktion von Wirklichkeit ist also ein Produkt eines Subjektes und damit abhängig von dem, der sie erdacht hat, von seinen individuellen Wahrnehmungen und deren Interpretationen. Dementsprechend sind für jeden Menschen seine Wirklichkeitskonstruktionen sinnvoll. Das impliziert, dass jede Konstruktion

der Wirklichkeit als gleichwertig anzusehen ist und dass jeder für seine Konstruktionen (aufgrund der nur aus dem Individuum begründbaren Produktion der Wirklichkeit) verantwortlich ist (vgl. Schmidt & Wessel 2003). „Für unsere subjektiven Vorstellungen von Wirklichkeit gibt es keinerlei ‚reale' Entsprechung" (Palmowski & Heuwinkel 2010). Im Sinne konstruktivistischer Betrachtungsweisen ist der Mensch ein autonomes Subjekt, welches durch die Möglichkeit zur Selbstorganisation seine Strukturen eigenständig verändern kann (vgl. Schmidt & Wessel 2003). Seinen Entscheidungen wird eine Absicht unterlegt, die er in seinen Handlungen aktiv äußert. Die Konstruktionen der Menschen, die als behindert bezeichnet werden, liefern die Voraussetzungen, um in ihrer Lebenswelt aktiv Veränderungen anzugehen. „Sie sind die Experten für die aus ihrer Sicht sinnvollen Konstruktionen und Vorstellungen" (Palmowski 1997). Um einen Menschen zu verstehen, sind die subjektiven Wirklichkeitskonstruktionen im Rahmen eines intensiven, gegebenenfalls nicht nur verbalen Dialogs, zu explorieren. Erschwerte biografische Erfahrungen können eigene, subjektiv gültige Wahrnehmungen und Interpretationsweisen zur Folge haben, die für andere oft unverständlich und fremd sind. Dennoch ist diese Wahrnehmung für das Kind die einzig erlebte, die uneingeschränkt richtige (vgl. ISB 2010, 70).

2.2 Subjektzentriertes Verständnis von Diagnostik, Förderung und Begleitung

Anknüpfend an die skizzierten konstruktivistischen Grundannahmen ergibt sich eine subjektzentrierte Perspektive auf diagnostisch-didaktische Prozesse. Passend dazu ist die übergeordnete Idee im Sinne des Empowerment-Paradigma Schülerinnen und Schüler im Hinblick auf eine optimale *subjektive* Lebensqualität in Inklusion zu unterstützen und zu begleiten.

„Empowerment steht [...] für das unbedingte Vertrauen in die Stärken von Menschen, die sich am Rande der Gesellschaft befinden, und für die Überzeugung, dass sie ihre eigenen Ressourcen und Fähigkeiten zu erkennen und in soziale Handlungen zur Gewinnung von mehr Lebenssouveränität umzusetzen vermögen" (Theunissen 2009, 27f).

Eine Unterstützung und Begleitung zielt also darauf ab, ausgehend von den individuellen Dispositionen Kinder und Jugendliche in die Lage zu versetzen möglichst kraftvoll, in Form, sich wohl fühlend, erprobt, qualifiziert, vorbereitet, dynamisch, erholt, usw. für das eigene Leben zu sein oder auch zusammenfassend *Fit* zu sein für das eigene Leben. *Fit im Leben* als Zielperspektive bedeutet Schülerinnen und Schülern:
• Strategien zum Umgang mit den sich immer schneller wandelnden gesellschaftlichen Herausforderungen zu vermitteln,

- Angebote in ihrer Lebenswirklichkeit zu machen und
- permanent positive Identitätsentwicklungen zu ermöglichen.

Daraus folgt, dass professionelle Unterstützung und Begleitung seitens der Lehrkräfte gekennzeichnet sein muss durch die Organisation der Selbstorganisation der Schülerinnen und Schüler. Damit unabdingbar verbunden ist eine Berücksichtigung der subjektiven Perspektiven derselben.

Im Kontext von Situationen mit herausfordernden Verhaltensweisen erscheint es von besonderer Bedeutung, im Rahmen eines intensiven Dialogs einen Konsens über die Notwendigkeit von Veränderung herzustellen. Dieser Dialog ist keineswegs ausschließlich an Verbalsprache gebunden sondern kann zum Beispiel auch mittels der Möglichkeiten Unterstützter Kommunikation oder Basaler Kommunikation stattfinden.

Aus diesen Vorüberlegungen ergibt sich das folgende Modell für den ‚Handlungsraum Bildung und Schule':

Abb. 1: Modell Subjektzentriertes Verständnis von Diagnostik, Förderung und Begleitung (modifiziert nach: Speck 2001, 313 und Fischer 2008, 97)

Das Modell beschreibt die Interdependenz der unterschiedlichen Akteurinnen und Akteure mit ihren vordringlichen Aufgaben und den an sie gestellten Anforderungen im Handlungsraum Schule, um Schülerinnen und Schüler in Bezug auf die oben genannte Zielperspektive zu unterstützen. Übergeordnetes Ziel für die Schülerin/den Schüler bezüglich der Lern- und Entwicklungsprozesse unter Berücksichtigung der eigenen Vorstellungen von Wirklichkeit und den daraus resultierenden Interessen, Neigungen, persönlichen Handlungen und Verhaltensweisen usw. ist es, zu jedem Zeitpunkt möglichst umfassend ‚fit' für das Leben in all seinen Bezügen zu sein. Für Schülerinnen und Schüler, die in Situationen herausforderndes Verhalten zeigen, wird dieses aktuelle Verhalten als Teil der eigenen Bewältigungsstrategien zum ‚Fit sein im Leben' betrachtet.

Für die subjektive Wirklichkeitskonstruktion der Schülerin/des Schülers ist zum einen das Umfeld (Eltern oder andere erwachsene Bezugspersonen, Mitschülerinnen und Mitschüler und ggf. vor allem Freunde) von hoher Relevanz, dessen vordringliche Aufgabe es ist, emotionale und soziale Sicherheit und Geborgenheit und ein Gemeinschaftsgefühl mittels Unterstützung und Begleitung zu vermitteln. Über den Austausch kommt die Schülerin/der Schüler zu identitätsrelevanten Erfahrungen, die wiederum das zukünftige Verhalten beeinflussen. Zum anderen kommt dem pädagogischen Personal für das Leben und Handeln in der Schule eine entscheidende Rolle zu. Diesem wird in dem Modell vor allem die Initiierung angemessener Bildungs- und Entwicklungsprozesse durch kompetente Assistenz und Begleitung zuerkannt. Aus der Sicht des pädagogischen Personals ist dafür das Wissen über das Umfeld, u.a. durch den Austausch mit dem Umfeld von Bedeutung, um zu einer besseren Einschätzung der subjektiven Sicht- und Handlungsweisen (vgl. 3.1) zu gelangen.

Von besonderer Relevanz im schulischen Kontext ist der Dialog zwischen der Schülerin/dem Schüler und dem pädagogischen Personal. Hier gilt es, über einen intensiven Austausch die jeweiligen subjektiven Wirklichkeitskonstruktionen wahrzunehmen, abzugleichen und im Sinne einer Ko-Konstruktion zu einer gemeinsamen Wirklichkeitskonstruktion zu gelangen. Im Hinblick auf Situationen mit herausforderndem Verhalten erfolgt hier ein Austausch darüber, was aus Sicht der pädagogisch Tätigen an den Verhaltensweisen und Handlungen als herausfordernd empfunden wird sowie aus Sicht der Schülerin/des Schülers, wozu die Verhaltensweisen und Handlungen erforderlich scheinen (vgl. 3.1). So soll ein Konsens über die Notwendigkeit von Veränderung hergestellt und eine gemeinsame Basis als Startpunkt für den weiteren Weg und den Möglichkeiten zu gemeinsamen Handlungsräumen mit zunehmend weniger herausfordernden Verhaltensweisen ermittelt werden. Ziel dieses Aushandlungsprozesses ist nicht, die Schülerin/den Schüler dort abzuholen, wo sie/er steht; denn dies würde implizieren, dass der pädagogisch Tätige den Weg kennt und weiß, wohin zu gehen ist. Das wäre demgemäß die ‚Ansicht unserer gewohnten Sicht' (vgl. 2.1), die es zu vermeiden gilt. Anstelle dessen soll auf der Basis der aktuellen Identität oder auch des aktuellen Selbstkonzepts der Schülerin/des Schülers ein gemeinsamer Weg gefunden und beschritten werden. Ko-Konstruktion gemeinsamer Wirklichkeit mit einem Konsens über die Notwendigkeit von Veränderung beinhaltet ebenfalls, alle Möglichkeiten des Umfelds/des schulischen Personals zur Prävention und Bearbeitung von Situationen mit herausfordernden Verhaltensweisen ins Auge zu fassen. Damit rücken konzeptionelle Ansätze auf der Ebene der Bildungseinrichtung/Schule und auf der Ebene der Klasse/Lerngruppe in den Fokus, die im Folgenden kurz skizziert werden.

2.3 Einbeziehen der institutionsbezogenen und gruppenbezogenen Handlungsebene

Auf der institutions- bzw. schulbezogenen Ebene kann zur Vermeidung von Situationen mit herausforderndem Verhalten im Sinne von Prävention und Aktion gearbeitet werden, indem jede Bildungseinrichtung ein standortbezogenes spezifisches Konzept im Rahmen von Schulentwicklungsprozessen ausbildet, um eine geeignete Basis als Voraussetzung zur Entfaltung von Handlungsräumen zu schaffen. Schuppener (2016, 8) nennt dazu als zentral bedeutsam den „Aufbau eines externen, interdisziplinären Kooperationsnetzwerkes mit sozialpädagogischen und psychotherapeutisch-psychiatrischen Hilfesystemen (Jugend- bzw. Behindertenhilfe, Gesundheitswesen mit Neuropädiatrie, Psychotherapie und Psychiatrie)". Weiterhin gilt es auf schulstruktureller Ebene eine passgenaue Zusammenstellung von Bausteinen zu finden und sukzessive umzusetzen, die dann einem ‚standortbezogenen Präventions- und Aktionskonzept' entspricht. Diese Bausteine beziehen sich auf unterschiedliche Bereiche von der Bereitstellung und Etablierung von Kommunikations- und Beratungsstrukturen für die pädagogisch Tätigen, über Peermediationen und Überlegungen zu Strukturierungen im Unterricht bis hin zur Gestaltung von Pausen- und Raumkonzepten oder das Erstellen transparenter Schulregeln.

Auf der gruppenbezogenen Ebene (in der Regel die Schulklasse) können ebenfalls allgemeine Anregungen für alle Beteiligten zur Prävention und als Basis zur Entfaltung von Handlungsräumen benannt werden. Hier gilt es entsprechend der individuellen Bedürfnisse und Voraussetzungen der Schülerinnen und Schüler der Lerngruppe bzw. Klasse eine passgenaue Zusammenstellung von Bausteinen zu finden und sukzessive umzusetzen. Den bisherigen Elaboraten entsprechend ist zum Beispiel die Förderung des Klassenklimas mit z.b. der Arbeitshilfe „Klassenklima erfassen und verbessern" (SCRIPT, SNJ, Luxembourg 2012), die Förderung emotional-sozialer Kompetenzen mit z.b. der Handreichung FESK (Kannenwischer/Wagner 2011) bzw. mit dem Sozialtraining „Locker bleiben" (Schatz/Bräutigam 2014), der Etablierung eines Klassenrats oder der Ritualisierung von Schülerfeedback (vgl. Bastian, Combe, Langer 2005) besonders geeignet.

3 Funktionale Betrachtung von herausfordernden Verhaltensweisen

Um Handlungsräume differenziert ermitteln zu können ist herausforderndes Verhalten – das haben die Ausführungen in Kap. 2 gezeigt – aus der Sicht der ausführenden Personen entsprechend der subjektiven Wirklichkeitskonstruktionen immer sinnvoll und dient einem persönlichen Zweck. Um Situationen mit herausfordernden Verhaltensweisen in diesem Verständnis zu analysieren, ist die Frage nach der Funktion und dem *wozu* des Verhaltens unerlässlich. Bei dieser Fragestellung ist der Blick auf den subjektiven ‚Nutzen‘, den ‚Sinn und Zweck‘ des Verhaltens gerichtet und weniger auf die Analyse der biografischen Entstehungsgeschichte.

Bezüglich einer Wirkungsanalyse von herausfordernden Verhaltensweisen im Sinne eines *Wozu* stellt Heinrich (2001) folgende mögliche Begründungskontexte zusammen:

• deutliche Zuwendung und Beachtung erreichen
• Nähe, Distanz und Kommunikation nach eigenen Bedingungen herstellen
• soziale Anerkennung durch Zuschauer spüren
• in verunsichernden Situationen [ritualisiert] handeln und z.B. Ängste übertönen
• Sicherheit erfahren
• Lustgewinn erfahren
• „Action" in einen langweiligen, eintönigen Tag bringen
• Entspannung und Erschöpfung durch Abbau von Anspannung und Ärger erreichen
• unangenehme Anforderungen vermeiden.
  (vgl. ebd., 226f)

Für die Ableitung von Handlungsräumen erscheint es bedeutungsvoll, die Funktion der herausfordernden Verhaltensweisen situationsbezogen zu analysieren um angemessen Entlastung und Entspannung zu initiieren ohne möglicherweise die subjektiven Sinnkonstruktionen zum herausfordernden Verhalten der ausführenden Personen ersatzlos zu eliminieren.

Als Beispiel lässt sich ein Schüler benennen, der auf der Erscheinungsebene immer wieder in bestimmten Situationen seinen Speichel zunächst vor die Füße seiner Bezugspersonen oder seiner Mitschülerinnen und Mitschüler ausspuckt. Mitunter versucht er im Weiteren auf die Beine der Beteiligten zu spucken oder in der Fortführung schließlich auch auf den Unter- bzw. Oberkörper. Hier ist es von Bedeutung in den entsprechenden Situationen die Funktion dieses Verhaltens aus der Sicht des Schülers herauszufinden. Es ließe sich über folgende Möglichkeiten spekulieren:

- Es könnte ihm um intensive Beachtung gehen, also um die ungeteilte Aufmerksamkeit seiner Bezugsperson für sich allein.
- Vielleicht erhofft er sich, durch dieses Vorgehen Bestätigung und Lob in seiner Peer-Group zu erhalten.
- Möglicherweise befindet er sich in einer für ihn unüberschaubaren und verwirrenden Situation die ihn verunsichert und sogar ängstigt. Das Speichelspucken stellt dann eine Handlungsstrategie dar, die trotz seiner subjektiv empfundenen Handlungsunfähigkeit automatisiert abgerufen werden kann und somit durch die reine Handlungsausführung die aufkommenden Ängste übertönt.
- Zusätzlich ist es denkbar, dass ihm das Speichelspucken hilft, Sicherheit zu erfahren durch die aus seiner Sicht dann berechenbaren anschließenden Handlungsweisen seines Umfelds und/oder des schulischen Personals. Vielleicht folgt die ihm bekannte Konsequenz: „jetzt gehst du zur Schulleitung" (oder in einen Einzelraum usw.), also eine antizipierbare „Sicherheit ".
- Eventuell hat der Schüler eine Aufgabe erhalten, die ihm zu schwer erscheint oder für die er nicht bereit ist, die erforderliche Anstrengung zu investieren. Mittels des Speichelspuckens und der vermeintlich folgenden Konsequenzen könnte dann diese als unangenehm erlebte Anforderung vermieden werden.

Je nach Funktion des herausfordernden Verhaltens öffnen sich unterschiedliche Türen für Handlungsräume mit den beteiligten Akteurinnen und Akteuren. Weiterhin wird an dieser Stelle die selbstverstärkende Wirkung herausfordernden Verhaltens deutlich. Über einen langen (mitunter sogar jahrelangen) Zeitraum erlebte subjektive Erfolgserlebnisse bezüglich der Funktion des eigenen Verhaltens verstetigen, automatisieren oder ritualisieren die Verhaltensausprägungen inklusive der individuellen Perspektiven darauf. Dementsprechend viel Zeit braucht die Suche nach und die Umsetzung von Handlungsräumen mit weniger oder ohne herausfordernde Verhaltensweisen.

Wie in Kap. 2 dargelegt, gibt es zur Erfassung von herausforderndem Verhalten keine objektiven Kriterien. Für die pädagogischen Akteurinnen und Akteure, für jeden einzelnen ebenso wie im Team und im Kollegium, ist diese Erkenntnis relevant, denn durch die Gewissheit des Rückhalts wird weiteres Potential für Handlungsräume freigelegt. Verhalten ist immer eine Interpretation im Kontext der Umgebung und in der Wahrnehmung der beteiligten Akteurinnen und Akteure. Wichtig für ein Kollegium ist es, weniger falsch oder richtig zu diskutieren und eventuell sogar zu gegenseitigen Vorwürfen zu kommen. Vielmehr gilt es, die auf individuellen Erfahrungen beruhenden Interpretationen von herausforderndem Verhalten zu akzeptieren, sich gegenseitig zu stützen und über Ko-Konstruktion gemeinsamer Wirklichkeit der beteiligten Akteurinnen und Akteure nach Handlungsräumen mit wenigen oder ohne solche Verhaltensweisen zu suchen. Es lässt sich festhalten: wir haben es bei der Wahrnehmung von herausforderndem Verhalten mit subjektiven Werturteilen zu tun.

4 Handlungsmöglichkeiten in der Krise

Kommt es zu einer Situation mit herausforderndem Verhalten, entwickelt sich also in diesem Sinne eine Krise, ist eine der dringlichsten Fragen des schulischen Personals: wie kann ich handeln? Beim Auftreten einer Krise lassen sich logischerweise kaum Handlungsräume mit wenig/keinen herausforderndem Verhalten initiieren. Die Ermittlung von solchen Handlungsräumen ist immer präventive Arbeit zu Zeitpunkten, in denen nicht gerade eine akute Krise die Emotionen der beteiligten Akteurinnen und Akteure „überschäumen" lässt.

Für die ‚Krisensituation' gilt: die Situation so schnell es geht für alle Beteiligten möglichst unbeschadet beenden. Dabei kann es „ein großer pädagogischer Erfolg sein, in akuten Konfliktsituationen ruhig zu bleiben und eine eigene Position ruhig zu behaupten und zu bestehen, während man vielleicht wüst beschimpft und vielleicht auch beleidigt wird" (Opp 2017, 28). Es ist von hoher Bedeutung, präsent aber nicht bedrohlich zu sein ohne die Situation ‚gewinnen' zu wollen (vgl. ebd.). Auch wenn sich kaum direkt Handlungsräume aus der Krise ergeben, ist es sinnvoll, aus einer Reflexion der aktuellen Handlungsweisen Handlungsräume für zukünftige Handlungsmuster abzuleiten. Handlungsmöglichkeiten, wie z.B. zusätzliche Zuwendung/Aufmerksamkeit, absichtliches Ignorieren kleinerer Übertretungen bzw. von Wutanfällen, Reden mit dem Kind/Jugendlichen außerhalb der Gruppe, Nachgeben, Beruhigung durch Körperkontakt bzw. Vermeidung von Körperkontakt, Vermeidung von Blickkontakt, Respektieren der persönlichen Distanz, Aufforderung zur Durchführung von (anderen?) herausfordernden Verhaltensweisen usw., sind nicht als festgelegtes Standardrepertoire zu sehen sondern können unter Berücksichtigung der unter Kapitel 2 und 3 skizzierten Basis und Fundamente als Anregungen für die individuelle Situation ausgewählt und angepasst werden. Eine Auswahl ist immer von einer Ko-Konstruktion gemeinsamer Wirklichkeit und den daraus folgenden Konsequenzen abhängig.

5 Arbeitsschritte zur Ermittlung von Handlungsräumen

Aus den vorhergehenden Elaboraten wird ersichtlich, dass ein planvolles strukturiertes Vorgehen vonnöten ist, um die unterschiedlichen Aspekte bei der Ermittlung von Handlungsräumen berücksichtigen zu können. Handlungsräume beziehen dabei gleichermaßen die Möglichkeiten zur Veränderung der Schule und des Umfelds als auch die der Schülerinnen und Schüler ein. Die Zielperspektive ist, dass schließlich alle Beteiligten einen Zugewinn an subjektivem (vor allem sozialen) Wohlbefinden haben und somit ein „mehr" an Teilhabe erfahren. Eine solche „integrative Entwicklung" (s. Kap. 1) des Veränderungsprozesses bezieht sich hier also sowohl auf Schülerinnen und Schüler, die herausforderndes Verhalten zeigen, als auch auf die Bezugspersonen unter Stress. In Anlehnung an die Positive Verhaltensunterstützung (vgl. Theunissen 2008, 24ff. und 59ff.) wird das folgende Verfahren als Anregung zu einem strukturierten Vorgehen vorgeschlagen, um Handlungsräume zu ermitteln:

1. Unterstützerkreis bilden (die Schülerin/der Schüler mit herausforderndem Verhalten steht im Zentrum und benennt gegebenenfalls die wichtigen Unterstützer aus dem Umfeld bzw. aus der Schule).

2. Im Rahmen des Unterstützerkreises ein stabiles Fundament auf der Basis eines subjektzentrierten Verständnisses von herausforderndem Verhalten bei Menschen mit Behinderungserfahrungen erstellen (siehe Kap. 2 und 3.).

3. Wichtige allgemeine Informationen zur Situation der Person mit herausforderndem Verhalten zusammenstellen (hier auch bedenken: Ko-Konstruktion gemeinsamer Wirklichkeit).

4. Keine Veränderung ohne Analyse der Situationen mit herausforderndem Verhalten: Funktionales Assessment I durchführen und erste Ideen entwickeln (eventuell reichen diese Ideen für eine „integrative Entwicklung" aus).

5. Detaillierte Reflexion der Situationen mit herausforderndem Verhalten: Funktionales Assessment II durchführen und weitere Ideen entwickeln („integrative Entwicklung" mit der Perspektive Entlastung und Entspannung).

6. Planung einer „Lawine zur integrierten Identitätsentwicklung" im Sinne eines dialogischen Interventionsprozesses.

5.1 Funktionale Assessments

Veränderungsprozesse – dies haben die bisherigen Ausführungen gezeigt – bedürfen einer systematischen Analyse der Situationen mit herausfordernden Verhaltensweisen. Zunächst einmal muss genau geschaut und beschrieben werden, welche Handlungen und Verhaltensweisen zu einer Herausforderung führen und was die Funktion für die Schülerin oder den Schüler sein kann. Außerdem soll der situative Kontext der herausfordernden Handlungen und Verhaltensweisen betrachtet werden. Grundsätzlich gilt, dass zu jedem Zeitpunkt schon ein aktueller Umgang mit diesen Handlungen und Verhaltensweisen besteht. In eine Analyse der Situation ist dies zu beschreiben und zu notieren. Viele Kolleginnen und Kollegen berichten, dass bereits diese Form der Analyse der Situationen (unter Berücksichtigung der Basis und Fundamente zur Ermittlung von Handlungsräumen) zu vielfältigen Ideen bezüglich eines Entwicklungs- und Veränderungspotentials mit dem Ausblick auf eine zunehmende Integration der beteiligten Akteurinnen und Akteure führt.

Für ein solches *erstes Assessment* können also die folgenden Analyseschritte vorgeschlagen werden:

• Erscheinungsform herausfordernden Verhaltens

• Funktion herausfordernden Verhaltens

- Wirkung herausfordernden Verhaltens
- Auslösende Bedingungen herausfordernden Verhaltens
- Wer oder was hält herausforderndes Verhalten aufrecht?
- Bisheriger Umgang mit herausfordernden Verhalten
- Entwicklungs- und Veränderungspotenzial

An verschiedenen Stellen ist bereits offensichtlich geworden, dass herausfordernde Verhaltensweisen bei Schülerinnen und Schülern in vielschichtiger Wechselbeziehung mit ihrer jeweiligen Identität stehen. Es erscheint somit überaus sinnvoll, herausfordernde Verhaltensweisen vor dem Hintergrund eines soziologischen Identitätskonzeptes zu beleuchten. Das Instrument Assessment II widmet sich einer Reflexion der Situationen mit herausforderndem Verhalten unter Anlehnung an das soziologische Identitätskonzept von Frey, modifiziert nach Markowetz (Cloerkes 2007, 200 und Markowetz 2003, 187ff.).

Die Situationen mit herausforderndem Verhalten sollen unter Berücksichtigung
a) des externen Identitätsaspekts (Status mit den Ebenen „Beschreibung" und „Fremdbild"),
b) des internen Identitätsaspekts (Selbst mit den Ebenen „Selbstbild" und „vermutetes Fremdbild") und
c) des Prozesses einer „dialogischen Validierung" (mit den Ebenen „Interaktionsstrukturen", „Beziehungen" und „Ko-Konstruktion gemeinsamer Wirklichkeit") analysiert werden mit dem Ziel,
d) Entlastung und Entspannung für die beteiligten Akteurinnen und Akteure zu erreichen.

Für ein sehr viel differenzierteres *zweites Assessment* ergeben sich somit diverse Schlüsselfragen zu den benannten Bereichen, mit deren Hilfe die Abwärtsspirale aus Anspannung und Belastung durchbrochen werden kann und so die Beteiligten wieder handlungsfähig werden können (vgl. Hartke & Plagmann 2004, 102ff.):

Zu a) Externer Aspekt: die Beschreibung der Situationen mit herausforderndem Verhalten
Übergeordnete Fragestellung: Wie stellen sich die Situationen mit herausforderndem Verhalten aus der Sicht der anderen dar?
Beispiele für weitere Fragen: Seit wann gibt es Situationen mit herausforderndem Verhalten in der Biografie des Betroffenen? Seit wann tritt solche im schulischen Kontext auf? Haben sich die Situationen mit herausforderndem Verhalten plötzlich oder allmählich entwickelt?

Zu a) Externer Aspekt: das Fremdbild zum Verhalten
Übergeordnete Fragestellung: Wie bewerten die anderen die Schülerin/den Schüler in den Situationen mit herausforderndem Verhalten?

Beispiele für weitere Fragen: Welche Bedeutung haben die Situationen mit herausforderndem Verhalten für die Beteiligten des schulischen Personals? Was verlieren die pädagogisch Tätigen bei Veränderung des Verhaltens? Wie werden die Gefühle der Schülerin/des Schülers in Situationen mit herausforderndem Verhalten in der Reaktion berücksichtigt?

Zu b) Interner Aspekt: das Selbstbild zum Verhalten
Übergeordnete Fragestellung: Wie sieht die Schülerin/der Schüler in den Situationen mit herausforderndem Verhalten vermutlich seine Handlungen?
Beispiele für weitere Fragen: Wie nimmt sich vermutlich die Schülerin/der Schüler mit herausfordernden Verhaltensweisen als autonome Person wahr? Wie erfährt sie/er vermutlich Selbstwirksamkeit? Welche Bedeutung hat das Verhalten vermutlich für die Schülerin/den Schüler mit herausforderndem Verhalten?

Zu b) Interner Aspekt: das vermutete Fremdbild zum Verhalten
Übergeordnete Fragestellung: Was denkt vermutlich die Schülerin/der Schüler mit herausfordernden Verhaltensweisen, wie die anderen ihre/seine Handlungen sehen?
Beispiele für weitere Fragen: Welche Reaktionen erwartet die Schülerin/der Schüler mit herausfordernden Verhaltensweisen vermutlich auf sein herausforderndes Verhalten? Was denkt sie/er, welches Verhalten von ihr/ihm erwartet wird?

Zu c) Aspekte zur dialogischen Validierung: die Interaktionsstrukturen
Übergeordnete Fragestellung: Wie sind die Kommunikationsmuster zwischen den am Dialog beteiligten Subjekten?
Beispiel für eine weitere Fragen: Gibt es genügende und angemessene Möglichkeiten für den Meinungsaustausch und Gespräche?

Zu c) Aspekte zur dialogischen Validierung: die Beziehungen
Übergeordnete Fragestellung: Über welche Kontakte/Beziehungen verfügt die Schülerin/der Schüler mit herausfordernde Verhaltensweisen?
Beispiele für weitere Fragen: Welche sozialen Interaktionsmöglichkeiten und Kontaktmöglichkeiten stehen der Schülerin/dem Schüler mit herausfordernden Verhaltensweisen zu Verfügung? Wie stellt sie/er Beziehungen her, hält diese bzw. löst sie wieder auf?

Zu c) Aspekte zur dialogischen Validierung: Ko-Konstruktion gemeinsamer
  Wirklichkeit
Übergeordnete Fragestellung: Wie kommen die am Dialog beteiligten Subjekte zu gemeinsamen Wahrheiten/Sichtweisen?
Beispiele für weitere Fragen: Wer interessiert sich für die Perspektiven der Schülerin/des Schülers mit herausfordernden Verhaltensweisen? Erfahren die Sinnkonstruktionen des entsprechenden Menschen angemessene Wertschätzung?

Zu d) Zur Entlastung und Entspannung für die beteiligten Akteurinnen und Akteure
Beispiele für Fragen: Wird die Schülerin/der Schüler mit herausfordernden Verhaltensweisen als aktiver Architekt/in ihrer/seiner eigenen Entwicklung gesehen? Welche Stärken und Ressourcen hat sie/er? Welche Handlungen in Situationen mit herausforderndem Verhalten haben bisher zu einer Integration der Schülerin/ des Schülers mit herausfordernden Verhaltensweisen beigetragen? Welche Handlungen in Situationen mit herausforderndem Verhalten haben zu einer Integration der jeweiligen pädagogischen Akteurinnen und Akteure beigetragen? In welchen Situationen wird kein herausforderndes Verhalten wahrgenommen?

Eine differenzierte Beschreibung des möglichen Vorgehens mit den vollständigen Diagnostikmaterialien, Unterlagen und konkreten Arbeitsmaterialien zum Assessment I und II findet sich in Reimers & Schuppener (2017).

5.2 Planung einer „Lawine zur integrierten Identitätsentwicklung"

Bei der finalen Planung von Handlungsräumen mit den anzuberaumenden Veränderungen bei allen Beteiligten geht es um die Initiierung einer „Lawine zur integrierten Identitätsentwicklung". Ein solcher Veränderungsprozess soll „den Spielraum der individuellen Freiheit erweitern" (Hennicke 1994). Die Idee hinter einer Lawine ist, durch einige für die Beteiligten wesentliche Impulse zunächst kleine Handlungsräume mit wenig/keinen herausfordernden Verhaltensweisen anzuregen und im Weiteren zunehmend diese Handlungsräume zu erweitern, auszudehnen oder/und zu ergänzen. Um also im Bild einer Lawine zu bleiben sollen über den Anstoß „kleiner Kieselsteine" immer mehr und größere Steine ins Rollen gebracht werden. Diese „Kieselsteine" sind als Anregungen, Nachfragen, Impulse und Ideen zum Veränderungsprozess unter Einbezug des Selbst- und Fremdbildes der Schülerin/des Schülers, der Einstellungen und Handlungen des Umfelds und/oder des schulischen Personals sowie der Interaktions- und Beziehungsstrukturen gedacht. Im Folgenden werden einige ausgewählte Beispiele zu möglichen „Kieselsteinen" skizziert:

Das Fremdbild zum Verhalten
Übergeordnete Idee: Möglichkeiten der anderen, ihre Einstellungen zum Verhalten der Schülerin/des Schüler mit herausfordernde Verhaltensweisen zu verändern.
Weitere Anregungen: die Beteiligten des schulischen Personals
- schaffen Erleichterungen bei Belastungen in Alltagssituationen
- geben angemessene Aufgabenstellungen ohne Überforderungen
- haben übersichtliche und transparente Erwartungshaltungen
- ermöglichen einen Aufenthalt in einer angemessenen Gruppe
- ermöglichen Wahlmöglichkeiten
- ermöglichen selbstbestimmte Entscheidungen und Lernräume

Das Selbstbild zum Verhalten
Übergeordnete Idee: Vermutete Möglichkeiten der Schülerin/des Schüler mit herausfordernden Verhaltensweisen, sich ohne herausforderndes Verhalten selbst zu bestimmen.
Weitere Anregungen: die Schülerin/der Schüler mit herausfordernden Verhaltensweisen

* werden Angebote zur Erweiterung des Handlungsrepertoires offeriert
* werden strukturierende Angebote zur Selbstorganisation offeriert
* erhält Lernangebote zu Strategien, z.B. sich bei anderen Hilfe zu holen, mit anderen zu sprechen oder zu verhandeln, schwierige Situationen lösen zu können, usw.

Das vermutete Fremdbild zum Verhalten
Übergeordnete Idee: Vermutete Möglichkeiten der Schülerin/des Schüler mit herausfordernden Verhaltensweisen, sein vermutetes Fremdbild abzugleichen.
Weitere Anregungen: die Schülerin/der Schüler mit herausfordernde Verhaltensweisen

* erhält über Eigenschaftszuweisungen durch andere Personen Rückmeldung über sich selbst
* erhält Rückmeldung über die Wirkung seines Verhaltens auf die Beteiligten des Umfelds/des schulischen Personals
* erhält Möglichkeiten, eigene Potentiale kennen zu lernen
* erhält Möglichkeiten, sich mit anderen Personen bezüglich bestimmter Merkmale zu vergleichen und aus diesem sozialen Vergleich Schlüsse über die eigene Person zu ziehen

Die Interaktionsstrukturen
Übergeordnete Idee: Möglichkeiten zur Optimierung der Kommunikationsmuster zwischen den am Dialog beteiligten Subjekten.
Weitere Anregungen: die Schülerin/der Schüler mit herausfordernden Verhaltensweisen

* erhält genügende und angemessene Möglichkeiten für den Meinungsaustausch sowie für Gespräche mit ausreichend Zeit, auf ihrem/seinem Niveau zu kommunizieren
* wird als Partner im Dialog gesehen und angesprochen (u.a. vermeiden eines Befehlstons)

Die Beziehungen
Übergeordnete Idee: Möglichkeiten zum Aus-/Aufbau von Kontakten/Beziehungen für die Schülerin/den Schüler mit herausfordernden Verhaltensweisen.
Weitere Anregungen: die Schülerin/der Schüler mit herausfordernden Verhaltensweisen

- erfährt Unterstützung zum Aufbau von Bekanntschaften, Freundschaften und/ oder Partnerschaften
- erfährt in Beziehungen Akzeptanz
- erfährt Unterstützung zur Pflege von Bekanntschaften, Freundschaften und/ oder Partnerschaften
- erfährt Unterstützung zur Auflösung von Bekanntschaften, Freundschaften und/oder Partnerschaften

Ko-Konstruktion gemeinsamer Wirklichkeit
Übergeordnete Idee: Möglichkeiten zum Dialog der beteiligten Subjekte zur Ko-Konstruktion gemeinsamer Wahrheiten/Sichtweisen.
Weitere Anregungen: die Schülerin/der Schüler mit herausfordernde Verhaltensweisen

- erhält im Dialog ausreichend Freiräume für selbstbestimmte Initiativen/Äußerungen
- erfährt einen Dialog zur Ko-Konstruktion gemeinsamer Wirklichkeit, der subjektiv bedeutsame Wahlmöglichkeiten zum Lebensstil, zu beliebten Aktivitäten, zu alternativen Verhaltensweisen, zu angemessenen Anforderungen, etc. schafft (vgl. Reimers & Schuppener 2017).

6 Fazit

In den vorausgegangenen Ausführungen geht es stets um die Gesamtbetrachtung der Situationen, in denen herausforderndes Verhalten auftritt unter Berücksichtigung der subjektiven Perspektiven aller beteiligten Akteurinnen und Akteure. Die dargestellten Vorgehensweisen zur Diagnostik und Initiierung von Handlungsräumen sollen die Lebenswelten der Schülerinnen und Schüler berücksichtigen und zu einem ‚Mehr‘ an subjektiven Wohlbefinden führen. Solch eine Herangehensweise erfordert grundsätzlich ein Nachdenken über die eigenen Verstrickungen in die Situationen mit herausfordernden Verhalten verbunden mit einer empfangsbereiten Haltung für möglicherweise auch den eigenen Vorstellungen ungewöhnlich erscheinenden Vorgehensweisen.

> „Die Arbeit mit SchülerInnen mit herausfordernden Verhaltensweisen bedingt immer die Bereitschaft zur Öffnung und Veränderung. Und sie macht das Einlassen auf neue Sichtweisen, das Zulassen neuer Gedanken und das Ausprobieren neuer Handlungsformen erforderlich" (Schuppener 2016, 55).

Zu bedenken ist, dass diese systemische Betrachtungs- und Vorgehensweise mit einer vertiefenden Auseinandersetzung verbunden ist, die durchaus als zeit- und arbeitsaufwändig zu bezeichnen ist. Die bisherigen Rückmeldungen des pädagogischen Personals aus der Praxis zeigen allerdings, dass sich der Einsatz lohnt und vielfach Handlungsräume geschaffen werden können, die eine Überwindung der festgefahrenen Situationen darstellen und einen (lawinenartigen) Prozess zu mehr Teilhabe initiieren.

Literatur

Balgo, Rolf & Voß, Reinhard (1996): Wenn das Lernen der Kinder zum Problem gemacht wird. Einladung zu einem systemisch-konstruktivistischen Sichtwechsel. Online unter http://www.uni-koblenz.de/didaktik/voss/lernen.pdf. (Abrufdatum: 10.03.2017).

Bastian, Johannes, Combe, Arno & Langer, Roman (2005): Feedbackmethoden. Erprobte Konzepte, evaluierte Erfahrungen. Weinheim und Basel: Beltz.

Cloerkes, Günther (2007): Soziologie der Behinderten. Eine Einführung. Heidelberg: Universitäts-verlag Winter.

Elvén, Bo Hejlskov (2015): Herausforderndes Verhalten vermeiden. Menschen mit Autismus und psychischen oder geistigen Einschränkungen positives Verhalten ermöglichen. Tübingen: dgvt-Verlag.

Fischer, Erhard (2008): Bildung im Förderschwerpunkt geistige Entwicklung. Bad Heilbrunn: Klink-hardt.

Hartke, Bodo & Plagmann, Eckhardt (2004): Lernprozessbegleitende Diagnostik von Lernvorausset-zungen im sozial-emotionalen und Verhaltensbereich. In: Mutzeck, Wolfgang & Jogschies, Peter (Hrsg.): Neue Entwicklungen in der Förderdiagnostik. Grundlagen und praktische Umsetzungen. Weinheim und Basel: Beltz, 85-109.

Heinrich, Johannes (2001): Krisenintervention bei Fremd- und Sachaggression. In: Wüllenweber, Ernst/Theunissen, Georg (Hrsg.): Handbuch Krisenintervention. Stuttgart: Kohlhammer, 213-234.

Hennicke, Klaus (1994): Therapeutische Zugänge zu geistig behinderten Menschen mit psychischen Störungen. In: Geistige Behinderung 2/1994, 95-110.

Kannewischer, Sybille & Wagner, Michael (Hrsg.) (2011): FesK. Förderung emotional-sozialer Kom-petenz. Ludwig-Maximilians-Universität. München: Hintermaier.

Kluge, Karl-Josef & Kleuters, Gabriele (1984): Begriffswörterbuch der Verhaltensauffälligenpädago-gik. Berlin: Marhold.

Markowetz, Reinhard (2003): Geistige Behinderung in soziologischer Perspektive. In: Fischer, Er-hard: Pädagogik für Menschen mit geistiger Behinderung. Sichtweisen, Theorien, aktuelle Her-ausforderungen. Oberhausen: Athena.

Opp, Günther (2017): Schmerzbasiertes Verhalten – eine paradoxe pädagogische Herausforderung. Zeitschrift für Heilpädagogik, 68, 22-30.

Palmowski, Winfried (1997): Behinderung ist eine Kategorie des Beobachters. In: Sonderpädagogik 27. Jg., 147-157.

Palmowski, Winfried & Heuwinkel, Matthias (2010): Normal bin ich nicht behindert! Wirklich-keitskonstruktionen bei Menschen, die behindert werden – Unterschiede, die Welten machen. Dortmund: Borgmann.

Reimers, Hendrik & Schuppener, Saskia (2017). Brennpunkt Schule: Möglichkeiten professionellen Handelns bei herausforderndem Verhalten von SchülerInnen mit Förderschwerpunkt Geistige Entwicklung. Bad Heilbrunn: Klinkhardt (im Erscheinen).

Schatz, Herbert & Bräutigam, Dorothea (2014): Locker bleiben. Sozialtraining für Schüler mit son-derpädagogischem Förderbedarf. Dortmund: Borgmann.

Schmidt, Britta & Wessel, Jürgen (2003): Konstruktivistische Perspektiven für die Hörgeschädigtenpädagogik – Eine Annäherung an ein Verständnis von Hören und Kommunikation. Teil I. In: Hörgeschädigtenpädagogik 6, 257-262.

Schuppener, Saskia (2016): Sonderpädagogische Ansätze zum Umgang mit herausforderndem Verhalten von Schüler(inne)n mit Förderschwerpunkt geistige Entwicklung. In: Hennicke, Klaus & Klauß, Theo (Hrsg.) (2014): Verhaltensauffälligkeiten bei Schüler(inne)n mit Intelligenzminderung. Marburg: Lebenshilfe-Verlag.

Speck, Otto (2001): Verbessert die Evaluation von Unterricht das Lernen? Die Qualität von Unterricht in der öffentlichen Kritik. Zeitschrift für Heilpädagogik, 52, 310-316.

Staatsinstitut für Schulqualität und Bildungsforschung (2010): Unterricht und Förderung von Schülern mit schwerer und mehrfacher Behinderung. München: Reinhardt.

Theunissen, Georg (2008): Positive Verhaltensunterstützung. Marburg: Lebenshilfe-Verlag.

Theunissen, Georg (2009): Empowerment und Inklusion behinderter Menschen. Eine Einführung in Heilpädagogik und Soziale Arbeit. Freiburg im Breisgau: Lambertus.

Wirth, Astrid & Ministère de l'Éducation nationale et de la Formation professionnelle – SCRIPT, SNJ, Luxembourg (Hrsg.) (2012): Klassenklima erfassen und verbessern. Luxembourg.

Hendrik Reimers ist hauptamtlicher Studienleiter im Institut für Qualitätsentwicklung an Schulen Schleswig-Holstein (IQSH), Team Sonderpädagogik, Koordinator der Fachrichtung Geistige Entwicklung. Tätig in den Bereichen Aus-, Fort- und Weiterbildung mit Schwerpunkt in der Fachrichtung Geistige Entwicklung und im Fach Mathematik. Weiterhin ehrenamtlich tätig als Bundesreferent Förderschwerpunkt Geistige Entwicklung für den Verband Sonderpädagogik.

Sophia Falkenstörfer

Umgang mit Vielfalt – Kultursensibles Handeln in schulischen Kontexten bei Menschen mit Migrationserfahrung (und Behinderung)

Zusammenfassung: Schulen stehen dann vor einer Herausforderung, wenn im Zusammenhang mit Menschen mit Migrationserfahrung (und Behinderung) Irritationen insbesondere im Sprach- und Kulturverhalten auftreten. Eine inklusive Schule der Zukunft will Vielfalt zur Normalität werden lassen und entsprechend sind Überlegungen notwendig, wie ein fruchtbares Zusammenleben gestaltet werden kann. In diesem Beitrag wird der Frage nachgegangen, wie der Umgang mit den Heterogenitätsdimensionen Migration (und Behinderung) gelingen kann. Dabei werden zunächst die Voraussetzungen für eine konkrete Diskussion über Vielfalt in den Blick genommen. Die Institution Schule und die dazugehörenden Lehrkräfte sind hinsichtlich der Differenzkategorie Migration dazu aufgefordert, einerseits integrativen Aufgaben wie beispielsweise die Funktion der Kulturvermittlung zu übernehmen und andererseits bestehende Barrieren abzubauen

1 Zielsetzung

Der Umgang mit der Heterogenitätsdimension *Migration* bedeutet insbesondere, sich mit der eigenen und fremden Kultur(en) und Gesellschaft(en) zu beschäftigen, denn: „Im Unterschied zur *eigenen (vertrauten) Kultur* kann die Kultur des jeweils Anderen sowie der Andere selbst mitunter als *fremd* und *eben nicht vertraut* wahrgenommen werden" (Falkenstörfer & Gasmi 2017). Mit *Fremd* ist das gemeint, „was nicht zum eigenen (kulturellen) Orientierungssystem gehört, also jenseits der Grenzen des *Eigenen* liegt – demnach das Unzugehörige, Unbekannte und Unzugängliche. Somit kann das Fremde als solches nicht einfach beschrieben, sondern nur in Abgrenzung vom Eigenen bestimmt werden" (ebd.). Mit Blick auf die Welt vor einer „phänomenologischen Verstehensschablone ist *das Fremde* Bestandteil des Seins. Es ist damit ebenso *wertfrei(!)* wie *das Vertraute*" (ebd.). Erscheint etwas als nicht vertraut, so bedeutet dies, dass wir an *Verstehensgrenzen* kommen können. Und etwas nicht zu verstehen wiederum bringt mit sich, dass (mit Blick auf den Kontext ‚Schule') die Lehrkraft nicht mehr weiß, wie sie handeln soll. Es stellen sich in pädagogischen Kontexten dann Fragen wie:

Warum handelt der oder die so wie sie handelt? Warum reagiert der oder die wie sie reagiert? Ist dieses Verhalten kulturell bedingt? Oder liegt es in der Beeinträchtigung begründet? Ist es eine individuelle Eigenheit? Oder…? Was kann gefordert werden? Was ist pädagogisch richtig?

Auf eine Gesellschaft bezogene Vielfalt begründet sich darin, dass es zwischen den einzelnen Menschen Unterschiede gibt, die – hinsichtlich eines oder mehrerer Merkmale – ersichtlich bzw. feststellbar sind. Unterschiede bzw. Differenzen sind demnach *die* Voraussetzung für heterogene Gesellschaft. Die derzeit wahrzunehmende intensive Auseinandersetzung mit Heterogenität zeigt, dass Heterogenität durchaus mit Irritationen und Orientierungslosigkeit einhergehen kann. Denn eine heterogene Gesellschaft zu gestalten, ist dann eine große Aufgabe, wenn diese gleiche Rechte, (Entwicklungs-)Möglichkeiten, Partizipation und Mitbestimmung sowie persönliche Entfaltung für jeden einzelnen Menschen bereithalten soll. Würde Vielfalt nicht herausfordern, gäbe es nur wenig zu schreiben, kaum etwas zu sagen, wohl nichts zu beklagen, zu diskutieren oder zu befürchten. Wenn im Folgenden das Phänomen *Migration* Beachtung findet, so bedeutet dies, sich zunächst mit Menschenbildern, Kultur und Gesellschaft auseinanderzusetzen.

In diesem Beitrag wird die Vorstellung einer *demokratischen Gesellschaft der Vielfalt* als Grundlage aller inklusiven Bemühungen grundgelegt. Neben der Setzung eines entsprechenden *Menschenbildes*, eines Versuchs, den Begriff *Heterogenität* entsprechend zu definieren sowie *Demokratie* und *Menschenrechte* hinsichtlich deren Relevanz für inklusive Bemühungen zu erfassen, sollen alsdann die Heterogenitätsdimensionen *Migration* (und *Behinderung*) im Kontext von Schule näher in den Blick genommen werden. Es soll der Frage nachgegangen werden, wie ein Umgang mit den Differenzkategorien *Migration* und *Behinderung* in inklusiv ausgerichteten schulischen Kontexten gelingen kann? Insgesamt können diese Überlegungen mit Fokus auf die Differenzkategorie Migration unter dem Überbegriff der *Kultursensibilität* zusammengefasst werden.

2 Menschenbild und Pädagogik

Die folgenden Annahmen über den Menschen nach Liebau (2013) und Wulf & Zirfas (2014) bilden die anthropologische Basis aller Überlegungen in diesem Beitrag und gelten entsprechend als normative Setzung. Liebau (1987, 93) schreibt, dass „[n]ormalerweise […] implizite Menschenbilder implizit und dementsprechend stabil [bleiben]" denn sie realisieren sich in „weitgehend unbewussten habituellen Praktiken". Diese, wie er es nennt *habituellen Praktiken*, können aufbrechen, wenn es zu Irritationen kommt. Um also fundierten pädagogischen Handlungsmaximen nachgehen zu können und Sicherheit im Umgang mit zutiefst menschlichen Herausforderungen (beispielsweise dem Umgang mit Fremd-heit) zu erlangen, gilt es zunächst einige Grundannahmen – die für alle Menschen gelten – *explizit* festzulegen.

> Eine pädagogische Anthropologie muss davon ausgehen, dass Menschen in einem em-pirischen Sinn bildsam, also entwicklungsfähig und entwicklungsbedürftig sind, und dass pädagogisches Handeln zur Bildung und Entwicklung in gezielter Weise beitragen kann. Dabei ist von der konstitutiven Doppelnatur des Menschen auszugehen, der von allem Anfang an ein zugleich natürliches wie kulturelles Wesen ist. Bildsamkeit und Bildungsbedürftigkeit, jeweils empirisch verstanden, stellen also die Grundlage aller pädagogischen Anthropologie dar; diese Annahmen sind schon aus logischen Gründen notwendig (Liebau 2013, 2).

Pädagogik erfordert – wie dargelegt wurde – immer auch eine anthropologische Betrachtungsweise, welche die pädagogischen Bestimmungen Erziehung, Bildung und Sozialisation vom Menschen her zu verstehen versuchen (vgl. Wulf & Zirfas 2014, 9). Damit ist gemeint, dass prinzipiell davon ausgegangen wird, dass Men-schen lernen und sich bilden, erzogen werden und sich selbst erziehen. Und dass sie sich im Umgang mit der kulturellen wie sozialen Umwelt entwickeln (vgl. ebd. 14). Während Erziehung den Menschen als *Homo educandus*, als erziehungsbe-dürftiges und erziehungsfähiges Wesen begreift, welche der Aufgabe nachgehen „Kinder in die (sprachliche) Kultur einzuführen" (ebd. 16), versteht die Bildung den Menschen als *Homo formans*, als bildungsbedürftiges und bildungsfähiges Wesen. Ihre Aufgabe ist es, die Bildsamkeit von Menschen zu ermöglichen indem sie sich mit Bildungsprozessen beschäftigt, die

> mit Fragen der *Fremdheit oder Andersheit* [Hervorhebung v. Verf.], mit Negativität oder Widerständigkeit, mit Neuem und Unerwartetem, mit Unvorhergesehenem und Uner-hörtem zu tun [haben], d.h. mit Momenten, die die Bedingungen der Möglichkeit für die Transformation von grundlegenden Dispositionen und Habitusformen des Men-schen implizieren (ebd. 18).

Eine inklusive Schule braucht Pädagoginnen und Pädagogen, die eine vielfältige Gesellschaft *wollen*. Nur dann können sie dem Bildungsauftrag – welcher darin besteht, die Menschen in eine Gesellschaft zu erziehen, sie zur (Selbst-)Bildung zu befähigen und sie das zu lehren, was für deren subjektive Selbstwerdung und ihr Leben und Gestalten in der Gesellschaft als sinnvoll erachtet wird (vgl. Prengel 2001, 104) – so gestalten, dass Lehren und Lernen in Vielfalt ermöglicht wird *und* nur so kann der Weg für eine demokratische Gesellschaft der Vielfalt bereitet werden. Lehrkräfte müssen eine Idee davon haben, was unter Heterogenität zu verstehen ist *(Definition)*. Wie eine heterogene Gesellschaft aussehen könnte *(Vi-sion)*. Wie der Umgang mit Heterogenität gelehrt werden kann *(konkrete Hand-lungsmaximen)* und ganz pragmatisch: wie in heterogenen Lerngruppen gelehrt werden soll *(inklusive Didaktik)*. Die Die Umsetzung von Inklusion und damit die Gestaltung einer heterogenen und demokratischen Gesellschaft, in der Vielfalt und also Differenzen *normal* sind, bedarf enormer Anstrengungen. Es wird maßgeblich darauf ankommen, welche Erziehung und Bildung den nächsten Generationen widerfahren wird. Die gesellschaftliche Verantwortung von Lehrkräften ist entsprechend hoch.

3 Heterogenität, Demokratiebildung und Menschenrechte im Kontext von Schule

Diesem Beitrag liegt das Verständnis von Heterogenität nach Prengel (2001), nämlich dem der *egalitären Differenz,* zugrunde:

> Die begriffliche Verbindung *egalitäre Differenz* eröffnet eine Perspektive, in der nach Verschiedenheit *und* nach Gleichberechtigung von Menschen gefragt wird. Egalität und Differenz werden nicht als gegensätzlich, sondern als einander wechselseitig bedingend verstanden. Egalität und Differenz sind dabei grundlegende Kategorien, um zu demokratischen Entwürfen von menschlichen Verhältnissen (Walzer 1992; Young 1997) zu finden. Keine der beiden Dimensionen ist in diesem Zusammenhang verzichtbar, denn Gleichheit ohne Differenz würde undemokratische Gleichschaltung und Differenz ohne Gleichheit undemokratische Hierarchie hervorbringen. (93)

Um in Vielfalt friedlich und demokratisch miteinander zu leben, muss zunächst anerkannt werden, dass Menschen unterschiedlich sind und sein dürfen und diese Unterschiede müssen (wieder) benannt werden dürfen. Vielfalt kann sich nur aus Unterschiedlichkeit ergeben. Das Ziel ist, dass gesellschaftlich ein friedliches und demokratisches, *vielfältiges* Zusammenleben angestrebt wird, für das sich im besten Fall eine Jede und ein Jeder verantwortlich fühlt. Den einzelnen Menschen in einer solchen Gesellschaft gerecht zu werden heißt, nicht alle gleich zu behandeln und keine Unterschiede zu machen, sondern es bedeutet, jedem sein Recht – im Sinne der allgemeinen Menschenrechte –zukommen zu lassen.

Prengel (2001) zeigt explizit auf, wie Heterogenität (als egalitäre Differenz verstanden) und demokratische Grundüberzeugungen zusammenhängen. So geht es im Sinne der *Freiheit* darum, verschiedene Lebensweisen nicht zu unterdrücken; im Sinne der *Gleichheit* sollen diese nicht hierarchisiert werden und im Sinne der *Brüderlichkeit* „sollen verschieden lebende Menschen sich wechselseitig existentiell anerkennen" (98).

> Egalitäre Differenz als Handlungsmotiv von Bildung beruht auf dem Ziel des freiheitlichen, gleichberechtigten Zusammenlebens verschiedener Menschen. [...] Pädagogisches Handeln bedeutet hier u.a. [...] Offenheit für ihre Verschiedenheit, Bemühen um

ihren gleichberechtigten Zugang zu Bildungseinrichtungen, Bemühen um ihre Qualifikation für gesellschaftliche (ökonomische, kulturelle) Teilhabe, […] (ebd. 102f.).

Die gesellschaftliche Relevanz von Schule – und damit die übergeordneten Ziele dieser Bildungseinrichtung – müssen in den Fokus genommen werden, damit wieder allgemein bewusst wird, dass in den Schulen die Bürger dieser (erwünschten) demokratischen und vielfältigen Gesellschaft von Morgen ausgebildet werden. Wenn dieses Ziel wieder in den Fokus rückt, dann wird klar: Pädagogik in einer Demokratie ist auch eine politische Angelegenheit! In Bezug auf die Lehrkräfte bedeutet das, dass die Bejahung einer inklusiven Schule unabdingbar mit der Zustimmung einer demokratischen und vielfältigen Gesellschaft verknüpft ist. Und hinsichtlich des pädagogischen Auftrags von Lehrkräften bedeutet dies wiederrum, dass die Kinder und Jugendlichen einerseits den Umgang mit Vielfalt und andererseits demokratische Grundwerte erfahren, erlernen und erproben müssen. Heterogenität im schulisch-pädagogischen Kontext gedacht verlangt also nach einem Blick über den institutionellen Rahmen hinaus.
In Deutschland hält die KMK fest:

> Eines der obersten Ziele schulischer Bildung überhaupt ist es, junge Menschen zu befähigen, sich in der modernen Gesellschaft zu orientieren und politische, gesellschaftliche und wirtschaftliche Fragen und Probleme kompetent zu beurteilen. Dabei sollen sie ermuntert werden, für Freiheit, Demokratie, Menschenrechte, Gerechtigkeit, wirtschaftliche Sicherheit und Frieden einzutreten (KMK 2009).

In den Zielformulierungen für Luxemburg wird der Stellewert demokratischer Bildung und Erziehung ebenfalls besonders deutlich. Dort heißt es:

> Die Schule nimmt eine zentrale Rolle in der Vermittlung demokratischer Werte ein (UNEL 2012, 32).

Wenn Menschen aus anderen Ländern und Kulturen in westeuropäische Staaten kommen, um dort zu leben, so kann man nicht grundsätzlich davon ausgehen, dass sie wissen, was die Staatsform Demokratie ausmacht. Diese Erkenntnis ist maßgeblich relevant für den Bildungsauftrag, den Schule zu erfüllen hat.

> Ich glaube, dass Bildung unter unseren Verhältnissen deshalb eine existenzielle Notwendigkeit hat, weil Demokratie die einzige Staatsform ist, die gelernt werden muss (Negt 2004, 197).

Kinder aus Familien, denen demokratische Werte, Normen und staatliche Strukturen nicht (oder kaum) bekannt sind, müssen diese in den Bildungseinrichtungen explizit erfahren und erlernen. Für den Umgang mit der Heterogenitätsdimension Migration in schulischen Kontexten folgt die logische Schlussfolgerung, dass Demokratiebildung einen viel höheren Stellenwert erhalten muss – eine

Herausforderung, die, wenn sie ernst genommen wird, strukturelle Veränderungen der Institution Schule mit sich bringen würde. Coelen (2010, 45ff.) zeigt anschaulich auf, mit welchen grundsätzlichen Probleme von Mitbestimmung – als ein wesentlicher Aspekt demokratischer Haltung – pädagogische Institutionen konfrontiert sind. Da die Institution Schule selbst widersprüchliche Funktonen innehat: auf der einen Seite nämlich die arbeitsmarkrelevanten Qualifikationen unter kapitalistischen Rahmenbedingungen zu gewährleisten und andererseits in einer demokratischen Zivilgesellschaft für Partizipationsfähigkeit zu sorgen; ist Schule, will sie Demokratiebildung verstärkt umsetzen, auf die Kooperation anderer lebensweltlichen Institutionen angewiesen (vgl. ebd. S. 47).

Ist das bewusste Ziel darüber hinaus eine Gesellschaft der Vielfalt, so müssen auch die Menschenrechte (welche unabdingbar mit Demokratie zusammenhängen) in der Schule sowohl thematisiert als auch gelebt werden. In der Präambel der Allgemeinen Erklärung der Menschenrechte wird „als das von allen Völkern und Nationen zu erreichende gemeinsame Ideal"[1] festgehalten, dass „jeder einzelne und alle Organe der Gesellschaft sich diese Erklärung stets gegenwärtig halten [sollen] und sich bemühen [sollen], durch Unterricht und Erziehung die Achtung vor diesen Rechten und Freiheiten zu fördern [...]" (ebd.).

Zusammenfassend kann festgehalten werden, dass eine inklusive Schule Lehrerinnen und Lehrer braucht, die – grundlegend und ohne Ausnahme – davon ausgehen, dass jeder Mensch erziehungsbedürftig und erziehungsfähig sowie bildungsbedürftig und bildungsfähig ist. Die zugleich für eine demokratische Gesellschaft der Vielfalt einstehen und sich dafür einsetzen *und* die Schülerinnen und Schüler zu mündigen und verantwortungsvollen Bürgern und Bürgerinnen einer solchen erziehen *wollen*.

4 Migration – Kultur – Behinderung

Menschen mit einer Wandergeschichte, die aus einer anderen Sozial- und Kulturwelt[2] migriert sind, können mannigfaltige Schwierigkeiten haben, sich in einer neuen und anderen Sozial- und Kulturwelt zurechtzufinden. Häufig ist das soziale und gesellschaftliche, sowie das kulturelle und politische Leben in dem sogenannten *Ankunfts*-Land anders als gewohnt, weshalb es zu Orientierungslosigkeit kommen kann. Unter Umständen ist es den Menschen mit Wandergeschichte nicht möglich, den Sinn des Denkens und Handelns der sie nun umgebenden Mitmenschen in der ‚*Ankunfts*-Kultur' zu deuten und zu verstehen. Umgekehrt kann es sein, dass es den Mitmenschen der ‚*Ankunfts*-Kultur' nicht möglich ist,

---

1 Aus der Präambel der Allgemeinen Erklärung für Menschenrechte vom 10. Dezember 1948
2 In Anlehnung an Alfred Schütz' Lebensweltkonzept.

dem Denken und Handeln der Menschen mit Wandergeschichte den Sinn zu entnehmen, der in der Herkunftskultur entnommen wurde; daraus kann folgen, dass diese nicht verstanden werden. Ein gelungener Umgang mit Vielfalt fordert von den Fachkräften an dieser Stelle eine reflektierte *kultursensible* Sichtweise.

4.1 Wissen über Migration

Migration bedeutet dem Wortsinn nach *Wanderung*. Sie bezeichnet die Bewegungen von Menschen von einem Ort zu einem anderen und damit die Auswanderung (Emigration) aus einem, bzw. die Einwanderung (Immigration) in ein anderes Land. Wenn Menschen ihren Lebensmittelpunkt verschieben, so hängt dies mit sogenannten *Push-Faktoren* des Herkunftslandes (politische Konflikte, Verfolgung von Minderheiten, Krieg, hoher Arbeitslosigkeit usw.) und *Pull-Faktoren* des Ziellandes (hohes Wohlstandsniveau, Familienzusammenführung, Bildungs- und Gesundheitseinrichtungen usw.) zusammen. Entsprechend ihrer Beweggründe für eine Wanderung verhalten sich Menschen in ihrem Ziel- bzw. Ankunftsland. Haben diese ein Zielland erreicht, weil sie dorthin wollten, beispielsweise wegen einer vielversprechenden Arbeit und damit einer erhofften Verbesserung ihrer familiären Situation, werden diese sich gegebenenfalls im Vorfeld schon intensiv mit diesem Land beschäftigt haben. Für diese Familien besteht eine hohe individuelle Motivation, sich die neue Sozial- und Kulturwelt schnellstmöglich zu erschließen, denn häufig wird damit das eigene Familienglück verbunden. Ganz anders kann es sein, wenn Familien aus dem eigenen Land fliehen mussten. Das Zielland dient zunächst dem Schutz und der Hoffnung auf eine verbesserte Lebenssituation, wobei die Fragen häufig noch ungeklärt sind, ob die Familie wieder zurück kann oder möchte bzw. ob sie bleiben kann oder möchte. Die Migration ist erzwungenermaßen geschehen, die Lebenssituationen der Familien oft schwierig und die Zukunftsperspektiven häufig noch unklar.

Für die Institution Schule ergibt sich, dass sie es hinsichtlich der Differenzlinie *Migration* nicht mit einem einfach strukturierten und entsprechend gut zu handhabenden Phänomen zu tun hat, sondern aufgrund der Vielfalt von Menschen, (Wander-)Geschichten und Motivationen mit einer Vielzahl an subjektiven Bedingungsgefügen. Das einzig Verbindende zwischen Menschen mit Migrationserfahrungen ist die erfahrene Wanderung. Daraus lässt sich ableiten, dass die Schule, für diejenigen, für die es sinnvoll ist, die zentrale Aufgabe übernehmen muss, *Brücken zu bauen*, damit sich diese in die Gesellschaft und die Kultur des Ziellandes einfinden können. Das Ziel muss sein, dass sich *alle* Menschen als mündige Bürger einer Gesellschaft der Vielfalt empfinden. Und genau hier gilt es höchst aufmerksam zu sein. Aus einer anderen Kultur zu kommen bedeutet zunächst, nicht dazuzugehören. Gelingt es nicht, ein gemeinsames und gerechtes sowie wertschätzendes Miteinander zu gestalten, sind Gesellschaft und das friedliche Zusammenleben in Gefahr. Ein Zugehörigkeitsgefühl *kann* nur entstehen, wenn man in einem ersten Schritt zunächst verstehen lernt, was die Kultur Ziellandes ist und wie die Gesellschaft organisiert ist. Im Weiteren ist es dann, um Teil einer solchen Gesellschaft zu werden, notwendig, sich mit seiner ganz eigenen Geschichte und *Andersartigkeit* angenommen zu fühlen. Dies kann – im besten Fall – dazu führen, dass jeder Mensch, egal woher er kommt, sich mit der Gesellschaft des Ziellandes identifiziert und für diese eintreten kann. Damit dies gelingen kann, ist das Primat der Vielfältigkeit im Sinne der egalitären Differenz eine unbedingte Voraussetzung!

4.2 Wissen über Kultur

Kultur ist ein breit und widersprüchlich diskutierter Begriff, der zuweilen grundsätzlich infrage gestellt wird. Aufgrund seiner aktuellen Omnipräsenz in Wissenschaft und Medien erscheint es jedoch im Kontext von *Migration* sinnvoll, diesen nach wie vor – jedoch bewusst – zu verwenden. Grundlage der hier dargestellten Überlegungen bietet folgende Definition aus kulturwissenschaftlicher Perspektive nach Dederich, Greving, u.a. (2009, 9):

> die Gesamtheit gesellschaftlicher Institutionen, kollektiver Handlungen und symbolischer Formen [verstanden wird] [...]. Kultur stiftet kommunikative, symbolische und soziale Ordnungen, die durch ein System von Normen und Wertevorstellungen eingerahmt sind und so eine gewisse Stabilität und Dauer erlangen und damit den einzelnen Menschen zur existenziellen Orientierung zur Verfügung stehen.

Mit dem Wissen, dass Kultur[3] eine *existenzielle Orientierung* im Leben eines jeden Menschen bietet und Menschen sich aufgrund der „Gesamtheit gesellschaftlicher Institutionen, kollektiver Handlungen und symbolischer Formen" (ebd.) verstehen können, wird ersichtlich, dass ein Leben in einer neuen Kultur- und Sozialwelt große Herausforderungen mit sich bringen kann.

Sichtbare, bewusste Kultur
Eine der größten Barrieren aller Menschen mit Wandergeschichte aus einem anderen kulturellen Sprachraum stellt die mündliche wie schriftliche Kommunikation im Zielland dar. Sprache ist jedoch die Grundlage für Teilhabe und Partizipation an einer Gesellschaft. Im mitteleuropäischen Kulturraum spielen Sprache und insbesondere die Schriftsprache sogar eine übergeordnete Rolle, da das Beherrschen der Landessprache in Wort und Schrift häufig die Voraussetzung für ein erfolgreiches (Arbeits-)Leben ist (vgl. Esser, 2006 iii). Die (Aus-)Bildungskarriere eines jeden Kindes hängt unmittelbar mit seinen verbal- und

---

3 Mit Auernheimer (1999) sei darauf verwiesen, dass Kultur nicht als statischer Begriff zu verstehen ist. „Wenn wir Kultur als Orientierungssystem verstehen, so ergibt sich daraus die Konsequenz, daß Kultur sich mit der Änderung von Lebensverhältnissen verändern muß, um weiter zur Orientierung tauglich zu sein" (32).

schriftsprachlichen Kompetenzen zusammen. Zudem erschließen sich Menschen die Welt über Sprache. Die *Brücke* über die jedes Kind, jeder Jugendliche, jeder Erwachsene gehen muss, will er in eine Gesellschaft finden, besteht demnach in allererster Linie darin, sich die (Verkehrs-)Sprache(n) anzueignen. Es ist infolgedessen unabdingbar, dass bei vorliegenden Sprachbarrieren im Kontext von Schule zunächst das Erlernen von Schrift-Sprache im Zentrum allen Lernens und aller Bemühungen vonseiten der Schule stehen muss. Je nachdem welche Geschichte die Familie eines Kindes hat, kann es sein, dass Schriftsprache in der Familienbiografie eine untergeordnete Rolle spielt. Es kann auch sein, dass ein oder mehrere Familienmitglieder keiner Schriftsprache mächtig sind. In diesem Fall muss sich das Kind diese Kompetenzen gegebenenfalls ausschließlich mithilfe der Schule aneignen. In der Schule müsste mit Blick auf einen möglichen Migrationshintergrund der Schriftspracherwerb der entsprechenden Zweitsprache oberste Priorität haben. Ohne schriftsprachliche Kompetenzen werden Kinder mit einer anderen Erstsprache keine gerechten Chancen bekommen – Ungerechtigkeit, diskriminierende Verhältnisse und Unfrieden können die ernsten Folgen sein (vgl. Ceri 2005; Esser 2006; Heimke 2017, 115ff.; Solga & Dombrowski 26ff.; Wesner 2014). Selbstverständlich bedeutet dies nicht, dass die Ressourcen der sprachlichen Diversität von einer Gesellschaft der Vielfalt nicht gewinnbringend und bereichernd genutzt werden können und sollten[4]. Überlegungen hierzu sind jedoch hinsichtlich der Vision von Gesellschaft zu diskutieren und stehen der Forderung nach besseren schulischen schriftsprachlichen Bildungsmöglichkeiten für Menschen mit Sprachbarrieren nicht entgegen.

Unsichtbare, unbewusste Kultur
Neben Demokratiebildung und der Vermittlung von Menschenrechten als originäre Aufgaben von Schule – insbesondere mit Blick auf die Heterogenitätsdimension *Migration* – existieren weitere *kulturvermittelnde* Aufgaben, die Schule zu leisten hat. Diese beziehen sich u.a. auf den Umgang mit Zeit, den Umgang mit Emotionen, den Umgang mit Konflikten, der Vorstellungen von z.B. Wahrheit sowie der Bedeutung von Freiheit und Gerechtigkeit. Exemplarisch wird in Folge auf den unterschiedlichen Umgang von *Zeit* eingegangen: Ein Aspekt, dem häufig wenig Beachtung geschenkt wird, der jedoch in Zusammenhang mit Menschen

---

4 Grundsätzlich ist Mehrsprachigkeit insbesondere in Luxemburg – aufgrund seiner besonderen Situation – ein äußerst präsentes und brisantes Thema zu dem es zahlreiche aktuelle Auseinandersetzungen (z.B. Conference on Multilingual Education in Linguistically Diverse Contexts in Luxembourg, 29th – 30th September 2017) und Veröffentlichungen gibt. Eine ausführliche Literaturliste findet sich beispielsweise im Bildungsbericht Luxemburg 2015, Band 2: Analysen und Befunde (http://www.men.public.lu/catalogue-publications/themes-transversaux/statistiques-analyses/bildungsbericht/2015/band-2.pdf).

mit Migrationshintergrund in der pädagogischen Praxis häufig zu großen Missverständnissen führt und dem eine hohe gesellschaftliche Relevanz innewohnt.

Keine andere Überzeugung ist derart eingefleischt und daher auch so versteckt wie diejenigen, die mit der Zeit zu tun haben. Vor nahezu dreißig Jahren hat der Anthropologe
Edward Hall die Regeln der sozialen Zeit als ‚stumme Sprache' bezeichnet. Überall auf
der Welt lernen Kinder ganz automatisch die Regeln ihrer Gesellschaft, in denen es um
früh und spät, warten und sich beeilen, Gegenwart und Zukunft geht. Es gibt kein Lexikon, in dem sie diese Zeit-Regeln nachschlagen oder das Fremde zu Rate ziehen könnten, wenn sie über die nervtötenden Unstimmigkeiten zwischen ihrem mitgebrachten
Zeitgefühl und den Zeit-Regeln ihrer neuen Umgebung stolpern (Levine 2016, 21).

Die Zeit ist relativ, d.h. Menschen erlernen den Umgang mit Zeit in ihrem jeweils kulturellen Umfeld. Sie ist ein bestimmter (unsichtbarer) gesellschaftlich
höchst relevanter Wert. In mitteleuropäischen Kulturen ist Zeit sehr wertvoll. Sie
erstreckt sich über den Tag wie ein lineares Band und wird minutiös eingeteilt
– wir nennen diese Zeit Uhrzeit (vgl. ebd. S.122f.). Dabei gibt es bezahlte Zeit
(Arbeit) und unbezahlte Frei-Zeit (Privatleben). Zumeist wird sehr bewusst abge-
wogen, wie die individuelle Zeit verteilt und also investiert wird. Zeit ist demnach
etwas Persönliches. In anderen Kulturen kann es sein, dass Zeit weder linear noch
als persönliches Gut wahrgenommen wird, sondern als etwas, was an Ereignissen
gemessen wird; das Leben wird also in der Ereigniszeit (vgl. ebd.) wahrgenommen – eine Uhr spielt dabei keine Rolle. Entsprechend anders wird mit Zeit umgegan-
gen. Daraus entstehende Konflikte im schulischen Alltag sehen beispielsweise so
aus, dass Termine nicht (exakt) eingehalten werden oder dass Gespräche zu Zeiten
gesucht werden, die völlig ungeeignet erscheinen. In der kulturellen Dimension
Zeit finden sich zudem Werte wieder, die zunächst nicht offensichtlich sind. Man
muss die Codes lernen, um sie entschlüsseln zu können. So erscheinen Eltern (mit
Migrationshintergrund) den Fachkräften, wenn sie regelmäßig nicht oder zu spät
kommen zuweilen als unzuverlässig, sie schätzen die Arbeit der Lehrkräfte nicht
wert und gegebenenfalls wird ihnen ein mangelndes Interesse an ihrem Kind bzw.
an der Bildung ihres Kindes attestiert. Fachkräfte müssen in diesem Kontext die
verborgenen Werte reflektieren und hinterfragen. Gleichzeitig wäre es wünschens-
wert, wenn sie Aufklärungsarbeit leisten würden – im Sinne des Brückenbaus. So
würden Menschen mit anderen Zeitverständnissen eine Chance erhalten, sich das
(in diesem Fall) wertbeladene lineare Zeitmodell mitteleuropäischen Kulturen zu
erschließen und sich infolgedessen in der Gesellschaft des Ziellandes zeitlich zu
orientieren. Wie wichtig es ist, den (unsichtbaren) Umgang mit Zeit zu lernen,
zeigt sich bspw. darin, dass ein Arbeitsverhältnis in mitteleuropäischen Kulturen
nur dann dauerhaft sein kann, wenn alle Regeln der Zeit eingehalten werden können. Es ist also nicht nur eine Barriere, die zeitlichen Regeln nicht zu beherrschen
– es kann zu einem Ausschlusskriterium werden.

Aus den hier nur skizzierten Ausführungen folgt der konkrete Auftrag an Schulen und Lehrpersonen, für Menschen, die aus einer anderen Kultur- und Sozialwelt gekommen sind, sich als *Kulturvermittler* zu verstehen. Es ist notwendig, dass Lehrkräfte die eigene Kultur so gut kennen und verstehen, dass sie diese entsprechend vermitteln können. Das bietet die Basis für Menschen aus fremden Kulturen, zu einem aktiven und anerkannten sowie *integrierten* Mitglied der Gesellschaft werden zu können.

4.3 Wissen über Behinderung

Nicht nur aber auch in schulischen Kontexten wird die Herausforderung einer Kultur der Vielfalt (Inklusion) es mit sich bringen, dass Differenzen benannt werden müssen. Erst wenn ein Phänomen greifbar wird, wird es in der Praxis möglich, mit diesem adäquat umzugehen. Bedürfnissen gerecht zu werden, Lernausgangslagen zu bestimmen, Lern- und Förderangebote zu machen, individuelle und allgemeine Ziele zu formulieren – die alltägliche schulisch-pädagogische Praxis – ist nur möglich, wenn die Lehrkräfte den Einzelnen mit seinen entsprechenden Phänomenen zu begreifen versuchen. Hinsichtlich der Differenzkategorie Behinderung ist diese Herausforderung besonders groß. Für die Arbeit mit Menschen mit Behinderung wird eine Definition (eine Sichtweise oder ein Deutungsversuch) schon aus dem Grund benötigt, um im Umgang mit diesen nach fundierten Handlungsmaximen arbeiten zu können. Häufig dient das Deutungsschema der ICF (vgl. DIMDI 2005), welchem ein bio-psycho-soziales Modell von Behinderung enthält, der Praxis als Grundlage:
In der Zusammenarbeit mit Familien aus anderen Kulturen bekommt die definitorische Bedeutung von Behinderung eine besondere Relevanz, denn es kann

> sich bei Krankheit und Behinderung um Bedeutungsphänomene handel[n], die an kulturell geprägte Wahrnehmungen, Erklärungsmuster und Umgangsformen gebunden sind, denen mit teilweise höchst unterschiedlichen Verhaltensformen, Kommunikationen und Bewältigungsmustern begegnet wird" (Dederich und Jantzen 2009, 31).

Das bedeutet, dass es durch gleiche Begrifflichkeiten bei jedoch unterschiedlichen Definitionen und Bedeutungskonstruktionen, zu den unterschiedlichsten Missverständnissen in der Kommunikation zwischen den beteiligten Parteien kommen kann. *Behinderung* kann beispielsweise als positive Prüfung Gottes, als Strafe Gottes, als Schuldzuweisung, als übersinnlicher Zustand (im Positiven wie im Negativen), als Folge eines bösen Blickes usw. wahrgenommen werden (vgl. u.a. Amirpur 2016, 43; Müller 2002, 184f.; Seifert 2014, 148f.).
Wenn nun Lehrkräfte mit Familien mit Wandergeschichte zusammenarbeiten, die möglicherweise ein anderes Wahrnehmungs-, Deutungs- und Erklärungsmuster von Behinderung haben, können mannigfaltige Irritationen auftreten. Beispiels-

weise kann eine von den Lehrkräften geplante Förderung von der Familie nicht unterstützt oder abgelehnt werden, weil nach Sicht der Eltern – bei entsprechender Deutung des Phänomens Behinderung – weder einem *Geschenk Gottes* noch einem *schuldigen Wesen* Förderungen zustehen. Sollte es in der Praxis zu unverständlichen Verhaltensweisen kommen, so fordert eine *kultursensible Haltung* an dieser Stelle sowohl eine sensible Fragehaltung als auch die Kompetenz, transparent darzulegen, wie die Fachkraft selbst Behinderung definiert und welche Handlungsmaximen diese verfolgt. Fachkräfte müssen wissen, dass es unterschiedliche Verstehenszugänge zu dem Phänomen Behinderung gibt. „Weder ist es [jedoch] die Aufgabe der Fachkräfte, Menschen mit anderen Vorstellungen von der eigenen Vorstellung zu überzeugen, noch sollen diese von ihren Vorstellungen abrücken" (Falkenstörfer, 2015, 35).

Eine große Gefahr mit Blick auf Schülerinnen und Schüler mit einer Sprachbarriere, die den Förderschwerpunkten Lernen und geistige Entwicklung zugeordnet werden, sind die kaum vorhandenen diagnostischen Möglichkeiten. Besonders zeigt sich diese Problematik im Förderschwerpunkt geistige Entwicklung, in der die Diagnostik an und für sich eine große Herausforderung darstellt (vgl. Stahl & Irblich 2005). Als einer der wenigen hat sich Fröhlich (vgl. 2003) – wenn auch eher rudimentär und nicht unter diagnostischen Gesichtspunkten – mit der Thematik *Zweisprachigkeit bei Kindern mit geistiger Behinderung* beschäftigt. Es lassen sich Desiderate hinsichtlich wissenschaftstheoretischer Diskurse, Forschung, praktischer Konzepte, diagnostischem Materials sowie spezifischen Kompetenzen der pädagogischen Fachkräfte in Bezug auf den Zweitspracherwerb bei Schülerinnen und Schülern mit (geistiger) Behinderung festhalten. Das muss sich ändern. Schülerinnen und Schülern mit einer (geistigen) Behinderung müssen ebenso wie allen anderen Kindern sämtliche Möglichkeiten zum Erlernen der relevanten Zweitsprache erhalten. .

5 Fazit: Kultursensibilität als Voraussetzung einer inklusiven Schule

Konkret zeigen die in diesem Artikel dargestellten Überlegungen zum Thema Migration und Behinderung mit Blick auf eine *inklusive Schule* einige Herausforderungen auf, welche sich sowohl die Institution als auch die darin arbeitenden Lehrkräfte stellen müssen. Vielfalt macht eine inklusive Schule aus. Mit ihr einhergeht der Wille, dass Heterogenität zur Normalität werden muss. Der Bildungsauftrag verlangt, dass demokratische Werte und die Achtung der Menschenrechte in den Fokus gerückt werden. Dabei ist die Grundannahme konstitutiv, dass *jeder* Mensch erziehungsbedürftig und erziehungsfähig sowie bildungsbedürftig und bildungsfähig ist. Mit Blick auf Menschen mit Wandergeschichte kann es bedeutsam sein, dass Schule und in ihr die Lehrkräfte die *Brückenfunktion* zwischen der Herkunftskultur und der Ankunftskultur übernehmen. Exemplarisch wurden diese Brückenfunktionen an den Beispielen *Behinderung, Zeit* und *Sprache* aufgezeigt. Damit Inklusion im schulischen Kontext gelingen kann, benötigt Schule reflektierte Lehrpersonen, welche mit einer kultursensiblen Haltung sich je individuell mit Themen wie Kultur, Gesellschaft, Demokratie und Vielfalt auseinandersetzen. Anhand des Beispiels *Sprache* konnte skizziert werden, dass die Relevanz des Zweitspracherwerbs ein zentrales Thema bezüglich der Heterogenitätsdimension Migration darstellt. Jede Lehrperson müsste hier weitreichende Kompetenzen aufweisen können um die Bildung der Schülerinnen und Schüler mit einer anderen Muttersprache zu garantieren. Diese Thematik verschärft sich noch mit Blick auf Schülerinnen und Schülern mit einer (geistigen) Behinderung. Hinsichtlich der übergeordneten Fragestellung, wie ein Umgang mit den Differenzkategorien *Migration* (und *Behinderung*) in inklusiv ausgerichteten schulischen Kontexten gelingen kann, lässt sich festhalten, dass eine *kultursensible* Haltung von *allen* Lehrkräften unabdingbar erscheint, soll ein inklusives Bemühen in Schulen erfolgreich in eine Gesellschaft der Vielfalt münden. *Kultursensibel* betrifft dabei nicht nur Überlegungen hinsichtlich fremder Kulturen, sondern insbesondere auch der eigenen Kultur. Die Bezeichnung *Kultursensibilität* bezieht sich dabei auf das Vermögen, Wahrnehmungen, Denken, Verhalten, Überzeugungen und Kommunikation im Umgang mit Menschen aus anderen kulturellen Zusammenhängen und in Bezug auf sich selbst, die Gesellschaft und die Kultur in der wir leben zu reflektieren. Ziel einer *kultursensiblen Haltung* sollte es sein, die Wahrnehmung für die eigenen Normen, Werte und Haltungen zu schärfen und den Blick für das Fremdverstehen zu öffnen. Dies bedeutet einen respektvollen, feinfühligen, aber auch kritisch-reflektierten Umgang sowohl hinsichtlich der eigenen als auch anderen Kultur(en).

Literatur

Allgemeine Erklärung der Menschenrechte. Resolution 217 A (III) der Generalversammlung vom 10. Dezember 1948.Online unter: http://www.ohchr.org/EN/UDHR/Documents/UDHR_Translations/ger.pdf (Abrufdatum: 01.05.2017)

Amirpur, Donja (2016): Migrationsbedingt behindert? Familien im Hilfesystem. Eine intersektionale Perspektive. Bielefeld: transcript.

Auernheimer, Georg (1999): Notizen zum Kulturbegriff unter dem Aspekt interkultureller Bildung. In: Gemende, Marion; Schröer, Wolfgang, Sting, Stephan (Hrsg.): Zwischen den Kulturen. Pädagogische und sozialpädagogische Zugänge zur Interkulturalität. Weinheim: Juventa, 27-36.

Ceri, Fatma (2005): Die Bildungsbenachteiligung von Kindern mit Migrationshintergrund: welche Folgen hat der schulische Umgang mit sprachlichen Differenzen auf die Bildungschancen. Springer

Coelen, W. Thomas (2010): Partizipation und Demokratiebildung in pädagogischen Institutionen. In: Zeitschrift für Pädagogik. 1/2010 (Jg. 56), Januar/Februar, 37-52

Dederich, Markus; Greving, Heinrich; Mürner, Christian; Rödler, Peter (Hrsg.) (2009): Heilpädagogik als Kulturwissenschaft. Menschen zwischen Medizin und Ökonomie. Gießen: Psychosozial-Verlag.

Dederich, Markus & Jantzen, Wolfgang (Hrsg.) (2009): Behinderung und Anerkennung. Stuttgart. Kohlhammer

Esser, Hartmut (2006): Migration, Sprache und Integration. Arbeitsstelle Interkulturelle Konflikte und gesellschaftliche Integration (AKI)-Forschungsbilanz 4. Online unter: http://www.bagkjs.de/media/raw/AKI_Forschungsbilanz_4_Sprache.pdf (Abrufdatum: 01.05.2017)

Esser, Hartmut (2006): Sprache und Integration. Die sozialen Bedingungen und Folgen des Spracherwerbs von Migranten, Frankfurt/Main: Campus

Falkenstörfer, Sophia & Gasmi, Julia, Hrsg. (voraussichtlich 2017). In: Wansing, Gudrun & Westphal, Manuela: Schnittstellen von Behinderung und Migration: Bildung, Politik und soziale Dienste. VS-Verlag

Falkenstörfer, Sophia (2015): Kultursensible Zusammenarbeit mit Menschen, die von Migration und Behinderung betroffen sind. In: Erwachsenenbildung und Behinderung. 2/2015 (Jg 26), Oktober, 30-37.

Fröhlich, Andreas (Hrsg.) (2003): Zweisprachigkeit bei Kindern mit geistiger Behinderung. Düsseldorf: selbstbestimmtes leben

Heimke, Norbert (2017): Migration, Bildung und Spracherwerb. Bildungssozialisation und Integration von Jugendlichen aus Einwandererfamilien. Münster: Springer VS

KMK (2009). Online unter: https://www.kmk.org/themen/allgemeinbildende-schulen/weitere-unterrichtsinhalte/demokratieerziehung.html (Abrufdatum: 11.03.2017)

Levine, Robert (2016): Eine Landkarte der Zeit. Wie Kulturen mit Zeit umgehen. München/Berlin: Pieper

Liebau, Eckart (1987): Gesellschaftliche Subjekt und Erziehung.Weinheim/München: Juventa

Liebau, Eckart (2013/2004): Anthropologische Grundlagen. Online unter: https://www.kubi-online.de/artikel/anthropologische-grundlagen (Abrufdatum : 01.05.2017)

Müller, Rebeya (2002): Behinderung und Integration im Islam. In: Pithan, Annebelle/Adam, Gottfried/Kollmann, Roland (Hrsg.): Handbuch integrative Religionspädagogik – Reflexionen und Impulse für Gesellschaft, Schule und Gemeinde. Gütersloh, S. 184-188

Negt, Oskar (2010): Der politische Mensch. Demokratie als Lebensform. Steidl

Prengel, Annedore (2001): Egalitäre Differenz in der Bildung. In: Lutz, Helma; Wenning, Norbert (Hrsg): Unterschiedlich verschiedenen. Differenz in der Erziehungswissenschaft. Opladen: Leske + Buderich, S. 93-107

Seifert, Monika (2014): Sozialraumorientiertes Arbeiten im Schnittfeld von Behinderung und Migration. In: Wansing, Gudrun/Westphal, Manuela (Hrsg.): Behinderung und Migration. Wiesbaden. S. 139-156

Solga, Heike; Dombrowski, Rosine (2009): Soziale Ungleichheit in schulischer und außerschulischer Bildung. Arbeitspapier 171.Hans-Böckler-Stiftung

Stahl, Burkhard; Irblich, Dieter (Hrsg.) (2015): Diagnostik bei Menschen mit geistiger Behinderung: ein interdisziplinäres Handbuch. Hogrefe

UNEL: Ein neues Bildungswesen für Luxemburg. Arbeitsdokument der Union nationale des étudiant-e-s du Luxembourg. März 2012, 32. Online unter: https://www.forum.lu/pdf/artikel/7380_316_UNEL.pdf (Abrufdatum: 01.05.2017)

Wesner, Peter (2014): Migration und Bildungsbenachteiligung: Kinder ausländischer Familien im deutschen Bildungssystem. Bachelor + Master Publikation

Wulf, Christoph; Zirfas, Jörg (2014): Handbuch Pädagogische Anthropologie. Wiesbaden: Springer VS

Sophia Falkenstörfer, Lecturer (Universität zu Köln) für Pädagogik und Didaktik bei Menschen mit geistiger Behinderung. Studiengangskoordinatorin am Institut für Rehabilitationswissenschaften (Humboldt-Universität zu Berlin). Weitere Arbeits- und Forschungsschwerpunkte: Migration und Behinderung. Forschendes Lernen. Ethische und anthropologische Untersuchungen zu Care-Ethik und Fürsorge im Kontext der Heilpädagogik.

Tilo Reißig

Lesen und Schreiben in einem an Inklusion orientierten Unterricht

Zusammenfassung: Lesen und Schreiben stellt an alle Menschen die gleichen Anforderungen, da die Schrift sich nicht für das Individuum ändert. Voraussetzung für das Lesen und Schreiben einer Buchstabenfolge als Wort und einer Wortfolge als Satz ist das Durchlaufen von spezifischen Entwicklungsschritten. Im Beitrag stehen diese Voraussetzungen, die die Schrift an alle Menschen stellt, im Vordergrund. Es wird davon ausgegangen, dass unterschiedliche Lernausgangslagen nicht ein verändertes Angebot bedeuten, wie dies bspw. beim erweiterten Lese- und Schreibbegriff der Fall ist. Es soll vielmehr gezeigt werden, dass herkömmliche Unterrichtsmodelle versteckte Hürden aufweisen, die für Lernende mit Lernschwierigkeiten zu großen Problemen führen können. Es wird dafür argumentiert, dass die Silbe als natürliche Zugriffseinheit allen Lernenden beim Erwerb helfen kann.
Dabei wird kein fertiges Konzept vorgestellt, sondern die hier angestellten Überlegungen können als Grundlage für eine unterrichtliche Planung dienen und die Lehrkräfte für bestimmte Schwierigkeiten im Lernprozess sensibilisieren.

1 Einleitung

Lesen und Schreiben sind relevante Kulturtechniken, die als wesentliche Voraussetzung für gesellschaftliche Partizipation gelten. Die Alphabetschrift erweist sich in diesem Zusammenhang als egalitär – es muss nicht jedes Wort auswendig gelernt werden, es genügen Inventar (Buchstaben) und Kombinationsregeln, die es einem ermöglichen, unbekannte Wörter zu lesen. Das Inventar und die Kombinatorik gelten für alle Menschen gleichermaßen. Dies ist einerseits die Voraussetzung, dass Schrift überhaupt funktioniert, andererseits ist das wohl die größte Hürde für einen an Inklusion orientierten Unterricht[1]. Im aktuellen Diskurs wird

---

1 Im Rahmen dieses Beitrags wird Inklusion verstanden als „die Überwindung der sozialen Ungleichheit, der Aussonderung und Marginalisierung, indem alle Menschen in ihrer Vielfalt und Differenz, mit ihren Voraussetzungen und Möglichkeiten, Dispositionen und Habitualisierungen wahrgenommen, wert geschätzt und anerkannt werden" (Ziemen 2013, 47). Für den Bereich des Lesens und Schreibens bedeutet dies, die Analyse des Gegenstandsbereiches und gängiger Praktiken, um Exlusionsrisiken aufzudecken und ihnen begegnen zu können (zum Inklusionsbegriff vgl. auch Köpfer in diesem Band).

stellenweise an den erweiterten Lese- und Schreibbegriff angeknüpft, um mit diesem Problem umzugehen (vgl. z.b. Geldmacher 2014; Günthner 2013; Warnecke 2014; Zielinski 2014; Zielinski & Ritter 2016). Der Versuch das ‚System' für das Individuum zu ändern, um Partizipation zu ermöglichen, ist zwar als Gedanke und als Ziel für gesellschaftliche Strukturen (bspw. in den Bereichen Wohnen, Arbeit, Schule, Freizeit …) wichtig und notwendig, allerdings erweist sich der Versuch den Gegenstandsbereich ‚Schreiben' umzudefinieren als nicht praktikabel. Im Rahmen dieses Beitrags wird daher zunächst der erweiterte Lese- und Schreibbegriff diskutiert. Es soll gezeigt werden, dass der Begriff weder theoretisch fundiert ist noch einem an Inklusion orientierten Unterricht gerecht werden kann.

Die Prämisse des Beitrags ist, dass Lesen (re- und dekodieren der Alphabetschrift) und Schreiben (orthographisch) das Ziel für alle Lernenden darstellt. Der Grundgedanke ist dabei, dass alle Lernenden letztlich die gleichen Entwicklungsschritte durchlaufen, dies jedoch nicht immer zur gleichen Zeit tun. Daraus folgt, dass unterschiedliche Lernausgangslagen nicht ein grundsätzlich anderes Angebot bedeuten. Sicherlich müssen Lernende, die z.b. Deutsch als Fremdsprache lernen, im Gegensatz zu Muttersprachlern zunächst einen Wortschatz aufbauen. In Bezug auf die Verschriftung der Doppelkonsonanten oder der Auswertung morphologischer Informationen müssen sie jedoch letztlich das gleiche leisten wie alle anderen auch. Es sollte von der Lehrkraft lediglich im Blick behalten werden, dass das Erreichen eines Ziels für bestimmte Schülergruppen länger dauern und eine größere Herausforderung darstellen kann, da u.U. Voraussetzungen fehlen oder der Unterricht versteckte Hürden aufbaut. Daher werden die meist vorschulisch erworbenen Voraussetzungen des Schriftspracherwerbs eigens diskutiert. Im Anschluss werden die Hürden, die ein auf der Laut-Buchstaben-Beziehung basierender Unterricht errichtet, dargestellt und die Grundlagen einer silbenbasierten Vorgehensweise aufgezeigt.

2 Der erweiterte Lese- und Schreibbegriff

Der von Hublow (1977) eingeführte „erweiterte Lesebegriff" hat sich in der Didaktik des Förderschwerpunktes geistige Entwicklung als feststehender Begriff etabliert. Hierbei steht nicht mehr das re- und dekodieren schriftsprachlicher Zeichen im Vordergrund (welches nun dem „engen Lesebegriff" zugeordnet wird), sondern das „Wahrnehmen, Deuten und Verstehen von konkreten, bildhaften, symbolhaften oder abstrakten Zeichen und Signalen" (Hublow 1985, 3). Die dabei unterschiedenen sechs Lesarten (1. Situationslesen, 2. Bilder lesen, 3. Symbollesen, 4. Signalwortlesen, 5. Ganzwortlesen, 6. Schriftlesen) werden teilweise als Stufenmodell (siehe Abbildung 1), teilweise als Gleichzeitigkeitsmodell (siehe Abbildung 2) modelliert.

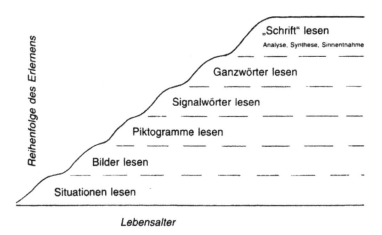

Abb. 1: Stufenmodell des erweiterten Lesebegriffs (vgl. Günthner 2013, 46)

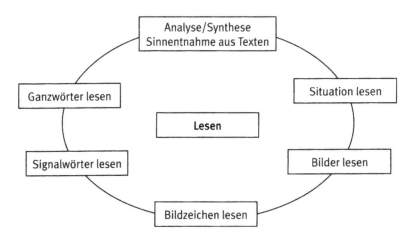

Abb. 2: Gleichzeitigkeitsmodell erweiterter Lesebegriff (vgl. Günthner 2013, 48)

Günthner (2013) überträgt die Idee des erweiterten Lesebegriffs auf das Schreiben und führt den erweiterten Schreibbegriff ein. Das Schreiben im erweiterten Sinne umfasst

- „alle bildhaften Darstellungen von Erlebnissen, Gegenständen, Menschen, Tieren, eigenen Emotionen etc. in Form von Zeichnungen oder gemalten Bildern.
- das handschriftliche Erzeugen abstrakter grafischer Zeichen (Buchstaben) auf einer Schreibvorlage.
- das Verfassen sinntragender Sätze mit Hilfe vorgefertigter Bild- und Wortelementen. Hierbei lassen sich Gedanken darstellen, so dass der Leser dieser Zeichenreihenfolge/ Zeichenanordnung eine entsprechende Information entnehmen kann." (Günthner 2013, 137)

Wie Ratz (2013) feststellt, ist die Idee dieser Begrifflichkeiten vor dem Hintergrund der Geschichte der „Schule für Geistigbehinderte" zu verstehen. Da die Schülerinnen und Schüler mit geistiger Behinderung als bildungsunfähig galten, war die Anerkennung der „praktischen Bildbarkeit" in den 60er und 70er Jahren eine große Errungenschaft. Der seinerzeit vorherrschende wenn auch verkürzte Bildungsbegriff beschränkte sich auf das Erlernen von Kulturtechniken wie Lesen, Schreiben und Rechnen. Dem stellte man die Idee der praktischen Bildbarkeit entgegen, was natürlich zur Folge hatte, dass man gerade das betonte, was nicht zu den dem Bildungsbegriff zugehörigen Kulturtechniken gehörte. „Mit einem Begriff des ‚erweiterten' Lesens war in dieser Situation Ende der 1970er-Jahre ein sehr passender Ansatz gefunden, der sowohl den damaligen Vorstellungen von Bildbarkeit von Schülerinnen und Schülern mit einer geistigen Behinderung entsprach, als auch eine neue didaktische Perspektive aufzeigte" (Ratz 2013, 345). Der Begriff ist jedoch nicht nur politisch zu verstehen – man rückte auch Vorläuferfähigkeiten in den Vordergrund und betonte diese dem Lesen zugrundeliegenden Fähigkeiten. Die Unterteilung der verschiedenen Lesarten ist jedoch unter zeichentheoretischen Gesichtspunkten nicht haltbar. Eine in der Linguistik gängige und akzeptierte Klassifizierung von Zeichen geht auf Peirce zurück. Er unterscheidet drei Zeichentypen auf Grundlage der Beziehung zwischen Zeichen und Bezeichnetem (vgl. Nöth 2000, 178ff.).

1. Indexikalische Zeichen: Die Beziehung zwischen Zeichen und Bezeichnetem beruht auf einer direkten Verbindung bzw. einer kausalen Beziehung. Das wohl bekannteste Beispiel in diesem Zusammenhang ist Rauch als Zeichen für ein Feuer.
2. Symbolische Zeichen: Die Beziehung zwischen Zeichen und Bezeichnetem ist willkürlich bzw. beruht auf Konvention (siehe Abbildung 3).

Abb. 3: Symbole

3. Ikonische Zeichen: Zwischen Zeichen und Bezeichnetem besteht eine Ähnlichkeitsbeziehung. Dies können zum einen Piktogramme sein (siehe Abbildung 4) oder auch Fotos von Gegenständen oder Personen. Ikonische Zeichen können unterschiedliche Abstraktionsgrade aufweisen.

Abb. 4: Ikonische Zeichen

Betrachtet man unter diesem Gesichtspunkt die verschiedenen Lesarten des erweiterten Lesebegriffs, so kann man erkennen, dass es sich nicht um ein Stufenmodell handeln kann. Symbollesen, Ganzwortlesen und Signalwortlesen sind allesamt dem Erkennen und Interpretieren von Symbolen zuzuordnen. Jedes Symbol muss auswendig gelernt werden; unbekannte Symbole können nicht interpretiert werden, da eine Generalisierung aus vorher gelernten Symbolen nicht möglich ist. In diesem Sinn ist auch eine Modellierung als Gleichzeitigkeitsmodell nicht haltbar, da es sich nicht um verschiedene Fähigkeiten handelt. Grundsätzlich kann man zu dieser Modellierung sagen: „Die Forschungslage rechtfertigt nicht die Behauptung, dass eine logografische Annäherung an Schrift eine notwendige Voraussetzung für das Lesen- und Schreibenlernen bildet" (Andresen 2005, 199). Aus dieser Erkenntnis lässt sich jedoch nicht schlussfolgern, dass man Lernende die Ansätze zum logografischen Schreiben und Lesen zeigen, nicht darin unterstützen sollte (vgl. ebd., 200). Für Lernende, die Probleme mit Bedeutungsrepräsentation haben, „könnte es hilfreich sein, wenn man ihnen logografisch orientierte Zugänge zu Schrifterfahrung eröffnet" (ebd., 200). Entscheidend ist aber nicht, dass es sich um Ganzwörter oder dergleichen handelt, sondern um Bedeutungsrepräsentation.

Ein weiteres Problem entsteht durch das Umdefinieren des Gegenstandsbereiches selber. Hat man erst einmal akzeptiert, dass jegliches Wahrnehmen und Interpretieren bzw. Produzieren optischer Zeichen als Lesen bzw. Schreiben gilt, kann man alle Formen optischer Zeichensysteme im Unterricht legitimieren – bis hin zu selbst erfundenen Systemen. Günthner (2013) führt das Lesen und Schreiben von sog. „Pfeilsätzen" ein (siehe Abbildung 5).

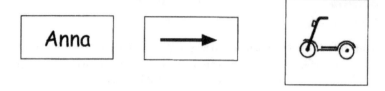

Abb. 5: Pfeilsatz (Günthner 2013, 93)

„Nun liest Anna, [sic] das ihr bekannte Ganzwort ‚Anna', das Bild des Rollers und konstruiert unter Zuhilfenahme des Pfeils aus diesen drei Elementen einen mündlich artikulierten vollständigen Satz, zum Beispiel:

Anna fährt Roller
Anna fährt mit einem Roller
Anna möchte Roller fahren
Anna ist mit dem Roller gefahren […]"
(Günthner 2013, 93; Hervorhebung im Original)

Ironischerweise betont Günthner in der Einleitung, den pragmatischen Aspekt der Kommunikation des Lesens und Schreibens. „Lesen und Schreiben verstehen sich als materielle Formen der Kommunikation, bei der sich Menschen über grafische Zeichen […] miteinander verständigen, in Beziehung treten, Informationen, Gefühle, Bedürfnisse, […] austauschen können" (Günthner 2013, 11). Da diese Bildfolge mit Pfeil beliebig artikuliert werden kann, ist immer die Rücksprache mit dem Produzenten notwendig, wenn man wissen will, was dieser einem mitteilen wollte. Die Notwendigkeit zur mündlichen Rücksprache macht eine graphische Darstellung jedoch völlig überflüssig. Die Lernenden bekommen etwas vermittelt, was für das Erlenen der Schrift keine Voraussetzung ist – schließlich werden solche Angebote nicht in der Regelschuldidaktik gemacht. Ferner müssen die Lernenden bei diesen Pfeilkonstruktionen die gleichen Voraussetzungen erfüllen wie beim Lesen der Alphabetschrift. Dies zeigt sich, wenn man sprachliche Zeichen unter zeichentheoretischer Perspektive genauer betrachtet und mit den Pfeilsätzen vergleicht.

Sprachliche Zeichen sind Symbole, da die Beziehung zwischen Zeichen und Bezeichnetem auf Konvention beruht. Das ‚Lesen' der Ganzwörter ist im Prinzip Symbolerkennung. Zudem ist das sprachliche Zeichen gekennzeichnet durch seine Linearität. D.h. die Ausdrucksseite ist gekennzeichnet durch eine zeitliche (in der Schrift räumliche) Abfolge sprachlicher Zeichen. Die Beziehung zwischen Zeichen und Bezeichnetem beruht nun nicht nur auf Konvention, sondern wird auch durch die Beziehung der Zeichen untereinander bestimmt (vgl. (1) und (2)).

(1) Tobias steht auf.
(2) Tobias steht auf Vera.

In Bezug auf die Schrift haben wir das gleiche Verhältnis mit Buchstaben. Der Buchstabe <e> sagt einem isoliert noch nichts über seinen Lautwert aus. Erst in Relation zu anderen Buchstaben kann eine Aussage über das <e> getroffen werden. Steht das <e> nach einem <i> wird es nicht gesprochen (vgl. <Biene>) – steht das <e> vor einem <i> wird es eher als [a] gesprochen (vgl. <heiter>) usw. Auf das obige Beispiel bezogen zeigt sich: Die Bildkonstruktionen mit Pfeil von Günthner setzen im Prinzip genau das voraus, was auch zum Lesen von Schrift notwendig ist. Die ‚Lesenden' müssen Symbole erkennen und zudem im Stande sein, die Symbole im Kontext ihrer Umgebung zu interpretieren. Es bleibt somit fraglich, warum man den Lernenden zunächst das eigentliche Schriftsystem vorenthält und ihnen ein individuell erfundenes und gesellschaftlich wertloses Zeichensystem vermittelt.

Neben den aufgeführten Kritikpunkten zum erweiterten Lese- und Schreibbegriff sei noch kurz darauf verwiesen, dass die Erweiterung der Begrifflichkeit sich bei einigen Autoren auch als eine Art „Taschenspielertrick" erweist. So schreibt Geldmacher (2014, 155f.)

> „[…], dass in einer stark leistungsheterogenen Gruppe, an der auch SchülerInnen teilhaben, deren motorische oder kognitive Leistungsfähigkeit selbst eine Umsetzung medialer und konzeptioneller Mündlichkeit in Schriftlichkeit nicht möglich machen, der gängige Schreibkompetenzbegriff erweitert werden muss."

Sie spricht sich für den erweiterten Schreibbegriff nach Günthner aus, da „ein Schreibunterricht, der allein dem gängigen Schreibkompetenzbegriff gerecht würde, […] zwangsläufig dazu [führt], dass SchülerInnen, die nicht schreiben ‚können', zur passiven Teilhabe verdammt sind – mithin wäre dies ein hochgradig exklusiver Schreibunterricht" (ebd., 156). Würden die Schülerinnen und Schüler also Bildkarten legen und man orientiere sich am gängigen Schreibkompetenzbegriff, wäre dies – folgt man dieser Argumentation – exklusiv. Ob Schülerinnen und Schüler „zur passiven Teilhabe verdammt" sind, hängt nicht vom Schreibkompetenzbegriff ab, sondern davon, ob man ihnen ein unterrichtliches Angebot macht. In der diesem Argument zugrundeliegenden Idee von „Inklusion" und „Exklusion" scheint sich das zu manifestieren, was Böing & Köpfer (2016, 7) bei der Beobachtung des Umgangs mit der Begrifflichkeit „Inklusion" als Gefahr sehen. Sie fragen: „[…], ob sich durch ‚die Inklusion' ein Qualitätsdiskurs entwickelt oder ob die Tendenzen der Vergegenständlichung erste Vorboten einer pragmatisch-hilflosen (und möglicherweise verkürzenden) Kategorienbildung ihrer selbst sind, um ‚die Inklusion' handhabbar bzw. beherrschbar zu machen und bisherige Strukturen und Praktiken zu reproduzieren, ohne diese in Frage zu stellen." Der erweiterte Lese- und Schreibbegriff birgt die Gefahr in dem Sinne missbraucht zu werden, dass bisherige Strukturen und Praktiken reproduziert werden und man Schülerinnen und Schülern nicht mehr Schreiben und Lesen beibringt, da letztlich alle Formen der Mitteilung als Schreiben und Lesen verstanden werden.

3 Präliterale Annäherung an Schrift

Der Einstieg in den Schriftspracherwerb beginnt i.d.R. mit Einführung der Buchstaben. Dass Lernende bereits einige Voraussetzungen mitbringen müssen, damit dieser Einstieg funktioniert, wird in den Lehrwerken der Primarstufe kaum berücksichtigt. Lernende mit Entwicklungsverzögerungen können nicht adäquat gefördert werden, wenn der Schrifterwerb in der Regelschulklasse nicht die vorschulische Entwicklung im Blick hat, die zum Erlernen der Schriftsprache notwendig ist.

Alphabetschriften sind dadurch gekennzeichnet, dass graphische Einheiten (Grapheme) auf lautliche Einheiten (Phoneme) bezogen sind. Um Schreiben und Lesen zu können, ist es also notwendig, die lautliche Struktur einer sprachlichen Äußerung analysieren zu können. Eine erste Orientierung auf die Lautseite der Sprache findet bereits im Vorschulalter statt. Zum einen in der Eltern-Kind-Interaktion in Form von Lautspielen (Kindergedichte, Kinderlieder, Reimspiele, Fingerspiele) zum anderen in einer monologischen Form, wenn Kinder mit Lauten und Geräuschen mit sich selber spielen (vgl. Andresen 2005, 206ff.). Das Spielen mit Lautfolgen und das Erfinden von Reimen sind zwar völlig andere Vorgänge als Lautanalyse und -synthese beim Schrieben (vgl. ebd., 210), allerdings wird durch Lautspiele eine wichtige Grundlage für die schulische Lautanalyse und -synthese gelegt. Um die Lautseite der Sprache zu analysieren, muss die Sprache selber zum Gegenstand der Betrachtung werden.

> „Da Schrift Sprache repräsentiert, müssen Kinder, um lesen und schreiben zu lernen, ihre Aufmerksamkeit auf Sprache richten und sie nach den Kriterien, die für das jeweilige Schriftsystem relevant sind, analysieren. […] Da ihre Sprache aber kein fremder, ihnen als Objekt gegenübertretender Gegenstand ist, sondern von ihnen als Sprecher und Hörer beherrscht wird, geht es hier um Prozesse der Bewusstwerdung" (Andresen 2005, 201).

D.h. die Lernenden müssen sich vom inhaltlichen Denken lösen und die Lautseite der Sprache betrachten. „Die Vergegenständlichung von Sprache im Sinne der Abstraktion vom Bedeutungszusammenhang bildet eine notwendige Voraussetzung zum Erwerb des alphabetischen Schriftsystems" (Valtin 2010, 6). Einerseits wird diese Fähigkeit durch die Auseinandersetzung mit Schrift selbst gefördert, andererseits fördern Rollenspiele Kinderlieder, Reimspiele, Abzählverse etc. diesen Prozess. Für einen als inklusiv verstandenen Lese- und Schreibunterricht bedeutet das, dass diese Spiele ein wichtiger Bestandteil des Schriftspracherwerbs sein können, gerade wenn Lernende in ihrer Entwicklung diese Phase nicht durchlaufen haben oder gerade durchlaufen.

An dieser Stelle muss das Rollenspiel nochmal besonders hervorgehoben werden. Während Kinderlieder und Reimspiele sich vorwiegend auf die Beachtung der Lautseite beziehen, fördert das Rollenspiel die Einsicht in die Trennung von Zeichen und Bezeichnetem. Dies ist für das Symbolverständnis und damit für den Lese- und Schreibprozess eine notwendige Voraussetzung. Im Rollenspiel haben die Kinder die Möglichkeit der Umdeutung. So kann z.B. im Spiel aus einem Karton ein Auto werden. Diese Umdeutung ist der spielerische Umgang mit Bedeutungsrepräsentation und die Kinder lernen, dass etwas für etwas anderes steht. „Die Vorstellung das Wort und Gegenstand untrennbar zusammengehören, wird bei den Umdeutungen im Rollenspiel gleichzeitig genutzt und auch überwunden" (Andresen 2005, 242).

Neben diesen Aspekten spielen für die Annäherung an Schrift Motivation und Imitation eine entscheidende Rolle. Für die Motivation schlägt Andresen mit Bezug auf Paley (1986) vor, dass das Aufschreiben der erzählten Geschichten Erzähllust und Erzählmotivation anregen kann (vgl. ebd. 189). Paley nutzt einen sog. ‚story table' im Vorschulbereich, um Erzählungen der Kinder aufzuschreiben. Da die Mündlichkeit der Schriftlichkeit voraus ist, sind Geschichten, Erlebnisse etc. schneller erzählt als geschrieben, was für Kinder demotivierend und frustrierend sein kann. Greift eine Lehrkraft hier stützend ein, wird der mühsame Prozess des Schreibens nicht als Qual empfunden.

Die Imitation hilft den Lernenden eine Vorstellung vom Nutzen der Schrift aufzubauen. Der Übergang zwischen Malen und so tun als würde man schreiben kann dabei fließend sein. Somit kann auch die Herstellung von Kritzelbriefen ein wichtiger Aspekt im Lese- und Schreibunterricht sein, denn „[a]lles, was man über das Lernen von Kindern weiß, spricht dafür, dass Vorstellungen und Fantasien über Schrift und Schriftlichkeit – unabhängig davon, wie angemessen sie aus der Sicht Erwachsener sein mögen – notwendig sind, damit das Lesen- und Schreibenlernen gelingen kann" (Andresen 2005, 183).

Zusammenfassend kann man mit Valtin (2010, 7) festhalten:

> „Aus pädagogischer und sprachdidaktischer Sicht ist als Vorbereitung auf das schulische Lernen bei Kindern im Vorschulbereich [und bei Entwicklungsverzögerungen auch im schulischen Bereich selber; T.R.] eine umfassende Förderung zu empfehlen, die viele Elemente enthalten muss:
> * *Sprachförderung*: Erweiterung des Wortschatzes und der grammatischen Kenntnisse
> * *Förderung metasprachlichen Verhaltens*: Nutzung aller Möglichkeiten, in denen die sprachlichen Ausdrucksmittel zunehmend auch von der konkreten Verwendungssituation abgelöst verfügbar werden, zum Beispiel durch kindliche Phantasiespiele und Rollenspiele (vgl. Andresen, 2005).
> * *Anleitung zur Vergegenständlichung von Sprache durch spielerische Übungen:* Lenkung der Aufmerkamkeit auf die Lautung durch Zungenbrecher, Silbenklatschen, Reime bilden, Anlauterkennen: ‚Ich sehe was, was du nicht siehst, und das beginnt mit R'
> * *Begegnungen mit konzeptioneller Schriftlichkeit durch Vorlesen und den Umgang mit Büchern*, was auch die Motivation zum Lesenlernen fördert
> * *Malen, Zeichnen und Schreiben, Umgang mit Schreibmaterialien"*
> (Hervorhebungen im Original)

4 Die Silbe oder der Laut

Die grundsätzliche Frage, die man für den Einstieg in die Vermittlung der Schrift beantworten muss, ist, welche Bausteine (Laute, Buchstaben, Silben, Morpheme, Wörter) man in den Vordergrund stellt (vgl. Weinhold 2010). Eine der gängigsten Vorgehensweisen ist die Vermittlung der Buchstaben über Anlaute. Die Kinder erhalten eine Anlauttabelle und müssen aus der gesprochenen Sprache (ihrer gesprochenen Sprache) die Laute isolieren und den jeweiligen Buchstaben zuordnen. Das Produkt eines solchen Vorgehens ist eine Art phonetische Transkription mit einem eingeschränkten Inventar. In diesem Zusammenhang spielt der Begriff der phonologischen Bewusstheit eine entscheidende Rolle, da die Fähigkeit des Segmentierens der kleinsten lautlichen Einheiten vorausgesetzt wird. Der Zusammenhang zwischen phonologischer Bewusstheit und Schriftspracherwerb ist jedoch alles andere als geklärt. Und hier liegt bereits das erste Problem. Derzeit gibt es vier Hypothesen, die in ihrer Konsequenz für den Schriftspracherwerb kaum unterschiedlicher sein könnten:

1. Voraussetzungs- bzw. Vorläuferhypothese: „Phonologische Bewusstheit ist eine Voraussetzung für den Schriftspracherwerb" (Sauerborn 2015, 40).
2. Konsequenzhypothese: „Phonologische Bewusstheit ist eine Folge bzw. ein Nebenprodukt des Lesen- und Schreibenlernens" (Schnitzler 2008 55).
3. Interaktionshypothese: „Phonologische Bewusstheit und Schriftspracherwerb stehen in einem wechselseitigen Verhältnis zueinander" (Sauerborn 2015, 40).

4. Independenzhypothese: „Phonologische Bewusstheit und Schriftspracherwerb werden kausal von kognitiven Fähigkeiten beeinflusst" (ebd.).

Die Arbeit mit der Anlauttabelle und die Vorgehensweise vom Gesprochenen zum Geschriebenen setzt voraus, dass Hypothese 1 zutrifft. Sollten die Hypothesen 2 oder 3 zutreffen, hieße dies, dass nur die Kinder erfolgreich sind, die entweder bereits Erfahrungen mit Lesen- und Schreibenlernen haben oder im Stande sind, sich über die Schriftsprache die lautliche Struktur selbst zu erschließen.

> „Lernanfänger haben große Probleme mit der auditiven Analyse eines gesprochenen Wortes. Das ist nicht verwunderlich, weil wir beim Sprechen nicht einzelne Laute aneinanderreihen, sondern in Silben sprechen und beim Reden die einzelnen Laute aufgrund der Koartikulation miteinander verschmelzen" (Valtin 2010, 5).

Somit müsste der Zugriff auf die Silbe Lernenden leichter fallen als der Zugriff auf den Laut. Auch Andresen (2005, 204) spricht sich für einen Lese- und Schreibunterricht, der an der Silbe anknüpft, aus: „Das Sprechen und das Hören sind durch Silben also mit bestimmten rhythmischen, motorischen Mustern verbunden. Beim Lese- und Schreibunterricht sollte daran angeknüpft werden" Im Rahmen dieses Beitrags wird daher ebenfalls dafür argumentiert, nicht beim Laut, sondern bei der Silbe als natürliche Sprecheinheit anzusetzen, um von dort den Kindern die Lautstruktur zu vermitteln.

Ein weiteres Problem bei der Arbeit mit einer Anlauttabelle o.Ä. ist die phonetische Verschriftung als solche. Letztlich werden die Kinder gezwungen umzulernen, denn zum einen entspricht ihre Form der Verschriftung nicht der, die sie in Büchern antreffen, und zum anderen sind die Schreibprodukte teilweise schwer für andere zu lesen (abgesehen davon, sollte die Orthographie das Ziel des Unterrichts sein). Das Problem des Umlernens liegt nun darin, dass Lernende nicht wissen können, wann sie welche Schreibung revidieren müssen. Letztlich läuft dies darauf hinaus, die Schreibungen auswendig zu lernen. Die dargestellte Problematik trifft bislang nur auf den Schreibprozess zu.

Die Vorgehensweise vom Gesprochenen zum Geschriebenen mithilfe einer Anlauttabelle birgt darüberhinaus auch Probleme fürs Lesen. Gerade bei den Vokalen werden i.d.R. mind. zwei Formen präsentiert: ein gespannter Langvokal und ein ungespannter Kurzvokal. Ordnet man einem Buchstaben mehrere Lautwerte zu, kann der Lernende im Leseprozess nie wissen, welchen der beiden Laute er wählen soll. Die Buchstaben selber geben keinerlei Information, da sie isoliert immer identisch aussehen. Weiht man die Lernenden nicht darüber ein, dass der Lautwert eines Buchstabens sich über seine relative Position im Wort ergibt, muss der Lernende dies selbst entdecken. Das hat zur Folge, dass Lesen zu einem Ratespiel wird. Wenn nicht die richtige phonologische Form erlesen wird, kann auch kein Eintrag im mentalen Lexikon gefunden werden, was wiederum dazu führt, dass das Gelesene nicht verstanden werden kann. Die Vermutung liegt nah, dass dies gerade für Lernende mit schwierigen Lernausgangslagen zu einem Problem werden könnte.

4.1 Das Lernen der Buchstaben im Kontext der Silbe

Bislang gibt es in silbenanalytischen Ansätzen keine Überlegungen zum Einführen der Buchstaben. Dies ist ein erhebliches Defizit will man von Anfang an silbenanalytisch arbeiten. Die nachfolgenden Ausführungen stellen lediglich vorläufige Überlegungen an, die nicht als vollständiges Programm zu verstehen sind.

Eine Möglichkeit wäre den Kindern einfach Buchstaben vorzustellen, ohne dabei direkt auf einen Lautwert einzugehen. So könnte man ihnen den Buchstaben <N> und den Buchstaben <A> vorstellen und im Prinzip sagen, dass sie zusammen <NA> [naː] gelesen werden. Dies entspräche ungefähr dem, was im Fibelunterricht (vgl. z.b. Hinrichs & Ciecinski 1998) gemacht wird, nur dass man den Lernenden hierbei nicht einen absoluten Lautwert suggeriert. Mit weiteren Buchstaben könnte man dann andere Silben bauen <DA>, <BA> oder mit Vokalen <NO>, <DO>.

Einer der Kritikpunkte eines solchen Vorgehens könnte der stumpfe „Drillcharakter" sein. Die Lernenden sind mit völlig bedeutungslosen Silben konfrontiert. Daher könnte ein anderes (aber im Kern ähnliches) Vorgehen, das Isolieren der Silben und dann der Laute aus dem Wortkontext sein. Dies könnte mithilfe von Minimalpaarbildungen geschehen. Abbildung 6 zeigt zwei Wörter, die untereinander stehen. Die Lernenden sollten hierbei lediglich versuchen zu erkennen, was gleich aussieht und was unterschiedlich.

HOSEN
DOSEN

Abb. 6: Minimalpaar zur Ermittlung der Buchstaben <H> und <D>

Als Ergebnis sollten die Lernenden feststellen, das <OSEN> jeweils gleich aussieht und sich beide Formen in den Zeichen <H> und <D> unterscheiden. Nun kann von der Lehrkraft der Bezug zum lautlichen hergestellt werden, indem sie den Lernenden sagt, dass dort [hoː.zn] und [doːzn] steht. Es könnten im Anschluss weitere Reimwörter gesucht werden wie <ROSEN> und <LOSEN>. Auch könnten in den nächsten Schritten andere Elemente ausgetauscht werden <HOSEN> vs. <HASEN> und analog dann wieder Reimwörter gesucht werden <RASEN>, <NASEN> …

Isoliert man von hier aus die Silben, so sind dies keine ‚sinnlosen' Silben mehr, sondern sie stehen in Bezug zu den besprochenen Wörtern. Die Lernenden wissen, woher sie kommen.

Für den Einstieg in die Lautanalyse ist entscheidend, einfache Silbenstrukturen (Konsonant-Vokal in <NA> oder <DO>) zu verwenden anstatt komplexe Silbenstrukturen (z.B. Konsonant-Konsonant-Vokal in <KRO>), da dies Kindern leichter fällt (vgl. Andresen 2005, 202). An dieser Stelle sei erwähnt, dass der Leseprozess voraussetzt, dass die Lernenden eine Folge wie <NA> als [nɑ:] lesen und nicht als [n] [ɑ:]. Diesen Schritt muss der Lernende selbst vollziehen. Die Lehrkraft kann nur Angebote bereitstellen und den Lernenden immer wieder zum Üben anregen. Geht der Lernende den Schritt nicht, gibt es auch kein Patentrezept ihn dorthin zu bringen.

4.2 Die Silbe und das Wortmaterial

Eine Kritik an der Arbeit des Lautierens bzw. der Anlauttabelle bestand vIor allem darin, dass die Lernenden bei Schreibprozess umlernen müssen und dieser Umlernprozess unsystematisch ist. Da einigen Lernenden der Umlernprozess gelingt, stellt sich die Frage, ob sie die Schreibungen auswendig gelernt haben oder ob sie ein System erkannt haben. Als Beispiel soll im Nachfolgenden die <i>-Schreibung dienen. Das Problem bei der Arbeit mit Anlauten liegt darin, dass man dem Buchstaben <i> einmal ein Wort mit langem, gespannten [i:] und einmal ein Wort mit kurzem, ungespannten [ɪ] zuweisen muss. In Abbildung 7 wird <Insel> für das ungespannte, kurze [ɪ] und <Igel> für das lange, gespannte [i] verwendet.

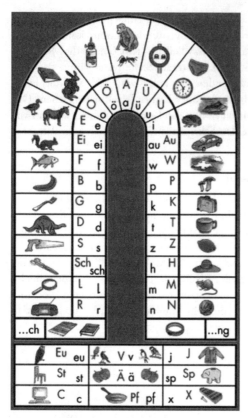

Abb. 7: Anlauttabelle nach Jürgen Reichen[2]

Die Kinder lernen hierbei, wenn ich [i:] höre, schreibe ich <i>. Dies führt zu zahlreichen Falschschreibungen (*<libe>, *<Dibe>, *<krigen>, *<schiben>) und zu einigen richtigen Schreibungen (<Maschine>, <Turbine>, <Vitamine>, <Kabine>). Lernende müssen dann bei vorliegendem langen, gespannten Vokal [i:] entscheiden, wann sie ein Wort mit <ie> schreiben und wann mit <i>. Man erhält ein relativ klares Bild, wenn man den Wortschatz in native Wörter und nicht native Wörter unterteilt. Folgt man einem synchron fundierten Begriff von nativem Wort, so wäre ein Wort nativ, wenn es den generellen grammatischen Regularitäten des Deutschen folgt (vgl. Eisenberg 2012, 16f.) bzw. es unter phonologischen, morphologischen und graphematischen Eigenschaften unauffällig ist (vgl. Eisenberg 2013, 36f.). Unauffällig bedeutet in diesem Zusammenhang, dass ein natives Wort

---

2 (http://www.rechtschreib-werkstatt.de/rsl/me/antab/html/bildreichen.html)

– eine zweisilbige trochäische Struktur aufweist
- Das Deutsche ist durch zweisilbige Wörter mit einer betonten und unbetonten Silbe gekennzeichnet. Einsilbige native Wörter wie <Ball> bilden im Plural einen trochäischen Zweisilber. Dieses Kriterium schließt Wörter wie <Trapez> oder <Pirat> als Jamben und <Maschine und <Turbine> als Dreisilber aus. Unberücksichtigt bleiben dabei Derivate wie <verlieben>. Hierbei handelt es sich zwar um ein Dreisilber, allerdings liegt diesem ein trochäischer Zweisilber zugrunde: <lieben>
– eine Reduktionssilbe aufweist
- Reduktionssilben sind durch Schwa [e] oder Tiefschwa [e] gekennzeichnet. Reduktionssilben sind zudem nie betonbar. Dieses Kriterium schließt Wörter wie <Taxi> aus. Auch wenn es sich bei <Taxi> um einen trochäischen Zweisilber handelt, weist es keine Reduktionssilbe auf
– in der Reduktionssilbe mit <e> verschriftet wird
- Es gibt Wörter, die bei der Artikulation mit Tiefschwa realisiert werden bzw. werden können, allerdings nicht mit <e> verschriftet werden, z.B. <Sofa> <Opa>
– kein <y> aufweist
- <y> wird auschließlich für die Verschriftung von Fremdwörtern verwendet. Dieses Kriterium schließt ein Wort wie <Yachten> aus, auch wenn es sich um einen trochäischen Zweisilber mit <e> verschrifteter Reduktionssilbe handelt
– den Plural nicht mit <s> oder einen Dreisilber als Pluralform bildet

Benutzt man diese erste einfache Unterteilung ergibt sich bereits ein klareres Bild:

Tab. 1: Unterscheidung in native Wörter und nicht native Wörter

Native Wörter	Nicht Native Wörter
Liebe	Maschine
Diebe	Turbine
kriegen	Vitamine
schieben	Kabine

An der prosodischen, d.h. der lautlichen Struktur eines Wortes lässt sich bereits erkennen, ob es mit <i> oder mit <ie> geschrieben wird.[3] Die Wörter <Igel>, <Tiger> und <Biber> bilden dann echte Ausnahmen/Lernwörter. Lernende müssen diese Unterscheidung implizit verstehen, wenn sie die <i>/<ie>-Schreibung sicher beherrschen wollen.

---

3 Umgekehrt ist dies auch für den Leseprozess relevant, da die Orthographie den Lesenden Informationen zur prosodischen Struktur gibt (vgl. Rautenberg &Wahl 2015). Für die Rolle morphologischer Markierungen beim Lesen vgl. Bredel, u.a. (2013); Bangel & Müller (2015).

Dreht man also die Verhältnisse um und vermittelt den Lernenden <ie> für [i:], so werden alle nativen Wörter richtig geschrieben und alle nicht nativen Wörter falsch. Dies bedeutet eine weitaus geringere Anzahl an Fehlern und auch an Fällen, die umgelernt werden müssen, zumal der Umlernprozess nicht unsystematisch, sondern an der prosodischen Struktur stattfinden kann. Es stellt sich überhaupt die Frage, ob man mit einem derartigen Vorgehen, den Lernprozess nicht so steuern könnte, dass ein Umlernen nur bei vereinzelten Wortformen notwendig wäre. Bredel (2009) modelliert auf dieser Grundlage den Orthographierwerb als Systemerwerb. Entscheidend ist hierbei, dass das Wortmaterial zielführende Hypothesen zulässt und die Lernenden die Graphem-Phonem-Beziehungen im Kontext der Silbe entdecken bzw. vermittelt bekommen.

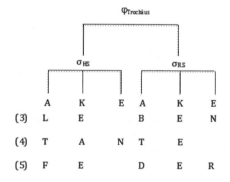

Abb. 8: Silbenmodell mit Beispielwörtern

Eine Silbe besteht aus drei Konstituenten: Anfangsrand (A), Kern (K) und Endrand (E). Bei nicht-besetztem Endrand spricht man von offenen Silben (σ_{HS} in (3) und (5)) – bei besetztem Endrand von geschlossenen Silben (σ_{HS} in (4)). Die Besetzung des Endrands hat im nativen Wortschatz Einfluss auf die Vokalqualität und -quantität. So ist der Vokal lang und gespannt bei offenen Hauptsilben (σ_{HS}) (3) und kurz und ungespannt bei geschlossenen Hauptsilben (4). Die Reduktionssilbe (σ_{RS}) ist bei nativen Wörtern durch die Verschriftung mit <e> gekennzeichnet. Das <e> wird dann entweder gar nicht (3) [le:bm] oder als Schwa (4) [tantə] oder als Tiefschwa (5) [fe:dɐ] artikuliert. Diese von der Silbenposition abhängige Artikulation müssen letztlich alle Lernenden irgendwann (zumindest implizit) verstehen, wenn sie Wortformen rekodieren wollen. Bredel (2009) verwendet als Visualisierungshilfe ein an Röber-Siekmeyer (vgl. z.B. Fuchs & Röber-Siekmeyer 2002) angelehntes Häuser-Garagen-Modell, welches die Silbenstruktur kindgerecht visualisieren soll (siehe Abbildung 9). Die Lernenden können anhand der Besetzung der einzelnen Zimmer die Beziehung der Artikulation der Buchstaben entdecken. Ist bspw. das letzte Zimmer im Haus besetzt, wird der Vokalbuchstabe kurz und ungespannt artikuliert usw. Das Modell selber ist jedoch nicht zwingend notwendig. Es könnte sogar bei vorliegender Figur-Grund-Störung zusätzlich hinderlich sein. Entscheidend ist hierbei also nicht das Modell, sondern die Arbeit am nativen Wortschatz. Alternativ könnten Legekarten, Würfel mit Buchstaben, Stempel etc. verwendet werden.

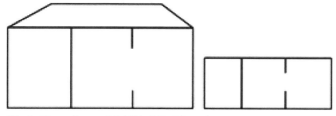

Abb. 9: Häuser-Garagen-Modell (vgl. Bredel 2009)

Der native Wortschatz kann nach Bredel (2009) nochmals in Typen unterteilt werden. Diese Typen stellen zugleich eine Lernprogression dar.
– Typ 1: offene Hauptsilbe mit langem gespannten Vokal (Na-se)
– Typ 2: geschlossene Hauptsilbe mit kurzem ungespannten Vokal (Tan-te)
– Typ 3: geschlossene Hauptsilbe mit kurzem ungespannten Vokal bei nur einem gesprochenen intervokalischen Konsonanten (Hüt-te)
– Typ 4: silbeninitiales-h (se-hen)
– Typ 5: Silbenschließendes-h (Boh-ne)

Eine vollständige Ausführung ist an dieser Stelle nicht möglich. Es sei an dieser Stelle nur noch kurz erwähnt, dass eines der häufigsten Missverständnisse bei Typ 3 wohl die Vorstellung ist, man könne den Doppelkonsonanten beim Sprechen bzw. bei der Silbentrennung hören. Bei einem Wort wie <Pappa> erfolgt die Verschlussphase des [p] in der ersten Silbe und die Lösung des Plosivs in der zweiten. Eine Silbifizierung in [pap] [pə] setzt bereits die Kenntnis der Schrift voraus. Der Fokus liegt also nicht auf der Wahrnehmung eines doppelten Konsonanten (da dieser nicht zu hören ist), sondern auf der Wahrnehmung des kurzen ungespannten Vokals bei nur einem wahrnehmbaren intervokalischen Konsonanten. Dieser Konsonant wird dann im schriftlichen verdoppelt. Die Bearbeitung der Typen 1 und 2 ist daher auch Voraussetzung, da die Lernenden hierbei die Vokalqualität und -quantität lernen.[4]

---

4 Für eine vollständige Darstellung eines silbenbasierten Unterrichts vgl. Bredel (2009); Bredel u.a. (2011); Müller (2010).

5 Zusammenfassung

Im Rahmen des Beitrags wurde dafür argumentiert, dass ein an inklusion orientierter Lese- und Schreibunterricht allen Schülerinnen und Schülern die Orthographie vermitteln sollte. Dabei wurde gezeigt, dass der erweiterte Lese- und Schreibbegriff nicht geeignet ist, Lernenden das Lesen und Schreiben zu vermitteln. Ein als inklusiv verstandener Unterricht sollte die notwendigen Bedingungen (Vergegenständlichung der Sprache und Symbolverständnis) für den Schriftspracherwerb im Blick haben. Ferner wurde für ein silbenbasiertes Arbeiten plädiert, da die Silbe eine natürliche Sprecheinheit darstellt. Die gesprochene Sprache ist zwar primär, sollte jedoch nicht die alleinige Grundlage zum Schreiben sein. Vielmehr sollte bereits mit der Schrift die gesprochene Sprache thematisiert werden, wie dies auch im Fremdsprachenunterricht der Fall ist, da sich die Segmentierung der gesprochenen Sprache für Lernende als problematisch erweisen kann. Auch wurde dafür argumentiert, Wortmaterial zu verwenden, das den generellen grammatischen und orthographischen Regularitäten des Deutschen folgt, damit Lernende zielführende Hypothesen bilden können und ein Umlernen möglichst vermieden wird. Grundsätzlich muss jedoch an dieser Stelle erwähnt sein, dass es im Bereich des Schreibens und Lesens noch zahlreicher empirischer Untersuchungen bedarf, um verlässliche Aussagen über den Erwerb bei allen Schülergruppen treffen zu können.

Literatur

Andresen, Helga (2005): Vom Sprechen zum Schreiben. Sprachentwicklung zwischen dem vierten und siebten Lebensjahr. Stuttgart: Klett-Cotta.

Bangel, Melanie & Müller, Astrid (2015): Einsichten in morphologische Strukturen als Grundlage für die Entwicklung der Dekodierfähigkeit. In: Rautenberg, Iris/Reißig, Tilo (Hrsg.): Lesen und Lesedidaktik aus linguistischer Perspektive. Frankfurt am Main u.a.: Peter Lang Verlag, 17-54.

Böing, Ursula & Köpfer, Andreas (2016): Einleitung. In: Böing, Ursula/Köpfer, Andreas (Hrsg.): Be-Hinderung der Teilhabe. Soziale, politische und institutionelle Herausforderungen inklusiver Bildungsräume. Bad Heilbrunn: Klinkhardt, 7-12.

Bredel Ursula (2009): Orthographie als System – Orthographieerwerb als Systemerwerb. In: Zeitschrift für Literaturwissenschaft und Linguistik, 39. Jg., 135-154.

Bredel, Ursula & Fuhrhop, Nanna & Noack, Christine (2011): Wie Kinder lesen und schreiben lernen. Tübingen: Narr Francke Attempto.

Bredel, Ursula & Noack, Christina & Plag, Ingo (2013): Morphologie lesen: Stammkonstanzschreibung und Leseverstehen bei starken und schwachen Lesern. In: Neef, Martin/Scherer, Carmen (Hrsg.): Die Schnittstelle von Morphologie und Geschriebener Sprache. Berlin, New York: de Gruyter, 211-249.

Eisenberg, Peter (2012): Das Fremdwort im Deutschen. Berlin, New York: de Gruyter.

Eisenberg, Peter (2013): Das Wort. Grundriss der deutschen Grammatik. Berlin, New York: de Gruyter.

Fuchs, Mechthild & Röber-Siekmeyer, Christa (2002): Elemente eines phonologisch bestimmten Konzepts für das Lesen- und Schreibenlernen: die musikalische Hervorhebung prosodischer Strukturen. In: Röber-Siekmeyer, Christa/Tophinke, Doris (Hrsg.): Schrifterwerbskonzepte zwischen Sprachwissenschaft und Pädagogik. Baltmannsweiler: Schneider Verlag Hohengehren, 98-122.

Geldmacher, Miriam (2014): Schreiben in stark leistungsheterogenen Klassen In: Hennies, Johannes/ Ritter, Michael (Hrsg.): Deutschunterricht in der Inklusion. Auf dem Weg zu einer inklusiven Deutschdidaktik. Stuttgart: Fillibach Klett, 155-169.

Günthner, Werner (2013): Lesen und Schreiben lernen bei geistiger Behinderung: Grundlagen und Übungsvorschläge zum erweiterten Lese- und Schreibbegriff. Dortmund: verlag modernes lernen Borgmann

Hinrichs, Jens & Ciecinski, Arndt (1998): Fara und Fu: Lesen und Schreibenlernen mit dem Schlüsselwortverfahren: Handbuch für Lehrerinnen und Lehrer. Hannover: Schroedel.

Hublow, Christoph (1977): Lesenlernen – ein heißes Eisen? In: Lebenshilfe, 16. Jg., 200-210.

Hublow, Christoph (1985): Lebensbezogenes Lesenlernen bei geistig behinderten Schülern. Anregungen zur Zusammenarbeit von Eltern und Lehrern auf er Grundlage eines erweiterten Verständnisses von Lesen. In: Geistige Behinderung, 24. Jg., 1-24.

Müller, Astrid (2010): Rechtschreiben lernen: Die Schriftkultur entdecken – Grundlagen und Übungsvorschläge. Stuttgart: Klett.

Nöth, Winfried (2000): Handbuch der Semiotik. Stuttgart: J.B. Metzler.

Paley, Vivian Gussin (1986): On Listening to What the Children Say. In: Harvard educational review, 56. Jg., 122-131.

Ratz, Christoph (2013): Zur aktuellen Diskussion und Relevanz des erweiterten Lesebegriffs. In: Empirische Sonderpädagogik, 343-360.

Sauerborn, Hanna (2015): Zur Bedeutung der Early Literacy für den Schriftspracherwerb. Baltmannsweiler: Schneider Verlag Hohengehren.

Schnitzler, Carola Dorothée (2008): Phonologische Bewusstheit und Schriftspracherwerb. Stuttgart: Georg Thieme Verlag KG.

Valtin, Renate (2010): Phonologische Bewusstheit – eine notwendige Voraussetzung beim Lesen- und Schreibenlernen? In: Leseforum.ch. Online-Plattform für Literalität. Online unter: http://www.forumlecture.ch/myUploadData%5Cfiles%5C2010_2_Valtin_PDF.pdf (Abrufdatum: 15.04.2017)

Warnecke, Franziska (2014): Kreatives Schreiben im inklusiven Unterricht. In: Hennies, Johannes/ Ritter, Michael (Hrsg.): Deutschunterricht in der Inklusion. Auf dem Weg zu einer inklusiven Deutschdidaktik. Stuttgart: Fillibach Klett, 131-141.

Weinhold, Swantje (2010): Silben sind besser als Laute und Buchstaben: Ergebnisse einer Untersuchung kontroverser Methoden für den Schriftspracherwerb. In: Grundschulmagazin, 78. Jg., 11-14.

Zielinski, Sascha (2014): Vielfalt und Gemeinsamkeit beim eigenen Schreiben. In: Hennies, Johannes/ Ritter, Michael (Hrsg.): Deutschunterricht in der Inklusion. Auf dem Weg zu einer inklusiven Deutschdidaktik. Stuttgart: Fillibach Klett, 115-130.

Zielinski, Sascha & Ritter, Michael (2016): Der erweiterte Textbegriff im inklusiven Deutschunterricht. In: Diana Gebele/ Alexandra L. Zepter (Hrsg.): Inklusion: Sprachdidaktische Perspektiven. Theorie, Empirie, Praxis. Duisburg: Gilles & Francke, 256-275.

Ziemen, Kerstin (2013): Kompetenz für Inklusion. Inklusive Ansätze in der Praxis umsetzen. Göttingen: Vandenhoeck & Ruprecht.

Tilo Reißig, Dr. phil., wissenschaftlicher Mitarbeiter am Institut für deutsche Sprache und Literatur der Universität Hildesheim. Arbeits- und Forschungsschwerpunkte: Orthographie und Orthographiedidaktik, Graphematik, Typographie sowie Grammatik und Grammatikdidaktik

Anke Groß-Kunkel

Inklusion und Literaturunterricht – Lesen aus soziokultureller Perspektive betrachtet

„Glückhaftes Lesen, das als Eintauchen charakterisiert wird, bedeutet demnach: Den Alltag, die 'Welt oben' hinter sich zu lassen, ohne schweres Gepäck in eine völlig andere Welt zu gelangen und sich auf diese einzulassen" (Wyrobnik 2005, 137).

Zusammenfassung: Von Theater und Musik bis hin zu Büchern und Literatur – die Verwirklichung kultureller Teilhabe von Menschen mit geistiger Behinderung zählt heute zu den zentralen Herausforderungen an eine inklusive Gesellschaft. Gerade im Hinblick auf die Teilhabe am literarischen Leben unserer Gesellschaft fehlt es Menschen mit geistiger Behinderung heute aber oft an Angeboten und Möglichkeitsräumen für eine Beschäftigung mit Literatur. Ein Weg, um Barrieren und Marginalisierungen abzubauen, könnte dabei nicht nur der Ausbau eines regelmäßig stattfindenden Literaturunterrichts für Kinder und Jugendliche an Schulen mit dem Förderschwerpunkt geistige Entwicklung sein, sondern auch die Entwicklung und Implementierung neuer inklusiver Leseangebote, die im Rahmen der schulischen Ganztagsbetreuung Menschen mit Behinderungen Möglichkeiten für eine leistungsfreie und selbstbestimmte Beschäftigung mit Literatur eröffnen. Der vorliegende Beitrag beschreibt in diesem Kontext daher zunächst einige Grundzüge der sozialen Literacy-Theorie, an der sich solche Leseangebote orientieren könnten, stellt dann mit den LEA Leseklubs ein inklusives Leseprojekt vor, das in der außerschulischen Praxis bereits seit Jahren erprobt wird und beschreibt abschließend, wie sich dieses auch in der Schule adaptieren lässt.

1 Einleitung

Ein Leben ohne Literatur, ohne Lesen, können sich in unserer Gesellschaft wohl nur die wenigsten Menschen vorstellen. Der abendliche Roman, das Versinken in einer literarischen Geschichte als Erholungstechnik in Freizeit und Urlaub, der soziale Austausch über die aktuelle Lieblingslektüre – alles das gehört ganz selbstverständlich zu unserem kulturellen Alltag, ist geteilte Erfahrung und gemeinschaftliche Praxis in unserer Gesellschaft und als solche aus ihr auch nicht mehr wegzudenken.

Nicht übersehen darf man dabei jedoch, dass vielfältige Marginalisierungen und Barrieren gerade Menschen mit geistiger Behinderung häufig von solchen gesellschaftlich geteilten Literaturerfahrungen ausschließen. Ob fehlende Leseangebote im Kindesalter oder unzureichende Unterstützungsstrukturen für leseinteressierte Erwachsene mit Behinderung – oft verläuft die Marginalisierung von Menschen mit geistiger Behinderung im literarischen und kulturellen Alltag unserer Gesellschaft über die gesamte Lebensspanne hinweg, wie im anschließenden Kapitel gezeigt wird. Dabei herrscht auch in der Schule zumeist der Fehlschluss vor, dass, wer in einem funktionalen Sinne schlecht oder gar nicht lesen kann auch kein Interesse an Literatur hat, so dass kein genuiner Literaturunterricht für Menschen mit geistiger Behinderung angeboten wird. Im Ergebnis werden so Möglichkeitshorizonte ästhetischer und selbstbestimmter literarischer Erfahrung, die in der Schule vermittelt werden müssten, Menschen mit geistiger Behinderung nicht nur nicht eröffnet – sie werden als lebensästhetische und existentielle Option de facto auch für den weiteren Lebensweg von Menschen mit geistiger Behinderung verschlossen.

Vor diesem Hintergrund liegt es auf der Hand, dass die Entwicklung und Ermöglichung eines inklusiven Literaturunterrichtes für Menschen mit geistiger Behinderung heute zu den zentralen Aufgaben der Behindertenpädagogik zählen muss. „Inklusiv" steht im hier genutzten Kontext für einen Literaturunterricht, in dem das Recht auf „Teilhabe am kulturellen Leben sowie an Erholung, Freizeit und Sport" wie es in Artikel 30, Absatz 1 der UN-Behindertenrechtskonvention grundgelegt ist, realisiert wird. Konkret heißt es dort:

> „Die Vertragsstaaten anerkennen das Recht von Menschen mit Behinderungen, gleichberechtigt mit anderen am kulturellen Leben teilzunehmen, und treffen alle geeigneten Maßnahmen, um sicherzustellen, dass Menschen mit Behinderungen Zugang zu kulturellem Material in zugänglichen Formaten haben" (Beauftragte der Bundesregierung für die Belange der Menschen mit Behinderung 2014, 46).

Ein inklusiver Literaturunterricht, so soll aufbauend auf ersten Ansätzen von Hennies & Ritter (2014) sowie Frickel & Kagelmann (2016) nachfolgend aufgezeigt werden, ermöglicht den Schülerinnen und Schülern nicht nur einen Zugang zum kulturellen Reichtum unserer Gesellschaft, sondern er eröffnet zudem einen sozialen Interaktionsraum, in dem diese soziale Beziehungen aufbauen können und es zur gegenseitigen sozialen Anerkennung kommen kann. Insbesondere die Beschäftigung mit Literatur bietet dabei die Möglichkeit, unabhängig von den Lesefähigkeiten der einzelnen Schülerinnen und Schüler gemeinsam an einem Text zu arbeiten.

Ein möglicher und vielversprechender Ansatz, an dem sich Idee und Praxis des inklusiven Literaturunterrichts orientieren könnte, ist dabei der im Kontext der britischen New Literacy Studies von Barton, Hamilton und anderen in den

1990er Jahren entwickelte Ansatz der sozialen Literacy. Im Folgenden sollen daher nach einer kurzen Einführung in den gegenwärtigen Forschungsstand zunächst die grundlegenden theoretischen Annahmen und Konzepte dieses Ansatzes vorgestellt werden. Anschließend wird in einem Zwischenschritt am Beispiel des inklusiven Leseprojekts der LEA Leseklubs* aufgezeigt, wie sich Annahmen der sozialen-Literacy-Theorie konkret in der Praxis realisieren lassen. In einem letzten Schritt wird sodann aufgezeigt, wie sich aus diesem Praxis-Format auch ein neuer Ansatz für einen inklusiven Literaturunterricht gewinnen und entwickeln lässt.

2 Zum Forschungsstand

Betrachtet man den gegenwärtigen Forschungsstand, so fällt auf, dass die Literaturrezeption von Menschen mit Behinderung in der Fachdiskussion bis vor wenigen Jahren kaum eine Rolle gespielt hat. Lange Zeit wusste die Behindertenpädagogik daher nur wenig über die Lesesituation und -motivation von Menschen mit Behinderung bzw. darüber, auf welchen Wegen sie Zugang zu Literatur finden. Immerhin liegen aber mittlerweile einige Studien vor, die ein erstes Bild der vorschulischen, schulischen sowie nachschulischen Lesesituation von Menschen mit Behinderung zeichnen.

Für den vorschulischen Bereich zeigt dabei insbesondere die Studie von Gioia (2001, 418ff.), dass Eltern von Kindern mit Behinderung ihren Kindern seltener vorlesen, als dies Eltern von Kindern ohne Behinderung tun. Wesentliche Gründe dafür sind Unsicherheiten auf Seiten der Eltern darüber, wie sie die Bücher für ihre Kinder verständlich und erfahrbar machen können. Die Perspektive der Kinder beim Vorlesen und Möglichkeiten ihre Motivation zum gemeinsamen Vorlesen zu steigern untersuchen Justice und Kaderavek (2002, 9f.). Sie kommen zu dem Ergebnis, dass sich die Vorleser und -leserinnen an die Bedürfnisse der Kinder anpassen müssen. Dazu zählen beispielsweise weniger verbale Anforderungen durch Fragen an die Kinder, längere Pausen zwischen den Leseabschnitten, aktive Beteiligung der Kinder mit Behinderung durch Umblättern sowie die Einbindung des Kindes in Entscheidungen über den Lesestoff und den Leseort. Wie Stöppler und Wachsmuth (2010, 87) hervorheben, stellt dabei das gemeinsame Lesen bzw. Vorlesen im familiären Umfeld in der Vorschulzeit im Hinblick auf den Schriftspracherwerb in der Schule für alle Schülerinnen und Schüler eine wichtige Voraussetzung dar.

Zur schulischen Lesesituation von Schülerinnen und Schülern mit geistiger Behinderung kann man im Lichte der Forschung zunächst festhalten, dass die Erweiterung des Lesebegriffs durch Hublow und Günthner seit den 1980er Jahren (vgl. hierzu Reißig in diesem Band) zu einer verstärkten Auseinandersetzung mit dem Lesebegriff und dem Schriftspracherwerb von Schülerinnen und Schülern mit geistiger Behinderung geführt hat (vgl. Wachsmuth 2007, 32). Ratz (2012, 11) spricht dabei von einem Paradigmenwechsel bezogen auf die Bedeutung des Schriftspracherwerbs im Förderschwerpunkt geistige Entwicklung. Günthner (2013, 32f.) unterstreicht jedoch, dass die Einführung des erweiterten Lesebegriffs zwar zu einem Umdenken im Bereich des Lesens geführt hat, der zeitliche Umfang und Stellenwert dieses Unterrichtsinhaltes an Schulen mit dem Förderschwerpunkt geistige Entwicklung jedoch nicht zu vergleichen ist mit dem Stellenwert des Schriftspracherwerbs an Regelschulen. Hinzu kommt, dass der Schriftspracherwerb an Schulen mit dem Förderschwerpunkt geistige Entwicklung in der Regel nicht mit einem entsprechenden Literaturunterricht einhergeht, wie Bernasconi und Wittenhorst unterstreichen (vgl. Bernasconi & Wittenhorst 2016, 116). Dies kann zum einen daran liegen, dass die Lehrkräfte der Beschäftigung mit Literatur geringe Bedeutung beimessen, ist oft jedoch auch in fehlenden Konzepten begründet. Dennoch gibt es mittlerweile immer mehr Sonderpädagoginnen und -pädagogen, die für eine Auseinandersetzung mit anspruchsvoller Literatur bzw. mit Kulturinhalten im Unterricht mit Schülerinnen und Schülern mit geistiger und Komplexer Behinderung plädieren. Dies zeigen neben den in der Praxis etablierten Elementarisierungskonzepten von Heinen und Lamers (2006), u.a. die Projekte von Klimke und König-Bullerjahn (2013a, 2013b), die beispielsweise Gedichte von Goethe und die Zauberflöte im Unterricht mit Schülerinnen und Schülern mit Komplexer Behinderung vermitteln. Insgesamt gibt es für den Literaturunterricht mit Schülerinnen und Schülern mit geistiger und Komplexer Behinderung aber nur wenige Unterrichtsmaterialien; auch wissenschaftliche Untersuchungen zu diesem Thema fehlen (vgl. Bernasconi 2013, 15). Insofern lässt sich hier eine wichtige Besonderheit in der Lesesozialisation von Menschen mit geistiger Behinderung konstatieren, deren Leseerfahrung sich auf das Lesenlernen in der Schule in einem funktionalen Sinne beschränkt, aber nicht die Beschäftigung mit Literatur einschließt. So stellen Schmitz und Kollegen 1993 – also fast zehn Jahre nach Einführung des erweiterten Lesebegriffs - in ihrem Buch „Neues Lernen mit Geistigbehinderten. Geistigbehinderte lernen lesen und schreiben" zwar die Relevanz des Schriftspracherwerbs für Menschen mit geistiger Behinderung heraus, machen jedoch, bezogen auf das Lesen von Romanen, eine deutliche Einschränkung: „Nicht alle Schüler der Schule für Geistigbehinderte werden das Lesen und Schreiben erlernen können, und keiner von ihnen wird später Romane lesen oder schreiben können" (Schmitz u.a. 1993, 6).

Dass Menschen mit geistiger Behinderung auch nach ihrer Schulzeit indessen sehr wohl Romane lesen können und wollen, ist demgegenüber durch eine eigene Untersuchung zur Bedeutung des Lesens für Erwachsene mit geistiger Behinderung (vgl. Groß-Kunkel 2017) sowie einer Studie von Wilke (2016) zur Lesesituation von Erwachsenen mit geistiger Behinderung mittlerweile ausreichend herausgestellt worden. Dennoch finden Menschen mit geistiger Behinderung weiterhin wenige literarische Möglichkeitsräume in ihrem Leben vor, was u.a. an fehlenden Zugangsmöglichkeiten zu Lese-Medien liegt, wie auch die Studie von Wilke zeigt. Häufig bleibt der alltägliche Zugang zu Zeitschriften und Büchern für den Personenkreis eingeschränkt, weil Zeitschriften in Wohnheimen nur im Mitarbeiterraum ausliegen oder keine Unterstützungsstrukturen für das Lesen von Büchern vorhanden sind (ebd.). Daher werden von Erwachsenen mit geistiger Behinderung vor allem Kalender, Kinderbücher und Kochbücher gelesen, Romane werden demgegenüber lediglich von 14% der Menschen mit geistiger Behinderung gelesen. Auffällig an diesen Zahlen ist, wie Wilke konstatiert, dass das „Angebot die Nachfrage bzw. Nutzung bestimmt" (Wilke 2016, 155): Menschen mit geistiger Behinderung nutzen vor allem solche Medien, die den „Haushalten automatisch und kostenlos" (ebd.) zur Verfügung gestellt werden, wie beispielsweise Kataloge, Werbeprospekte oder Zeitschriften wie „Bahn.Mobil". Gelesen wird also das, was zugänglich gemacht wird (vgl. ebd.). Die Ergebnisse von Wilke lassen den Schluss zu, dass Erwachsene mit geistiger Behinderung vermehrte Zugangsmöglichkeiten zur Beschäftigung mit unterschiedlichen Medien benötigen.

3 Ein neuer Ansatz für den inklusiven Literaturunterricht? Die soziale Literacy-Theorie

Obgleich sich die behindertenpädagogische Forschung bisher vor allem auf die Aneignung von Lese- und Schreibfähigkeiten fokussiert hat, ist es wichtig, zu betonen, dass die Aufgabe einer inklusiven Literaturdidaktik, wie sie im Anschluss an die UN-BRK formuliert werden kann, weder das Lesenlernen sein kann, noch das Aufrechterhalten eines engen Lesebegriffs, der „lesen" allein als die funktionale Fähigkeit versteht, taktil erfahrbaren Zeichen einen Sinn entnehmen zu können. Auch die Vermittlung einer (richtigen) inhaltlichen Deutung von Literatur gehört nicht zu ihren primären Aufgaben. Vielmehr geht es, wie bei jeder Literaturdidaktik, um die Erfahrbarmachung individueller, sozialer und kultureller Bedeutsamkeiten von Literatur (vgl. Kepser & Abraham 2016, 12 ff.) sowie um die lustbetonte und selbstbestimmte Beschäftigung mit Literatur (vgl. Eckhardt 2016, 271). Daher spielen ästhetische Erfahrungen und die ästhetische Bildung eine wichtige Rolle (vgl. Spinner 2010, 92), aber auch die Einbettung der Leseerfahrung in einen gemeinsamen soziokulturellen Rahmen.

Wichtige Impulse kann eine inklusive Literaturdidaktik dabei vor allem aus den Einsichten und Ansätzen der „New Literacy Studies" (NLS) (Gee 1990, 694) beziehen. Diese stehen, kurz gefasst, für eine Forschungsrichtung, die gesellschaftliche, kulturelle, soziale, emotionale sowie motivationale Aspekte des Lesens einbezieht und Literacy vor allem als eine soziokulturelle Praktik versteht: „[NLS] are based on the view that reading and writing only make sense when studied in the context of social and cultural (and we can add historical, political and economic) practices of which they are but a part" (Gee 2000, 180). Dabei wendet sich diese dezidiert soziokulturelle Sichtweise der New Literacy Studies deutlich von einem funktionalistischen Literacy-Verständnis ab, welches primär die Fähigkeit des Lesens und Schreibens fokussiert.

Besonders vielversprechend für eine inklusive Literaturdidaktik ist dabei der seit den 1990er-Jahren im Umfeld der „Literacy Research Group" der Lancaster Universität formulierte neue Ansatz der sozialen Literacy. Kernanliegen dieses maßgeblich mit den Namen David Barton und Mary Hamilton verbundenen Ansatzes ist es, die sozialen und kulturellen Begleitphänomene der Beschäftigung mit Literatur in den Mittelpunkt zu rücken. Barton und Hamilton verstehen Literacy dabei als soziokulturelle Praktik, die unterschiedliche Formen und Arten der Beschäftigung mit Texten einschließt. Ihr Ansatz eröffnet damit für die Behindertenpädagogik das Potenzial, ein auf Fähigkeiten abstellendes – und damit immer auch defizit-orientiertes – Verständnis des Lesens und der Beschäftigung mit Literatur von Menschen mit geistiger Behinderung zu überwinden und stattdessen die sozialen Funktionen der gemeinsamen Beschäftigung mit Literatur in den Fokus zu rücken.

Ein wesentliches Merkmal der von Barton und Hamilton entwickelten *Theorie einer sozialen Literacy* ist die Unterscheidung zwischen *Literacy-Praktiken* (literacy practices) und *Literacy-Ereignissen* (literacy events). Barton und Hamilton definieren Literacy-Praktiken als das, was Menschen ausgehend von einem Text mit Literacy tun: „In the simplest sense literacy practices are what people do with literacy" (Barton & Hamilton 2012, 6). Literacy-Praktiken sind dabei abstrakt und beschreiben keine klar definierbaren bzw. beobachtbaren Verhaltensweisen, sondern die kulturelle Anwendung von Literacy in alltäglichen Kontexten. Das Modell der Literacy-Praktiken ermöglicht somit die Verbindung der Aktivitäten des Lesens und Schreibens mit den sozialen Strukturen, in die sie eingebettet sind: „The notion of *literacy practices* offers a powerful way of conceptualising the link between the activities of reading and writing and the social structures in which they are embedded and which they help shape" (Barton & Hamilton 2000, 7). So beinhalten laut Barton und Hamilton Literacy-Praktiken zum einen individuelle Eigenschaften wie Werte, Haltungen, Gefühle und soziale Beziehungen, zum anderen bestehen sie aus externalisierten Dispositionen wie gemeinsam geteilte Ideologien – bspw. kulturelle Unterschiede im Umgang mit Literacy, soziale Identitäten sowie Vorschriften, die den Umgang mit und den Zugriff zum Text bestimmen (vgl. Barton & Hamilton 2000, 7). Damit grenzen sich Barton und Hamilton stark von der „functional literacy" als einem Konzept verschiedener kognitiver Kompetenzen ab und nehmen die sozialen Strukturen in den Blick, die

Literacy-Praktiken formen. Sie sehen dabei jedoch Literacy-Praktiken nicht nur als etwas an, was im sozialen Raum verwirklicht wird, sondern als etwas, was allein in und durch zwischenmenschliche Beziehungen existieren kann: „[…] literacy practices are more usefully understood as existing in the relations between people, within groups and communities, rather than as a set of properties residing in individuals" (Barton & Hamilton 2000, 8). Literacy-Praktiken sind somit keine genuine individuellen Eigenschaften, sondern soziale Praktiken, die Menschen miteinander verbinden.

Literacy-Praktiken sind in der sozialen Theorie von Literacy eng mit so genannten *Literacy-Ereignissen* (literacy events) verbunden. Dabei ermöglichen und gestalten Literacy-Praktiken die Literacy-Ereignisse. Barton und Hamilton definieren Literacy-Ereignisse als kommunikative Situationen, in denen ein Text fester Bestandteil der Interaktion der Teilnehmenden ist:

> „[Literacy events are] activities where literacy has a role. Usually there is a written text, or texts, central to the activity and there may be talk around the text. […] The notion of events stresses the situated nature of literacy, that it always exists in a social context" (Barton & Hamilton 2000, 8).

Literacy-Ereignisse beinhalten demnach unterschiedliche Textarten, die in einem sozialen Raum auf vielfältige Weise produziert, zugänglich gemacht und genutzt werden. Literacy-Ereignisse sind folglich vielfältiger Gestalt, wie etwa die Interaktion zwischen Erwachsenen und Kindern während des Vorlesens, ein Gespräch zwischen zwei Menschen über einen zuvor gelesenen Text, oder das Halten eines Plakates bei einer Demonstration (vgl. Barton & Hamilton 2005, 22). Zusammenfassend ist Literacy somit eine soziale Praktik, die im Kontext von durch Text bestimmten Ereignissen beobachtbar ist: *„Literacy is best understood as a set of social practices; these are observable in events which are mediated by written text"* (Barton & Hamilton 2000, 8). Der Umgang, die Auseinandersetzung mit dem Text in Literacy-Ereignissen ist dabei immer mit der gesprochenen Sprache verbunden und dient als Ausgangspunkt für die Nutzung anderer semiotischer Systeme (u.a. Nutzung von Bildern und Symbolen) (vgl. Barton & Hamilton 2005, 22). Insgesamt wird so also deutlich: Im Mittelpunkt der sozialen Literacy Theorie stehen nicht Prozesse des Lesenlernens, sondern die sozialen Anschlussoperationen und Begleitpraktiken, die von einem Text angestoßen und vermittelt werden. Damit schärft die Theorie zugleich den Blick dafür, dass Texte – also auch Literatur – vielfältige soziale, individuelle und kulturelle Funktionen erfüllen, der eigentliche Zweck des Lesens mithin in den gemeinschaftlichen sozialen Anschlussoperationen liegt, die von einem Text ausgelöst werden. Wichtig ist in diesem Sinne nicht primär das Entziffern der einzelnen Buchstaben und Wortfolgen; wichtig ist vielmehr die individuell jeweils unterschiedlich ausgestaltbare Beschäftigung mit einem Text.

Die Relevanz der sozialen Literacy-Theorie für eine inklusive Literaturdidaktik liegt damit unmittelbar auf der Hand: Sie sensibilisiert dafür, dass das Lesen von Literatur mehr bedeuten kann als die Verbesserung von Lesefähigkeiten, es mithin darauf ankommt, Möglichkeiten für die gemeinsame Interaktion und Beschäftigung mit und um einen literarischen Text herum zu schaffen. Formen solcher Beschäftigung können dabei vom Vorlesen und Nachsprechen eines Textes bis hin zum gemeinsamen Gespräch über das Gelesene reichen, sie können aber auch unterschiedliche Aneignungspraktiken wie das Malen von Bildern oder das Anschauen einer Verfilmung des Buches umfassen – aber immer mit dem Ziel, Möglichkeiten für eine leistungsfreie und lustorientierte Beschäftigung mit Literatur zu schaffen, die auch jenen Menschen Zugänge zu und das Erfahren und Erleben von Literatur eröffnen, die in einem funktionalen Sinne nicht oder nur schlecht lesen können.

4 Lesen einmal anders – der LEA Leseklub als Modell inklusiver Literaturvermittlung

In der Praxis lässt sich eine inklusive Literaturdidaktik im Sinne eines sozialen Literacy-Ansatzes prinzipiell auf verschiedenen Wegen realisieren. Mit den sogenannten LEA Leseklubs steht dabei aber ein mögliches Referenzmodell bereit, das in der Praxis bereits erprobt und auch für den schulischen Literaturunterricht adaptierbar ist. Das inklusive Leseprojekt wurde 2002 unter dem Namen „Next Chapter Book Club" von Tom Fish an der Ohio State University in den USA als ein außerschulisches Freizeitangebot für Erwachsene mit geistiger Behinderung entwickelt. Seit 2007 wird es als Kooperationsprojekt zwischen der Universität zu Köln und dem Verein KuBus˚ e.V. auch in Deutschland umgesetzt. Aktuell lesen und besprechen jede Woche ca. 450 Menschen mit und ohne Behinderung gemeinsam in einem der 50 deutschen LEA Leseklubs ein Buch. Dabei steht das gemeinsame Interesse an Geschichten und Büchern, bzw. die Lesemotivation aller LEA-Teilnehmenden im Vordergrund. Die Leselust der LEA-Teilnehmenden wird durch den spezifischen Ablauf und die leistungsfreie Atmosphäre der LEA-Leseklubs unterstützt: in einstündigen, wöchentlichen Treffen in einem Café, einer Buchhandlung oder einer öffentlichen Bibliothek liest eine Gruppe von vier bis sechs Menschen mit (geistiger) Behinderung (LEA-Mitglieder) gemeinsam mit zwei ehrenamtlichen Mitleserinnen oder -lesern ein Buch. Jeder Teilnehmende hat bei diesem Literacy-Ereignis ein eigenes Buch vor sich auf dem Tisch liegen oder hält es in der Hand. Das Besondere an den LEA Leseklubs ist dabei, dass die LEA-Mitglieder mit Behinderung während der Treffen abschnittsweise und reihum den Text laut vorlesen. Die Mitleserinnen und -leser unterstützen nur dann den Lese- und Verstehensprozess, wenn Assistenz seitens der Mitglieder gewünscht wird. Durch verschiedene Techniken werden auch schwächere Lesende und Nichtlesende aktiv in den Leseprozess integriert. Zum besseren Verständnis der Geschichten wird der Inhalt nach jedem gelesenen Abschnitt kurz von einem der Teilnehmenden zusammengefasst und das Gelesene durch gezielte Fragen gemeinsam in der Gruppe besprochen. Schwierige Wörter und Zusammenhänge werden erklärt und der Inhalt auf die eigene Lebenswelt bezogen.

Das Lesen, wird damit also deutlich, gestaltet sich in den LEA Leseklubs etwas „anders". Das „LEA" im LEA Leseklub ist daher eine Abkürzung für *Lesen Einmal Anders*. ANDERS ist das Lesen, weil im LEA Leseklub Menschen mit und ohne Behinderung gemeinsam ein Buch lesen und dabei das Interesse an der Literatur, am Lesen im Vordergrund steht und nicht etwa ein mit Leistungsdruck verbundenes Lesenlernen. ANDERS ist das Lesen zudem, weil die Klubmitglieder zur Teilnahme am LEA Leseklub nicht notwendigerweise lesen können müssen, sich jedoch alle aktiv durch verschiedene Literacy-Praktiken am Leseprozess beteiligen.

Die LEA-Mitglieder haben sehr heterogene Lesefähigkeiten. Einige können flüssig Lesen, haben jedoch Probleme bei dem Sinnverstehen, andere LEA-Mitglieder sind hingegen so genannte funktionale Analphabeten, können dem Inhalt der gelesenen Geschichte jedoch gut folgen. Durch verschiedene Methoden werden alle Mitglieder in den Prozess des gemeinsamen Lesens integriert, die Methode des Echo-Lesens steht dabei im Vordergrund. Mithilfe dieser Technik wird es Mitgliedern, die so genannte funktionale Analphabeten sind und nicht lesen können, ermöglicht, sich den Text durch Nachsprechen und Hören zu erschließen, indem sie die zumeist von einem oder einer LEA-Mitlesenden vorgelesenen Wörter eines Satzes Wort für Wort nachsprechen.

Welche Wirkung hat dieser Ansatz? Wie eine qualitativ-hermeneutische Untersuchung zu den LEA Leseklubs (Groß-Kunkel 2017) zeigt, gründen sich Lesemotivation und Lesebegeisterung der Teilnehmenden vor allem darauf, dass es in den Leseklubs nicht um ein an Leistungserwartungen gebundenes Lesenlernen geht, sondern um die gemeinsame Beschäftigung mit Literatur. Dabei erleben die LEA-Mitglieder den Leseklub auch als einen Ort individueller und sozialer Sinnstiftung, an dem sie ihre anthropologisch gegebenen kulturellen Bedürfnisse realisieren können.

Wichtig ist dabei vor allem die Offenheit und Vielschichtigkeit der sozialen Praktiken, in die das gemeinsame Lesen eingebettet ist. Dazu gehören etwa: Lesen durch Nachsprechen (Echo-Methode), künstlerische und mediale Begleitpraktiken, Zuhören, sozialer Austausch, Anschlusskommunikation (auch mit Familienangehörigen), das Lesen im öffentlichen Raum, Kaffee trinken oder essen. So etabliert der LEA Leseklub auch vielfältige Formen der sozialen Bezugnahme aufeinander – und ermöglicht Menschen mit geistiger Behinderung damit die Realisierung sozialer Bedürfnisse, wie der Interviewausschnitt mit dem LEA-Mitglied Herr Lester zeigt:

> Ich mag lesen, aber alleine mag ich keine *Bücher lesen*. Manchmal kann es etwas langweilig sein, weil ich ein bisschen müde sein kann, wenn ich lese und lese und lese, dann kann ich ein bisschen müde sein. Aber wenn ich in der Gruppe bin, dann gefällt es mir. Herr Lester 3-6.

Dazu kommt noch eine weitere Ebene: Der LEA Leseklub hat auch deshalb einen sozialen Sinn für Menschen mit geistiger Behinderung, weil er ihnen Teilhabe an der gesellschaftlichen Bedeutsamkeit der Literatur ermöglicht, das heißt, Teilhabe an etwas, das soziale Bedeutung hat und ihnen deshalb Anerkennung und soziale Bestätigung einbringen kann.

5 LEA in der Schule: Erste Erfahrungen

Dass das gemeinsame Lesen eines Buches im Sinne der LEA Leseklubs auch für Schülerinnen und Schüler einen das Interesse an Literatur fördernden literaturdidaktischen Ansatz darstellen kann, zeigt der erste schulische LEA Leseklub. Im Jahr 2016 hat die Sonderpädagogin Nadine Jakobi den ersten schulischen LEA Leseklub an einer Schule mit dem Förderschwerpunkt geistige Entwicklung für Schülerinnen und Schüler ab der 9. Klasse eingerichtet. Dort lesen seitdem einmal in der Woche sechs bis sieben Schülerinnen und Schüler mit geistiger und Komplexer Behinderung gemeinsam mit zwei Tätigen im Freiwilligen Sozialen Jahr im Nachmittagsbereich auf freiwilliger Basis ein Buch. Der freiwillige Charakter des Leseklubs ist dabei für die Lesefreude der Mitglieder mit Behinderung auch im schulischen Kontext eine wichtige Voraussetzung – wie sich vor allem im Verlauf des ersten Schuljahres zeigte. Zu Beginn des schulischen LEA Leseklubs hatten einige Lehrkräfte ihre Schülerinnen und Schüler dazu gedrängt zum Leseklub gehen, weil sie sich dadurch eine Verbesserung der Lesefähigkeiten dieser Schülerinnen und Schüler erhofften. Die Motivation zur Teilnahme dieser Schülerinnen und Schüler war jedoch nicht immer gegeben, sie kamen unregelmäßig zu den Treffen des LEA Leseklubs. Mittlerweile hat es sich fest etabliert, dass die Schülerinnen und Schüler selber entscheiden, ob sie beim LEA Leseklub mitmachen oder nicht. So hat sich eine feste Kerngruppe gefunden, die jede Woche motiviert zum gemeinsamen Lesen kommt. Die Lesefähigkeiten der LEA-Mitglieder sind dabei sehr heterogen. Einige LEA-Mitglieder nehmen durch die Echo-Methode aktiv am Leseprozess teil, andere können selbständig oder mit geringer Unterstützung die ausgewählten Texte lesen, eine Schülerin verfügt über keine Verbalsprache und hört daher den anderen beim lauten Vorlesen zu. Als weitere Möglichkeit der Literaturrezeption wird bei dieser Schülerin das Erzählen einer mehr-Sinn Geschichte genutzt.

Über die im LEA Leseklub gelesenen Bücher sprechen die Schülerinnen und Schüler auch außerhalb der eigentlichen LEA-Treffen im Schulalltag. Neben dem schulischen LEA Leseklub gibt es in Göttingen zudem zwei außerschulische Leseklubs. Diese beiden Leseklubs unternehmen auch außerhalb der Klubtreffen verschiedene Literacy-Aktivitäten – beispielsweise Theaterbesuche oder Lesungen. Mit großem Interesse nehmen auch die LEA-Mitglieder aus dem schulischen Leseklub an diesen Veranstaltungen teil. Es entstehen Berührungspunkte zwischen den LEA-Mitgliedern der verschiedenen Leseklubs. So wird eine Schülerin des schulischen LEA Leseklubs nah der Beendigung ihrer Schulzeit im Sommer ganz selbstverständlich in einen der außerschulischen LEA Leseklubs wechseln, da ihre Teilnahme am Leseklub von großem persönlichen Stolz getragen wird. Diesen Effekt – die Freude am Ausüben des Lesebedürfnisses und der Stolz darauf ein Leser bzw. eine Leserin zu sein – sehen die pädagogisch Tätigen der Schule auch bei den anderen LEA-Mitgliedern. In den schuleigenen Lehrplan wurde der LEA Leseklub daher für die Abschlussklassen als fester Bestandteil aufgenommen. Bisher ist der schulische Leseklub noch nicht öffentlich zugänglich und arbeitet nicht mit ehrenamtlichen Mitlesenden. Für das nächste Schuljahr soll daher der Schulleseklub weiter geöffnet werden, indem Mitlesende aus der Schülerschaft der benachbarten Waldorfschule gewonnen werden sollen.

6 Literaturunterricht inklusiv gestalten – einige praktische Hinweise zum Schluss

Bezieht man diese Ergebnisse und Erfahrungen aus den LEA Leseklubs auf den schulischen Kontext, so ergeben sich verschiedene Implikationen für den Literaturunterricht in heterogenen Gruppen bezüglich des Leseprozesses, des Textverständnisses und der Textauswahl. Bezogen auf den *Leseprozess* sollte der literarische Text gemeinsam (in Ausschnitten) und von allen Mitgliedern der Lerngruppe abwechselnd laut vorgelesen werden. Obgleich das gemeinsame Lesen viel Zeit in Anspruch nimmt, ermöglicht es allen Schülerinnen und Schülern eine Beteiligung am Leseprozess. Dabei können sich die „Nichtlesenden" durch die Echo-Methode aktiv am Leseprozess beteiligen. Weitere Unterstützung kann das Mitführen des Fingers oder einer Leseleiste unter den gerade gelesenen Wörtern bieten.

Bezogen auf das *Textverständnis* sind eine kurze Zusammenfassung des Inhaltes nach jedem gelesenen Abschnitt sowie die anschließende Bezugnahme des gelesenen Inhaltes auf die eigene Lebenswelt besonders wichtig. Falls in dem gelesenen Text Bilder oder Illustrationen vorhanden sind, können diese zudem gemeinsam gedeutet werden.

Bezüglich der *Textauswahl* sollten nicht vornehmlich Bücher in Einfacher Sprache genutzt werden, sondern möglichst mit den Originaltexten gearbeitet werden. Die Praxis der Leseklubs zeigt, dass durch das gemeinsame Lesen und Besprechen der Texte auch sprachlich anspruchsvolle Literatur gut verständlich gemacht werden kann. Wie eingangs erwähnt, stehen auch im Literaturunterricht nicht das genuine Verständnis des Inhaltes eines Textes im Vordergrund, sondern die ästhetischen Erfahrungen, die durch den literarischen Text gemacht werden. Obgleich in den letzten Jahren viele Klassiker des literarischen Kanons sowie eine Vielzahl an moderner Literatur in Einfache Sprache übersetzt wurden, spricht jedoch vieles dafür, die Originaltexte im Unterricht zu verwenden. Sie ermöglichen einerseits andere literaturästhetische Erfahrungen und gleichzeitig die Teilhabe an den Kulturgütern unserer Gesellschaft, wohingegen Übersetzungen in Einfache Sprache immer eine „gesonderte" Edition darstellen. Dies artikulierten auch die LEA-Mitglieder aus den Kölner Leseklubs anlässlich einer Befragung, in der sie betonten, dass in Einfache Sprache übersetzte Bücher zu leicht zu lesen und gleichzeitig zu dünn seien. Sie lesen daher die Texte ausschließlich in der Originalversion.

Eine weitere Möglichkeit kann das Lesen eines Romans oder einer Geschichte sein, in der einer oder mehrere der Protagonisten eine Behinderung haben. So kann gleichzeitig das Thema Verschiedenheit im Unterricht aufgegriffen werden. Allgemein ist das Thema „Behinderung" kein neuer literarisch bearbeiteter Inhalt, es lässt sich bis in die griechische, altjüdische und nordische Mythologie zurückverfolgen (vgl. Zimmermann 1982, 57). Aktuell liegen verschiedene Studien vor, die den Aspekt der Darstellung von unterschiedlichen Behinderungsformen insbesondere in der Kinder- und Jugendliteratur untersuchen. Auffällig ist dabei, dass die Protagonisten vorwiegend Körper- und Sehbeeinträchtigungen haben (vgl. Reese 2007, 148). Dies zeigt auch Ebermann (2016) in ihrer Abschlussarbeit, in der sie untersucht, wie die Darstellung eines Protagonisten mit Behinderung in der Kinder- und Jugendliteratur in inklusiven pädagogischen Settings thematisch aufgegriffen und literarisch genutzt werden kann. Dabei hat Ebermann u.a. den Jugendroman „*Simpel*" von Marie-Aude Murail analysiert. Darin geht es um die Beziehung der Brüder Colbert und Barnabé, der auch Simpel genannt wird. Colbert ist siebzehn Jahre alt und muss die Verantwortung für seinen fünf Jahre älteren Bruder mit geistiger Behinderung übernehmen. Die beiden Brüder wohnen gemeinsam mit vier Studierenden in einer Wohngemeinschaft. Anhand des Romans „Simple" bieten sich laut Ebermann (2016, 35ff.) folgende Themenbereiche zur gemeinsamen Erarbeitung an:

– Herausarbeiten der gesellschaftlichen Sichtweisen auf Behinderung anhand der unterschiedlichen Reaktionen der vier Mitbewohnerinnen und Mitbewohner.
– Diskussion wie Toleranz gefördert und Vorurteile in der Gesellschaft abgebaut werden könnten.
– Erörterung des Themas Geschwister von Menschen mit Behinderung.

– Analyse verschiedener (inklusiver) Wohnformen für Menschen mit Behinderung.
– Methodisch kann zudem ein Lesetagebuch genutzt werden, wodurch sich die Schülerinnen und Schüler den Roman selbstständig und nach ihrem persönlichen Leistungsvermögen erarbeiten (vgl. Hintz 2005, 76), sowie sich über ihre Leseerfahrung austauschen können (vgl. Ebermann 2016, 33ff.).
– Für Schülerinnen und Schüler, die selber nicht schreiben können, ist das Diktieren von Texten für das Lesetagebuch, das Malen von Bildern zu den Inhalten oder die Darstellung des Textes durch weitere künstlerische Formen eine Möglichkeit der aktiven Teilnahme.

Der Jugendroman „Simple" bietet sich neben dem Themenbereich „Leben mit einer Behinderung" auch für die Erarbeitung von generellen, für die Schülerinnen und Schüler interessanten Themen an.

Fazit: Praktikerinnen und Praktikern in der Schule und darüber hinaus stehen heute verschiedene Techniken, Ansätze und Modelle offen, die Menschen mit Behinderung neue Zugänge zu Literatur eröffnen können. Dabei gilt es aber, von einer allein auf die Verbesserung von Lesefähigkeiten ausgerichteten Literaturdidaktik wegzukommen und stattdessen Formen der Literaturvermittlung anzubieten, die das gemeinsame, leistungsfreie und lustbetonte Erfahren und Erleben von Literatur in den Mittelpunkt stellt. Dafür können die LEA Leseklubs ein mögliches Modell sein – als ein Ansatz, der vor allem darauf abzielt, Menschen mit Behinderung Möglichkeitshorizonte literarischer Erfahrung zu eröffnen, um so einer Marginalisierung und Diskriminierung von Menschen mit Behinderung im literarischen und kulturellen Leben unserer Gesellschaft entgegenzuwirken.

Literaturtipps

Kinder- und Jugendliteratur

– Maritgen Matter und Anke Faust: Ein Schaf fürs Leben
– Peter Pohl & Kinna Gieth: Du fehlst mir, du fehlst mir
   Bei den Frauen sehr beliebt, bei den Männern weniger
– Otfried Preußler: Krabat
   Spannend und gruselig aber viele schwierige Wörter, das Lesen dauert sehr lange
– Uwe Timm: Rennschwein Rudi Rüssel
   (bezogen auf die Reihe) Lustige Bücher, sind gefragt und beliebt, vor allem bei männlichen Lesern
– Edward Packart: Die Insel der 1000 Gefahren – Mitmachbuch
   Sehr spannend und gut mehrmals zu lesen. Alle haben rege diskutiert
– Andreas Steinhöfel: Anders; Rico, Oskar und die Tieferschatten

- Marie-Aude Murail: Simpel
- Max von der Grün: Die Vorstadtkrokodile

Gedichte und Kurzgeschichten in Einfacher Sprache

- KuBus e.V.(Hrsg.): Die Kunst der Einfachheit (Band 1)
- Lebenshilfe Berlin (Hrsg.): Die Kunst der Einfachheit (Band 2-3)

Klassiker

- Henning Mankell: Der Mann am Strand
  Mankell schreibt sehr einfach. Wurde mit großer Freude gelesen.
- Siegfried Lenz: So zärtlich war Suleyken

Klassiker in Einfacher Sprache

- Joseph Roth: Hiob
- E.T.A. Hoffmann: Der Sandmann
- Anne Frank: Tagebuch

Moderne Literatur

- Daniel Glattauer: Gut gegen Nordwind
- Philippe Claudel: Monsieur Linh und die Gabe der Hoffnung
  Spannend, interessant, herzerwärmend und manchmal lustig aber vor allem sehr traurig.

Moderne Literatur in Einfacher Sprache:

- Philippe Pozzo Di Borgo: Ziemlich Beste Freunde
  Top-Buch, Top-Film.
- Wolfgang Herrndorf: Tschick
  Gutes Schulthema.

Literatur

Barton, David & Hamilton, Mary (2000): Literacy Practices. In: Barton, David & Hamilton, Mary & Ivanič, Roz (Hrsg.): Situated Literacies. London: Routledge, 7-15.

Barton, David & Hamilton, Mary (2005): Literacy, Reification and the Dynamics of Social Interaction. In: Barton, David & Tusting, Karin: Beyond Communities of Practice. Language, Power and Social Context. 1. publ. Cambridge: Cambridge Univ. Press, 1-35.

Barton, David & Hamilton, Mary (2012): Local literacies. Reading and writing in one community. London/New York: Routledge.

Beauftragte der Bundesregierung für die Belange der Menschen mit Behinderung (2014): UN-Konvention über die Rechte von Menschen mit Behinderungen. Informationen zur UN-Behindertenrechtskonvention in Alltagssprache und in leichter Sprache. Online unter: http://www.behindertenbeauftragte.de/DE/Wissenswertes/Publikationen/publikationen_node.html. (Abrufdatum: 20.04.2017)

Bernasconi, Tobias (2013): Literaturunterricht mit Schülern mit geistiger Behinderung. In: Lernen Konkret. Bildung im Förderschwerpunkt geistige Entwicklung, Heft 3, 32. Jg., 15-19.

Bernasconi, Tobias & Wittenhorst, Mara (2016): Elementarisierung als didaktische Möglichkeit der Gestaltung von inklusivem Literaturunterricht – Perspektiven aus Sicht des Förderschwerpunktes Geistige Entwicklung. In: Frickel, Daniela A. & Kagelmann, Andre (Hrsg.): Der inklusive Blick: die Literaturdidaktik und ein neues Paradigma. Frankfurt am Main [u.a.]: Lang, 115-132.

Ebermann, Michelle (2016): Helden, die „anders" sind – Die Darstellung von geistiger Behinderung in Kinder- und Jugendliteratur und ihre Anwendung in inklusiven pädagogischen Settings. Unveröffentlichte Abschlussarbeit, Universität zu Köln.

Eckhardt, Juliane (2016): Leseförderung und literarische Bildung durch Kinder- und Jugendliteratur. In: Goer, Charis & Köller, Katharina (Hrsg.): Fachdidaktik Deutsch. Grundzüge der Sprach- und Literaturdidaktik. Paderborn: Fink, 258-273.

Fornefeld, Barbara (2013): mehr Sinn* Geschichten: erzählen – erleben – verstehen. Konzeptband. Düsseldorf: Verlag selbstbestimmtes leben.

Frickel, Daniela A. & Kagelmann, Andre (2016) (Hrsg.): Der inklusive Blick: die Literaturdidaktik und ein neues Paradigma. Frankfurt am Main [u.a.]: Lang.

Gee, James Paul (1990): Social linguistics and literacies. Ideology in discourses. London: Falme.

Gee, James Paul (2000): The „New Literacy Studies". From „social situated" to the work of the social. In: Barton, David/Hamilton, Mary/Ivanič, Roz (Hrsg.): Situated Literacies. London: Routledge, 180-196.

Gioia, Barbara (2001): The Emergent Language and Literacy Experiences of Three Deaf Preschoolers. In: International Journal of Disability, Development and Education, Heft 4, 48. Jg., 411-428.

Groß-Kunkel, Anke (2017): Kultur, Literacy und Behinderung. Teilhabe verstehen und verwirklichen mit den LEA Leseklubs. Bad Heilbrunn: Klinkhardt.

Günthner, Werner (2013): Lesen und Schreiben lernen bei geistiger Behinderung. Grundlagen und Übungsvorschläge zum erweiterten Lese- und Schreibbegriff. 4., völlig überarb. Aufl. Dortmund: verl. modernes lernen.

Hennies, Johannes & Ritter, Michael (Hrsg.) (2014): Deutschunterricht in der Inklusion. Stuttgart: Fillibach.

Hintz, Ingrid (2005): Das Lesetagebuch. Intensiv lesen, produktiv schreiben, frei arbeiten. Baltmannsweiler: Schneider Verlag Hohengehren.

Justice, Laura M. & Kaderavek, Joan (2002): Using shared storybook reading to promote emergent literacy. In: Teaching Exceptional Children, Jg. 34, Heft 4, 8-13.

Kepser, Matthis & Abraham, Ulf; (2016): Literaturdidaktik Deutsch. Eine Einführung. 4., völlig überarb. Aufl. Berlin: E. Schmidt.

Klimke, Carla & König-Bullerjahn, Klaudia (2013a): Von Goethe bis Guggenmos: Kinder spielen mit Gedichten – Praxisbeispiele zur voraussetzungslosen gesellschaftlichen und kulturellen Teilhabe. Dortmund: verl. modernes lernen.

Klimke, Carla & König-Bullerjahn, Klaudia (2013b): Beinahe die Zauberflöte: ein musikalisches Märchen – Praxisbeispiel für voraussetzungslose kulturelle Teilhabe. Dortmund: verl. modernes lernen.

Lamers, Wolfgang & Heinen, Norbert (2006): Bildung mit ForMat – Impulse für eine veränderte Unterrichtspraxis mit Schülerinnen und Schülern mit (schwerer) Behinderung. In: Laubenstein, Désirée & Lamers, Wolfgang & Heinen, Norbert (Hrsg.): Basale Stimulation. Kritisch – konstruktiv. Düsseldorf: Verl. Selbstbestimmtes Leben, 141-205.

Ratz, Christoph (2012): Schriftsprachliche Fähigkeiten von Schülern mit dem Förderschwerpunkt geistige Entwicklung. In: Dworschak, Wolfgang & Kannewischer, Sybille & Ratz, Christoph & Wagner, Michael (Hrsg.): Schülerschaft mit dem Förderschwerpunkt geistige Entwicklung (SFGE). Eine empirische Studie. 2. überarb. Aufl. Oberhausen: Athena

Reese, Ingeborg (2007): Behinderung als Thema in der Kinder- und Jugendliteratur. Hamburg: Verlag Dr. Kovac.

Schmitz, Gudrun & Niederkrüger, Rosemarie & Wrighton, Gisela (1993): Neues Lernen mit Geistigbehinderten. Geistigbehinderte lernen lesen und schreiben. Rheinbreitbach: Dürr & Kessler.

Spinner, Kaspar H. (2010): Lesen als ästhetische Bildung. In: Bertschi-Kaufmann, Andrea (Hrsg.): Lesekompetenz – Leseleistung – Leseförderung. Grundlagen, Modelle und Materialien. 3. Aufl. Seelze-Velber: Klett [u.a.], 83-94.

Spinner, Kaspar H. & Standke, Jan (2016): Erzählende Kinder- und Jugendliteratur im Deutschunterricht: Textvorschläge, Didaktik, Methodik. Paderborn: Schöningh.

Stöppler, Reinhilde & Wachsmuth, Susanne (2010): Förderschwerpunkt Geistige Entwicklung. Eine Einführung in didaktische Handlungsfelder. Paderborn [u.a.]: Schöningh [u.a.].

Wachsmuth, Susanne (2007): Literacy. Hinführung von Menschen mit geistiger Behinderung zur Schrift. In: Geistige Behinderung, 46. Jg., 30-38.

Wilke, Julia (2016): Literacy und geistige Behinderung : Eine Grounded-Theory-Studie. Wiesbaden: Springer VS.

Wyrobnik, Irit (2005): Leseglück und Lebenslauf – phänomenologische und biographische Erkundungen. In: Ecarius, Jutta & Friebertshäuser, Barbara (Hrsg.): Literalität, Bildung und Biographie. Perspektiven erziehungswissenschaftlicher Biographieforschung. Opladen, 128-147.

Zimmermann, Rosmarie (1982): Behinderte in der Kinder- und Jugendliteratur. Berlin: Spiess Verlag.

Anke Groß-Kunkel, Dr.: Wissenschaftliche Mitarbeiterin an der Universität zu Köln, Arbeits- und Forschungsschwerpunkte: kulturelle Teilhabe, Literaturdidaktik und Inklusion von Menschen mit Behinderung.

Walter Goschler

Inklusiver Mathematikunterricht anhand mathematischer Lernumgebungen für das Grundschulalter

Zusammenfassung: Guter inklusiver Mathematikunterricht sollte, wie jeder andere Unterricht auch, durch eine zweifache Grundstruktur geprägt sein. Er benötigt eine allgemein-didaktische Fundierung, die im Rahmen gemeinsamen Unterrichts verortet werden kann und es müssen fachliche und fachdidaktische Grundlagen beachtet werden. Beide Aspekte zusammen können dazu führen, dass ein Unterricht für heterogene Gruppen von Schülerinnen und Schülern so ermöglicht wird, dass die jeweiligen unterschiedlichen Unterrichts-, Erziehungs- und Bildungsbedürfnisse berücksichtigt und im Sinne gemeinsamkeitsstiftenden gemeinsamen Handelns realisiert werden können. Dies wird theoretisch aufgezeigt und anhand von mathematischen Lernumgebungen für das Grundschulalter und darüber hinaus praktisch konkretisiert. Grundlage dafür sind verschiedene mathematische Muster, die rund um das Pascalsche Dreieck angesiedelt sind. An den dabei entstehenden, verschiedenen Lernumgebungen werden jeweils unterschiedliche Aspekte einer didaktischen Planung für ein Lernen an einem Gemeinsamen Bildungsgegenstand aus der Mathematik exemplarisch dargestellt. Hieraus lässt sich ein Gesamtbild für mathematische Angebote zu verschiedenen Themenbereichen zusammensetzen, wobei ein Einblick in die verschiedenen Materialien gegeben wird.

1 Didaktische Überlegungen zu einem gemeinsamen Unterricht in heterogenen und an Diversität orientierten Gruppen

Das Feld an Möglichkeiten für einen gemeinsamen Unterricht ist breit und kann als Spannungsbogen zwischen zwei Polen beschrieben werden. Einen Pol bilden dabei Konzepte, die sich an den Begriffen Individualisierung und Differenzierung im Sinne jeweils individueller Curricula orientieren. Damit ist gemeint, dass aufgrund der Heterogenität der Zusammensetzung den Schülerinnen und Schülern jeweils eigene Wege der Bildungsplanung eröffnet werden, die sich aus den jeweils individuellen Erziehungs-, Lern und Förderbedürfnissen ergeben. Dies kann in einem gedanklichen Extrem dazu führen, dass jedes Kind Unterrichtsangebote bekommt, die einem auf das Kind zugeschnittenem Förderplan entspringen. In didaktischer Sicht kann dies realisiert werden über Formen eines offenen Unterrichts, die es ermöglichen, dass zu einer bestimmten Zeit alle Schülerinnen und Schüler an einem jeweils anderen Thema oder Fach arbeiten. Es handelt sich dabei um eine Form maximaler Individualisierung.

Den komplementären Pol bilden Überlegungen zu einem gemeinsamen Lernen an einem Gemeinsamen Bildungsgegenstand, bei dem dennoch die jeweiligen Erziehungs-, Lern- und Bildungsbedürfnisse der Kinder berücksichtigt werden. Ziel didaktischer Planung ist die Ermöglichung von gemeinsamem Handeln, wofür der Gemeinsame Bildungsgegenstand (siehe auch Böing in diesem Band) oder ein gemeinsames Thema Voraussetzung ist. Hierüber können gemeinsamkeitsstiftende Prozesse in Gang gesetzt werden

Markowetz unternimmt mit dem Konzept der „Triangulation theoretischer Vorstellungen über Gemeinsamen Unterricht" (Markowetz 2007, 832) den Versuch, den Spannungsbogen zwischen beiden Polen zu füllen, indem er Wockens Didaktikkonzept der gemeinsamen Lernsituationen (vgl. Wocken 1998, 41ff.; Wocken 2014, 62ff.), Feusers entwicklungslogische Didaktik (vgl. Feuser 1984, 18; Feuser 2005; Feuser & Meyer 1987) und seine eigenen Vorstellungen über exklusiv-individuelle Lernsituationen integrieren will (vgl. Markowetz 2004).

1.1 Exklusiv-individuelle Lernsituationen nach Markowetz

Markowetz weist zu Recht daraufhin, dass die positive Umsetzung von schulischer Inklusion eng verknüpft ist mit Gelingensbedingungen von inklusivem Unterricht.

> „Das Vorankommen von Inklusion wird damit in besonderer Weise zu einer Frage der Didaktik […] und hängt ganz entscheidend davon ab, wie es einer Pädagogik für alle im Gemeinsamen Unterricht gelingt die ‚Kunst des integrativen Lehrens und Lernens' wissenschaftlich zu klären und so zu vermitteln, daß sie berufspraktisch professionell ausgeübt werden kann" (Markowetz 2007, 811).

Mit dem Konzept der exklusiv-individuellen Lernsituationen wendet sich Markowetz einer einzelnen Schülerin, einem einzelnen Schüler oder einer Kleingruppe zu. Diese Ausrichtung ist nicht dauerhaft an eine bestimmte Person geknüpft. Ausgangspunkt sind die individuellen Fähigkeiten und Lernbedürfnisse der jeweiligen Kinder.

> „Exklusiv-individuell meint und akzeptiert ein passageres, nicht durchgängig akzeptables unterrichtliches Vorgehen, das frei von Kooperationszwängen ist und bei dem sich Schüler mit und ohne Behinderung in weitestgehender Selbstbestimmung innerhalb oder außerhalb des Klassenzimmers mit pädagogisch-erzieherischer Begleitung oder

ohne persönliche Assistenz so verhalten dürfen, dass dies den individuellen Fähigkeiten und Lernbedürfnissen in hohem Maß gerecht wird" (Markowetz 2004, 177. Hervorhebung im Originaltext. W.G.).

Umgesetzt werden kann dies in unterschiedlichen Konstellationen.

„Die Anerkennung der Gleichheit und Verschiedenheit der lernenden Subjekte fordert die Gleichberechtigung inklusiver wie exklusiver Lernsituationen im Gemeinsamen Unterricht ein" (Markowetz/Reich 2015, 345).

Markowetz ist sich der Problematik dieses Konzeptes in Bezug auf eine drohende Vereinzelung bestimmter Kinder bewusst und beantwortet dies mit dem Hinweis auf „eine sehr sorgfältige Integration und verantwortungsbewusste Balance sozial-inklusiver und individuell-exklusiver Lernsituationen im Gemeinsamen Unterricht in einer Schule für alle" (Markowetz 2012, 154). Es bleibt die Frage, inwieweit es nicht doch gelingen könnte, das, was in den Anteilen von exklusiv-individuellen Lernsituationen am gemeinsamen Unterricht thematisiert wird, nicht auch in einem kooperativen Sinne einlösbar wäre?

1.2 Gemeinsame Lernsituationen nach Wocken

Wocken betrachtet die verschiedenen Lernsituationen, wie sie in einem gemeinsamen Unterricht vorkommen können und kategorisiert diese nach den jeweiligen Inhalts- und Beziehungsaspekten. Er unterscheidet vier verschiedene Typen, die weiter unterteilt werden können (vgl. Wocken 1998, 41ff.; Wocken 2014, 62ff.). Mit den verschiedenen Lernsituationen kann die Bandbreite gemeinsamen Unterrichts abgedeckt werden (vgl. Goschler 2016, 128f.). Koexistente Lernsituationen (s. Abb. 1) bewegen sich ebenfalls am Pol individueller Curricula. Die Schülerinnen und Schüler folgen ihrem jeweils eigenen Lernprogramm. „Die didaktische Potenz koexistenter Situationen liegt in der Entfaltung individueller Fähigkeiten, Kenntnisse und Kompetenzen" (Wocken 2014, 65).

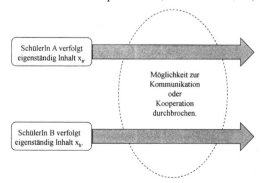

Abb. 1: Koexistente Lernsituationen in Anlehnung an Wocken.

Kennzeichnendes Merkmal kooperativer Lernsituationen (s. Abb. 2) als Gegenpol ist der verbindliche Zusammenhang von Arbeitsinhalten und/oder -prozessen (vgl. ebd., 70). Diese werden in mehr oder weniger enger Kooperation von verschiedenen Schülerinnen und Schülern verfolgt, wobei der Prozess der Realisierung kein beliebiger sondern ein verhandelter, abgesprochener ist.

Bei kooperativ-solidarischen Lernsituationen spricht Wocken von der „höchsten und reinsten Form" der kooperativen Lernsituationen (ebd., 71).

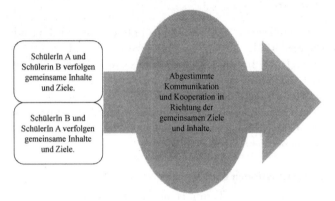

Abb. 2: Kooperativ-solidarische Lernsituationen in Anlehnung an Wocken.

„Kooperative, solidarische Lernsituationen vereinigen in höchster Form alle gemeinsamkeitsstiftenden, integrationsförderlichen Faktoren" (ebd., 72). Deshalb bezeichnet Wocken diese Unterrichtsvorhaben auch als „Sternstunden" (ebd.), um dann einschränkend darauf hinzuweisen, dass ein so organisierter Unterricht didaktisch nicht in beliebigem Umfang und Ausmaß realisiert werden kann. Allerdings geht Wocken davon aus, dass sich solche Unterrichtsanteile in der Regel nur im einstelligen Prozentbereich quantifizieren lassen. Solidarische Lernsituationen setzen an am Pol maximaler Gemeinsamkeit und Kooperation an und können strukturidentisch mit der entwicklungslogischen Didaktik von Feuser betrachtet werden.

1.3 Entwicklungslogische Didaktik nach Feuser

Feuser legt 1989 ein umfangreiches Konzept für eine gemeinsame Erziehung und Bildung von Kindern und Jugendlichen mit und ohne Behinderung vor. Zentral ist das Verständnis von Integration, das als „gemeinsame Tätigkeit (Spielen/Lernen/Arbeit) am gemeinsamen Gegenstand/Produkt in Kooperation von behinderten und nichtbehinderten Menschen" (Feuser 1984, 18) bezeichnet wird. Feusers Ansatz wird von Wocken ebenfalls abgedeckt mittels der kooperativ-solidarischen Lernsituationen.

„Die Konzeption Georg Feusers ist zweifellos der konsequenteste, auch theoretisch konsistenteste Ansatz für eine Didaktik des gemeinsamen Unterrichts. Aber diese integrative Didaktik ist – vor allem mit dem Ausschließlichkeitsanspruch, mit dem sie vertreten wird – in der Praxis kaum durchzuhalten und auch theoretisch ‚nur die halbe Wahrheit‘" (Wocken 1998, 50).

Andererseits kann mit Feuser festgestellt werden, dass die Integrationsbewegung, damit meint er die Bestrebungen, die unter dem Begriff Integration oder Inklusion firmieren, „von einer erschreckenden didaktischen Abstinenz geprägt" ist (Feuser 2011, 86). Heimlich resümiert in Bezug auf neuere Ansätze einer inklusiven Bildung, „dass wir hier zum gegenwärtigen Zeitpunkt noch von einer konzeptionellen Suchbewegung ausgehen müssen" (Heimlich 2014a, 4). Weiter fordert Moser Opitz, „wenn Inklusion eine Chance haben soll, ist es an der Zeit, dass sich die Inklusionspädagogik spezifisch mit Unterrichtsentwicklung befasst – einer inklusiven Unterrichtsentwicklung, die weder bestimmte Lernende ausschließt noch deren Bildung und Förderung vernachlässigt" (Moser Opitz 2015, 260). Textor u.a. (2014, 69) formulieren: „Die Auseinandersetzung mit didaktischen Modellen, die explizit für inklusive Lerngruppen konzipiert wurden, wird in den didaktischen Lehrwerken und im allgemein schulpädagogischen Diskurs hingegen bislang eher vernachlässigt".

Aus diesen Gründen ist es nötig, ein Lernen in kooperativ-solidarischen Lernsituationen (Wocken) oder am Gemeinsamen Gegenstand (Feuser) so zu begründen, dass es für eine inklusive Schule bzw. für heterogen zusammengesetzte Schulklassen in deutlich größerem Umfang als bisher tragfähig werden kann.

Neben den didaktischen Aspekten des Konzeptes von Feuser hat Inklusion eine gesellschaftspolitische Dimension. Diese reicht weiter als die Frage nach gemeinsamem Unterricht, die aber dennoch auch in den gemeinsamen Unterricht hineinreicht dergestalt,

„dass es mit Integration auch um die kognitiven Dimensionen und um eine bildungspolitische, kulturelle und ethische Dimension in unserer Gesellschaft geht, die insofern an deren Grundfesten rührt, als sie die Selbstverständlichkeit des Bedenkens des eigenen Vorteils, des Fortschritts durch konkurrente Ausgrenzung und Übervorteilung des anderen in Frage stellt und anprangert, dass nur dem ‚Würde‘ zuerkannt wird, der einen ‚Wert‘ hat – in der Regel im Sinne gesellschaftlichen und monetären Nutzens" (Feuser 2002, 226).

Dazu gehört das Recht auf hochwertige Bildungsangebote. Mit dem Konzept des gemeinsamen Lernens am Gemeinsamen Gegenstand von Georg Feuser liegt ein solches Angebot vor. Feuser bezieht sich an zentralen Stellen seiner Didaktik auf den Begriff der gemeinsamen Tätigkeit.

Dieser beruht auf Erkenntnissen der Kulturhistorischen Schule mit dem daraus resultierenden Verständnis von Entwicklung. Den Verlauf individueller Entwicklung und damit die individuelle Entwicklung von verschiedenen Erkenntnismöglichkeiten fasst Leont'ev als Entwicklung der Tätigkeit mit dem Konzept der „dominierenden Tätigkeiten" (Leont'ev 1980, 402). Es handelt sich dabei um „aus ihrer Struktur zu begreifende Perioden von Tätigkeit, die für die Entwicklung der Persönlichkeit vorrangige Bedeutung haben" (Jantzen 1987, 198. Hervorhebung im Originaltext. W.G.). Es findet eine entwicklungspsychologische Reihung statt, die in der Entwicklung der Tätigkeit als Austauschprozess zwischen Subjekt und Objekt ihren Ausgangspunkt nimmt und im weiteren Verlauf des Austauschprozesses zur Periodisierung beiträgt. Leont'ev beschreibt drei Merkmale einer dominierenden Tätigkeit:

- Im Verlauf deutet sich die nächste (nächst-höhere, nächst-komplexere) Tätigkeitsart an.
- Sie führt zur Umgestaltung der jeweiligen psychischen Prozesse und
- führt zu den in einer gegebenen Entwicklungsstufe beobachteten Veränderungen der kindlichen Persönlichkeit (vgl. Leont'ev 1980, 402).

Veränderungen in der kindlichen Persönlichkeit verweisen auf den qualitativen Charakter der Entwicklungsstufen oder dominierenden Tätigkeiten nach Leont'ev, „deren Entwicklung er durch Widersprüche und krisenhafte Übergänge begründet sieht" (Pitsch 2011, 68).

Die Entwicklungsstufen folgen einer bestimmten Reihenfolge, was aber nicht bedeutet, dass sie primär altersabhängig sind.

1.4 Inklusive Bildungsangebote am Gemeinsamen Gegenstand

Es ist möglich, auf der Grundlage der Entwicklungsorientierung Unterricht für heterogene Gruppen zu konzipieren (vgl. Goschler & Heyne 2011, 191).

Im Zusammenhang mit Überlegungen zur Domainspezifität bei Entwicklungsprozessen ist in den letzten Jahren eine Diskussion zur Problematik von Entwicklungsorientierung entstanden, die dahingehend zusammengefasst werden kann, dass

- eine reine Entwicklungsorientierung im klassischen Sinne nach Piaget oder Vygotskij bzw. Leont'ev in der Fachliteratur als nicht mehr umfassend adäquat erörtert wird,
- eine ausschließliche Orientierung am Entwicklungsalter einer fachlichen Orientierung von Unterricht nicht notwendigerweise förderlich ist,
- eine Orientierung am Entwicklungsalter zu unangemessen kindlichen Bildungsangeboten auf schulischer Ebene führen kann,
- eine Orientierung am Entwicklungsalter den intraindividuell feststellbar sehr heterogenen Kompetenzen von Schülerinnen und Schülern mit und ohne sonderpädagogischen Förderbedarf kein ausreichendes Interpretationsmodell entgegenbringen kann,

- eine ausschließliche Orientierung an Domainspezifität in der Gefahr steht, Entwicklungsrichtungen zu negieren,
- eine ausschließliche Orientierung an Domainspezifität zu einem Rückfall in medizinische Sichtweisen von Behinderung führen kann, weil der Zusammenhang zwischen epigenetischen und entwicklungsfördernden Bedingungen zu wenig geklärt ist und schließlich, dass
- eine fachgebundene Perspektive auf Schülerinnen und Schüler mit sonderpädagogischem Förderbedarf bisher nur wenig stattgefunden hat (vgl. Goschler 2017).

Aus diesem Grund wird einem Lernen am Gemeinsamen Gegenstand eine Alternative zur Seite gestellt, die sich nicht primär an dominierenden Tätigkeiten orientiert. Ausgehend von einer grundsätzlichen Annahme von Heterogenität bzw. Diversität der Schülerschaften (unabhängig vom Setting der jeweiligen Gruppe – also inklusiv oder Allgemeine bzw. Förderschule) müssen die jeweiligen Differenzierungsmaßgaben nicht mehr über die für die jeweiligen Schülerinnen und Schüler zu bestimmenden dominierenden Tätigkeiten, also über das jeweilige Subjekt abgeleitet werden. Der Bezugspunkt wird von der Subjektseite, den jeweils dominierenden Tätigkeiten, auf die Objektseite, den Gegenstand, verlagert. Alle Kinder verfügen über jeweils individuelle Zugänge zu einem bestimmten Lerngegenstand. Damit wird es möglich, die Öffnung der verschiedenen Zugänge an den jeweiligen Gegenstand anzuknüpfen. Der Gegenstand wird damit erschlossen für die verschiedenen Potentialitäten der jeweils individuellen Zugangsmöglichkeiten seitens der Kinder in Bezug auf einen bestimmten Gegenstand (vgl. Goschler 2017). Dies gelingt über die Formulierung von möglichen Zugängen der verschiedenen Schülerinnen und Schüler zu einem Thema (Zugangspotentialitäten) und den dementsprechend didaktisch aufzubereitenden Zugriffsebenen (vgl. Goschler 2016, 130ff.).

Tab. 1: Übersicht über grundlegende Zugangspotentialitäten und zugehörige Zugriffsebenen

Zugangspotentialität	Zugriffsebene
Wahrnehmungsprozesse	basal-perzeptive Ebene
Gegenständlichkeit, Handlung	konkret-gegenständliche Ebene
Veranschaulichung, Symbolisierung	anschaulich-symbolische Ebene
Abstraktion	abstrakt-begriffliche Ebene

Ein Gemeinsamer Gegenstand muss also didaktisch so aufbereitet werden, dass allen Schülerinnen und Schülern die jeweiligen Angebote auf allen vier Zugriffsebenen angeboten werden. Damit ist eine Bandbreite an subjektiven Zugangsmöglichkeiten geschaffen, die es ermöglicht, für alle Kinder einen Schlüssel zum

Lerngegenstand bereit zu stellen. Zusammenfassend sind drei wesentliche Dinge zu beachten:

- vertikale bidirektionale Durchlässigkeit
- keine Zuordnung einer bestimmten Ebene zu bestimmten Schülerinnen oder Schülern
- gegenseitige Abhängigkeit der Zugangsebenen und daraus resultierende Dynamik der Lernprozesse der Schülerinnen und Schüler (vgl. Goschler 2017)

Somit ist in didaktischer Hinsicht eine Grundlage geschaffen, auf der inklusive Bildungsprozesse an einem Gemeinsamen Gegenstand initiiert werden können.

2 Lernumgebungen zum Pascalschen Dreieck

Es werden mathematische Muster (vgl. Devlin 1994) rund um das Pascalsche Dreieck (PD) aufgezeigt, die jeweils als Gemeinsamer Gegenstand fungieren, und die nach dem System der Zugangsebenen konstruiert sind. Ausgewählte Stationen werden benannt, die mathematischen Muster kurz beschrieben und Umsetzungsmöglichkeiten aufgezeigt. Die Ausarbeitung der Zugangsebenen erfolgt nur exemplarisch.

2.1 Das Pascalsche Dreieck und das dreidimensionale Pascalsche Dreieck

Beim Pascalschen Dreieck (s. Abb. 3) handelt es sich um eine grafische Darstellung der Binominalkoeffizienten $\binom{n}{k}$.

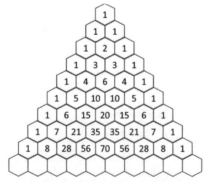

Abb. 3: Pascalsches Dreieck mit Zahlenwerten. Die leere Zeile weist darauf hin, dass die Reihen beliebig fortgesetzt werden können.

Das Pascalsche Dreieck kann auf zweierlei Weise gebildet werden. In einer sukzessiven Vorgehensweise werden beginnend von drei Einsen an der Spitze immer zwei nebeneinanderliegende Zahlen addiert. Die Summe stellt den Zahlenwert des darunterliegenden Feldes dar. So kann das Dreieck nach unten in höhere Zahlenräume beliebig erweitert werden. Wenn beispielsweise die nebeneinanderliegenden Zahlenwerte „1" und „3" addiert werden, so erhält man den darunterliegenden Zahlenwert „4" (s. Abb. 4).

Neben dieser sukzessiven Darstellungsweise können die Zahlenfelder unabhängig voneinander als Binomialkoeffizienten berechnet werden. Die Formel hierzu lautet:

$$\binom{n}{k} = \frac{n!}{k! \cdot (n-k)!}$$

Für die Lernwerkstatt des Instituts für Sonderpädagogik der Julius-Maximilians-Universität Würzburg wurde vom Autor ein dreidimensionales Modell des PD (s. Abb. 4) entwickelt, bei dem die Zahlenwerte ersetzt werden durch Holzstangen in den Längen, die in Zentimetern den Zahlenwerten entsprechen, d.h. der Zahlenwert des Feldes „20" wird durch eine 20 cm lange Stange repräsentiert.

Abb. 4: Dreidimensionales Pascalsches Dreieck. Die Länge der Holzstäbe in Zentimetern entspricht den Zahlenwerten des PD.

Im PD können verschiedene mathematische Muster identifiziert werden, die jeweils als Gemeinsamer Gegenstand dienen und damit eine Voraussetzung für kooperatives Lernen der Schülerinnen und Schüler darstellen.

2.2 Dreieckszahlen

Die Dreieckszahlen gehören zu den figurierten Zahlen und werden nach dem Muster der Abb. 5 gebildet.

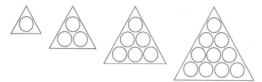

Abb. 5: Grafische Darstellung der Dreieckszahlen 1, 3, 6, 10.

Bei jeder hinzukommenden Reihe wird der Summand um „plus 1" vergrößert im Vergleich zum vorhergehenden Summanden.

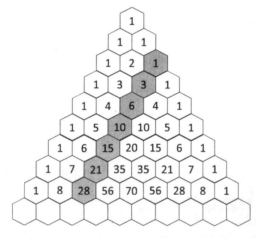

Abb. 6: Kennzeichnung der Dreieckszahlen im Pascalschen Dreieck in der Spalte k=2.

In Abb. 6 sind die Zahlenwerte der Dreieckszahlen in der 2. Spalte markiert. Die Spalte aus lauter Einsen ist die Spalte 0. Die nächste Dreieckszahl im PD wäre dann die „36".

Tab. 2: Bildung der Dreieckszahlen als arithmetische Reihe

Folge der Drei-eckszahlen	Addition	Dreieckszahl	Differenz zur vorhergehenden Dreieckszahl
$\Delta\,1$	1	1	
$\Delta\,2$	1+2	3	2
$\Delta\,3$	1+2+3	6	3
$\Delta\,4$	1+2+3+4	10	4
$\Delta\,5$	1+2+3+4+5	15	5
$\Delta\,6$	1+2+3+4+5+6	21	6
$\Delta\,n$	1+2+3+4+5+6+...+n	n+(n-1)+(n-2)+...+1	n

Aus Tab. 2 ist die Bildung der Dreieckszahlen ersichtlich. Zur Auseinandersetzung mit den Dreieckszahlen im Pascalschen Dreieck können zwei unterschiedliche Ausgangspunkte genommen werden:
- die Reihe der Dreieckszahlen im dreidimensionalen Pascalschen Dreieck
- die figurierte oder grafische Darstellung von Dreieckszahlen

Wird als Ausgangspunkt wiederum das dreidimensionale Modell gewählt, so ist ein erster Schritt die farbige Kennzeichnung der Dreieckszahlen im Pascalschen Dreieck. Dies kann durch Auflegung von Farbplättchen auf die entsprechenden Holzstangen des dreidimensionalen Pascalschen Dreiecks vorgenommen werden. Zugangsebenen können für verschiedene Teilbereiche generiert werden:
- Anordnung der Dreieckszahlen der Größe nach
- Dreieckszahlen in figurierter Form
- Dreieckszahlen im Sinne der arithmetischen Folge

Exemplarisch werden die Zugangsebenen für die arithmetische Folge aufgezeigt.

Tab. 3: Zugangsebenen zur arithmetischen Folge der Dreieckszahlen

basal-perzeptiv	Unterscheidung und Diskriminierung von waagerechten Punktefeldern: ein Punkt, zwei Punkte nebeneinander, drei Punkte nebeneinander.
	Unterscheidung und Diskriminierung von einzeiligen, zweizeiligen, dreizeiligen usw. Punktefeldern.
	Reihung und Ergänzung von Punktefeldern nebeneinander und untereinander.
konkret-gegenständlich	Verringern und Vergrößern der figurierten Punktefelder nebeneinander und untereinander.
	Markieren der Veränderungen mit farbigen Plättchen.
	Ergänzen und Fortführen der Punktefelder.

anschaulich-symbolisch	Veränderungen zwischen den verschiedenen Dreieckszahlen dokumentieren durch Aufmalen und durch Zahlen (+1; +2; +3 usw.).
abstrakt-begrifflich	Die Veränderungen innerhalb der arithmetischen Reihe beschreiben und in Rechenthermen ausdrücken.

In tabellarischen Übersichten und in der Verknüpfung mit den jeweiligen Kettenadditionen zu den Dreieckszahlen können weitere Möglichkeiten kreiert werden (s. Abb. 7).

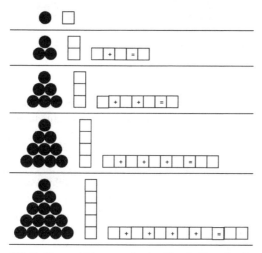

Abb. 7: Kettenadditionen zu den Anzahlen der Dreieckszahlen.

Nach dem gleichen Grundprinzip können weitere Aufgabenformate in höheren Zahlenräumen hergestellt werden. Vorgänger und Nachfolger können bestimmt werden, wenn zwei aufeinanderfolgende Dreieckszahlen gegeben sind wie z.B. 45 und 55. Aus der Differenz der beiden aufeinanderfolgenden Dreieckszahlen (=10) können Vorgängerdreieckszahlen 36, 28 usw. oder Nachfolger (66, 78, 91 usw.) bestimmt werden.

In diagnostischer Hinsicht bieten sich vielfältige Möglichkeiten beispielsweise in der Art der Generierung der Punktemuster von Dreieckszahlen:

• Bearbeitung von oben: sukzessives Nachbilden der Punktemuster der Dreieckszahlen
• Bearbeitung von unten: Prinzip der arithmetischen Folge ist verinnerlicht
• Bearbeitung über die Schenkel: symmetrisches Prinzip kann angewendet werden

Kommunikations- und Kooperationsanlässe ergeben sich u.a. bei folgenden Angeboten:

• gemeinsamer Aufbau der Stangen des dreidimensionalen Pascalschen Dreiecks

* gemeinsamer Aufbau der Stangen der Dreieckszahlen
* Größenvergleiche von ausgewählten Stangen
* Legen von Plättchenmustern bei den figurierten Zahldarstellungen
* Diskriminieren von figurierten Anordnungen in der Dreiecksform und anderen Formen
* gemeinsames Tun an einer Station
* interpersonelle Emotionalität

Neben den beschriebenen Kooperationsanlässen können weitere Teilbereich als jeweils Gemeinsamer Gegenstand eingesetzt werden wie z.b. andere figurierte Zahlen oder andere arithmetische Folgen.

2.3 Weitere Inhalte in Form Gemeinsamer Gegenstände im Pascalschen Dreieck

Nach der kurz skizzierten, exemplarischen Darstellung der Dreieckszahlen im PD können hier weitere Möglichkeiten nur angedeutet werden. Zur detaillierten Darstellung sei verwiesen auf Goschler 2017.

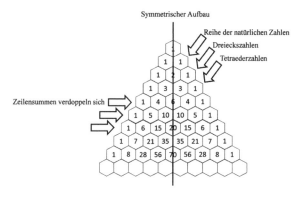

Abb. 8: Weitere Möglichkeiten im Pascalschen Dreieck.

In Abb. 8 werden weitere Möglichkeiten aufgezeigt, die sowohl im dreidimensionalen Modell wie im PD im Sinne der Zugangsebenen bearbeitet werden können. Über die Reihe der natürlichen Zahlen können Treppenmuster als Ausgangsbasis gebildet werden. Das PD ist symmetrisch aufgebaut; es finden sich Möglichkeiten über Farbmarkierungen oder Zahlen in symmetrischer Anordnung. Die Tetraederzahlen (s. Abb. 9) können wahrnehmungsbasiert erfasst, konkret gebildet, veranschaulicht und als arithmetische Folge betrachtet werden als Schichtung von Dreieckszahlen.

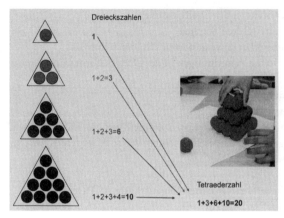

Abb. 9: Figurierte Dreieckszahlen, die zu einem Tetraeder aufgeschichtet werden.

Bei den sich verdoppelnden Zeilensummen (s. Abb. 10) können Größenvergleiche, handelnde Kettenadditionen, Verdopplungen von konkreten Zeilensummen über den Spiegel bis hin zu Aufgaben zu 2er-Potenzen immer nach dem gleichen Grundprinzip angeboten werden.

Abb. 10: Vergleich und Verdopplung von zwei Zeilensummen.

Werden die Zahlenfelder des PD durch natürliche Zahlen dividiert, so ergeben sich verschiedene auf dem Kopf stehende Dreiecke (s. Abb. 11). Hierzu müssen in einem ersten Schritt die Ergebnisse der Einmaleinsreihen durch legen, verdoppeln, bilden von Kettenadditionen bis hin zu Kopfrechenaufgaben ermittelt werden, damit die Dreiecke gefunden werden können.

Abb. 11: Markierte Zahlenfelder, die durch „2" teilbar sind. Es ergeben sich auf dem Kopf stehende Dreiecke.

Rechenmuster können gebildet werden für zwei- und mehrgliedrige Additionen (s. Abb. 12). Das Rechenergebnis findet sich jeweils nach dem Knick. Hierzu können Schablonen oder Farbmarkierungen verwendet werden. Die Schülerinnen und Schüler stellen sich Aufgaben gegenseitig.

Abb. 12: Markierte Rechenmuster in höheren Zahlenräumen. Das mathematische Muster funktioniert auch bei zwei- oder dreigliedrigen Additionen in niedrigen Zahlenräumen wie z.B. 1+4+10=15.

Die Fibonacci-Zahlen können über das PD ermittelt werden. Die Fibonacci-Folge entsteht, wenn jedes Glied einer Zahlenfolge, beginnend mit den ersten beiden Gliedern „1" und „1", als Summe der beiden vorhergehenden Glieder berechnet wird. Dies führt zu den Fibonacci-Zahlen: 1, 2, 3, 5, 8, 13, 21, 34, 55 usw. In Rechentermen sieht dies folgendermaßen aus: 1+1=2; 1+2=3; 2+3=5; 3+5=8; 5+8=13; 8+13=21; 13+21=34 usw. Deutlich wird die Bildungsgesetzmäßigkeit durch Abb. 13, weil sich dabei der Zusammenhang der einzelnen Summanden gut ablesen lässt.

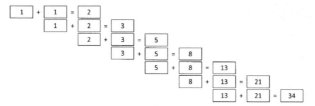

Abb. 13: Bildung der Fibonacci-Zahlen mit Zahlkärtchen und Schema.

Mit den Fibonacci-Zahlen können spiralige Gebilde entwickelt werden wie in Abb. 14, indem Quadrate mit den Kantenlängen der Fibonacci-Folge gebildet und gelegt werden.

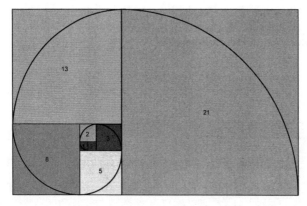

Abb. 14: Spiralmuster aus Quadraten mit den Kantenlängen der Fibonacci-Folge.

3 Fazit und Perspektiven

Aufgezeigt werden sollten Möglichkeiten, wie ein gemeinsames Lernen in heterogenen Gruppen über einen Gemeinsamen Gegenstand, der Kommunikations- und Kooperationsmöglichkeiten anbietet, konzipiert werden kann. Durch die Komplexität der Bereitstellung von Gemeinsamen Gegenständen wird es in Zusammenarbeit von Fachdidaktik und Sonderpädagogik nötig sein, solche Angebote zu kreieren und zur Verfügung zu stellen. Über die Lernwerkstatt des Instituts für Sonderpädagogik der Julius-Maximilians-Universität Würzburg wurden in den vergangenen Jahren beispielsweise Projektangebote für heterogene Klassen realisiert zu folgenden Themen:

• Luft und Luftdruck
• Schwimmen und Sinken
• Brücken
• Vulkane
• Strom und Elektrizität
• Unsere Sinne
• Licht – Optik – unser Auge
• Chemie: Stoffe (Kooperation mit Frau Katja Weirauch, Didaktik der Chemie)

Eingelöst wird somit in exemplarischer Form „als Kern einer inklusiven Didaktik die Forderung [... W.G.], dass allen Schülern, auch solchen mit einem sehr hohen Förderbedarf, Zugang zu möglichst allen Themen und Bildungsinhalten gewährt werden muss" (Fischer 206, 108).

Literatur

Devlin, Keith (1994): Muster der Mathematik. Ordnungsgesetze des Geistes und der Natur. Heidelberg, Berlin: Spektrum Akademischer Verlag.

Feuser, Georg (1984): Gemeinsame Erziehung behinderter und nichtbehinderter Kinder im Kindertagesheim. Bremen: Diakonisches Werk.

Feuser, Georg (2002): Integration – eine conditio sine qua non im Sinne kultureller Notwendigkeit und ethischer Verpflichtung. In: Greving, Heinrich (Hrsg.): Das Sisyphos-Prinzip. Bad Heilbrunn: Klinkhardt Verlag. 221-236.

Feuser, Georg (2005): Behinderte Kinder und Jugendliche zwischen Integration und Aussonderung. Darmstadt: Wissenschaftliche Buchgesellschaft.

Feuser, Georg (2011): Entwicklungslogische Didaktik. In: Kaiser, Astrid/Schmetz, Ditmar/Wachtel, Peter/Werner, Birgt (Hrsg.): Didaktik und Unterricht. Stuttgart: Kohlhammer Verlag. 86-100.

Feuser, Georg & Meyer, Heike (1987): Integrativer Unterricht in der Grundschule. Solms-Oberbiel: Jarick Verlag.

Fischer, Erhard (2016): (Wie) Kann dem Bildungs- und Erziehungsbedarf von Kindern und Jugendlichen mit Förderschwerpunkt geistige Entwicklung im gemeinsamen Unterricht ausreichend begegnet werden? In: Fischer, Erhard & Markowetz, Reinhard (Hrsg.): Inklusion im Förderschwerpunkt geistige Entwicklung. Stuttgart: Verlag Kohlhammer. 74-133.

Goschler, Walter (2016): Gemeinsames Lernen in heterogenen Gruppen – Das Pascalsche Dreieck im Spannungsfeld zwischen Individualisierung/Differenzierung und gemeinsamen Lernen. In: Schmude, Corinna & Wedekind, Hartmut (Hrsg.): Lernwerkstätten an Hochschulen – Orte einer inklusiven Pädagogik. Bad Heilbrunn: Verlag Julius Klinkhardt. 127-144.

Goschler, Walter (2017): Lernwerkstattarbeit und gemeinsamer Unterricht anhand mathematischer Muster rund um das Pascalsche Dreieck – ein Beitrag zu einer inklusiven Didaktik in Theorie und Praxis. In Vorbereitung.

Goschler, Walter & Heyne, Thomas (2011): Biologie-Didaktik und sonderpädagogische Förderung – Möglichkeiten der Erkenntnisgewinnung in einem gemeinsamen Unterricht mit heterogenen

Lerngruppen. In: Ratz, Christoph (Hrsg.): Unterricht im Förderschwerpunkt geistige Entwicklung. Fachorientierung und Inklusion als didaktische Herausforderungen. Oberhausen: Athena Verlag. 191-216.

Heimlich, Ulrich (2014a): Teilhabe, Teilgabe oder Teilsein? Auf der Suche nach den Grundlagen inklusiver Bildung. In: Vierteljahresschrift für Heilpädagogik und ihre Nachbargebiete. 83. Jg, Heft 1. München: Ernst Reinhardt Verlag. 1-5.

Jantzen, Wolfgang (1987): Allgemeine Behindertenpädagogik. Band 1. Sozialwissenschaftliche und psychologische Grundlagen. Weinheim/Basel: Beltz Verlag.

Leont'ev, Aleksej Nikolajevič (1980): Probleme der Entwicklung des Psychischen. Königstein/Ts.: Athenäum Verlag.

Markowetz, Reinhard (2004): Alle Kinder alles lehren! Aber wie? - Maßnahmen der Inneren Differenzierung und Individualisierung als Aufgabe für Sonderpädagogik und Allgemeine (Integrations-)Pädagogik auf dem Weg zu einer inklusiven Didaktik. In: Schnell, Irmtraud & Sander, Alfred (Hrsg.): Inklusive Pädagogik. Bad Heilbrunn: Klinkhardt Verlag. 167-186.

Markowetz, Reinhard (2007): Soziale Integration, Identität und Entstigmatisierung. Behindertensoziologische Aspekte und Beiträge zur Theorieentwicklung in der Integrationspädagogik. Hamburg.

Markowetz, Reinhard (2012): Inklusive Didaktik (k)eine Neuschöpfung!? Ein Beitrag zur didaktischen Diskussion über Gemeinsamen Unterricht. In: Breyer, Cornelius/Fohrer, Günther/Goschler, Walter/ Heger, Manuela/Kießling, Christina/Ratz, Christoph (Hrsg.): Sonderpädagogik und Inklusion. Oberhausen: Athena Verlag. 141-160.

Markowetz, Reinhard (2016): Theoretische Aspekte und didaktische Dimensionen inklusiver Unterrichtspraxis. In: Fischer, Erhard & Markowetz, Reinhard (Hrsg.): Inklusion im Förderschwerpunkt geistige Entwicklung. Stuttgart: Kohlhammer Verlag. 239-288.

Markowetz, Reinhard & Reich, Kersten (2015): Didaktik. In: Hedderich, Ingeborg/Biewer, Gottfried/ Hollenweger, Judith/Markowetz, Reinhard (Hrsg.): Handbuch Inklusion und Sonderpädagogik. Bad Heilbrunn: Verlag Julius Klinkhardt. 338-346.

Moser Opitz, Elisabeth (2015): Best practice – auch im inklusiven Unterricht? In: Vierteljahresschrift für Heilpädagogik und ihre Nachbargebiete. 84. Jg, Heft 3. München: Ernst Reinhardt Verlag. 259-261.

Muth, Jakob (1992): Schule als Leben. Prinzipien – Empfehlungen – Reflexionen. Eine pädagogische Anthologie. Baltmannsweiler: Schneider Verlag.

Pitsch, Hans-Jürgen (2011): Tätigkeit und Arbeit, Handeln und Lernen. In: Kaiser, Astrid/Schmetz, Ditmar/Wachtel, Peter/Werner, Birgt (Hrsg.): Didaktik und Unterricht. Stuttgart: Kohlhammer Verlag. 67-76.

Textor, Annette/Kullmann, Harry/Lütje-Klose, Birgit (2014): Eine Inklusion unterstützende Didaktik. In: Jahrbuch für Allgemeine Didaktik 2014. Baltmannsweiler: Schneider Verlag Hohengehren. 69-91.

Wocken, Hans (1998): Gemeinsame Lernsituationen. Eine Skizze zur Theorie des gemeinsamen Unterrichts. In: Hildeschmidt, Anne & Schnell, Irmtraud (Hrsg.): Integrationspädagogik. Auf dem Weg zu einer Schule für alle. Weinheim/München: Juventa. 37-52.

Wocken, Hans (2014): Im Haus der inklusiven Schule. Grundrisse – Räume – Fenster. Hamburg: Feldhaus Verlag.

Goschler, Walter (Akad. Rat), Mitarbeiter am Institut für Sonderpädagogik an der Julius-Maximilians-Universität Würzburg.
Leiter der Lernwerkstatt des Instituts für Sonderpädagogik.

Tobias Bernasconi

Schülermitwirkung in an Inklusion orientierten Schulen

Zusammenfassung: Die Mitwirkung und Mitverantwortung von Schülerinnen und Schülern stellt ein zentrales Prinzip und eine wesentliche Aufgabe für an Inklusion orientierte Schulen dar. Entgegen der fremdbestimmten Zielsetzung im Rahmen von üblicher Förderplanung skizziert dieser Beitrag ein individuumzentriertes Verständnis von Entwicklung und gemeinsamer Planung der Zukunft von Schülerinnen und Schülern und ihren Lehrpersonen.

1 Annäherung an den Begriff Schülermitwirkung

Die Planung und Gestaltung der Zukunft ist für den Menschen ein essentieller Teil der Persönlichkeitsentwicklung sowie für den Prozess des Hineinwachsens in die soziale, gesellschaftliche und kulturelle Umwelt unabdingbar (vgl. Benthien et al 2016, 141). Ob Menschen Wahlmöglichkeiten treffen und auf deren Umsetzung bestehen können und so Teilhabe an sozialen Prozessen erleben hängt dabei von personalen sowie kontextuellen Faktoren ab. Das Subjekt muss zunächst eine Vorstellung der eigenen Ziele, Wünsche bzw. der Vorstellungen vom hier und jetzt und der eigenen Zukunft entwickeln. Zusätzlich muss es Möglichkeiten erhalten, die eigenen Vorstellungen zu formulieren und umzusetzen. Die Art und Weise, in der Menschen – und insbesondere Menschen mit Behinderung – dabei gesellschaftlich ein Mitspracherecht zugesprochen wird, hängt im Besonderen vom jeweiligen sozialen ‚Zeitgeist' sowie bildungs- und gesellschaftspolitischen Entscheidungen ab (vgl. Bernasconi/Böing 2015). Das Nachdenken über die (eigene) Zukunft und über persönliche Ziele und Wünsche besitzt neben einer gesellschaftlich-politischen Komponente zudem eine wesentliche Bedeutung als Ausgangspunkt für die individuelle Entwicklung eines jeden Menschen. Im alltäglichen Kontext geschieht die Planung der Zukunft als natürliche, ‚beiläufige, Handlung bei der sowohl kurzfristige als auch längerfristige Ziele entstehen. Dabei orientiert sich das Individuum an seinen persönlichen und individuellen Stärken, Wünschen und Möglichkeiten. Da die Möglichkeiten, die individuelle Zukunft zu planen, nicht nur von personalen Fähigkeiten, sondern gleichsam von sozialen Gegebenheiten abhängig sind, existieren nicht für alle Menschen die gleichen Möglichkeiten, ihre persönliche Zukunft zu beeinflussen und zu bestimmen.

Insbesondere Menschen mit Behinderung leben häufig in gesellschaftlich-sozialen Kontexten, in dem die Wege der Zukunft in der Regel vorgegeben sind: „Ihr Alltag und die herkömmliche Hilfeplanung ist meist geprägt von der Zuschreibung von Defiziten, einem entmutigenden Blick auf die Person und von der wohlmeinenden Fürsorge anderer, die, in der Annahme das Beste zu wollen, über den Menschen hinweg entscheiden" (Benthien et al 2016, 142).

In den allgemeinen Grundsätzen der UN-BRK findet sich in Artikel 3 der Verweis auf die Achtung der individuellen Autonomie eines jeden Menschen, „einschließlich der Freiheit, eigene Entscheidungen zu treffen (BGBL 2008, 1424). Diese grundlegende Aussage wird im weiteren Verlauf konkretisiert, u.a. durch Artikel 12, der im Kontext gleicher Rechte darauf fokussiert, dass der Wille von Menschen mit Behinderung bei sie betreffenden Maßnahmen handlungsleitend sein soll (ebd., 1430), Artikel 19, in dem es um die Wahl des persönlichen Aufenthaltsortes geht, Artikel 21, der das Recht auf freie Meinungsäußerung thematisiert oder auch Artikel 24, der das Ziel, Menschen mit Behinderungen zur „wirklichen Teilhabe an einer freien Gesellschaft [zu] befähigen" (1436) beschreibt. Entsprechend des Verständnisses der UN-BRK ist die Mitwirkung der Schülerinnen und Schüler als wesentlicher Teil von Arbeits- und Organisationsprozessen auch in an Inklusion orientierten Schulen zu sehen.

Auch bisherige Leitmotive der Sonderpädagogik, insbesondere das Prinzip der Selbstbestimmung, stellen einen Rahmen für die Mitwirkung von Schülerinnen und Schülern in Schulen dar. Das Selbstbestimmungsprinzip geht auf die Independent-Living-Bewegung in den USA zurück, die in den 1960er Jahren die teilweise vorherrschenden entmündigenden Lebensbedingungen von Menschen mit geistiger Behinderung in Großeinrichtungen offenlegten und mehr Selbstbestimmungsmöglichkeiten einforderten (vgl. Fornefeld 2009, 51). 1994 wurde dieses Thema auch in Deutschland auf dem sogenannten Duisburger Kongress der Lebenshilfe unter dem Motto ‚Ich weiß doch selbst, was ich will' aufgegriffen. Seitdem ist das Ziel der Selbstbestimmung verstärkt in den Handlungsfeldern und Disziplinen der Pädagogik für Menschen mit (geistiger) Behinderung präsent. In einem engen Zusammenhang dazu steht auch der Gedanke des Empowerment, welcher auf die Entwicklung „eigene[r] Fähigkeiten und Kräfte zur Durchsetzung einer selbstbestimmten Lebensführung" (ebd., 51) zielt. Der Selbstbestimmungsgedanke findet sich darüber hinaus auch im Prinzip der Teilhabe wieder, da Selbstbestimmung sich grundsätzlich erst durch Teilhabe realisieren lässt. Teilhabe ist dabei nicht mit Teilnahme gleichzusetzen, vielmehr lebt das Prinzip von „Aktivität, Mitwirkung und Selbstbestimmung" (Stöppler 2014, 78). Die Forderung nach Selbstbestimmung und Teilhabe für Menschen mit Behinderung ist letztlich auch von einer veränderten Sichtweise begleitet, die personenzentriert ausgerichtet ist und sich an den Kompetenzen, aber auch den Wünschen und Vorstellungen einer Person orientiert. Ausgehend von der Entwicklung in den

USA haben sich dabei in den letzten Jahren vermehrt Methoden zur persönlichen Zukunftsplanung in Deutschland entwickelt (vgl. Doose 2004; siehe auch Buchner in diesem Band). Auch die Entwicklung der Persönlichen Zukunftsplanung hat ihren Ursprung in der Independent Living Bewegung in den USA. Die Idee wurde von Vertreterinnen und Vertretern der Heil- und Sonderpädagogik (u.a. Stefan Doose, Ines Boban, Andreas Hinz) nach Deutschland gebracht und auf die hiesigen Verhältnisse übertragen (vgl. Benthien et al 2016, 143). Die Methoden der persönlichen Zukunftsplanung sind vielfältig, haben jedoch alle die Grundhaltung gemein, dass das Subjekt Akteur und Initiator der eigenen Zukunft sein sollte. Häufig werden sogenannte Übergänge im Leben oder Umbruchsituationen als Momente genannt, welche eine persönliche Zukunftsplanung erfordern. Es ist aber auch durchaus denkbar, ‚kleine' Gegebenheiten, bzw. Fragen danach, was im aktuellen Lebensabschnitt gerade als positiv bzw. negativ befunden wird, zum Anlass zu nehmen, um über die eigene Zukunft nachzudenken. Die Forderung nach vermehrter Selbst- und Mitbestimmung von Schülerinnen und Schülern bei sie selbst betreffenden Belangen ergibt sich damit aus der historischen Entwicklung der Sonder- und Heilpädagogik, sowie gestützt durch die übergreifende Forderung nach Teilhabe, die durch die UN-BRK eine neue rechtliche und sozialpolitische Tragkraft erlangt hat.

Im schulischen Kontext spielt die Idee der persönlichen Zukunftsplanung – zumindest auf den ersten Blick – nur eine untergeordnete Rolle. Vielmehr orientieren sich Inhalte und Abläufe an curricularen Vorgaben und deren Anpassung auf individuelle Lerngruppen. Dies ergibt sich durch die grundlegende Konstellation in Schulen, bei der die Lehrperson in der Regel für die Schülerinnen und Schüler entscheidet, zum einen in Bezug auf Unterrichtsinhalte, zum anderen auch mit Blick auf individuelle Entwicklungs- bzw. Förderziele. In den Empfehlungen der Konferenz der Kultusminister der Länder in der Bundesrepublik Deutschland zur inklusiven Bildung von Kindern und Jugendlichen mit Behinderungen in Schulen von 2011 heißt es dagegen, dass im Unterricht die Voraussetzungen dafür geschaffen werden, „dass sie [die Schülerinnen und Schüler] sich über eine Vielfalt an Handlungsmöglichkeiten selbstbestimmt und selbstgesteuert in ihren Entwicklungsprozess einbringen" (KMK 2011, 10). Diese Formulierung verdeutlicht das Recht auf Mitbestimmung auch im Hinblick auf persönliche schulische Belange. Ähnlich wie die Methoden der persönlichen Zukunftsplanung hat auch die Idee der Beteiligung von Schülerinnen und Schülern an Handlungsentscheidungen im schulischen Kontext zum Ziel, die eigene Zukunft aktiv mitzugestalten. Im Handlungsfeld Schule werden durch Mitwirkung und -verantwortung von Schülerinnen und Schülern Kompetenzen und Fähigkeiten gefördert, welche auch als ‚Demokratielernen' bzw. demokratisch-politisches-Handeln bezeichnet werden (vgl. Schütte & Schlummer 2015, 15). Dies entspricht dem Bildungsideal der kritisch-konstruktiven Didaktik von Wolfgang Klafki (vgl. 2007), der mit diesem

Konzept die Aspekte der politischen Verantwortlichkeit und des selbstständigen Handelns aufgegriffen und bearbeitet hat. Die übergreifenden Ziele werden dabei durch die Begriffe Selbstbestimmungs-, Mitbestimmungs- und Solidaritätsfähigkeiten beschrieben. Die Mitwirkung und Mitverantwortung von Schülerinnen und Schülern lässt sich somit einerseits didaktisch verorten und begründen, andererseits stellt sie eine zentrale Möglichkeit zum Erreichen übergreifender Bildungsziele in an Inklusion orientierten Schulen dar.

2 Verschiedene Ebenen der Beteiligung von Schülerinnen und Schülern

Im Kontext von Beteiligung von Schülerinnen und Schülern ist es hilfreich die Ebenen auf denen die Beteiligung stattfinden kann sowie die Begriffe, welche unterschiedliche Grade von Beteiligung beschreiben, voneinander abzugrenzen (vgl. im Folgenden Schütte & Schlummer 2015, 29ff.). Auf der *Ebene der Klasse* geht es beispielsweise um die Wahl zur Klassensprecherin oder zum Klassensprecher, aber auch um die Beteiligung von Schülerinnen und Schülern bei der inhaltlichen Gestaltung des Unterrichts sowie der Mitarbeit bei Bildungs- bzw. Förderplänen. Die *Ebene der Schule* bezieht sich auf alle Arten von Mitwirkung am Schulleben, z.B. die Gestaltung der Schule (Klassenräume, Pausenräume, Schulhof etc.) sowie die inhaltliche und organisatorische Mitwirkung am Schulleben, z.B. durch Beteiligung bei der Organisation und Durchführung von Schulfesten, Ausflügen oder einem Tag der offenen Tür. Die *Ebene der Gremien* bezieht sich auf Instanzen wie die Schulkonferenz.

Auf den verschiedenen Ebenen können mit Blick auf die inhaltliche Ausrichtung graduelle Unterschiede der Beteiligung der Schülerinnen und Schüler festgestellt werden, die sich auch in unterschiedlichen Begriffen spiegeln:

- Der Begriff der *Schülermitwirkung* meint eine grundlegende Beteiligung an Entscheidungs- und Umsetzungsprozessen im Handlungsfeld Schule. Als Grundlage für die Mitwirkung wird die Informationsnotwendigkeit genannt, d.h. dass Schülervertreterinnen und -vertreter über Vorhaben und Entscheidungen, die die Schule betreffen informiert werden müssen und dass sie als gewählte Vertreterinnen und Vertreter ein Mitspracherecht besitzen.
- Mit dem Begriff der *Schülermitbestimmung* wird ein höheres Maß an Einflussmöglichkeiten beschrieben und diese begrifflich von der ‚Schülermitwirkung‘ abgegrenzt. Hier geht es nicht mehr nur um die Beteiligung an Entscheidungen, sondern das Recht von Schülerinnen und Schüler, ihre eigenen Interessen und Vorhaben im schulischen Kontext umzusetzen.

- Im Begriff der *Schülermitverantwortung* schwingt schließlich mit, dass Schülerinnen und Schüler im Handlungsfeld Schule selber initiativ werden. Dabei sollen sie nicht nur für Wünsche und Interessen einstehen, sondern diese auch mit verantworten.

Alle Formen der Beteiligung von Schülerinnen und Schülern sind grundsätzlich als demokratisches Grundrecht auf den unterschiedlichen Ebenen von Partizipation denkbar. Neben dem Recht *auf* Beteiligung erwerben Schülerinnen und Schüler bestimmte Kompetenzen *durch* Beteiligung. Im alltäglichen schulischen Kontext sind alle drei Ebenen virulent, besondere Bedeutsamkeit besitzt jedoch die Ebene der Klasse. Hier meint Schülermitwirkung „das Recht auf Mitbestimmung, Mitwirkung oder Mitverantwortung bei Auswahl und Gestaltung von Unterrichtsprozessen bzw. der Arbeit an individuellen Entwicklungs- bzw. Förderplänen" (Bernasconi 2016, 11). Dies kann im Kontext von an Inklusion orientierten Schulen als durchgängiges Prinzip und Aufgabe gesehen werden, um Teilhabe an der eigenen individuellen Entwicklung zu erlangen. Dabei besteht jedoch die Grundproblematik stellvertretender Entscheidungen, wenn Lehrpersonen Schülerinnen und Schüler beim Treffen von ‚eigenen' Entscheidungen begleiten und unterstützen.

3 Die Problematik stellvertretender Entscheidungsfindung im Handlungsfeld Schule

Der Begriff und das Konzept der Stellvertretung sind in der Vergangenheit in der Heil- und Sonderpädagogik durchaus kritisch und ambivalent diskutiert worden. Die Diskussion thematisiert daher zum einen Fragen der praktischen Gestaltung stellvertretenden Handelns für Menschen mit Behinderung, zum anderen Aspekte die das Selbstverständnis der Disziplin betreffen (vgl. weiterführend Ackermann & Dederich 2011). Alleine beim Begriff ‚Stellvertretung' schwingt vielfach die berechtigte Sorge vor einer Reduzierung von Selbstbestimmung mit. Gleichsam ist festzustellen, dass Prozesse von Erziehung, Bildung oder Sozialisation letztlich immer auch durch stellvertretende Prozesse und Entscheidungen gekennzeichnet sind (vgl. Zirfas 2011, 92). Die Pädagogik steht dabei vor dem grundsätzlichen Problem, dass Pädagoginnen und Pädagogen dem Kind oder Jugendlichen ‚stellvertretend' helfen sollen zu etwas zu werden, was er werden *will*, nicht was er sein *soll* (vgl. ebd.). Alle stellvertretenden Entscheidungen oder Handlungen folgen dabei einer triadischen Struktur (vgl. Röhr 2002). Der Stellvertreter (1) tritt für eine Sache (2) im Sinne des Anderen (3) ein (siehe Abbildung 1).

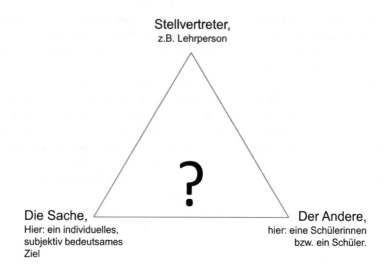

Abb. 1: Triadische Struktur stellvertretender Prozesse

Die Perspektive des Anderen, hier die einer Schülerin oder eines Schülers bleibt dabei zumindest zu einem Teil verschlossen. D.h. Lehrpersonen können streng genommen nicht wissen welche unterrichtlichen oder auch darüber hinaus gehenden individuellen Ziele wirklich *im Sinne* der Schülerin oder des Schülers sind. Stellvertretende Handlungen oder Entscheidungen im Handlungsfeld Schule zeichnen sich dabei im Besonderen dadurch aus, „dass in ihm einerseits Lehrpersonen aktiv sind, die als mit Fachwissen und Expertise ausgestatteten Experten für Entwicklungs- und Lernprozess dem Kind bzw. Jugendlichen zur bestmöglichen Entwicklung verhelfen wollen. Auf der anderen Seite wird gerade dieses Kind bzw. der Jugendliche als Akteur seiner *eigenen* Entwicklung gesehen" (Bernasconi 2016, 11). Die Lehrpersonen befinden sich damit in einem Spannungsfeld. Als Stellvertreterinnen und -vertreter müssen sie Entscheidungen *für* ihre Schülerinnen und Schüler treffen, insbesondere wenn diese im Kontext Selbstbestimmung noch Entwicklungsbedarfe aufweisen. Gleichsam sollen sie den Schülerinnen und Schülern ein Maximum an selbstbestimmten Entscheidungen ermöglichen. Die Kernfrage ist demnach, wie Selbstbestimmung in Kontexten realisiert werden kann, die von Natur aus fremdbestimmende Elemente enthalten.

4 Mitwirkung von Schülerinnen und Schülern als Bestandteil von gemeinsamer und dialogischer Förder- und Entwicklungsplanung

Auch das Erstellen eines individuellen Förder- oder Entwicklungsplans bewegt sich in diesem Spannungsfeld zwischen der Expertenmeinung der Lehrperson und der subjektiven Sichtweise der Schülerinnen und Schüler. Der Status der Lehrperson als Expertin bzw. Experte stellt dabei auf der Sachebene eine Ergänzung dar, welche das ungleiche Verhältnis der Selbstbestimmung im Planungsprozess durch partnerschaftliche und dialogische Beziehungsgestaltung ‚abfedern‘ kann (vgl. Schmischke & Braun 2006, 345). Das bedeutet, dass die Lehrperson ihr (fachliches) Wissen bei der Arbeit an individuellen Entwicklungs- bzw. Förderplänen einbringt, die Sichtweise derjenigen Person, für die der Entwicklungsbzw. Förderplan geschrieben wird, ist jedoch gleichwertig einzubeziehen. Entstehen dabei gegensätzliche Meinungen können diese in einem dialogischen Prozess offengelegt und expliziert werden.

Diesem Ansatz liegt eine veränderte Vorstellung von Förderung zugrunde, die nicht als ‚Machbarkeit‘, oder ‚veranlassen von außen‘ beschrieben werden kann, sondern vielmehr danach fragt, in welche Richtung sich Schülerinnen und Schüler *selber* entwickeln wollen (vgl. auch Bernasconi & Böing 2015, 130ff.). Diese Sichtweise von Förderung ermöglicht es letztlich, auch das schulische Instrument der individuellen Förder- oder Entwicklungspläne unter Mitbeteiligung von Schülerinnen und Schülern zu nutzen. Der Lehrperson kommt dabei neben der Rolle als Expertin bzw. Experten gleichwertig die der Unterstützerin bzw. des Unterstützers bei der reflexiven Prozessen der Schülerinnen und Schüler zu. Entsprechend muss zunächst bestimmt werden, welche individuellen Ziele die Schülerinnen und Schüler sich selber setzen *wollen*. In einem weiteren Schritt kann die Lehrperson ihre eigenen Vorstellungen davon einbringen, was für die Schülerin oder den Schüler ein geeignetes Ziel sein *könnte*. Durch einen dialogischen Prozess kann eine gemeinsame Lösung gefunden werden, die individuelle Ziele von Schülerinnen und Schülern beschreibt, welche sowohl für die Lehrperson als Entwicklungsziel sinnvoll erscheinen, als auch für die Schülerin bzw. den Schüler eine subjektive Sinnhaftigkeit besitzen und die gleichsam die jeweiligen Kontextbedingungen berücksichtigen (siehe Abb. 2).

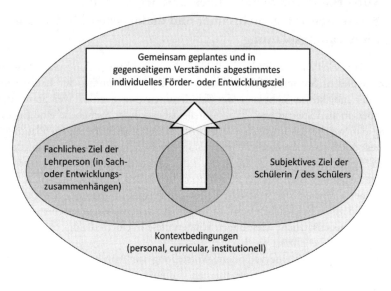

Abb. 2: Gemeinsame Zielfindung unter Beachtung unterschiedlicher Perspektiven und Kontextbedingungen

Für an Inklusion orientierte Schulen bedeutet dieses Perspektive, dass alle Schülerinnen und Schüler bei der Planung der sie betreffenden individuellen Förder- und Entwicklungsziele beteiligt werden sollten. Es gilt zu bedenken, dass – mit Blick auf das Grundproblem der Stellvertretung – ein exaktes Wissen über die Belange und Entwicklungsaufgaben der Schülerinnen und Schüler nicht möglich ist. Entsprechend ist Mitwirkung von Schülerinnen und Schülern nicht nur eine Aufgabe für die Lehrpersonen, sondern kann diese gleichsam ein Stück weit entlasten, wenn sie den Status der Schülerinnen und Schüler als Expertinnen bzw. Experten für ihre eigene Person gewinnbringend nutzen. Der Abgleich der individuellen Ziele der Schülerinnen und Schüler mit den eigenen – angenommenen – möglichen Zielen der Lehrpersonen ist dabei ein prozesshaftes Geschehen, in dem beiderseitiges Verständnis angeregt und die gemeinsame Zielfindung im Vordergrund steht. Die Integration der Schülerinnen und Schüler in den Prozess der Planung individueller Ziele unterstützt damit einerseits die individuelle Entwicklung der Schülerinnen und Schüler, ermöglich zum anderen aber auch ein ‚passgenaueres' Aufstellen von Zielen. Dabei sind – entsprechend der oben genannten Voraussetzungen für die Planung individueller Ziele – sowohl personale, als auch kontextuelle Faktoren zu beachten. Während personale Aspekte auf mögliche Unterstützungsmaßnahmen beim Nachdenken und Reflektieren über die eigene Zukunft zielen, bezeichnen kontextuelle Faktoren curriculare, schulischorganisatorische oder strukturelle Bedingungen, die im Planungsprozess bedacht werden müssen. Als mögliche Unterstützungsinstrumente sei an dieser Stelle z.B. auf die feste Einrichtung eines sog. Schülersprechtages (vgl. Bernasconi 2016) oder die Arbeit mit Talking Mats als Hilfestellung für personenzentriertes Planen (vgl. Murphy/Cameron 2005) verwiesen. Beiden Möglichkeiten liegt die Annahme zugrunde, dass nicht ein bestimmtes kognitives Niveau oder eine bestimmte Fähigkeit darüber entscheidet, die eigene Zukunft zu planen und für sich selbst Entscheidungen zu treffen, sondern dass zuvorderst die Möglichkeiten zur Einflussnahme, die einer Person gegeben werden, als Einflussfaktoren angenommen werden können. D.h. die gemeinsame Planung unterrichtlicher oder darüberhinausgehender individueller Ziele kann in allen Klassenstufen und auf allen Entwicklungsniveaus durchgeführt werden. So werden Möglichkeit geschaffen, die Beteiligung von Schülerinnen und Schülern sowie persönliche Zukunftsplanung in der Schule zu kombinieren und zu integrieren.

Die Planung der eigenen Zukunft stellt demnach zum einen selbst einen wichtigen Entwicklungsbereich in an Inklusion orientierten Schulen dar. Zum anderen sind Zukunftsplanung und Mitwirkung und Beteiligung von Schülerinnen und Schülern Aspekte, welche die Leitprinzipien der Selbstbestimmung und Teilhabe im schulischen Kontext aufgreifen und umsetzbar machen.

Literatur

Ackermann, Karl-Ernst/Dederich, Markus (Hrsg.)(2011): An Stelle des Anderen. Ein interdisziplinärer Diskurs über Stellvertretung und Behinderung. Oberhausen: Athena.

Benthien, Volker/Müller, Céline/Voss, Nadine (2016): Veränderungen im Leben gestalten – Persönliche Zukunftsplanung auch für Menschen mit hohem Unterstützungsbedarf. In: Bernasconi, Tobias/Böing, Ursula (Hrsg.): Schwere Behinderung und Inklusion. Oberhausen: Athena, 141-153.

Bernasconi, Tobias (2016): „Das möchte ich gerne lernen" – Zur Planung individueller Ziele im FgE. In: Lernen konkret 35 (2), 10-15.

Bernasconi, Tobias/Böing, Ursula (2015): Pädagogik bei schwerer und mehrfacher Behinderung. Stuttgart: Kohlhammer.

BGBL (2008): Gesetz zu dem Übereinkommen der Vereinten Nationen vom 13. Dezember 2006 über die Rechte von Menschen mit Behinderungen sowie zu dem Fakultativprotokoll vom 13. Dezember 2006 zum Übereinkommen der Vereinten Nationen über die Rechte von Menschen mit Behinderungen. Bundesgesetzblatt Teil II, Nr. 35, S. 1419-1457. Bonn.

Stefan Doose, Stefan (2004): „I want my dream!" Persönliche Zukunftsplanung. Neue Perspektiven und Methoden einer individuellen Hilfeplanung mit Menschen mit Behinderungen. Kassel: Ag Spak.

Fornefeld, Barbara (2009): Einführung in die Geistigbehindertenpädagogik. München: Reinhardt.

Klafki, Wolfgang (2007): Neue Studien zur Bildungstheorie und Didaktik. Zeitgemäße Allgemeinbildung und kritisch-konstruktive Didaktik. Weinheim: Beltz.

KMK: Empfehlungen zur Inklusiven Bildung von Kindern und Jugendlichen mit Behinderungen in Schulen vom 20.10.2011. Online: http://www.kmk.org/fileadmin/veroeffentlichungen_beschluesse /2011/2011_10_20-Inklusive-Bildung.pdf (14.06.2017).

Murphy, Joan/Cameron, Lois (2005): Talking Mats: A Resource to Enhance Communication. University of Stirling

Röhr, Henning (2002): Stellvertretung. Überlegungen zu ihrer Bedeutung in pädagogischen Kontexten. In: Vierteljahrsschrift für wissenschaftliche Pädagogik 78 (4), 393-416.

Schmischke, Judith/Braun, Dorothee (2006): Entwicklungsaufgaben im Förderschwerpunkt Lernen. In: Zeitschrift für Heilpädagogik, 57 (9), 344-350.

Schütte, Ute/Schlummer, Werner (2015): Schülermitverantwortung. Förderschule und inklusive Schulen erfolgreich gestalten. Stuttgart: Kohlhammer.

Stöppler, Reinhilde (2014): Einführung in die Pädagogik bei geistiger Behinderung. München: Reinhardt.

Zirfas, Jörg (2011): Angewiesenheit und Stellvertretung – Perspektiven einer pädagogischen Anthropologie und Ethik. In: Ackermann, Karl-Ernst, Dederich, Markus (Hrsg.): An Stelle des Anderen. Ein interdisziplinärer Diskurs über Stellvertretung und Behinderung. Oberhausen. Athena, 87-106.

Dr. phil. Tobias Bernasconi, Studienrat im Hochschuldienst am Lehrstuhl für Pädagogik für Menschen mit Beeinträchtigungen der körperlichen und motorischen Entwicklung an der Universität zu Köln. Forschungsschwerpunkte: Forschungsmethoden in Forschungsfeldern bei Menschen mit schwerer und mehrfacher Behinderung, Inklusive Bildung, Unterstützte Kommunikation.

Kristina Willmanns

Schulische Unterstützung von Kindern und Jugendlichen mit Autismus-Spektrum-Störungen (ASS)

Zusammenfassung: Kinder und Jugendliche mit Autismus-Spektrum-Störungen (ASS) weisen aufgrund ihrer Besonderheiten in der Wahrnehmung und Informationsverarbeitung eine eigene Lerndynamik auf. Der TEACCH Ansatz ist speziell auf der Grundlage dieser Besonderheiten entwickelt worden und bietet gute Möglichkeiten einer entwicklungsorientierten, ganzheitlichen Unterstützung der Personengruppe im schulischen Alltag. Im folgenden Beitrag werden nach Erörterung der theoretischen Grundlagen zu den Lernvoraussetzungen der Zielgruppe in den genannten Bereichen sowie den methodischen Elementen des TEACCH Ansatzes Möglichkeiten und Grenzen der Umsetzung im schulischen Kontext diskutiert. Er richtet sich an Pädagoginnen und Pädagogen aller Schulformen und soll zu einer kritischen Auseinandersetzung mit den Umsetzungsmöglichkeiten des Ansatzes und Alternativen im schulischen Setting beitragen.

1 Einleitung

Gegenwärtig befindet sich eine nicht zu unterschätzende Anzahl an Kindern und Jugendlichen mit Erscheinungsformen aus dem autistischen Spektrum in den verschiedenen Institutionen des Bildungswesens. Dies führt zu einer umfassenden Diskussion um geeignete Möglichkeiten der Förderung und Unterstützung im schulischen Kontext.

Obwohl aktuell offensichtlich für einen Großteil der Kinder und Jugendlichen mit ASS die Förderschule der vorrangige Förderort darstellt (vgl. Trost 2012), ist eine Beschulung der genannten Personengruppe in einem inklusiven Setting gegeben und bei der Diskussion um geeignete Rahmenbedingungen sowie Konzepte der schulischen Förderung zu berücksichtigen. Dabei steht weniger die Frage nach dem Für und Wider verschiedener Förderorte im Fokus, sondern vielmehr die Frage nach geeigneten Rahmenmodellen (vgl. Eckert & Sempert 2012), die in unterschiedlichen Bedingungsfeldern schulischer Förderung bei Kindern und Jugendlichen mit ASS handlungsleitend sein sollten. In diesem Zusammenhang werden Bedingungen aufgezeigt, unter denen eine adäquate Förderung der Personengruppe im schulischen Kontext gelingen kann.

Aspekte der schulischen Förderung von Kindern und Jugendlichen mit ASS wurden in den vergangenen Jahren aus unterschiedlichen Perspektiven beleuchtet. Eine Vielzahl an biografisch orientierten Sichtweisen von Betroffenen (z.B. Schuster 2010, Preißmann 2012, Schmidt 2012, Schuster 2012) bieten „Innenansichten", aus denen wertvolle Empfehlungen zu begünstigenden und benachteiligenden schulischen Rahmenbedingungen abgeleitet werden können. Verschiedene wissenschaftliche Untersuchungen setzten sich mit der Perspektive der Eltern oder Lehrpersonen in verschiedenen Schulformen auseinander (z.B. Reicher u.a. 2006, Moosecker & Fries 2011, Schenz u.a. 2011). Zudem lassen sich gegenwärtig eine Reihe von Veröffentlichungen zu Förderkonzepten bzw. didaktisch-methodischen Aspekten des Unterrichts mit Kindern und Jugendlichen mit ASS finden (z.B. Moosecker 2009, Willmanns 2011, Hall & Wieland 2012, Rabe 2012), die sich teilweise in Form von „Ratgebern" speziell an Lehrende verschiedener Schulformen richten (z.B. Schirmer 2010). Dabei nimmt der TEACCH Ansatz (Häußler 2016), als ein möglicher Ansatz der schulischen Förderung der genannten Personengruppe, einen zentralen Stellenwert in der Diskussion ein. Der aus den USA stammende Förderansatz orientiert sich an den besonderen Bedürfnissen von Menschen mit ASS und wurde in jahrelanger Forschungsarbeit spezifiziert. Einzelfallstudien zur Effektivität liefern Hinweise auf positive Effekte der methodisch-didaktischen Prinzipien auf die Handlungskompetenzen von Kindern mit ASS (z.B. Degner & Nußbeck 2011). Berichte aus der Praxis zeigen Möglichkeiten der Umsetzbarkeit des Ansatzes in verschiedenen Settings auf (z.B. Völkel 2008, Wendland 2008, Rabe 2012).

Auch in diesem Beitrag soll auf die Umsetzungsmöglichkeiten des TEACCH-Ansatzes näher eingegangen werden. Dabei wird der Fokus auf die Möglichkeiten und Grenzen im schulischen Kontext gerichtet. Zuvor erscheint es notwendig auf die Lernvoraussetzungen, besonders in den Bereichen der Wahrnehmung und der Informationsverarbeitung näher einzugehen, da diese einen unmittelbaren Einfluss auf das Lernverhalten nehmen und zu einem besseren Verständnis der Besonderheiten von Kindern mit ASS beitragen.

2 Lernvoraussetzungen von Kindern und Jugendlichen mit ASS

Bei einer Autismus-Spektrum-Störung kann man aus medizinisch-psychologischer Perspektive von einer tiefgreifenden Entwicklungsstörung sprechen. Diese geht mit qualitativen Beeinträchtigungen in drei bzw. zwei Bereichen, gekennzeichnet durch Beeinträchtigungen in der zwischenmenschlichen sozialen Interaktion, der Kommunikation sowie einem eingeschränkten, stereotypen, sich wiederholenden Repertoire von Interessen und Aktivitäten einher und umfasst nach den bislang gängigen Klassifikationssystemen ICD-10 und DSM-IV-TR die Erscheinungsformen des frühkindlichen Autismus, des Asperger-Syndroms sowie weiterer Formen (z.b. atypischer Autismus) (vgl. Kamp-Becker & Bölte 2011, 12ff.). In der aktuellen Diskussion und in Anlehnung an die Neuerungen des DSM-V wird davon ausgegangen,

> „[…] dass autistische Störungen ein Kontinuum bzw. Spektrum von qualitativ ähnlichen, nicht kategorial unterscheidbaren Entinitäten darstellen, die als Autismus-Spektrum-Störungen bezeichnet werden (engl. autism spectrum disorders)" (ebd., 29).

Mit dem Begriff des „Spektrums" wird auf die Heterogenität der Gruppe der Menschen mit ASS verwiesen. Ungeachtet dieser Heterogenität scheint es jedoch besonders hinsichtlich der mit ASS einhergehenden Besonderheiten in den Hirnfunktionen gewisse Gemeinsamkeiten zu geben. Diese Gemeinsamkeiten beziehen sich auf die Prozesse der Wahrnehmung und der Informationsverarbeitung. Die Erkenntnis, dass die Besonderheiten in diesen Bereichen zwar nicht durchgängig autismus-spezifisch, jedoch aber häufig typisch für die Personengruppe sind, führt dazu, dass aktuell von einem besonderen „kognitiven Stil" (Häußler 2016, 33) bzw. „spezifischen Wahrnehmungsstil" (Müller 2008, 101) bei Menschen mit ASS gesprochen wird. Diese Besonderheiten im Bereich der Wahrnehmung und Kognition können zu Besonderheiten im (Lern-)Verhalten führen.

Um adäquate Fördermaßnahmen und Unterstützungsangebote konzipieren zu können, ist es unabdingbar ein umfassendes Verständnis über die Besonderheiten in den genannten Bereichen zu erlangen.

> „Jeder Versuch, den Autismus zu verstehen, setzt eine Kenntnis des Denk- und Lernstils autistischer Menschen voraus; das heißt, wir müssen die besondere Art und Weise verstehen, wie sie Informationen aus ihrer Umwelt empfangen und verarbeiten" (Dodd 2007, 191).

Insofern wird im Folgenden ein kurzer Überblick gegeben.

2.1 Wahrnehmung und Informationsverarbeitung

Im Bereich der Wahrnehmung kann von Regulationsstörungen in unterschiedlichen Sinnesbereichen ausgegangen werden. Die Autismusforschung hat sich jedoch verstärkt mit den Bereichen der auditiven und visuellen Wahrnehmung beschäftigt. Generell wird bei Menschen mit ASS im auditiven Wahrnehmungsbereich eher von einer individuellen Schwäche und im visuellen Wahrnehmungsbereich von einer Stärke ausgegangen.

Im *auditiven Wahrnehmungsbereich* zeigen Betroffene häufig eine Filterschwäche (Adamson u.a. 2006), die zum Beispiel durch folgende Verhaltensweisen gekennzeichnet sein kann:

- Unaufmerksamkeit, besonders bei starken Nebengeräuschen
- scheint Gesagtes nicht zu hören
- reagiert nicht auf Ansprache
- Schwierigkeiten aufmerksam zu sein

(vgl. Tomscheck & Dunn 2007)

Dies führt dazu, dass die Aufmerksamkeit nur schlecht auf relevante Hörereignisse gerichtet werden kann bzw. irrelevante auditive Reize „ausgeblendet" werden können. Zudem scheint bei Menschen mit ASS eine veränderte Aufmerksamkeitszuwendung vorzuliegen. In einer Untersuchung von Ceponienè u.a. (2003) konnten die Autoren Unterschiede in der Wahrnehmung von Geräuschen im Vergleich zur Wahrnehmung von Sprache bei Menschen mit ASS feststellen. Nichtsprachliche Reize schien die Personengruppe deutlich mehr wahrzunehmen als sprachliche Reize. Dies führten die Autoren allerdings nicht auf eine Störung der Wahrnehmungsfunktion zurück, sondern auf eine „andere" Orientierung. Dabei scheinen Menschen mit ASS ihre Aufmerksamkeit eher auf Geräusche als auf Sprache zu richten.

Im Hinblick auf die schulische Unterstützung sind die erwähnten Erkenntnisse von großer Bedeutung. Die Umgebungslautstärke einer Schulklasse kann Kinder und Jugendliche mit ASS beim Lernen beeinträchtigen. Die veränderte Aufmerksamkeitszuwendung kann dazu führen, dass zum Beispiel die Stimme der Lehrperson kaum mehr fokussiert werden kann. In Bezug auf die Besonderheiten in der auditiven Wahrnehmung bei Kindern und Jugendlichen mit ASS kann insofern eine Auseinandersetzung mit folgenden Fragestellungen im schulischen Alltag hilfreich sein:

- Was muss ich tun, damit mein Schüler bzw. meine Schülerin mit ASS in Situationen, in denen es erforderlich ist, meine Stimme fokussieren kann? (z.B. persönliche Ansprache vor frontal vermittelten Anweisungen für ausreichend Ruhe Sorgen, Arbeitsanweisungen vom Schüler/von der Schülerin wiederholen lassen, Anweisungen schriftlich vermitteln, etc.)
- Wie kann ich eine geräuscharme Lernumgebung für den Schüler bzw. die Schülerin schaffen? (z.B. einen „abgeschirmten" Arbeitsplatz, Geräuschschutz anbieten, auf die Einhaltung von Gesprächsregeln achten, „Störgeräusche", wie z.B. tropfender Wasserhahn, summen von Elektrogeräten, etc. ausschalten, etc.)

Die *visuelle Wahrnehmung* scheint bei Menschen mit ASS in besonderer Weise ausgeprägt zu sein. Nicht selten zeigen Betroffene eine Faszination für visuelle Reize. Die Erkenntnis, dass Menschen mit ASS überdurchschnittliche Fähigkeiten im Bereich der Detailwahrnehmung besitzen können, lässt sich auf die von Frith (1989) aufgestellte Hypothese der „Schwachen Zentralen Kohärenz" zurückführen. Demzufolge fällt es Menschen mit ASS schwer, einzelne Reize in einen übergeordneten Zusammenhang einzufügen und ein bedeutungsvolles Gesamtbild wahrzunehmen. Stattdessen richten sie ihre Aufmerksamkeit verstärkt auf Details.

> „Individuals with ASD (Autism Spectrum Disorder; Anm. der Autorin) were hypothesised to show ‚weak central coherence'; a processing bias for featural and local information, and relative failure to extract gist or ‚see the big picture' in everyday life" (Happé & Frith 2006, 6).

Die Theorie der „Schwachen Zentralen Kohärenz" ist eine der am umfassendsten erforschten Erklärungstheorien für die Besonderheiten in der Wahrnehmung und Informationsverarbeitung bei Menschen mit ASS. Ausgehend von den Erkenntnissen Frith's wird gegenwärtig angenommen, dass Menschen mit ASS eine detailorientierte Wahrnehmung bevorzugen, allerdings durchaus zu einer bedeutungsgeleiteten, globalen Wahrnehmung fähig sind, wenn sie einen speziellen Hinweis dahingehend erhalten.

> „It has also become clear that people with ASD can process globally for meaning when explicitly required to do so,leading to the notion of a processing bias for local over global levels of information, […]." (Happé & Frith 2006, 21).

In Deutschland haben sich besonders Nußbeck und Müller mit der Weiterentwicklung der Theorie von Frith auseinandergesetzt (vgl. Müller & Nußbeck 2005; Müller 2007; Müller 2008a). Sie überprüften in zahlreichen Untersuchungen den „Wahrnehmungsstil" von Menschen mit ASS im Bereich der visuellen Wahrnehmung. Dabei konzentrierten sie sich auf die Zuordnungsmerkmale Grafik oder Farbe vs. Bedeutung. Sie konnten feststellen, dass die Probanden durchaus in der Lage waren eine Zuordnung entsprechend der Bedeutung vorzunehmen, wenn die Bilder länger betrachtet und von ihnen benannt wurden (vgl. Müller 2008a, 383f.). Analog zu der Überarbeitung von Happé & Frith (2006) kommen die Autoren zu dem Schluss, dass

> „Menschen mit Autismus spontan perzeptuelle Merkmale gegenüber konzeptuellen Merkmalen vor(ziehen), obwohl sie grundsätzlich eine konzeptuelle Verarbeitung beherrschen" (Müller 2008a, 383).

Aus diesen Besonderheiten lassen sich konkrete Ideen für die Praxis ableiten (vgl. Müller 2008a, 385ff.):
- „Erklärungen der Welt" anbieten: Aufgrund des Mangels an globaler Wahrnehmung, können Situationen ggf. nicht in ihrer Bedeutung erfasst werden, so dass keine angemessenen Verhaltensreaktionen erfolgen. Indem auch „selbstverständlich Erscheinendes" erläutert, relevante Informationen hervorgehoben

und in einfachen Worten Erklärungen gegeben werden, kann die Wahrnehmung von Menschen mit ASS auf Bedeutungen gerichtet und ein Verständnis von Situationen gefördert werden.

• „Strukturieren der Umwelt": Aufgrund einer Bevorzugung von perzeptuellen Reizen, kann die Umwelt als unzusammenhängend erlebt werden. Struktur hilft, Bedeutungszusammenhänge herzustellen und Vorhersehbarkeit zu schaffen. Der TEACCH Ansatz scheint hier eine geeignete Konzeption zu sein.

• Perzeptuelle Wahrnehmung zur Unterstützung nutzen: Die „Vorlieben" für Farbe und Details kann im Rahmen der Förderung und Unterstützung Verwendung finden (z.B. Bildkarten zur Strukturierung von Abläufen und Tätigkeiten, Farben als Aspekt der Zuordnung, zur Hervorhebung relevanter Informationen oder als Selbstkontrollmöglichkeit).

• Förderung einer spontanen Aktivierung eines konzeptionellen Wahrnehmungsstils: Viele Menschen mit ASS benötigen offensichtlich mehr Zeit zur Verarbeitung von Bedeutungen. Eine kontextuelle Verarbeitung erfolgt vermutlich erst nach einer spontanen perzeptuellen. Den Kindern und Jugendlichen sollte mehr Zeit bei der Bearbeitung der Aufgaben und ein mehrmaliges Lesen oder Anhören der Instruktion ermöglicht werden.

• Handlungsbegleitendes Sprechen: Ein Benennen von Dingen/Situationen kann die Bedeutungserfassung erleichtern. Reflexionspausen und gezielte Fragen/Nachfragen können die globale Verarbeitung unterstützen.

2.2 Handeln

Neben diesen logischen Schlussfolgerungen aus den bisher erwähnten Besonderheiten in den Bereichen der Wahrnehmung und Informationsverarbeitung hat sich die Autismusforschung unter dem Begriff der „exekutiven Dysfunktion" mit Auffälligkeiten im (Lern-)Verhalten bei Menschen mit ASS beschäftigt. Unter Exekutive Funktionen werden kognitive Funktionen summiert, die der Handlungsplanung, -kontrolle und -flexibilität dienen und folglich von zentraler Bedeutung bei der Ausführung alltäglicher und komplexer Handlungen sind. Die Autismusforschung hat sich in den vergangenen Jahren umfassend mit den Besonderheiten bei Menschen mit ASS in den zentralen Bereichen der Exekutiven Funktionen – der Handlungsplanung (planning), der kognitiven Flexibilität (mental flexibility) und der Impulskontrolle (inhibition) – beschäftigt (vgl. Hill 2004). Dabei zeigt sich, dass Menschen mit ASS Dysfunktionen in einzelnen Bereichen der Exekutiven Funktionen aufweisen, während andere Bereiche offensichtlich eher selten von einer Störung betroffen sind.

> „Overall, school-aged and adult autistic individuals of all ability ranges are impaired in the executive function of planning and show a certain type of perseverative behavior, taken to indicate a deficit in mental flexibility. These individuals do not exhibit im-

paired inhibitory control *per se*, although they do show impaired inhibition of a prepotent response in certain cases, […]" (Hill 2004, 31).

Besonders die Einschränkungen im Bereich der Handlungsplanung können dazu führen, dass bereits „einfache" alltägliche Handlungen nicht bzw. nur mit Hilfe ausgeführt werden können. Hughes u.a. (1994 zit. nach Bowler 2007, 80) konnten in ihren Untersuchungen feststellen, dass Kinder mit ASS unabhängig von den kognitiven Fähigkeiten bei Handlungen mit 4-5 Handlungsschritten Schwierigkeiten zeigten; Kinder mit low-functioning Autismus sogar bereits bei Aufgaben mit 2-3 Handlungsschritten. Diese Erkenntnisse sind besonders auch im Hinblick auf die schulische Unterstützung von Kindern und Jugendlichen mit ASS von großem Interesse. So können sich eingeschränkte Fähigkeiten in der Handlungsplanung und -flexibilität unmittelbar auf das Verhalten in Lernsituationen auswirken und sich in folgenden Aspekten zeigen:
• Lernaufgaben werden nicht in der intendierten Weise bearbeitet
• Bei komplexeren, mehrschrittigen Aufgaben fallen die Übergänge von einem zum nächsten Teilschritt schwer
• Es werden nicht alle zu benötigenden Materialien besorgt/bereitgelegt
• Bei auftauchenden Problemen wird nicht weiter gearbeitet oder werden keine neuen Lösungsstrategien generiert
• Bei der Durchführung alltäglicher Handlungen (An- und Ausziehen, Tisch decken, …) entstehen Schwierigkeiten.
Die obigen Ausführungen verdeutlichen, dass eine Auseinandersetzung mit Erkenntnissen zu der Wahrnehmung, der Informationsverarbeitung und den Exekutiven Funktionen von Kindern mit ASS auch für im schulischen Kontext Tätige hilfreich erscheint, um das Verhalten der Kinder und Jugendlichen in verschiedenen schulischen Situationen besser verstehen und adäquate schulische Förder- und Unterstützungsangebote konzipieren zu können.

3 Der TEACCH Ansatz im schulischen Kontext

3.1 Theoretische Grundlagen

Der TEACCH Ansatz wurde in den 1970er Jahren in North Carolina speziell orientiert an den Bedürfnissen von Menschen mit ASS entwickelt und gilt gegenwärtig als ein effektiver pädagogischer Förderansatz im schulischen und außerschulischen Bereich. TEACCH (Treatment and Education of Autistic and related Communication handicapped CHildren) versteht sich als ein pädagogisches Konzept, das „[…] Leitlinien für eine umfassende und ganzheitliche entwicklungstherapeutische Förderung mit dem Ziel der weitestgehenden Selbstständigkeit, Selbstbestimmung und sozialen Integration" (Häußler 2016, 13) beinhaltet. Die

TEACCH-Methode umfasst spezifische Strategien und Methoden, die im Sinne einer „autismusspezifischen Pädagogik" den besonderen Lernstil von Menschen mit ASS berücksichtigen und die zentralen methodischen Aspekte der Strukturierung und Visualisierung umfassen. Eine ganzheitliche Entwicklungsförderung nach dem TEACCH-Konzept orientiert sich an den neun Prinzipien der TEACCH Philosophie (vgl. ebd., 18ff.) und nutzt die speziellen methodischen Elemente der TEACCH-Methodik, um zum Einen durch Veränderungen/Anpassung der Umwelt bzw. Lernumgebung dem Menschen mit ASS Orientierungshilfen für sein Handeln zu ermöglichen, um so zum Anderen eine Erweiterung individueller Handlungsstrategien zu fördern (vgl. ebd., 13ff.).

> „Unter Berücksichtigung besonderer Lernstile von Menschen mit Autismus-Spektrum-Störungen wird die Lern- und Lebensumwelt individuell auf die Besonderheiten des Einzelnen abgestimmt, so dass der Betreffende sich leichter zurechtfinden und seine Kompetenzen besser einbringen beziehungsweise erweitern kann" (ebd., 13).

Nach einer knappen Darstellung der zentralen Prinzipien der Umsetzung des TEACCH-Ansatzes im folgenden Kapitel setzen sich die weiteren Ausführungen mit den pädagogischen Anforderungen, Möglichkeiten und Grenzen des structured TEACCHing im schulischen Alltag auseinander.

3.2 Prinzipien der Umsetzung

Wie bereits oben erwähnt, ist die bloße Anwendung der Maßnahmen des „strukturierten Unterrichts" nicht gleichzusetzen mit der Arbeit nach dem TEACCH Ansatz. Diese sollte sich an den TEACCH Prinzipien bzw. der TEACCH Philosophie orientieren. Die TEACCH Prinzipien beschreiben die pädagogische Grundhaltung, die hinter dem TEACCH Konzept steht und handlungsleitend ist. Diesbezüglich elementar erscheint ein Wissen über die Besonderheiten von Menschen mit ASS insbesondere in den Bereichen Wahrnehmung und Informationsverarbeitung unabdingbar, um die Verhaltensweisen zu verstehen und darauf angemessen reagieren zu können (ebd., 18). Die Prinzipien Partnerschaft mit den Eltern, Streben nach dem Optimum, Kompetenzorientierung und Langfristigkeit beschreiben pädagogische Grundhaltungen, die der Arbeit mit dem Konzept zugrunde liegen. Mit den Begriffen Individualisierung, Ganzheitlichkeit/Methodenintegration, Structured TEACCHing und Kognitive Psychologie/Lerntheorie wird auf die methodischen Prinzipien und Techniken der konkreten Umsetzung verwiesen. Die folgende Abbildung (Abb. 1) gibt einen Überblick über Strategien und Methoden

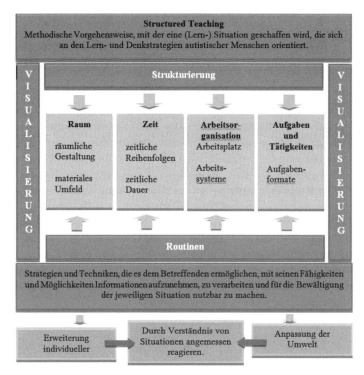

Abb. 1: Strategien und Methoden des TEACCH Ansatzes im Überblick (in Anlehnung an Häußler 2016)

Beim ‚Structured TEACCHing' geht es

„(…) um das Erschließen von Bedeutungen, das Eröffnen von Zusammenhängen und die Vermittlung von Fähigkeiten, um in der Welt zurecht zu kommen. Die ‚TEACCH-Methode' bezieht sich daher auf Strategien und Techniken, die es dem Betreffenden ermöglichen, mit seinen Fähigkeiten und Möglichkeiten Informationen aufzunehmen, zu verarbeiten und für die Bewältigung der jeweiligen Situation nutzbar zu machen" (ebd., 51).

Als zentrale Prinzipien der Umsetzung gelten die *Strukturierung* und *Visualisierung*. Mittels Maßnahmen der Strukturierung wird den Betroffen verdeutlicht, was in welcher Weise zusammengehört und bietet so durch ein besseres Verstehen von Situationen Orientierung und Handlungssicherheit. Die Visualisierung ist eine Methode der Informationsvermittlung über den visuellen Sinneskanal, der für viele Menschen mit ASS offensichtlich besonders vorteilhaft ist (vgl. ebd., 52ff.).

Die Strukturierung von Situationen findet auf vier Ebenen statt und erfolgt mittels visueller Gestaltung und Routinen (vgl. ebd., 58). Im Folgenden wird kurz auf die einzelnen Bereiche der Strukturierung eingegangen, um ein grundlegendes Verständnis der Umsetzungsprinzipien des structured TEACCHing zu vermitteln.

Räumliche Strukturierung
Hier handelt es sich um Maßnahmen, die Zusammenhänge zwischen Personen, Aktivitäten und Gegenständen mit Räumlichkeiten bzw. Plätzen verdeutlichen. Es werden Fragen wie zum Beispiel: „Wo muss ich mich aufhalten?" „Wo findet etwas statt?", „Wo gehört etwas hin?" beantwortet. Eine strukturierte Raumgestaltung, indem der Raum in übersichtliche Funktionsbereiche eingeteilt und diese zum Beispiel mit Regalen, Raumteilern oder Markierungen klar voneinander abgegrenzt sind, ermöglicht eine Raumorientierung. Neben der Raumgestaltung sind folgende weitere Umsetzungsprinzipien sinnvoll: Definition der einzelnen Funktionsbereiche, um Handlungsanforderungen zu verdeutlichen; Visualisierung der An- und Zuordnung von Gegenständen im Raum; Kennzeichnung von Standpunkten; Unterstützung beim Überwinden von Distanzen zum Beispiel mittels des Prinzips des „eincheckens" (vgl. ebd. 58ff.).

Zeitliche Strukturierung
Eine mangelnde zeitliche Orientierung bei Menschen mit ASS kann dazu führen, dass eine Abfolge sowie die Dauer von Ereignissen nicht richtig abgeschätzt und unpräzise Zeitangaben wie z.B. „später", „nachher", etc. kaum zur zeitlichen Strukturierung genutzt werden können. Mit den Maßnahmen der zeitlichen Strukturierung, die Fragen wie „Wann passiert etwas?", „Wie lange dauert das?" beantworten, soll das Verständnis von Abfolgen sowie über die Dauer von Tätigkeiten bei Menschen mit ASS unterstützt werden. Dies geschieht im Wesentlichen anhand von Plänen und Zeitmessgeräten (vgl. ebd., 60ff.). Zeitmessgeräte informieren über die Dauer von Ereignissen – am sinnvollsten anhand von Geräten/Materialien, die Zeit „sichtbar" machen (z.B. der TimeTimer®, eine Sanduhr oder eines „visuellen Count-down").
Damit der Betreffende einen Plan nutzen kann, muss dieser an seine individuellen Fähigkeiten angepasst und der Umgang mit der Strukturierungshilfe geübt werden. Häußler (ebd., 88ff.) nennt diesbezüglich 5 Individualisierungsprinzipien, die bei der Konzeption eines Plans handlungsleitend sein sollten: Komplexität (Länge des Plans), Art der Darstellung/Abstraktionsniveau (Art der Darstellung der Informationen), Inhalt der Darstellung (abgebildete Inhalte), Material (Art des Materials), Format und Organisation (Anordnung der Informationen und Gestaltung des Plans).

Ein aktiv-handelnder Umgang mit dem Plan erfordert neben einer genauen Analyse der Lernvoraussetzungen des Betreffenden hinsichtlich der Individualisierungsprinzipien ggf. ein Ausprobieren unterschiedlicher Pläne. „Das oberste Ziel besteht stets darin, einen Plan zu entwickeln, der einen möglichst selbstständigen Umgang erlaubt" (ebd., 102). Pläne unterliegen folglich ggf. häufiger Veränderungen und Anpassungen. Eine prozessbegleitende Überprüfung und Evaluation ist unabdingbar. Dies erfordert im schulischen Alltag ein hohes Maß an Kooperation und Kontinuität.

Arbeitsorganisation und Arbeitssysteme
Da eine selbstständige Beschäftigung mit Aufgaben ein hohes Maß an Selbstorganisation und Selbstregulation erfordert, kann dies für Menschen mit ASS eine besonders große Herausforderung darstellen. Arbeitssysteme bieten eine „[…] Systematik, mit der sie in die Lage versetzt werden, sich Anforderungen von außen zu öffnen und schließlich ein Aufgaben- oder Lernpensum zu erfüllen" (ebd., 63). Arbeitssysteme können folglich überall dann Anwendung finden, wenn von der Person erwartet wird, möglichst selbstständig, ohne die Unterstützung einer Bezugsperson, eine oder mehrere Aufgaben zu bearbeiten bzw. Tätigkeiten durchzuführen. Dazu werden spezielle räumliche und zeitliche Strukturierungshilfen verwendet. Die räumliche Strukturierung erfolgt anhand der Gestaltung und Organisation des *Arbeitsplatzes* (z.B. Auswahl und Stellung der Möbel, Maßnahmen zur Reizabschirmung, Anordnung der Materialien, etc.). Die zeitliche Strukturierung findet mittels eines *Arbeitssystems* statt (vgl. ebd., 111ff.).
Ein Arbeitssystem informiert, „[…] welche Aufgaben oder Tätigkeiten in welcher Reihenfolge auszuführen sind und lässt erkennen, wann die Arbeitszeit um ist und was darauf folgt" (Bernard-Opitz & Häußler 2013, 31). Es kann auf konkreter Ebene über die Anordnung von Gegenständen konzipiert sein, in abstrakter Weise anhand eines Plans. Bei der Gestaltung sollten die gleichen Individualisierungsprinzipien handlungsleitend sein, wie bei der Konzipierung von Zeit- und Tagesplänen (s. o.). Ein Überblick über unterschiedliche Formen von Arbeitssystemen findet sich in Bernard-Opitz & Häußler (ebd., 31ff.).
Der Umgang mit einem Arbeitssystem erfordert zunächst eine Unterstützung, die schrittweise abgebaut werden kann. Da der Fokus zunächst auf dem Erlernen des Arbeitssystems liegt, sollte das Anforderungsniveau der Aufgaben anfänglich möglichst gering gehalten werden. Ein geeignetes Arbeitssystem sollte möglichst kontinuierlich und langfristig Einsatz finden (vgl. Häußler 2016, 120). Aus diesem Grund sollte das System für unterschiedliche Aufgaben/Tätigkeiten genutzt und auf unterschiedliche Situationen/Lernbereiche übertragen werden können. Willmanns (2011) stellt ein solches System konzipiert für Inhalte aus dem Bereich der Pränumerik vor (s. Abb. 2)

Abb. 2: Arbeitssystem (Willmanns 2011)   **Abb. 3:** Strukturierte Aufgabe (Schuhkartonauf-
gabe) mit Variationsmöglichkeiten

Strukturierte Aufgaben und Tätigkeiten

„Kompetentes Handeln setzt ein Verständnis davon voraus, welches Material wie benutzt werden und zu welchem Ergebnis die Handlung führen soll" (Bernard-Opitz & Häußler 2013, 16). Im schulischen Kontext ist es ein wesentliches Anliegen, die Schülerinnen und Schüler zu befähigen, sich möglichst ohne Unterstützung mit Lerninhalten zu beschäftigen. Die strukturierten Aufgaben nach dem TEACCH Ansatz (s. Abb. 3) stellen eine Möglichkeit dar, Menschen mit ASS Zugang zu Lerninhalten zu ermöglichen und die Entwicklung einer Lernhaltung zu fördern.

Dazu sollte vorbereitetes Material mit wenig organisatorischen Anforderungen bereitgestellt werden. Dies erfolgt anhand von drei Maßnahmen der visuellen Strukturierung (Häußler 2016, 65ff.):

• Visuelle Organisation: Anordnung der Materialien auf der Arbeitsfläche. Unterschieden werden verschiedene Aufgabenformate (offene Formate, Korb-Auf-

gaben, Tablett-Aufgaben, Schuhkarton-Aufgaben, Aufgabenmappen (vgl. auch Bernard-Opitz & Häußler 2013; Solzbacher 2016).
• Visuelle Instruktion: Hinweise zum Umgang mit dem Material. Diese können auf unterschiedliche Art und Weise erfolgen (z.b. Schablonen oder bildliche Instruktionen, vgl. Bernard-Opitz & Häußler 2013, 54).
• Visuelle Deutlichkeit: Hervorhebung des Wesentlichen zum Beispiel über den gezielten Einsatz von Farben, Markierungen oder Umrahmungen bei ansonsten reizarmem Material.

Die Auswahl des Materials erfolgt unter den Gesichtspunkten individuelle Fähigkeiten, Interessen, sensorische Aspekte, Stabilität und Altersangemessenheit (Häußler 2016, 122f.).

Zusätzlich zu den Aspekten der Strukturierung und Visualisierung nehmen auch Routinen im TEACCH Ansatz einen zentralen Stellenwert ein. Bei Routinen handelt es sich „[…] um eingeübte, fast automatisierte Handlungsabläufe […]. Auch sie können die Bewältigung von Situationen erleichtern und Orientierung ermöglichen" (Häußler 2016, 68). Schwerpunktmäßig erfolgt ein Einüben funktionaler Routinen, die den Umgang mit Strukturierungshilfen erleichtern sollen. Zentrale funktionale Routinen im TEACCH-Ansatz sind:
• Arbeitsrichtung: Arbeiten von oben nach unten; von links nach rechts.
• Der „Fertigkorb": Alle erledigten Arbeiten werden in einem Fertigkorb, einer Fertigkiste abgelegt.
• Orientierung am Plan: Nach Beenden einer Tätigkeit wird die Aufmerksamkeit wieder auf einen Plan gerichtet.

3.3 Möglichkeiten und Grenzen im (sog. inklusiven) schulischen Setting

In ihren Ausführungen verweist Häußler (2016) darauf, dass der TEACCH Ansatz durchaus in unterschiedlichen Institutionen umsetzbar ist, eine umfassende Anwendung allerdings auch spezielle Rahmenbedingungen voraussetzt. Allerdings sollte die Umsetzbarkeit nicht daran scheitern, dass die optimalen Rahmenbedingungen nicht vorhanden sind, denn „[…] auch in Situationen, wo die Rahmenbedingungen alles andere als optimal sind, ist es durchaus möglich, zumindest einzelne Elemente aus dem TEACCH Ansatz umzusetzen" (ebd., 210). Die nun folgenden Ausführungen diesbezüglich erheben keinen Anspruch auf Vollständigkeit, sondern verstehen sich als Anregung zu einer kritischen Auseinandersetzung mit der Umsetzbarkeit des Ansatzes in unterschiedlichen schulischen Bedingungsfeldern.

Räumlichkeiten/räumliche Bedingungen

Die Frage nach geeigneten Räumlichkeiten besitzt besonders auch im Kontext sog. inklusiver Lernsettings einen nicht zu unterschätzenden Stellenwert. Kinder mit ASS profitieren aufgrund ihrer Besonderheiten in der Wahrnehmung und im Lernen (vgl. Kap. 2) von einer ruhigen, reizarmen Lernumgebung. Aufgrund möglicher Schwierigkeiten in der räumlichen Orientierung und Organisation kann es ihnen schwerfallen, sich in einem Raum zurechtzufinden, zu erkennen, wo welche Aktivitäten stattfinden oder räumliche Distanzen zu überwinden (vgl. ebd., 43). Eine klare Strukturierung des Raumes (vgl. Kap. 3) unterstützt sie, Situationen besser zu verstehen und Handlungsanforderungen abzuleiten. Für Phasen der Einzelarbeit ist ein „abgeschirmter", gleichbleibender und ruhiger Arbeitsplatz hilfreich, um eine konzentrierte Auseinandersetzung mit dem Lerngegenstand zu unterstützen. Der Umgang mit einem neu konzipierten Arbeitssystem oder einem neuen Aufgabenformat (vgl. Kap. 3.2) erfordert ein Erlernen neuer Handlungsmuster. Eine 1:1 Betreuung in einem ruhigen Raum wirkt im Rahmen dieses Lernprozesses unterstützend.

Personelle Bedingungen
Wird der Fokus noch einmal auf die Prinzipien der Umsetzung des TEACCH-Ansatzes gerichtet (vgl. Kap. 3.2), könnte kritisch gefragt werden, wie viele Personen für die Durchführung von Unterstützungsmaßnahmen nach dem Ansatz benötigt werden. Tatsächlich nehmen die personellen Ressourcen einen nicht unbeachtlichen Stellenwert ein. Die Einführung neuer Strukturierungsmaßnahmen (Arbeit mit Plänen, Arbeitssystemen, Aufgabenformaten, etc.) erfolgt stets in 1:1 Situationen und bedarf häufig eines widerholten Übens. Dies erfordert eine intensive Begleitung durch möglichst gleichbleibende Bezugspersonen mit Kenntnissen im Bereich Autismus-Spektrum-Störungen und TEACCH.
Fachkenntnisse in den Bereichen Autismus-Spektrum-Störungen sind bei Lehrpersonen offensichtlich häufig noch nicht hinreichend vorhanden (vgl. Untersuchungsergebnisse der Autismus-Forschungs-Kooperation 2009 in Berlin zit. nach Schuster 2010, 52f.), so dass hier eindeutig die Notwendigkeit von umfassenden Fort- und Weiterbildungsangeboten für Pädagoginnen und Pädagogen aller Schulformen besteht. Dabei kann davon ausgegangen werden, dass aufgrund des Lehrerausbildungskonzeptes in Deutschland das Wissen in Regelschulen noch deutlich geringer ist als in Förderschulen.
Die Konzipierung der verschiedenen Strukturierungsmaßnahmen, die zudem durch ein hohes Maß an Individualisierung gekennzeichnet sind und selten ohne Modifikation für andere Schüler und Schülerinnen genutzt werden können, binden sicherlich ein hohes Maß an zeitlichen und personellen Ressourcen. Indem immer auch der Blick auf Variations- und Übertragungsmöglichkeiten gerichtet wird, können einzelne Strukturierungsmaßnahmen in unterschiedlichen Kontexten langfristig genutzt werden.

Materiale Bedingungen

Die im vorangegangenen Kapitel beschriebenen Prinzipien der Umsetzung des TEACCH Ansatzes machen deutlich, dass die Umsetzung auch sächliche Rahmenbedingungen erfordert. Maßnahmen der räumlichen Strukturierung lassen sich sicherlich einfacher umsetzen, wenn ein entsprechendes Mobiliar (Stellwände, Regale, Gardinen, etc.) oder ausreichend finanzielle Mittel vorhanden sind. Auch die anderen Ebenen der Strukturierung machen materielle Rahmenbedingungen erforderlich (z.B. Symbolsammlungen, Laminiergeräte und -zubehör, Schubkästen, Ablagefächer, Tabletts, Schuhkartons, etc.).

Die Gestaltung strukturierter Aufgaben erfordert neben einer Analyse der individuellen Voraussetzungen in den Bereichen des selbstständigen Arbeitens und der ausgewählten fachlichen Inhalte eine kreative Auseinandersetzung mit der Umsetzung dieser in einem adäquaten Aufgabenformat und folglich der Auswahl geeigneter Materialien. Hier eignen sich eine Vielzahl an Alltagsmaterialien (Schuhkartons, Joghurtbecher, Plastikbehälter, Konservendosen, etc.), die ohne großen finanziellen Aufwand erworben werden können.

Anforderungen an pädagogisches Handeln

In Bezug auf das pädagogische Handeln stellt die Kooperation im Team eine wesentliche Voraussetzung für die Durchführung dar. Die Notwendigkeit der Kooperation aller an der Förderung der betreffenden Person Beteiligten ergibt sich aus dem hohen Stellenwert der Kontinuität und Langfristigkeit der Unterstützungsmaßnahmen. So ist es zum Beispiel sinnvoll einen Plan, mit dem der Schüler bzw. die Schülerin gelernt hat sich seinen Tag zu strukturieren, auch kontinuierlich zu nutzen. Eine Übertragbarkeit in das häusliche Umfeld unterstützt den Schüler bzw. die Schülerin auch am Wochenende; erfordert jedoch eine enge Kooperation mit den direkten Bezugspersonen. Eine Zusammenarbeit mit zum Beispiel Fachlehrkräften an weiterführenden Schulen ist unabdingbar, um eine Umsetzung der Unterstützung in unterschiedlichen Unterrichtsfächern zu ermöglichen.

Darüberhinaus ist es sinnvoll, dass das Personal Fachkenntnisse im Bereich Autismus-Spektrum-Störungen in Fort- und Weiterbildungen, schulinternen Fortbildungsveranstaltungen oder in Kooperation mit Autismus-Beratungsstellen erwirbt.

Die obigen Ausführungen verdeutlichen, dass gewisse Rahmenbedingungen und Voraussetzungen die Umsetzung des TEACCH Ansatzes begünstigen, teilweise sogar erst ermöglichen. In wie fern die Bedingungen in unterschiedlichen schulischen Kontexten vorhanden sind oder geschaffen werden können, ist sicherlich äußerst unterschiedlich. Letztendlich sollte eine Umsetzung der Unterstützungsmaßnahmen, wenn dies für den Schüler bzw. die Schülerin als wertvoll erachtet wird, nicht an einem Mangel an Rahmenbedingungen scheitern. Hier gilt es zu analysieren, welche Minimalbedingungen erforderlich sind und geschaffen werden können, um zum Beispiel einzelne Aspekte des Ansatzes umsetzen zu können.

4 Zusammenfassung und Ausblick

Ausgehend von grundlegenden Erkenntnisse zu möglichen Besonderheiten in den Bereichen der Wahrnehmung und der Informationsverarbeitung bei Kindern und Jugendlichen mit ASS wird in diesem Beitrag der TEACCH-Ansatz als mögliche Unterstützungsmaßnahme unter dem Aspekt einer entwicklungsorientierten Förderung im schulischen Kontext diskutiert und als *eine* Möglichkeit der Förderung der Personengruppe im genannten Setting betrachtet.

Der TEACCH Ansatz orientiert sich mit seinen Leitideen, methodisch-didaktischen Aspekten und Arbeitsweisen in besonderer Weise an den Bedürfnissen von Menschen mit ASS und kann in unterschiedlichen Settings umgesetzt werden. In wie fern sich die Rahmenbedingungen und die einzelnen methodischen Elemente im schulischen Kontext umsetzen lassen, wurde in dem vorliegenden Artikel diskutiert. Als grundlegende Voraussetzung muss in diesem Zusammenhang das Wissen um und über Autismus-Spektrum-Störungen und mögliche Förderkonzepte betrachtet werden. Dies scheint gegenwärtig bei den in den Schulen Tätigen noch nicht umfassend vorhanden zu sein, so dass sich hier ein dringender Bedarf nach Fort- und Weiterbildungen ergibt. Der hohe Stellenwert der Kooperation im Team sowie mit den Eltern, um eine Kontinuität und Langfristigkeit der Hilfen zu gewähren, erfordert eine enge Zusammenarbeit aller an der Förderung des Kindes bzw. Jugendlichen Beteiligten.

Entsprechend der Intention bietet der Ansatz gute Möglichkeiten Kinder und Jugendliche mit ASS in unterschiedlichen schulischen Kontexten entwicklungsorientiert zu unterstützen und eine soziale Teilhabe zu fördern. Allerdings stellt der Ansatz nur *eine* Möglichkeit der schulischen Unterstützung der genannten Personengruppe dar. Entsprechend der individuellen Voraussetzungen und Bedürfnisse jedes einzelnen Schülers bzw. jeder einzelnen Schülerin und im Sinne einer entwicklungsadäquaten, ganzheitlichen Förderung ist es sinnvoll unterschiedliche Unterstützungsmöglichkeiten zu diskutieren und ggf. verschiedene Methoden zu kombinieren. Letztendlich sollte eine Konzeption entwickelt werden, die sensibel genau auf die individuellen Lernvoraussetzungen des Schülers bzw. der Schülerin mit ASS abgestimmt ist und flexibel an die Entwicklungsfortschritte angepasst werden kann. Die Unterstützungsmaßnahmen nach TEACCH könnten im Rahmen eines solchen Förderkonzeptes einen wesentlichen Bestandteil bilden.

Literatur

Adamson, Amanda/O'Hare, Anne/Graham, Catriona (2006): Impairments in sensory modulation in children with auistic spectrum disorder, In: British Journal of Occupational Therapy, 69 (8), 357-364.

Bernard-Opitz, Vera/Häußler, Anne (2013): Praktische Hilfen für Kinder mit Autismus-Spektrum-Atörungen (ASS). Fördermaterialien für visuell Lernende, Stuttgart: Kohlhammer.

Bowler, Dermot M. (2007): Autism spectrum disorders: Psychological Theory and Research. Weinheim: Wiley-VCH.

Ceponienè, R./Lepistö. T./Shestakova, A./Vanhala, R./Alku, P./Näätänen, R./Yaguchi, K. (2003): Speech-sound-selective auditory impairment in children with autism: They can perceive but not attend. In: Proceedings of the National Academy of Sciences 100 (9) 5567-5572.

Degner, Martin & Nußbeck, Susanne (2011): Wirksamkeit Strukturierter Arbeitssysteme zur Förderung der Selbstständigkeit von Kindern mit Autismus. In: Empirische Sonderpädagogik, 3. Jg., (1), 51-74.

Dodd, Susan (2007): Autismus: Was Betreuer und Eltern wissen müssen. Heidelberg/München: Spektrum.

Eckert, Andreas & Sempert, Waltraud (2012): Kinder und Jugendliche mit Autismus-Spektrum-Störungen in der Schule. Entwicklung eines Rahmenmodells der schulischen Förderung. In: Vierteljahresschrift für Heilpädagogik und ihre Nachbargebiete, 81. Jg., 221-233.

Frith, Uta (1989): Autism. Explaining the enigma. Oxford: Basil Blackwell.

Häußler, Anne (2016): Der TEACCH® Ansatz zur Förderung von Menschen mit Autismus. Einführung in Theorie und Praxis. 5. Aufl. Dortmund: Modernes Lernen.

Hall, Matthias & Wieland, Michael (2012): Schulische Förderung autistischer Kinder und Jugendlicher in allgemeinen Schulen und Sonderschulen. In: Sautter, Hartmut/Schwarz, Katja/Trost, Rainer (Hrsg.): Kinder und Jugendliche mit Autismus-Spektrum-Störung. Neue Wege durch die Schule. Stuttgart: Kohlhammer, 165-180.

Happè, Francesca & Frith, Uta (2006): The weak coherence account: Detail-focused cognitive style in autism spectrum disorders. In: Journal of Autism and Developmental Disorders 36 (1), 5-25.

Hill, Elisabet L (2004): Executive dysfunction in autism. In: TRENDS in Cognitive Sciences, 8 (1), 26-32.

Hughes, C./Russell, J./Robbins, T. W. (1994): Evidence for executive dysfunction in autism. In: Neuropsychologia 32, 477-492.

Kamp-Becker, Inge & Bölte, Sven (2011): Autismus. München und Basel: Ernst Reinhardt.

Moosecker, Jürgen (2009): Schüler mit Asperger Autismus. Pädagogisch-didaktische Strategien und das Sprechen über Autismus in der Klasse. In: Zeitschrift für Heilpädagogik, 60. Jg., 434-441.

Moosecker, Jürgen & Fries, Alfred (2011): Schüler mit Autismus-Spektrum-Störung (ASS) an der Schule für Körperbehinderte – Ergebnisse einer Elternbefragung. In: Heilpädagogik online, 10. Jg., (1),10-26. Online unter: http://www.heilpaedagogik-online.com/2011/heilpaedagogik_online_0111.pdf (Abrufdatum: 22.02.2017)

Müller, Christoph Michael & Nußbeck, Susanne (2005): Bevorzugen Kinder mit Autismus einen am Detail orientierten Wahrnehmungsstil? In: Heilpädagogische Forschung, Heft 4 2005, 196-203.

Müller, Christoph Michael (2007): Autismus und Wahrnehmung. Eine Welt aus Farben und Details. Marburg: Tectum.

Müller, Christoph Michael (2008): Informationsverarbeitung bei Autismus. In: Degner, Martin/Müller, Christoph Michael (Hrsg.): Autismus. Besonderes Denken – Förderung mit dem TEACCH-Ansatz. Nordhausen: Verlag Kleine Wege, 87-105.

Müller, Christoph Michael (2008a): Wahrnehmung bei Autismus. Stärken, Probleme und Förderung. In: Zeitschrift für Heilpädagogik, 59. Jg., 379-388.

Preißmann, Christine (2012): Aus meiner Sicht: Die ideale Schule für Kinder und Jugendliche mit Autismus. In: Sautter, Hartmut/Schwarz, Katja/Trost, Rainer (Hrsg.): Kinder und Jugendliche mit Autismus-Spektrum-Störung. Neue Wege durch die Schule. Stuttgart: Kohlhammer, 69-80.

Rabe, Susanne (2012): Strukturiertes Lernen nach dem TEACCH-Ansatz als Schulkonzept. Pädagogische Einengung oder notwendiges Gerüst für schulisches Lernen von Schülerinnen und Schülern mit Autismus-Spektrum-Störung? In: Sautter, Hartmut/Schwarz, Katja/Trost, Rainer (Hrsg.):

Kinder und Jugendliche mit Autismus-Spektrum-Störung. Neue Wege durch die Schule. Stuttgart: Kohlhammer, 181-188.

Reicher, Hannelore/Wiesenhofer, Elisabeth/Schein, Gudrun (2006): Schulische Integration von Kindern mit autistischen Störungsbildern: Erfahrungen und Einstellungen von LehrerInnen. In: Heilpädagogische Forschung, Bd. 32 (4), 178-190.

Schenz, Christina/Weber, Karin/Berger, Albert (2011): Behindert und/oder begabt? Lehrkräfte im Spannungsfeld zwischen Norm und Besonderheit. In: Zeitschrift für Heilpädagogik, 62. Jg., 18-21.

Schirmer, Brita (2010): Schulratgeber Autismus-Spektrum-Störungen. Ein Leitfaden für LehrerInnen. München und Basel: Reinhardt.

Schmidt, Peter (2012): Was eine autistenfreundliche Schule braucht – Reflexion der eigenen Schulzeit. In: Sautter, Hartmut/Schwarz, Katja/Trost, Rainer (Hrsg.): Kinder und Jugendliche mit Autismus-Spektrum-Störung. Neue Wege durch die Schule. Stuttgart: Kohlhammer, 81-101.

Schuster, Nicole (2010): Schüler mit Autismus-Spektrum-Störungen. Eine Innen- und Außenansicht mit praktischen Tipps für Lehrer, Psychologen und Eltern. Stuttgart: Kohlhammer.

Schuster, Nicole (2012): Autismus als Herausforderung für die Schule – Lösungsansätze für die Praxis. In: Sautter, Hartmut/Schwarz, Katja/Trost, Rainer (Hrsg.): Kinder und Jugendliche mit Autismus-Spektrum-Störung. Neue Wege durch die Schule. Stuttgart: Kohlhammer, 155-164.

Solzbacher, Heike (2016): Von der Dose bis zur Arbeitsmappe: Ideen und Anregungen für strukturierte Beschäftigungen in Anlehnung an den TEACCH-Ansatz. Dortmund: Borgmann Media.

Tomcheck, Scott D. & Dunn, Winnie (2007): Sensory Processing in children with and without autism: A comparative study using the short sensory profile. In: American Journal of Occupational Therapy. 61 (2). 190-200.

Trost, Rainer (2012): Ein Konzept zur schulischen Förderung von Kindern und Jugendlichen aus dem autistischen Spektrum. Ergebnisse des Forschungsprojekts „Hilfen für Menschen mit autistischem Verhalten". In: Sautter, Hartmut/Schwarz, Katja/Trost, Rainer (Hrsg.): Kinder und Jugendliche mit Autismus-Spektrum-Störung. Neue Wege durch die Schule. Stuttgart: Kohlhammer, 119-154.

Völkel, Daniela (2008): Lesewochen ganz besonders! Die Umsetzung des TACCH-Ansatzes in der Freien Ganztagsschule. In: Degner, Martin/Müller, Christoph Michael (Hrsg.): Autismus. Besonderes Denken – Förderung mit dem TEACCH-Ansatz. Nordhausen: Verlag Kleine Wege, 187-215.

Wendland, Marina (2008): Einführung von TEACCH in einer Förderschule – Von der „Autismus-Klasse" zur schulinternen Beratungsstelle für Autismus. In: Degner, Martin/Müller, Christoph Michael (Hrsg.): Autismus. Besonderes Denken – Förderung mit dem TEACCH-Ansatz. Nordhausen: Verlag Kleine Wege, 217-226.

Willmanns, Kristina (2011): Unterstützung der Handlungskompetenz bei Schülern mit Autismus-Spektrum-Störungen: Darstellung eines am TEACCH-Ansatz orientierten Lernangebots. In: Zeitschrift für Heilpädagogik, 62. Jg., 484-495.

Kristina Willmanns, Lehrkraft für besondere Aufgaben am Lehrstuhl Didaktik in schulischen und vorschulischen Rehabilitationsfeldern an der Universität zu Köln. Forschungsschwerpunkt: Lernverhalten von Kindern mit frühkindlichem Autismus

Teil 3:

**Inklusive Schulentwicklung an Luxemburger Schulen:
zwei Erfahrungsberichte**

Marc Hilger

Eis Schoul[1] –
Eine inklusive Ganztagsschule in Luxemburg

1 Die Ausgangslage

1.1 Die Entstehungsgeschichte der Eis Schoul

Am 13. Mai 2008 wurde das Gesetz *"Une Ecole préscolaire et primaire de recherche fondée sur la pédagogie inclusive"* (übers.: Eine forschende Vor- und Primarschule beruhend auf einer inklusiven Pädagogik) (vgl. Men.lu) ohne Gegenstimme in der Luxemburger Abgeordnetenkammer verabschiedet. Luxemburg kam damit einem Teil seiner Verpflichtungen entgegen, die es mit der Unterzeichnung der UN-Behindertenrechtskonvention (vgl. Deutsches Institut für Menschenrechte, 2009) eingegangen ist.

Im September 2008 fiel der Startschuss eines Schulprojekts, das aus einer Initiative des GLEN[2] im Jahre 2004 hervorging und von einer Arbeitsgruppe im Ministerium ab 2006 während 2 Jahren weiterentwickelt wurde. Die damalige Bildungsministerin, Delvaux-Stehres, unterstützte das Projekt.

Die Herausforderungen, denen sich die Gründungsmitglieder der Eis Schoul (übers.: Unsere Schule[3]) stellten, gingen aus den Schlussfolgerungen der PISA-Studien 2000 und 2003 hervor: *„Integration aller Kinder, Differenzierung des Unterrichts, aktiveres Einbeziehen der Kinder in ihr eigenes Lernen, die Herausforderung der Heterogenität in den Klassen angehen, anders an die Mehrsprachigkeit herangehen, die Bewertungsformen überdenken, die außerschulische Betreuung der Kinder verbessern, die Eltern mehr einbeziehen und besser informieren, die Lehrerschaft einer Schule um ein präzises pädagogisches Projekt vereinen, die Arbeit in multiprofessionellen Teams unterstützen, usw."* (Men.lu 2008, Präambel).

---

1 Dieser Text ist eine inhaltlich überarbeitete und gekürzte Fassung einer Informationsschrift über die Eis Schoul. Online unter: http://www.eisschoul.lu/assets/upload/files/Eis-Schoul_eine-inklusive-Ganztagsschule.pdf. Entnahme 29.05.2017

2 vgl. www.glen.lu

3 In dem Titel „Unsere Schule » war der Gedanke des nationalen Netzwerks enthalten, also nicht eine Schule als Insel losgelöst von den anderen Grundschulen, sondern eine Schule, als Teil des ganzen Grundschulsystems, die im Austausch steht mit anderen interessierten Schulen und Institutionen Luxemburgs.

1.2 Die Entwicklung der Schule von 2008 bis 2017

Die ursprüngliche Belegschaft bestand aus einer Mischung von Lehrpersonen, Erzieherinnen und Erziehern, Sozialpädagoginnen und -pädagogen, einer Heilpädagogin und einer Psychologin. Auch die Köche waren gesetzmäßig Teil des Teams. Alle bereiteten sich gemeinsam ca. 6 Monate auf die Schulgründung vor. Die Zuversicht für das Gelingen dieses neuen Schulprojekts wurde einerseits genährt durch die Erfahrenheit eines Teils der Belegschaft und andererseits durch die Gewissheit, dass das Projekt begleitet werden sollte durch die Universität Luxemburg. Und so brach dieses multiprofessionelle Team[4] von 32 Erwachsenen gemeinsam mit etwa 100 Kindern, die zu 95% aus der Gemeinde Luxemburg stammten, 2008 zu einer „Schifffahrt" auf, deren großes Vorhaben inklusive Schulentwicklung war.

Nach 5 sehr stürmischen Anfangsjahren gelangte das „Schiff" nach manchen Irrfahrten und Umwegen in ruhigere Gewässer.

Heute, nach fast 9 Jahren, fährt die Eis Schoul mit viel Vertrauen und Optimismus und einem reichen Schatz an Erfahrungen und Wissen weiter auf dem Weg inklusiver Schulentwicklung. Die – veränderte – Belegschaft zeichnet sich immer noch durch ein außerordentliches Engagement aus. Das Interesse von Eltern an der Eis Schoul ist nach wie vor ungebrochen. Die Einschreibungsquote übersteigt die Zahl der verfügbaren Plätze jedes Jahr um das 8- bis 10-fache. Dieses besondere Interesse an Eis Schoul ist einerseits das Ergebnis einer erstklassigen Arbeit, die tagtäglich in dieser Schule geleistet und über unsere „Botschafter", die zufriedenen Kinder und Eltern, nach außen getragen wird. Andererseits scheint dies ein Indikator dafür zu sein, dass im Luxemburger Schulsystem Nachholbedarf in Sachen Diversifizierung und Inklusion besteht.

2 Grundlegende Prinzipien in Eis Schoul

Eis Schoul ist eine staatliche Ganztagsschule, die sich der inklusiven Schulentwicklung gesetzlich verschrieben hat. Das bedeutet für uns, dass

* die gesamte Belegschaft ein *multiprofessionelles Team* darstellt, das den Unterricht und die Erziehung aller Kinder sicherstellt. Es zeichnet sich aus durch eine hohe Bereitschaft zur *Kooperation* und besitzt eine Vielfalt an notwendigen *Fachkompetenzen.*

---

4 Der Begriff multiprofessionelles Team bezeichnet im Gesetz der Eis Schoul die ganze Belegschaft. Im Grundschulgesetz Luxemburgs aber ist damit ein Team (Abk.: EMP) von Psychologinnen bzw. Psychologen, Orthophonistinnen bzw. Orthophonisten, (Heil-)Pädagoginnen bzw. -pädagogen, Psychomotorikerinnen bzw. Psychomotoriker und Sozialpädagoginnen bzw. -pädagogen gemeint, die für Fachdiagnostik und individuelle Förderung von Grundschulkindern mit hohem Förderbedarf verantwortlich sind.

- der Unterricht und die außerschulische Betreuung in *heterogenen, altersüber-greifenden Lerngruppen* stattfinden, auf der Basis der *Binnendifferenzierung.* Der gemeinsame Unterricht und die Klassen- bzw. Gruppenzugehörigkeit jedes Kindes bilden die Basis, die durch zeitweise Gruppenbildung und Einzelbetreuung ergänzt wird. Spezifische *sächliche Ressourcen* (didaktisches Lernmaterial, funktionelle Räume) werden gezielt eingesetzt.

- die gemeinsam von der ganzen Schulgemeinschaft erarbeitete *Schulcharta* das Fundament der *pädagogischen Beziehungen* bildet, um Entwicklung und Lernen zu unterstützen. Jedes Kind macht die Erfahrung von verlässlichen und Halt gebenden Beziehungen, indem Grundwerte aus unserer Charta, wie Respekt, Aufmerksamkeit oder Disziplin gelebt werden.

3 Pädagogisch-didaktische Prinzipien

3.1 Curriculum und Werkstattarbeit

Das *inklusive Curriculum* der Eis Schoul beruht auf zwei Säulen: einerseits einem von den Erwachsenen verantworteten Kerncurriculum mit verbindlichen Bildungsinhalten und andererseits Freiräumen für Themen und Interessen der Kinder. Die verbindlichen Bildungsstandards der luxemburgischen öffentlichen Schule erlauben die Aufstellung von Kompetenzstufen, die es jedem Kind ermöglichen, aus welcher Lernausgangslage auch immer, einen Einstieg in das Lernen zu finden.

Zum inklusiven Curriculum gehören darüber hinaus Freiräume für die Arbeit der Kinder an selbstgewählten Themen. Dies wird u.a. ermöglicht durch Werkstattangebote, die teils von den Erwachsenen, teils von den Kindern selbst erstellt werden. Werkstätten gibt es insbesondere zu lebenspraktischen Aktivitäten, wie z.B. Hippopädagogik, Schreinerei, Airtramp, Marktbesuche, pädagogische Küche, Arbeiten im Lehm. Diese Werkstattangebote, ursprünglich für Kinder mit hohem Förderbedarf[5] konzipiert, stehen allen Kindern offen und stellen einen wichtigen Baustein im Bereich der Sozialisation und der Kompetenzerweiterung dar. Darüberhinaus werden Werkstätten angeboten, die an den Lehrplan der Luxemburger Grundschule: „Eveil aux sciences" angelehnt sind. Das Angebot und die Einschreibungen werden alle 6 Wochen erneuert.

---

5 Wir bezeichnen Kinder mit hohem Förderbedarf als „Enfants à besoins spécifiques". Gemeint sind alle Kinder, die über die Cis (Commission d'inclusion scolaire, übers.: Kommission der schulischen Inklusion) einen hohen Förderbedarf zugewiesen bekommen haben und damit ein Anrecht auf intensive, individuelle Förderung durch die EMP und die Sozialpädagoginnen bzw. -pädagogen der Eis Schoul besitzen.

Das Werkstattangebot wird komplettiert durch spontane Angebote der Kinder, denen in der Regel 30 bis 90 Minuten zur Verfügung stehen. Alle Werkstätten werden dokumentiert und gehören anschließend zum Portfolio. Neben den Werkstätten arbeiten die Kinder auch wöchentlich an Projekten, deren Themen sie selbst auswählen dürfen. Der Projektunterricht findet an einem festen Tag in der Woche statt. Projekte sind an die jeweilige Entwicklungsstufe der Kinder angepasst. In den Zyklen 1 und 2 wird der Schwerpunkt auf Gruppenprojekte gelegt. Ab dem 3. Zyklus werden die Projekte in Partnerarbeit erarbeitet. Im letzten Jahr des vierten Zyklus heißt das Projekt dann „Meisterarbeit" („Chef d'oeuvre pédagogique"). Sie wird individuell bearbeitet und am Ende des Schuljahrs der Schulgemeinschaft vorgestellt. Die „Meisterarbeit" spielt auch eine Rolle bei der Orientierung in die Sekundarschule.

3.2 Binnendifferenzierung

Die *Binnendifferenzierung* bedeutet für Eis Schoul, dass:

- wir versuchen, dem natürlichen Entdeckerdrang jedes Kindes entgegenzukommen, indem wir Lernen so arrangieren, dass natürlich entdeckendes Lernen möglich ist. Wir greifen spontane Inputs der Kinder auf und machen daraus einen Lerninhalt. Und wir geben den Kindern Raum und Zeit[6], um ihrer Lerngruppe neue, interessante Informationen zu präsentieren.
- wir jedem Kind einen Einstieg in die Lerninhalte ermöglichen, ganz gleich, auf welchem Entwicklungsniveau es sich befindet. Hierbei hilft aufeinander aufbauendes didaktisches Lernmaterial.
- wir eine anregende Lernumgebung schaffen, die das Kind ermuntert zu entdecken und zu lernen. Dazu gehört z.B. eine reich ausgestattete Bibliothek, Unterrichtsgänge nach draußen oder Experten, die in die Schule eingeladen werden.
- wir die Stärken der Kinder schätzen und hochhalten, z.B. indem die Kinder ihr Wissen/Können im Rahmen von selbst organisierten Werkstätten oder im Vorstellerkreis mit anderen Kindern teilen dürfen.
- wir von klein auf eine Feedbackkultur pflegen, die die Kinder dazu erzieht, das Positive in jedem Beitrag zu erkennen (TOPs) und konstruktive Lösungsvorschläge zu geben (TIPPs).
- wir Momente der Gruppenarbeit organisieren, die es ermöglichen, dass Kinder sich austauschen, gegenseitig helfen, unterstützen und ihr Wissen teilen

---

6 In allen Klassen finden Vorstellerkreise statt, wo Kinder Wissenswertes, Neu entdecktes, Erlebtes, eigene Texte oder Texte anderer, Werkstätten vorstellen können. Die Kinder dürfen diese Momente auch dazu nutzen, um Fragen zu stellen und Hilfe/Unterstützung zu erhalten.

können. Zu einer gut funktionierenden Gruppenarbeit passt ein transparentes, einfaches Helfersystem[7].

- wir den Kindern Werkzeuge in die Hand geben, die ihnen helfen, ihr eigenes Lernen zunehmend selbst zu strukturieren und planen und die erlernten Strategien zielgerichtet einzusetzen. Hierzu gehören bspw. der individualisierte Arbeitsplan, das Projektheft mit verbindlichen Arbeitsgängen, Strategien zum Lesen, zur Textproduktion u.v.a.
- wir die Muttersprachen und Herkunftskulturen der Kinder wertschätzen und dafür Zeiten einplanen, z.b. im Portfolio, während der europäischen Sprachenwoche oder ganz einfach spontan im Unterrichtsalltag.
- wir vielfältige Ausdrucksformen der Kinder wertschätzen und unterstützen, im Malen, Basteln, Kochen, Theater, Tanzen, Sport und in der Musik.
- wir Zeiten einplanen, wo Kinder von Erwachsenen individuelle Unterstützung erhalten („Assistance en classe", „Assistance périscolaire", „Appui"). Dieses Unterstützungsangebot wird von allen pädagogischen Teams angeboten. Die Lehrpersonen, die Sozialpädagoginnen bzw. -pädagogen, das multiprofessionelle Team (EMP) und die Erzieherinnen und Erzieher des außerschulischen Teams arbeiten dabei eng zusammen.
- wir Zeiten einplanen, während denen Kinder ihre Hausaufgaben erledigen können, so dass sie, wenn sie nach Hause gehen, frei sind.
- wir sehr darauf achten, dass alle Kinder sich wohl in der Ganztagsschule fühlen und motiviert sind zu lernen. Sinnvolles Lernen steht im Vordergrund.

3.3 Lernmaterialien und Lernräume

Die *Lernmaterialien* werden so aufgebaut, dass sie für die Hand der Lernenden sind, möglichst selbsterklärend und passend zum Kerncurriculum, damit sie Kindern in der heterogenen Lerngruppe einen Einstieg in das Lernen ermöglichen. Hinzu kommt ein Materialangebot, das vielseitig ist und zur kreativen kindlichen und handwerklichen Aktivität einlädt. Zu den sächlichen Ressourcen der Eis Schoul gehören auch funktionelle Räume im Schulgebäude, wie die pädagogische Küche, der Bewegungsraum, der „Snoezel-Raum", das Kaninchengehege, der Bauraum, die Schreinerei, der Rollenspielraum, die Bibliothek, der Kunstraum, der Schlafraum, die „Chill-Lounge" und Orte außerhalb des Schulgebäudes, wie das Schwimmbad, die Sporthalle/der Sportplatz, der Wald, der Pferdestall mit Reithalle, usw.

---

7 1, 2, 3-Regel: Zuerst frage ich meinen Partner/meine Partnerin. Dann frage ich ein Kind, das Experte/Expertin in dem betreffenden Bereich ist. Wenn ich keine zufriedenstellende Antwort/Hilfe erhalten habe, frage ich den Erwachsenen in meiner Klasse.

3.4 Individuelle Entwicklung, Leistungsdokumentation und -bewertung

Getreu unserem *Leitsatz* „Jedes Kind ist fähig", d.h. auf seiner Entwicklungsstufe kompetent, sind wir darum bemüht, die passende Entwicklungsstufe für jedes Kind zu identifizieren. Hilfreich hierbei sind die aufeinander aufbauenden Kompetenzstufen in den verschiedenen Lernbereichen. Dieses Instrument[8] erlaubt uns, im Alltag zu erkennen, auf welcher Stufe sich jedes Kind gerade befindet. Es geht also darum die Zone der nächsten Entwicklung herauszufinden, damit das pädagogische Angebot passt. Ein solcher zielorientierter Unterricht bildet dann auch die Basis der Bilanzgespräche, die jedes Trimester organisiert und mit den Eltern und Kindern geführt werden.

Ergänzend zu diesem zertifikativen, stark zielorientierten Bewertungssystem, das bindend für die gesamte Grundschule ist, benutzt die Eis Schoul noch weitere, eher formative Evaluationsinstrumente, die auf Selbsteinschätzung und Gruppenrückmeldungen aufbauen und die in einem *Portfolio* zusammengefasst sind: In der Portfoliomappe, die jedes Kind in Eis Schoul besitzt, findet man drei Instrumente:

1. *Das Leporello* ist ein Faltblatt, das das Kind teils frei, teils angeleitet gestaltet, zu den Themen „Ich", „Ich und meine Familie", „Ich und mein Umfeld", „Ich und meine Zukunft". Nach jedem Zyklus wird das Leporello zu den gleichen Themen aktualisiert.

2. *Die Projektmappe* dokumentiert alle selbst ausgewählten Projekte, die das Kind in Eis Schoul erarbeitet hat und die vor einem Publikum präsentiert werden. Im Rahmen der Projekte erhalten die Kinder Rückmeldungen des Publikums und werden dazu eingeladen, sich selbst einzuschätzen.

3. *Die Werkstattmappe* dokumentiert alle selbst ausgewählten Werkstätten, an denen das Kind teilgenommen hat, mitsamt den dazu passenden ausgefüllten Selbst- und Fremdeinschätzungsbögen.

Neben dem Portfolio geben auch *Gruppenrückmeldungen* den Kindern Aufschluss über ihr Können und ihre Leistungen. Unsere Kinder werden von früh auf dabei unterstützt, ihr Können und Wissen vor ihrer Lerngruppe zu zeigen und vorzutragen(vgl. Kap. 3.2).

Eis Schoul pflegt somit einen mehrperspektivischen Leistungsbegriff, der auf der Anerkennung der Menschenwürde und der individuellen Lernentwicklung jedes Kindes beruht. Auf dieser Basis kann man auch über Schwächen reden, ohne dass dadurch das Selbstbewusstsein des Kindes beeinträchtigt wird.

---

8 Kompetenzraster und Entwicklungsstufen. Zyklen 1 bis 4. Ministère de l'Education nationale et de la Formation professionnelle.

3.5 Soziale und demokratische Beziehungen

Gute, von Anerkennung bestimmende *Beziehungen* sind uns sehr wichtig. Jedes Kind soll die Erfahrung machen, willkommen zu sein und von Erwachsenen umgeben zu sein, die sich ihnen zuwenden, und die – weil sie an sie glauben – auch etwas von ihnen fordern. Wir erwarten von jedem Kind, dass es einen sinnvollen Beitrag zur Gemeinschaft leistet. Das Erleben einer sozialen Verbundenheit in der tagtäglichen Umgebung der Ganztagsschule gibt dem Leben in dieser Gemeinschaft einen Sinn. So verstehen und akzeptieren die Kinder auch den Sinn der sozialen Regeln, die zum Leben in der Gemeinschaft dazugehören.

Die in Eis Schoul etablierten Versammlungen „Klassenrat", „Außerschulischer Rat", „Schülerparlament" helfen dabei, das Zusammenleben gemeinsam zu organisieren und über Werte, Gesetze und Regeln[9] des Alltags zu diskutieren. Durch Mediationsgespräche lernen die Kinder, ihre Konflikte immer selbstständiger zeitnah und konstruktiv zu lösen. Die Abläufe dieser Versammlungen und des Mediationsgesprächs sind transparent und ritualisiert[10], so dass die Kinder nach und nach fähig sind, sich dieses Instruments selbst zu bedienen, ohne dabei allein gelassen zu sein.

Wir tragen dafür Sorge, dass gute Peer-Beziehungen gepflegt werden. Zum Beispiel durch verbindliche Partner- und Gruppenarbeit mit teils freiwilligen, teils vorgegebener Partnerwahl, durch ein Helfersystem, das den Kindern im Unterricht Hilfe von anderen Kindern zusichert. Außerdem gibt es für jede Lerngruppe mehrtägige gemeinsame Aufenthalte an Orten außerhalb der Schule, wo gemeinsam gelernt und zusammengelebt wird.

Wir unterstützen *Kinder in Not* auf materieller und psychosozialer Ebene, z.B. durch finanzielle Unterstützung bei Lernmaterialien. Traumatisierte Kinder finden in Eis Schoul ein Team vor, das ihnen Halt gebende Beziehungen und Strukturen anbietet. Durch die Zusammenarbeit mit anderen Hilfe gebenden Institutionen kann das Kind und seine Familie unterstützt und ein Schulwechsel verhindert werden.

---

9   Als Gesetz bezeichnen wir in Eis Schoul eine klassenübergreifende Regel, die vorgegeben ist und nicht vom Klassenrat oder von der Lehrperson/dem Erzieher/der Erzieherin verändert werden kann. Als Regel bezeichnen wir Vorgaben, die klassenbezogen aufgestellt wurden und die verändert, angepasst oder abgeschafft werden können.

10   Im Schuljahr 2016/2017 haben wir ein einheitliches Begleitheft erarbeitet, das während dem Klassenrat, dem außerschulischen Rat und dem Schülerparlament benutzt wird.

4 Zusammenarbeit mit den Eltern

Erziehung ist eine gemeinsame Aufgabe von Familie und Schule. Kinder lernen als erstes von ihren Eltern. Eltern kennen ihr Kind am besten. Es ist daher nur natürlich, dass wir die Meinungen der Eltern berücksichtigen. Wir erkennen das Recht der Eltern an, ihre Meinung zu äußern, Fragen zu stellen oder auch eigene Ideen einzubringen.

In Eis Schoul bemühen wir uns, den Informationsfluss transparent und regelmäßig zu organisieren: Unsere Eltern können sich zu allen Fragen an das betreffende Team wenden. Beide begegnen sich mit Wertschätzung auf Augenhöhe. Das Ziel bleibt immer, sich miteinander zu beraten, zum Wohle des Kindes. Treffen zwischen Eltern und dem pädagogischen Team können spontan vereinbart werden. Dreimal im Jahr gibt es Pflichttreffen, um die Bilanz des Trimesters gemeinsam zu ziehen. Zu Beginn des Schuljahres lädt das Schulkomitee alle Eltern ein, um die verschiedenen Teams, organisatorische Modalitäten und den Jahreskalender vorzustellen. Von den Teams wird die Arbeit in der Klasse/Lerngruppe vorgestellt. Elternhospitationen können vereinbart werden. Darüber hinaus erhalten alle Eltern der Eis Schoul eine E-LETTER, das wöchentliche Elterninformationsblatt, mit organisatorischen, administrativen und pädagogischen Informationen.

Über den Weg des Elternkomitees[11] sind die Eltern an der Aufstellung des Schulentwicklungsplans beteiligt. Die Eltern waren zudem an der Erarbeitung der Schulcharta beteiligt. Das Elternkomitee ist zu Treffen der Eis Schoul mit Vertreterinnen und Vertretern des Bildungsministeriums eingeladen.

Seit 2012 schicken wir jährlich Fragebögen an die Eltern, um Verbesserungsvorschläge zu erhalten und führen ähnliche Umfragen auch bei den Schülerinnen und Schülern durch. Diese basieren auf Fragebögen des Bildungsministeriums[12]. Die Einführung der E-LETTER ist aus diesen Rückmeldungen hervorgegangen.

5 Bedingungen inklusiver Schulentwicklung

5.1 Kooperation und Qualitätssicherung

Professionelle Kooperation in den verschiedenen Klassenteams, im außerschulischen Team, im multiprofessionellen Team und darüber hinaus zwischen allen Teams ist Grundlage unserer Arbeit. Eine solche strukturierte Zusammenarbeit wird alle 14 Tage in gemeinsamen Versammlungen besprochen und organisiert.

---

11 Alle 2 Jahre wird das Elternkomitee neu gewählt. Zur Zeit besteht es aus 8 Elternvertretern – und vertreterinnen.

12 Die Agentur für schulische Qualität des Bildungsministeriums unterstützt und begleitet die Schulentwicklung an Luxemburger Schulen, erstellt die Fragebögen und wertet diese aus.

Das Schulkomitee in Eis Schoul koordiniert den Prozess der Weiterentwicklung der Ganztagsschule. Jedes Team schickt einen Koordinator/eine Koordinatorin ins Schulkomitee, um konzeptuelle, pädagogische Themen zu erörtern und Fragen zu klären.

In Eis Schoul wird seit jeher ein besonderes Gewicht auf die *Weiterentwicklung* der Ganztagsschule und somit auch die *Qualitätssicherung* gelegt. Unter Qualitätssicherung verstehen wir einerseits die Ergebnisqualität und meinen damit die schulische Leistung unserer Kinder, zu denen ebenfalls die kreativen Aktivitäten gehören, die im Projekt- und Werkstattunterricht realisiert werden.

Wir meinen damit aber auch die Prozessqualität, also all das, was im Unterricht passiert (das Erklären, das gemeinsame Erarbeiten und Lernen, die Partizipation aller Kinder und ihre Motivation), das Unterrichts- und Schulklima sowie die Kommunikationskultur innerhalb der Schulgemeinschaft und die Außendarstellung der Schule.

Der Prozess inklusiver Schulentwicklung wird darüberhinaus qualitativ begleitet durch jährliche standardisierte Tests, die vom Bildungsministerium organisiert und von der Universität Luxemburg ausgewertet werden sowie durch Rückmeldungen aus Hospitationen von Schulen, anderen Institutionen[13] und Experten[14]. Das Bildungsministerium hat die „Aufarbeitung der Entstehungsgeschichte der Eis Schoul"[15] als Auftrag an die Universität Luxemburg gegeben.

Aus diesen Bestandsaufnahmen ergibt sich immer wieder ein großer Schatz an wertvollen Informationen, die wir nutzen, um unseren Schulentwicklungsplan im Rhythmus von 4 Jahren neu aufzustellen und jährlich anzupassen.

---

13 Eis Schoul ist für 4 Hospitationsangebote beim IFEN (Nationales luxemburgisches Institut für Weiterbildung) registriert: Inklusion, Ganztagsschule, Portfolio, Demokratische Partizipation („Education à la citoyenneté").
Eis Schoul hat zwischen 2012 und 2016 im Rahmen des Schulverbunds „Blick über den Zaun" (http://www.blickueberdenzaun.de/) an einem Austausch zwischen 7 Schulen aus 3 verschiedenen Ländern (Deutschland, Schweiz, Luxemburg) teilgenommen.
Eis Schoul bietet Hospitationen an für Lehramtsstudierende und Studierende der Erziehungswissenschaften aus Luxemburg, aber auch für die aus Deutschland und Frankreich, die im Ausland auf der Suche nach guten Schulen sind (www.prinzip-lernreise.de, http://espe.univ-lorraine.fr).
Eis Schoul ist Mitglied des luxemburgischen Netzwerks Portfolio, des Netzwerks der französischen FreinetpädagogInnen des „Département Lorraine", der französischen Reformpädagogen „Groupe français d'éducation nouvelle" und des europäischen Netzwerks für Inklusion „Raising the Achievement of all Learners in Inclusive Education".

14 Verschiedene Experten und Expertinnen, wie Falko Peschel, Hans Brüggelmann, Peter Lienhart, Susanne Thurn, Christine Biermann, Herbert Altrichter, Otto Herz, Walter Hövel, Jean Le Gal, Lothar Klein, Denis Morin, Chris Piller waren an der Eis Schoul.

15 Dieser Auftrag vom Bildungsministerium wurde unter der Leitung von D. Tröhler (Universität Luxemburg) durchgeführt. Bisher gibt es noch keine Veröffentlichung.

5.2 Der Schulentwicklungsplan der Eis Schoul

Der aktuelle Schulentwicklungsplan beinhaltet 6 große Zielbereiche, die ihrerseits in 34 Unterziele unterteilt sind:

- Inklusive Praktiken entwickeln
- Förderung der Entwicklung der Ausdrucksweisen aller Kinder
- Förderung und Unterstützung einer reflexiven Praxis des Austauschs der Belegschaft
- Die Schulgemeinschaft und die interessierte Öffentlichkeit gut informieren
- Erziehung zu einer demokratischen Partizipation innerhalb der Schule („Education à la citoyenneté")
- Förderung einer interkulturellen Erziehung
- Förderung der Körper- und Gesundheitserziehung

Die Erstellung und Umsetzung dieses Schulentwicklungsplans ist mit einem hohen administrativen und personellen Aufwand verbunden. Er ist auch ein Spiegelbild des ungewöhnlichen Engagements der Belegschaft. Die bisherige Umsetzung geschah nie in Perfektion, aber die Tatsache, dass es einen Schulentwicklungsplan gibt, der von der gesamten Schulgemeinschaft getragen wird, macht die Ziele sichtbar, erstrebenswert und messbar und ermöglicht schließlich, Erfolge anzuerkennen und zu feiern.

6 Fazit

Ein Jahr vor unserem 10. Geburtstag können wir mit Stolz auf den Weg der Eis Schoul zurückblicken. Dank der Unterstützung und der Impulse der früheren Bildungsministerin wurde die Eis Schoul mit den nötigen personellen und sächlichen Mitteln ausgestattet, um inklusive Schulentwicklung zu ermöglichen. Hervorheben möchte ich auch unser Elternkomitee, das mit unbändigem Willen und einem beträchtlichen Zeitaufwand die Eis Schoul unterstützt. Jedes Jahr gehen wir ein Stück auf dem Weg inklusiver Schulentwicklung.

Zukünftig haben wir mit der „Hochschule für Heilpädagogik Zürich" eine professionelle Begleitung, durch die ein kritisch konstruktiver Blick von außen auf die Eis Schoul sichergestellt bleibt.

Eis Schoul wird als „Lernende Schule" den Weg der Entwicklung stetig weitergehen. Das Schulkomitee wird die Dynamik der Entwicklungsschleifen zusammen mit allen Teams und dem Elternkomitee aufrecht erhalten, d.h.: die eigene Arbeit überprüfen, Bilanzen erstellen, Ziele und Normen klären, Schwerpunkte im Curriculum herausarbeiten, sich weiterbilden und einen kompetenten Blick von außen ermöglichen. All das ist mit viel Arbeit verbunden, aber die Erfahrung hat bisher gezeigt, dass Innovationsbereitschaft sich für die gesamte Ganztagsschule auszahlt.

Literatur

Deutsches Institut für Menschenrechte (Hrsg.): Die Behindertenrechtskonvention. Online unter: http://www.institut-fuer-menschenrechte.de/?id=467. (Abrufdatum: 29.05.2017).

Men.lu (Ministère de l'Éducation nationale de l'Enfance et de la Jeunesse) (2008): «Loi du 13 mai 2008 portant création d'une Ecole préscolaire et primaire de recherche fondée sur la pédagogie inclusive»

Marc Hilger, Gründungsmitglied der Eis Schoul, Koordinator der Arbeitsgruppe Eis Schoul im Bildungsministerium von 2006-2008, Präsident des Schulkomitees seit 2008, unterrichtet als Grundschullehrer in Eis Schoul.

Eis Schoul in Stichworten

- Eis Schoul ist eine staatliche Ganztagsschule für Kinder von 3 bis 12 Jahren und die auf die Luxemburgische Sekundarschule vorbereitet.

- Eis Schoul ist eine Angebotsschule, d.h. dass interessierte Eltern ihre Kinder anmelden müssen und durch ein aufwendiges, transparentes Selektionsverfahren bestimmt werden. Als Richtlinien dienen die Statistiken der Volkszählung Luxemburgs, da Eis Schoul dem Gesetz nach eine für Luxemburg repräsentative Schülerschaft haben soll.

- 135 Kinder von 3 bis 12 Jahren, davon mindestens 10% Kinder mit sehr hohem Förderbedarf.

- 9 altersübergreifende Klassen: 45 Kinder im Zyklus 1 (Alter: 3-6 Jahre), 30 Kinder im Zyklus 2 (6-8 J.), 30 Kinder im Zyklus 3 (8-10J.) und 30 Kinder im Zyklus 4 (10-12 J.)

- das Personal: 12 LehrerInnen, 6 SozialpädagogInnen, 9 ErzieherInnen, 1 Orthophonistin, 1 Psychomotorikerin, 1 Pädagogin, 1 Psychologin, 1 Sozialarbeiter und 1 Sekretärin

- die Teams: 1 multiprofessionelles Team, das von der „Education différenciée" (Ediff: luxemburgische Sonderschule) zur Verfügung gestellt wird: Orthophonistin, Psychomotorikerin, Pädagogin, Psychologin, Sozialarbeiter allesamt mit Teilarbeitszeiten in Eis Schoul; 3 pädagogische Teams: Zyklus 1, Zyklus 2 bis 4 und Zyklus 5 (außerschulische Betreuung); das Schulkomitee mit 4 gewählten Belegschaftsmitgliedern, die ihren Vertreter, den Präsidenten, wählen.

- Der hierarchische Chef des Personals ist der Schulinspektor.

- Öffnungszeiten: montags bis freitags von 7.30-18.30, das ganze Jahr über, außer während den Weihnachts-, Oster-, und Sommerferien.

- Pflichtpräsenzzeit der Kinder während den Schulwochen: 8.00-15.30

- Pflichtpräsenzzeit der Belegschaft während den Schulwochen: min. 30 Stunden.

- In der Mittagsstunde essen alle Kinder in der Schule.

- Das Küchenteam versorgt die Kinder mit frisch hergestellten, möglichst vollwertigen Esswaren aus biologischer Produktion: Pausenbrot, Mittagessen, Nachmittagsstärkung (Rohkost) und ein Abendbrot.

- Die Eltern bezahlen das Essen und beteiligen sich an den Unkosten des Schulmaterials und der Kolonien.

- Das Schulkomitee verwaltet ein eigenes Budget.

Frank Groben

Schule ohne Schülerinnen und Schüler – Das Institut pour Déficients visuels auf dem Weg von der Sonderschule zum subsidiären Schulpartner der Regelschule

1 Die Ausgangslage

Mit dem Gesetz der Éducation différenciée von 1973, das Kindern und Jugendlichen mit sonderpädagogischem Förderbedarf ein Schulrecht gewährte und durch den großherzoglichen Erlass von 1976 wurde die Beschulung von blinden und sehbehinderten Kindern und Jugendlichen unter staatliche Leitung gesetzt. Es wurden fortan nicht nur blinde Schülerinnen und Schüler unterrichtet, sondern auch solche mit einer Sehbehinderung.

Alle Schülerinnen und Schüler, die früher unter der Verantwortung eines privaten Trägers beschult wurden, wurden vom neu geschaffenen Institut pour Déficients Visuels (IDV) übernommen.

Dieses war in Luxemburg Stadt angesiedelt und funktionierte anfangs ausschließlich als Grundschule für Kinder und Jugendliche welche blind oder sehbehindert waren. Die Schule verfügte ebenfalls über ein eigenes Internat.

Erste zaghafte Versuche der Beschulung von blinden und sehbehinderten Kindern und Jugendlichen in der Regelschule wurden 1980 unternommen. Einige Kinder und Jugendliche mit Blindheit oder Sehbehinderung wurden sowohl in die Grund- wie auch die Sekundarschule integriert. Ein multidisziplinäres, ambulantes Team von Sonderschullehrerinnen und -lehrern, Psychologinnen und Psychologen, Grundschullehrkräften und Erzieherinnen und Erziehern des IDV begleitete die Kinder und Jugendlichen im Unterricht und sammelte erste Erfahrungen in der Integration. Diese verliefen derart erfolgreich, dass das IDV bereits 1982 über keine eigenen Klassen mehr verfügte.

Diese extrem schnelle Entwicklung einer integrativen Beschulungsform und der gleichzeitige Paradigmenwechsel mag erstaunen. Binnen zwei Jahren hatte das Institut einen kompletten Wandel von der Sonderschule zum subsidiären Schulpartner vollzogen.

Aus der Not und Unmöglichkeit heraus, genügend Kinder oder Jugendliche mit gleichen Voraussetzungen in entsprechenden Altersstufen zusammenzubringen und zu unterrichten machte das IDV eine Tugend.

Sie überließ der Regelschule den Lead bei der Curriculumentwicklung wie auch bei der Lernstoffvermittlung und übernahm fortan „nur" die Aufgabe didaktische, inhaltliche und methodische Alternativen in die Beschulung mit einfließen zu lassen.

Man muss klar hervorheben, dass es sich hier immer nur um jene Schülerinnen und Schüler gehandelt hat, welche fast ausschließlich einen sonderpädagogischen Förderbedarf mit dem Schwerpunkt Sehen hatten.

2 Grundlegende Prinzipien

Inklusive Beschulung konnte nur in Zusammenarbeit und mit dem Einverständnis der externen Schulpartner sowie den Eltern erreicht werden, da zu diesem Zeitpunkt weder eine inklusive Schulentwicklung vom Unterrichtsministerium festgeschrieben war, noch rechtliche Grundlagen für etwaige Ansprüche von Menschen mit sonderpädagogischem Förderbedarf auf begleitende und unterstützende Maßnahmen vorhanden waren. Es bestand lediglich das Recht auf Integration.

In den Anfängen der inklusiven Beschulung von Kindern und Jugendlichen mit Sehschädigung konnte sehr oft beobachtet werden, dass Lehrpersonen ihren Beitrag zum Gelingen der Partizipation darin sahen, den Unterrichtsstoff zu vermitteln. Die Schülerin bzw. der Schüler mit Sehschädigung war eine Schülerin/ein Schüler des IDV, die bzw. der in der Klasse akzeptiert war. Er durfte am Unterricht teilnehmen, jedoch sah die Lehrkraft sich nicht in der Verantwortung, Unterrichtsinhalte, Didaktik und Methodik an die spezifischen Bedarfe der Schülerinnen und Schüler des IDV anzupassen.

Bis zu diesem Zeitpunkt bestand ein wesentlicher Teil der Arbeit der Sonderschullehrkräfte darin, das Curriculum an die Bedarfe und Möglichkeiten der Kinder und Jugendlichen anzupassen. Mit dem Einstieg in die inklusive Beschulung erfolgte auch der Abschied aus der Curriculumentwicklung in Bezug auf die traditionellen Unterrichtsfächer.

Fortan widmet sich die Sonderschullehrkraft der Unterrichtsdidaktik und -methodologie und der Unterrichtung alternativer Kulturtechniken (Braille, Latex als Kodierung mathematischer mehrdimensionaler Darstellungen).

Das inklusive Setting der Unterrichtung von Kindern und Jugendlichen mit Sehschädigungen setzt zum Gelingen eine intensive Zusammenarbeit mit den Eltern und den Lehrpersonen voraus. Da bei der Unterrichtung und Beschulung von Kindern oder Jugendlichen, welche einen sonderpädagogischen Förderbedarf mit dem Schwerpunkt Sehen haben, auf viele kompensatorische Unterstützungsmaßnahmen, Arbeitstechniken, Hilfsmittel und Anschauungsmaterial zurückgegriffen wird, müssen deren Sinn, Gebrauch und deren Möglichkeiten mit den Fachlehrkräften, den Lehrpersonen und Eltern besprochen und erklärt werden. In Anbetracht des aktuell sehr ungünstigen (Sonderschul-)Lehrkraft-Schüler-Schlüssels kann nicht davon ausgegangen werden, dass ohne das Mitwirken aller und deren multiplikatorischer Wirkung, dem sonderpädagogischen Förderbedarf wirklich entsprochen werden kann.

Wie sollte die Lehrperson oder die Eltern in Abwesenheit der Sonderpädagogin oder des Sonderpädagogen den Bedarfen der Schülerinnen und Schüler mit Sehschädigung entsprechen, wenn sie nicht minimal über Brailleschrift oder den Gebrauch der Hilfsmittel der Schülerinnen und Schüler Bescheid wissen? Von jeher galt daher das Prinzip, dass die sonderpädagogische Arbeit sich auch, und in sehr bedeutendem Umfang, an die Eltern richtet. Für die Eltern besteht daher das Angebot sich mit den Lehrkräften des Kompetenzzentrums auszutauschen und sich mit den Arbeitstechniken und Materialien der Kinder und Jugendlichen auseinanderzusetzen. Dieses Angebot wird, abhängig vom Schweregrad der Sehbeeinträchtigung, sehr stark wahrgenommen. Es handelt sich hierbei nicht um einmalige Zusammenkünfte, sondern um regelmäßige, sehr oft wöchentliche Treffen in der Schule oder beim Kind bzw. Jugendlichen zu Hause.

Des Weiteren besteht die Notwendigkeit, sich die Welt der vielfältigen, oft elektronischen und informationstechnischen Hilfsmittel[1] anzueignen. Diese Hilfsmittel gewähren der Schülerin bzw. dem Schüler überhaupt erst Zugang zu dem Lernstoff und ohne deren Verfügbarkeit wäre Inklusion, in Abwesenheit einer inklusiven Schulkultur, nicht denkbar.

Im Sinne der Autonomie und der sozialen Akzeptanz besteht ebenfalls Bedarf in der Einweisung der Schülerinnen und Schüler in autonomiefördernde Arbeitstechniken (Mobilitätstraining und lebenspraktische Fertigkeiten). Diesen Aspekt der sonderpädagogischen Arbeit kann die Lehrerperson nie in dem Maße wahrnehmen, dass sie den Bedarfen der Schülerinnen und Schüler zur Gänze entspricht. Der Aufwand, der Starre des Curriculums zu entsprechen, entzaubert teilweise das Ideal der inklusiven Unterrichtung von Kindern und Jugendlichen mit Sehschädigung. Trotz Einsatz hoch technischer und teurer Hilfsmittel, trotz zur Verfügungstellung von adaptierten Unterrichts-und Lehrmaterialien und trotz intensivem Personalaufwand müssen die Kinder und Jugendlichen überproportional viel Leistung und Energie aufbringen, um sich an das Umfeld anzupassen. Autonomie wird verstanden als Kompetenz so wie die anderen (und damit sei der statistische Durchschnitt gemeint), das Alltagsgeschehen in der Schule zu bewältigen. Der große Vorteil der Interaktion mit Gleichaltrigen und die soziale Komponente der

---

1 elektronische Braillezeilen, Bildschirmlesegeräte, elektronische Sprachausgaben, Bildschirmlese-
und Vergrösserungsprogramme, Farberkennungsgeräte, sprechende Messgeräte und Rechenmaschi-
nen mit Sprachausgabe

inklusiven Schulentwicklung, wie wir sie bis jetzt in Luxemburg kennengelernt haben, heben vielfach diese Nachteile auf.

Wenn Schülerinnen und Schüler aus der Grund- und Sekundarschule subsidiär vom IDV betreut werden, so gilt dies ebenfalls für Kinder und Jugendliche welche einen komplexen sonderpädagogischen Förderbedarf haben. Diese Schülerinnen und Schüler werden ebenfalls subsidiär an Förderschulen mit anderen Förderschwerpunkten (insbesondere Schulen mit dem Förderschwerpunkt geistige Entwicklung und motorische Entwicklung) vom IDV betreut[2].

Strukturell hat sich mittlerweile viel in den Luxemburger Schulen getan. Die rechtliche Lage in Bezug auf Lernkontrolle und zugestandene Hilfsmittel und Maßnahmen im Sinne einer gerechteren Lernzielkontrolle wurden mit dem Gesetz vom 15. Juli 2011[3] teilweise geklärt. Vermehrt werden Prinzipien des „Design für Alle" (ETSI 2009) bei baulichen Maßnahmen angenommen. Jedoch geht diesen Teilerfolgen sehr oft eine intensive Überzeugungsarbeit voraus. In den vielen Jahren der Praxis einer inklusiven Beschulung von Kindern und Jugendlichen mit Sehschädigung haben sich in einigen Schulen auch Kulturen ein Stückchen gewandelt und lassen einen allgemeinen Mentalitätswechsel bei einigen Lehrkräften erkennen.

Wesentlicher Baustein einer weiter fortschreitenden inklusiven Schulentwicklung ist es, die Curriculum-Hoheit der Grund- und Sekundarschule zu brechen und deren Inhalte in Bezug auf die Vielfalt aller Kinder und Jugendlichen in der Schule zu hinterfragen. Um die Logik der Machtlosigkeit gegenüber dem Curriculum zu beheben, haben wir seit 2014 das Spezifische Curriculum (SC) (Degenhardt et.al. 2016) eingeführt. Es entspricht einem wesentlichen Paradigmenwechsel, der vorsieht, dass die Sonderschullehrkraft seine individuellen Entwicklungspläne zukünftig nicht nach der Unzulänglichkeit des Regelcurriculums ausrichtet, sondern vielmehr sich an den Zielsetzungen des eigenen Curriculums orientiert, welche den wahren Bedarfen der Schülerinnen und Schüler mit Sehschädigung entsprechen.

---

2 Im Gegensatz zu vielen Schulen in Deutschland, mit dem Förderschwerpunkt Sehen, unterhält das IDV keine eigenen Klassen mit Kindern und Jugendlichen, welche über den Förderschwerpunkt „Sehen" hinaus auch einen komplexen sonderpädagogischen Förderbedarf aufweisen.
  Würden alle anderen Förderschulen der gleichen Logik entsprechen, gäbe es natürlich überhaupt keine Förderschulen mit eigenen Klassen. Die Prävalenz von verschiedenen Förderbedarfen wie auch die Komplexität der zu gewährenden Infrastruktur im Förderbereich „Motorik" sind eindeutige und klare Kriterien der Zuweisung, welche über ökonomische Aspekte hinaus, eine solche Ausrichtung nicht nur erklären, sondern sogar unausweichlich erscheinen lassen. Von den aktuell 140 Schülerinnen und Schülern des IDV sind jeweils ein Drittel in der Grundschule, der Sekundarschule und den restlichen Kompetenzzentren eingeschrieben.

3 Loi du 15 juillet 2011 visant l'accès aux qualifications scolaires et professionnels des élèves à besoins éducatifs particuliers

Das SC steht dem Regelcurriculum nicht entgegen, sondern ist komplementär. Es zeigt auf, was nicht als Unterrichtsgegenstand gedacht wird und trotzdem gelehrt werden muss. Ziel dieser Angehensweise wird es letztlich sein, dass Curricula sich in Zukunft in dem Sinne einer inklusiven Schulentwicklung wandeln und das Spezifische Curriculum überflüssig werden lassen.

Sonderschullehrerinnen und -lehrer sind ständig dem doch eher kritischen Blick der Klassenlehrkraft ausgesetzt. Alles muss erklärt und begründet sein und muss hinterfragt werden können. Viele Kolleginnen und Kollegen erklären, dass das ständige Rechtfertigen von Abweichungen von curricularen Unterrichtsinhalten, Alternativen zu Didaktik und Methodik, Einsatz von Hilfsmitteln und alternativen Medien, mehr Ressourcen in Anspruch nehmen als die eigentliche sonderpädagogische Arbeit. Aus einer höheren Warte aus könnte man jedoch auch meinen, dass eben gerade diese Bewusstseinsmachung dem Weg der inklusiven Schulentwicklung entspricht, sprich, dass hier allmählich inklusive Schulkulturen geschaffen werden.

Die Sonderschullehrkraft kann nicht immer allen Anforderungen in der Klasse entsprechen. Die benötigte Handlungskompetenz übersteigt meistens das, was der einzelne zu leisten vermag. Der Einsatz informationstechnischer und optisch vergrößernder Hilfsmittel sowie das Umsetzen von Lerninhalten in andere Formate (Braille, Latex) wie auch das Unterrichten von Mobilität und LPF (lebenspraktischen Fertigkeiten) würde der Lehrperson jene Kompetenzen abverlangen, die die Summe der Kompetenzen der Informatikerin bzw. des Informatikers, der Orthoptistin oder des Orthoptisten, der Mediensachbearbeiterin bzw. des -bearbeiters, und der Mobilitäts- und LPF-Trainerinnen und -Trainer entsprechen. Deshalb sieht diese Lehrperson sich als Bestandteil eines multidisziplinären Teams, dessen Gesicht nach Außen sie darstellt.

In Anbetracht dieser Voraussetzung ist es wichtig, dass organisational Momente des Zusammenarbeitens des multidisziplinären Teams eingeplant sind.

Außerdem ist es nicht nur wichtig, dass Sonderschullehrkräfte und andere Spezialistinnen und Spezialisten sich untereinander austauschen können. Auch die Schülerinnen und Schüler mit gleichen oder ähnlichen Förderbedarfen artikulieren das Bedürfnis sich untereinander auszutauschen. Um dem zu entsprechen, organisiert das IDV Gruppenkurse an schulfreien Nachmittagen. In der Frühförderung sowie in der Vorschule kommen Kinder auch ein- bis zweimal in der Woche einen ganzen Tag ans IDV, um weiterführende spezifische Unterrichtsinhalte, welche so nicht in der Regelschulklasse angeboten werden können, zu erlernen (Braille, Umgang mit Bildschirmvergrösserungsgeräten und anderen optischen Hilfen, Daktylographie, Mobilitätstraining, Umgang mit Computern und Zugangssoftware, etc.).

Das IDV hat zwar keine eigenen Klassen, jedoch unterrichtet das Personal des IDV in einer Klasse der Realschule, welche explizit den Schülerinnen und Schülern mit sonderpädagogischem Förderbedarf mit dem Schwerpunkt Sehen vorbehalten ist und welche den Übergang in das Berufsleben und insbesondere die Integration des ersten Arbeitsmarktes anstrebt.

In all diesen Gruppen und Situationen finden sich also Lehrpersonen und Schülerinnen und Schüler zusammen, um den oben beschriebenen Bedarfen der kollegialen Kooperation zu entsprechen.

Neben diesen Momenten des Zusammenlernens und -lehrens sind noch regelmäßige Besprechungen in unterschiedlich zusammengesetzten Teams notwendig, um den manchmal sehr komplexen Bedarfen der Schülerinnen und Schüler Rechnung zu tragen. Die Sonderschullehrkräfte des IDV beraten die Regelschullehrkräfte, jedoch müssen auch sie sich wieder mit Spezialistinnen und Spezialisten austauschen, wenn sie den fachspezifischen Ansprüchen nicht gewachsen sind.

Schlussendlich müssen Lehrpersonen des sonderpädagogischen Kompetenzzentrums IDV den größten Teil ihrer Unterrichtsvorbereitung am IDV selbst verrichten. Die Notwendigkeit Unterrichtsinhalte in andere Medienformaten aufzuarbeiten, können sie zu Hause nicht bewerkstelligen. Aufgrund des hohen Anschaffungspreises stehen Brailledrucker, spezielle Thyphlograophie-Geräte, 3d-Printer oder CNC-Maschinen nur am IDV zur Verfügung. Das Medienzentrum kann die Anpassungen von Schulmaterial technisch umsetzen, jedoch müssen die Lehrpersonen sich mit ihnen über die spezifischen Anforderungen, die denen der angepassten Didaktik und Methodik entsprechen, austauschen.

3 Bedingungen inklusiver Schulentwicklung

Was die Beschulung von Kindern und Jugendlichen mit Sehschädigung anbelangt, so kann man sagen, dass wir heute über einen sehr großen Erfahrungsschatz an Praktiken, Methoden, Didaktik und Einsatz technischer Hilfsmittel verfügen, der vielen Schülerinnen und Schülern die Teilhabe am Unterricht in der Regelschule ermöglicht. Dieses Wissen kann von der Schule aufgenommen werden oder nicht. Inklusive Schulentwicklung ist ein Prozess, der wahrscheinlich ständig andauern wird. Ziel muss es sein, dass Schulkulturen entstehen, welche die Vielfalt aller Schülerinnen und Schüler, nicht nur derer mit spezifischem sonderpädagogischem Förderbedarf, berücksichtigen. Die Curricula müssen Hauptgegenstand der Bemühungen um eine inklusive Schulentwicklung sein. Die Entwicklung entsprechender Curricula muss von allen getragen werden. Sie können nicht vorgesetzt werden, da gerade deren Ausarbeitung wesentlicher Bestandteil eines Wandels der Schulkulturen ist.

Inklusive Schulentwicklung kann nicht von den Kompetenzzentren zur Sonderpädagogik getragen werden aber Impulse von hier können Prozesse der Selbstreflexion in Bezug auf die eigenen Ressourcen und Möglichkeiten der Regelschullehrkräfte initiieren.

Ohne die multiplikatorische Wirkung und ohne die Mitwirkung aller Lehrkräfte sowie der Eltern, kann es keine inklusive Schulentwicklung geben.

Das Prinzip der Barrierefreiheit ist heute größtenteils in ISO- und Din-Normen gegossen. Bei Schulneubauten werden viele dieser Normen heute bereits berücksichtigt. Das Prinzip des „Design für Alle" (ETSI 2009) entspricht jedoch eher dem Grundgedanken einer inklusiven Schulentwicklung. Die baulichen Strukturen sollen so entwickelt werden, dass sie von vornherein den Bedarfen Aller entsprechen und für Keinen Barrieren darstellen.

4 Fazit

Das IDV, als Schule ohne Schülerinnen und Schüler, entspricht der Absicht, dem Prinzip der Inklusion näher zu kommen. Inklusion wird es jedoch nicht ohne eine inklusive Schulentwicklung aller Schulpartner geben so wie er im Index für Inklusion (Booth & Ainscow 2017, vgl. Brokamp in diesem Band) beschrieben ist. Lehrkräfte wie Schülerinnen und Schüler bekunden die Notwendigkeit sich auch untereinander zu begegnen und zu finden. Dies kann als klares Indiz dafür gesehen werden, dass das in der UN-BRK definierte Ziel der Teilhabe aller, auch der Kinder und Jugendlichen mit sonderpädagogischem Förderbedarf mit dem Schwerpunkt Sehen, fern seiner Realisierung ist und dass noch ein langwieriger Weg der inklusiven Schulentwicklung ansteht.

Booth & Ainscow (ebd.) definieren hier drei Entwicklungsdimensionen:

1. Inklusive Kulturen schaffen
2. Inklusive Strukturen entwickeln
3. Inklusive Praktiken entwickeln

Bis diese drei Dimensionen zur Genüge berücksichtigt und umgesetzt worden sind, wird es also nicht wirklich eine Schule ohne Schülerinnen und Schüler geben. Aktuell haben wir nur die Mit-Verantwortung der Beschulung an die Grund- und Sekundarschule abgegeben, damit der notwendige Druck zur Entwicklung im Sinne von Booth & Ainscow (ebd.) gegeben ist.

Literatur

Booth, Tony & Ainscow, Mel (2017): Index für Inklusion. Ein Leitfaden für Schulentwicklung. Herausgegeben und adaptiert von Achermann, Bruno; Amirpur, Donja; Braunsteiner, Maria-Luise; Demo, Heidrun; Plate, Elisabeth & Platte, Andrea. Weinheim: Beltz.

Degenhardt, Sven; Gewinn, Wiebke & Schütt, Marie-Luise (Hrsg.) (2016): Spezifisches Curriculum für Menschen mit Blindheit und Sehbehinderung für die Handlungsfelder Schule, Übergang von der Schule in den Beruf und Berufliche Rehabilitation. Norderstedt: BoD.

ETSI (2009): «Human Factors (HF); Guidlines for ICT products and services; Design for All» ETSI EG 202 116V1.2.2 (2009-03). Online unter: http://www.etsi.org. (Abrufdatum: 15.06.2017).

Frank Groben, Leiter des Institut pour Déficients visuels, Luxembourg